육군사관학교

육군사관학교

그 역사의 뿌리를 찾아서

ⓒ 조승옥

초판 1쇄 발행　　2024년 5월 15일

지은이　　조승옥
펴낸이　　복일경
편집　　　엄시우
디자인　　서승연
펴낸곳　　도서출판 글씨앗
등록　　　672-94-01609
주소　　　세종시 남세종로 480, 706-1002
전화　　　(0507)1382-6677
홈페이지　https://blog.naver.com/glseedbook
이메일　　glseedbook@gmail.com

ISBN　　　979-11-981114-3-2 (93910)

※이 책의 판권은 지은이와 글씨앗에 있습니다.
이 책 내용의 일부 또는 전부를 재사용하려면 반드시 저작권자와 글씨앗의 동의를 받아야 합니다.

육군사관학교

그 역사의 뿌리를 찾아서

조승옥 지음

글씨앗

책을 내면서

사람이 어떤 일을 하는 데는 동기가 있게 마련이다. 내가 육군사관학교 뿌리 찾기에 관심을 가지고 연구한 결과를 이렇게 펴내게 된 것도 마찬가지다.

나는 1996년 개교 50주년을 맞아 육사 동기생인 장창규 교장(중장)의 간곡한 요청에 따라 개교 50주년 기념사업추진위원장을 맡게 되었다. 당시 육군사관학교는 개교 이래 가장 암울했던 시기에 있었다. 3명의 육사 출신 대통령이 30여 년에 걸쳐 통치하던 군부 정치 시대가 끝나고, 1993년 문민정부가 출범한 이후 이들 육사 출신 대통령이 주도했던 5·16, 12·12, 5·18 등이 재평가되었고, 그 결과 4년제 육사 출신 전직 대통령 2명이 구속되어 재판을 받고 있었다.

여기에 4년제 육사 졸업생들로 구성된 군내 사조직 문제가 파장을 일으켰고, 육사 출신 초급장교에 의한 무장탈영 사건과 은행 강도 미수사건이라는 상상도 할 수 없는 일까지 발생해 세상을 경악하게 만들었다. 육사 지원율은 역대 최저를 기록했고, 외출 나간 생도들에 대한 시민들의 시선은 싸늘했다.

이런 분위기에서 개교 50주년 행사는 축제가 될 수 없었다. 과거를 반성하고, 새로운 출발을 다짐하는 자리가 되어야 했다.

언론은 육사 50년의 역사를 한목소리로 '영욕의 반세기'라 표현하였다. 육군사관학교가 지난 반세기 동안 호국 인재를 양성·배출한 것이 영광이라면, 정치개입으로 얼룩지게 한 것은 육사의 명예를 욕되게 했다는 의미였다.

그런데 개교 50주년 행사를 진행하는 과정에서 육사 졸업생들이 6·25 전쟁에서 많은 희생을 치르며 나라를 지켜냈다는 사실, 특히 사관생도 신분으로 전선에 투입되어 용전분투한 생도 1기생과 2기생들의 이야기가 알려지면서 여론이 우호적으로 바뀌기 시작하였다.

개교 50주년 기념행사는 졸업생들의 성원과 정부의 지원, 육군본부 홍보팀의 적극적인 활동, 그리고 언론의 관심 속에 성공적으로 마칠 수 있었다. 나는 이를 평생의 보람으로 여기고 있다.

그러나 개교 50주년 행사로 모든 일이 끝난 것이 아니었다. 육군사관학교의 정체성 확립이라는 엄중한 과제를 남겨주었기 때문이다. 정체성은 역사를 통해 찾을 수 있다는 생각에서 나는 육군사관학교 역사를 연구하고자 마음먹었다. 우선 내가 육사의 역사를 제대로 알아야 하겠고, 그다음으로 이를 육사 졸업생들과 재학생들 그리고 육사를 지망하는 학생들과 일반 국민에게 알려주고 싶었다.

2003년, 42년 만에 제복을 벗고 '자유의 몸'이 된 나는 개항 이후 우리나라의 근현대사와 군대의 변천사에 관한 기본 지식을 쌓았다. 그러던 차에 2017년 12월 육군사관학교에서 '독립군·광복군의 독립전쟁과 육군의 역사'라는 주제로 학술대회가 열렸는데 나는 토론자로 참가하였다. 여기서 나는 신흥무관학교, 독립군, 광복군 출신 가운데서도 혹시 육군사관학교 졸업생이 있지 않을까, 있으면 그 수가 얼마나 될까 하는 생각을 하게 되었다. 이때부터 본격적으로 육군사관학교 역사 연구에 매진해 어언 6년이 지났다.

연구를 처음 시작할 때는 육군사관학교 뿌리로부터 시작해 개교 이후 오늘날까지의 역사를 정리해 펴낼 작정이었다. 그런데 집필을 하다 보니 다룰 범위가 방대해지고, 분량이 많아지면서 출판이 자꾸 지체되었다. 80

대 중반에 들어서고 있는 나로서는 난감했다.

이때 이미 네 권의 저술을 낸 경험이 있는 둘째 아들 형권이가 우선 육군사관학교 뿌리 부분을 먼저 출판하고 나서 이후 역사를 후속편으로 내는 것이 어떻겠느냐고 조언을 했고, 이를 받아들여 이 책을 먼저 펴내도록 했다. 정말 잘한 결정이라고 생각한다.

나는 육군사관학교 뿌리 찾기를 통해 우리나라에 사관학교가 언제 어떤 시대적 환경 속에서 설립되었는지 밝히고, 사관학교 설립 주체와 교육자들, 그리고 졸업생들의 행적을 추적하기로 했다. 여기서 육군사관학교는 물론 국군의 정체성을 찾을 수 있겠다고 생각했다.

이 책을 쓰면서 나는, 역사는 사람에 의해서 만들어지고, 사람에 의해서 바뀐다는 평범한 진리를 새삼 확인했다. 그래서 역사의 중요한 국면에서 활동한 인물들의 행적에 비교적 많은 지면을 할당했고, 동일 인물에 대해서도 시대와 상황이 바뀜에 따라 중첩되거나 반복해서 서술한 부분이 없지 않다는 점을 미리 밝혀 둔다.

이 책은 크게 다섯 개의 주제로 구성되었다. 제1부는 우리나라 최초의 사관학교인 연무공원(鍊武公院)과 연무공원이 폐교되고, 갑오개혁으로 설립된 훈련대사관양성소와 훈련대사관양성소 후속의 무관학교를 고찰해 보았다.

그 이전에 예비적 고찰로 세계 명문 사관학교인 프랑스·영국·독일·미국 등 4개 국가의 육군사관학교를 선정해 근대 사관학교의 출현 배경을 서술한 다음 일본과 중국에 육군사관학교가 도입하게 된 과정을 간단히 서술하여 우리나라 사관학교의 역사를 이해하는 데 도움을 주고자 하였다.

제2부는 대한제국 출범과 함께 새롭게 설립된 대한제국 무관학교의 설립 배경, 교육 시스템, 교관과 졸업생들의 활약상, 그리고 군대해산 이후

일제의 강압으로 대한제국 무관학교가 문을 닫게 됨에 따라 일본육사에 전학하여 일본군 장교로 임관한 대한제국 '마지막 무관생도들'의 행적을 추적해보았다.

제3부는 일제강점기 망명지에 세워진 무관학교 가운데 대표적인 사례로 신흥무관학교를 선정하여 그 설립과정, 교육과 교관들, 독립운동에 투신한 신흥무관학교 출신들의 활약상을 서술했다.

제4부는 대한민국임시정부 육군무관학교와 육군무관학교 폐교 후 우리나라 젊은이들이 교육받았던 중국 군관학교를 다룬 다음 광복군의 설립과 활동상을 고찰하였다.

끝으로 제5부에서는 해방 후 육군사관학교의 설립과정과 입학생들의 인적자원, 창군과 6·25전쟁에서 졸업생들의 활약상을 소개한 다음 전쟁으로 인한 휴교와 재개교 등을 살펴보았다. 그리고 내가 이 저술을 집필한 동기가 되었던 육군사관학교의 정통성 문제를 결론으로 다루었다.

초고가 완료된 이후 이를 정토웅 박사(육사 제26기), 임재찬 박사(육사 제28기), 김동식 박사(육사 34기), 곽해용 박사(육사 제40기)에게 검토를 부탁했다. 정토웅 박사는 육사 전사학 교수를 지냈고, 전사 관련 저서를 몇 권 펴낸 바 있다. 제3사관학교 교수를 역임한 임재찬 박사는 《구한말 육군무관학교 연구》 저자로 대한제국 무관학교 부분을 검토해 주었다. 나와 함께 육사 철학과에서 생도교육을 담당했던 김동식 박사는 뛰어난 통찰력을 발휘하여 많은 조언과 제안을 해주었다. 곽해용 박사는 육사 철학 선택과정을 이수한 제자로 문장력이 훌륭해 이미 몇 권의 저술을 펴낸 바 있다.

이 책이 나오기까지 여러 사람의 도움이 있었다. 원고를 검토해 주신 네 분 이외에도 육사 군사사학과 김태산 교수, 국어철학과 조은영 교수로부터도 큰 도움을 받았다. 이들 모두에게 깊이 감사드린다. 그리고 나의 집필에 관심을 가지고 도움이 될 만한 자료를 제공해준 유원구 동기생과 둘레 길을 함께 걸으며 종종 나의 집필 구상을 화제로 대화를 나눈 김정로 동기생, 그리고 나에게 개교 50주년기념사업을 맡기고 적극적으로 지원해 준 동기생 장창규 장군에게도 감사의 말씀을 드린다. 모교 육군사관학교의 도움에도 감사드린다. 흔쾌히 출판을 맡아준 글씨앗 복일경 대표에게도 감사의 말씀을 드리고 싶다.

끝으로 내 인생에서 가장 소중한 가족들에게도 고마움을 전하고 싶다. 아내 임남옥은 아낌없는 내조로 나와 우리 가족의 오늘이 있도록 해주었다. 장남 형석은 나의 집필 진행 상황에 계속해서 관심을 보이며 나를 격려해 주고 후원해 주었다. 차남 형권의 조언과 지원은 이 책이 나오는 데 많은 도움이 되었다. 우리 가족의 일원이 되어 준 며느리 이지영과 손자 현우와 정우도 나에게 큰 힘이 되어 주었다.

여러 가지 부족한 점이 없지 않을 이 저서가 육군사관학교의 역사를 이해하고, 육군사관학교의 정통성을 확인하는 데 조금이라도 도움을 주었으면 한다. 아울러 육군사관학교 역사에 관심을 불러일으키는 촉진제가 된다면, 이 책의 저자로서 더 이상의 보람이 없을 것 같다.

끝으로 개교 100주년에는 국민의 사랑과 신뢰를 받는 세계 굴지의 화랑대 육군사관학교가 되기를 진정으로 소망한다.

육사 개교 78주년을 앞둔 2024년 4월
태릉에서
조 승 옥

일러두기

1. 음력은 양력으로 전환해 표시했고, 음력이 필요한 때는 음력임을 명시했다.
2. 외국의 인명과 지명은 외래어표기법에 따르도록 했으나, 학계에서 통용되는 한글 인명과 지명은 그대로 사용하였다.
3. 러시아의 인명과 지명은 영어로 된 표기를 사용하였다.
4. 일제강점기 우리나라는 '한국'으로, 우리 민족은 '한인(韓人)' 또는 '한국인'으로 표기하였다.
5. '대한민국임시정부', '임시정부'는 고유명사처럼 띄지 않고 표기하였다.
6. 대한제국 무관학교 이전의 '무관학교'는 '건양 무관학교'로 표기하여 대한제국 무관학교와 구분하였다.

차례

책을 내면서   04

01

연무공원(1888-1894)
우리나라 사관학교의 효시

1. 근대 사관학교의 출현   21

귀족 사관학교와 기술사관학교 / 귀족 장교의 퇴장과 전문직업 장교의 등장 / 한국·중국·일본의 사관학교 도입

2. 연무공원, 우리나라 최초의 사관학교   34

문호개방과 군사력 강화 / 별기군 설치와 임오군란: 신식 군대의 시도와 좌절 / 갑신정변과 텐진조약 / 미국 군사교관 초빙 / 연무공원 개설 / 무관이 되는 새로운 길 / 운영난과 폐교 / 연무공원 출신들 / 이학균, '대한제국 무관학교의 아버지' / 미 육사 출신 제너럴 다이

3. 훈련대사관양성소와 건양 무관학교   64

갑오개혁과 근대적 군사제도 도입 / 훈련대와 시위대로 나뉜 중앙군 / 훈련대사관양성소 / 일본 육군사관학교로의 유학생 파견 / 새로운 강자 러시아의 등장과 을미사변 / 건양 무관학교

02

대한제국 무관학교(1898-1909)
독립운동 지도자 배출

1. 대한제국 무관학교 설립   85

대한제국의 출범 / 독립협회가 염원한 민족사관학교 / 설치법의 제정과 개정 / 200명 모집에 1,700명 지원 / 대한제국 무관학교 교관들 / 교육목표와 교육방법 / 교육과정, 학과(學科)·술과(術科)·기술(技術) / 정치문제 논의와 파벌 조성 금지 / 일과와 일상생활 / 황제가 친히 참석한 제1회 졸업식 / 제2회 무관학도 임관과 졸업

2. 광무 국방개혁   114

1900년의 서울, 전기·전화·전차 운용 / 개항기 최강의 군사력 / 원수부 설치 / 헌병·육군법원·군악대 창설 / 우리말 구령의 제정 / 한국식 계급 호칭 / 복제와 훈장 제도

3. 군대해산과 항일무장투쟁 132

일본의 승부수, 러일전쟁 도발 / 일본의 승리와 대한제국의 운명 / 군제개편, 군대감축을 위한 기만 / 군대해산, 항일무장투쟁 시작 / 진위대 봉기와 의병으로의 전환 / 제2의 군대해산, 장교 대량 해임 / 일본육사 출신들 / 노백린, 무관생도 우상에서 임시정부 군무총장으로 / 이갑, 독립운동의 선구자 / 유동열, 임시정부 참모총장

4. 독립운동에 투신한 무관학교 졸업생들 163

대한제국 무관학교 폐교 / 대한제국 무관학교 졸업생 독립지사들 / 김혁, 신민부 영도자 / 황학수, 대한제국 국군에서 광복군까지 / 신규식, 쑨원으로부터 임시정부 승인을 얻다 / 조성환, 임시정부 군무부장 / 신팔균, 통의부 의용군사령관 / 이장녕, 북로군정서 참모부장

5. '마지막 무관생도들' 187

일본육사 졸업, 일본군 장교로 임관 / 지청천, 독립군과 광복군 총사령 / 조철호, 한국 보이스카우트의 선구자 / 이종혁, 참의부 군사위원장 마창덕 / 이응준, 대한민국 초대 육군참모총장 / 김석원, 일본군 전쟁영웅이 '노병의 한'으로

03

신흥무관학교(1911-1920)
독립군 인재 양성소

1. 망명자들이 세운 사관학교   207

    망명 사관학교 설립 추진 / 삼원포 신흥강습소 / 합니하 신흥무관학교 / 시련과 고난 / 오직 나라를 찾겠다는 일념으로 / 신흥학우단과 《신흥학우보》 / 소배차 백서농장

2. 3,500명 독립군 인재 양성   232

    고산자 신흥무관학교 / 중국의 탄압과 내부혼란 / 김원봉, 신흥무관학교 동기생들과 의열단 창단 / 백두산을 향하여 / 신흥무관학교 교관들 / 신흥무관학교 터줏대감 김창환 / 김경천, 나폴레옹을 꿈꾸던 풍운아

3. 청산리 전투와 신흥무관학교 출신들   254

    북로군정서로 간 신흥무관학교 교관과 졸업생들 / 청산리 전투 / 청산리 전투의 영웅들 / 신흥무관학교 교성대의 청산리 전투 참전

4. 자유시참변과 만주 독립군   265

만주 독립군부대의 자유시 이동 / 자유시참변 / 고려혁명군 편성과 해산 / 조선군 대장 홍범도 / '불패의 전설 남긴 항일 투사' / 고려혁명군 사관학교장 지청천과 교관들

5. 만주 독립군 재편성과 신흥무관학교 출신들   283

신흥무관학교 졸업생 채찬이 조직한 참의부 / 정의부와 신흥무관학교 출신들 / 신민부의 무관학교 출신들 / 한국독립군의 대전자령대첩

6. 대한민국임시정부와 광복군의 신흥인들   294

대한민국임시정부의 신흥인들 / 광복군의 신흥인들

7. 남겨진 이야기들   302

고난과 희생의 애국자 길 / 이회영 6형제의 그 후 / 살아남은 자들의 수난 / 김산, 민족주의에서 무정부주의로, 다시 공산주의로

04

대한민국임시정부(1919)
육군무관학교(1920)와 한국광복군(1940-1946)

1. 대한민국임시정부 육군무관학교   323

외교에서 독립전쟁으로 / 임시정부 육군무관학교 / 제2회 졸업을 끝으로 / 중국 군관학교를 통한 군사 인재 양성 / 황푸군관학교 출신들 / 조선혁명간부학교, 뤄양군관학교 한인특설반, 중앙육군군관학교 성자분교

2. 한국광복군, 대한민국임시정부 국군   344

군사위원회 설치와 군사특파단 파견 / 광복군 창설 교섭 / 한국광복군 창설, 대한제국 국군 계승 / 통수체계 확립과 시안총사령부 설치 / 지대 편성과 모병활동 전개 / 조선의용대 광복군 편입 / 일본군 탈출 학병들의 광복군 합류 / '일본군 탈출 학병 1호' 김준엽

3. 연합군과의 군사합작   366

한영(韓英) 군사합작, 인도·미얀마전구공작대 파견 / 광복군 공작대의 활약과 성과 / 한미(韓美) 군사합작, 독수리작전 / OSS 훈련과 국내정진군 편성 / 여의도 비행장에 착륙한 광복군 선발대

05

대한민국 육군사관학교(1946)
37년 만에 다시 세운 사관학교

1. 해방과 귀환　　　　　　　　　　　　　　　　391

일본군 출신들의 귀향 / 남한으로 귀환한 만주군 출신들 / 광복군 해산과 뒤늦은 귀국 / 사설 군사단체의 설립과 해산

2. 군사영어학교　　　　　　　　　　　　　　　405

미군정 시행과 국방사령부 설치 / 군사영어학교 설립 / 국방경비대 창설과 임관 / 국방경비대 확대 편성 / 창군의 시련과 도전들 / "빨갱이 같은 놈, 노랭이 같은 놈 몰아내라!" / 110명의 창군 원로 배출 / 군영 출신들의 공과(功過) / "고문관은 통솔하지 않는다. 조언할 뿐이다." / 임시정부 군무부장이 미군정 통위부장에 / 광복군 출신 경비대총사령관

3. 육군사관학교 개교　　　　　　　　　　　　　436

37년 만에 다시 세운 사관학교 / 대한제국 '마지막 무관생도들' / 신흥무관학교 출신 육사 졸업생 / 광복군 출신 육사 졸업생 / 일본군 출신 육사 졸업생 / 만주군 출신 육사 졸업생 / 북한 인민군 장교 출신 육사 졸업생

4. 창군과 전쟁, 휴교와 재개교   458

창군과 육사 졸업생 / 전쟁과 휴교, 그리고 재개교 / 1,600여 명의 희생으로 지켜낸 대한민국

5. 육군사관학교의 뿌리와 전통   468

대한제국 무관학교의 명맥은 과연 단절되었는가? / 육군사관학교 전신은 군사영어학교인가? / 경비사관학교가 육군사관학교 전신인가? / 4년제 육사 창설은 개교인가, 재개교인가? / 육군사관학교 건학정신, 애국·자주독립 정신 / 광복군 출신 육사 교장들 / 육군사관학교의 뿌리와 전통

글을 마치며   484

참고문헌   488

찾아보기   492

제1부

연무공원(1888-1894)

우리나라 사관학교의 효시

01 근대 사관학교의 출현

귀족 사관학교와 기술사관학교

1802년은 사관학교 역사에 있어서 전환기를 이룬 해라고 할 수 있다. 미국의 웨스트포인트 육군사관학교, 프랑스의 생시르 육군사관학교, 그리고 영국의 샌드허스트 육군사관학교가 모두 이 해에 출범하였다. 이어서 프랑스의 에콜 폴리테크니크가 1804년에 사관학교로 전환되고, 프로이센의 전쟁학교가 1810년에 설립되었다. 이들 사관학교는 근대 사관학교로서의 새로운 장을 열었다는 점에서 그 역사적 의미가 있다고 하겠다.

미국 육군사관학교는 원래 독립전쟁을 지휘하면서 미국 장교들이 프랑스나 영국 장교들보다 군사 지식과 훈련이 부족하다는 사실을 깨달았던 조지 워싱턴(George Washington)이, 대통령이 되자 사관학교 설립을 추진했으나 뜻을 이루지 못하고 퇴임했다. 제2대 대통령도 마찬가지였다. 제3대 대통령 토머스 제퍼슨(Thomas Jefferson)이 1802년 육군사관학교 설치 법률에 서명함으로써 미국 독립전쟁 당시 요새로 사용된 허드슨 강변의 웨스트포인트(Westpoint)에 육군사관학교가 설립되었다. 이 요새 명칭을 따 미 육사를 '웨스트포인트'라고 부른다. 처음 교관 5명과 생도 10명으로 출발했다.

미국을 제외한 프랑스·영국·프로이센에는 1800년 이전에도 사관학교가 존재했다. 그러나 그것은 귀족 사관학교였거나 공병과 포병 장교를 양성하기 위한 기술사관학교였다. 프랑스의 루이 15세가 1751년에 세운 군사학교(Ecole Militare), 프로이센의 프리드리히 대왕이 1765년에 설립한 귀족 아카데미(Ritter Akademie), 그리고 1729년 영국에 세워진 해군사관학교(Naval Academy) 등이 귀족 사관학교의 유형에 든다. 그러나 이들 사관학교의 교육은 부실했고, 그 효과도 미미했다.

루이 15세가 세운 군사학교는 군대를 위해서라기보다는 '운도 지지리 없이 태어난' 가난한 귀족 자제들의 생계를 돕기 위해 설립했고, 프리드리히 대왕의 기사 아카데미는 귀족 자제들을 외교관이나 군인으로 만들 목적으로 설치했으나 군사교육에는 큰 비중을 두지 않았다. 영국의 해군사관학교는 나이 어린 젠트리(gentry, 토지 귀족) 자제들을 해군 장교로 양성하고자 설립했으나 실효를 거두지 못했다.

1800년 이전에 존재했던 두 번째 유형의 사관학교인 포병과 공병 장교를 양성하기 위한 기술사관학교로는 프로이센의 공병학교(1706), 영국의 울위치 육군사관학교(1741), 프랑스의 공병학교(1749) 등을 들 수 있다. 이들 기술학교에는 평민들이 들어가서 포병이나 공병 장교로 임관하여 주로 군의 하위직에 머물렀다.

이 시기 보병과 기병 장교는 귀족들이 독점했다. 프로이센은 귀족들에게 군 복무를 강요했고, 프랑스는 경제적 보상으로 가난한 귀족들을 장교로 유인했다. 그 결과 프랑스 혁명이 일어난 1879년 프랑스 육군 장교 9,578명 가운데 귀족이 6,333명, 평민이 1,845명이고, 나머지 1,100명은 용병이었다.

프로이센은 이보다 훨씬 심했다. 프로이센 군대가 나폴레옹 군대에 참패한 예나 전투(1806) 당시 프로이센 장교 7,100명 가운데 평민은 700명에 불과했다. 이들 700명은 기술직 장교였다.[01] 영국도 마찬가지였지만, 젠트리 계급이 육군 장교를 독점한 점이 다르다.

장교를 귀족이 독점했던 시기에는 군사학에 대한 개념 자체가 없었다. 모든 학문은 원리와 법칙을 가지고 있으나, 전쟁은 원리나 법칙이 없다고 보았다. 군대를 통솔하는 능력은 교육을 통해 길러지는 것이 아니라 음악이나 미술처럼 타고난 재능으로 간주했다.

이런 사고방식은 귀족주의와 연결되어 특정한 사람은 통솔하기 위해 태어났고, 다른 사람들은 복종하기 위해 태어났다는 논리로 발전해 귀족으로 출생한 사람만 장교가 될 수 있다는 믿음을 갖게 하였다. 프로이센의 프리드리히 대왕은 귀족만이 명예심·충성심·용기를 갖추고 있다고 확신하여 귀족을 장교로 중용했다.

귀족에게 장교 생활은 하나의 취미생활에 불과했고, 전쟁은 사냥이나 스포츠처럼 모험 거리로 생각했다. 이런 아마추어 귀족 장교가 지휘하는 군대가 그래도 유지될 수 있었던 것은 복무기간이 8년에서 12년에 이르는 지원병들 덕분이었다. 이들 병사는 사회의 최하위 계층 출신들이었다. 따라서 장교와 병사들 사이에 사회적 계급 차별이 엄연히 존재했다.

01　Samuel P. Huntington, *The Soldier and the State: The Theory and Politics of Civil-Military Relations*(The Belknap Press of Harvard University Press, 1957), p.22

유럽에서 귀족 장교가 도전을 받게 된 것은 프랑스 혁명과 프랑스 혁명전쟁이 그 계기가 되었다.

귀족 장교의 퇴장과 전문직업 장교의 등장

프랑스는 대혁명을 계기로 귀족이 아닌 사람도 장교가 되거나 사관학교에 입학할 수 있게 되었다. 이때 출범한 것이 생시르 육군사관학교와 에콜 폴리테크니크였다. 생시르 육군사관학교는 1802년 보나파르트 나폴레옹(Napoleon Bonaparte)이 '왕립군사학교'를 '특별군사학교'로 이름을 바꾼 데서 비롯된다. 이 특별군사학교가 있던 파리 근교의 퐁텐블로(Fontainebleau)에서 베르사유 궁전 부근의 생시르(Saint-Cry)로 이전하면서 '생시르 특별군사학교(Ecole Spéciale Militaire de Saint-Cyr)' 또는 그냥 '생시르'라고 불렀다. 제2차 세계대전 후 학교는 다시 코엣키당(Coetquidan)으로 옮겨갔으나, 이름은 여전히 '생시르'를 고수해 오늘에 이르고 있다.

프랑스가 자랑하는 또 하나의 사관학교인 에콜 폴리테크니크(Ecole Polytechnique)는 원래 기술직 장교나 기술직 공무원 양성을 위해 설립됐는데, 1804년 나폴레옹에 의해 군사학교로 전환되었다. 이후 이 학교에서는 육군의 포병과 공병 장교, 해군의 함포 장교와 함정 기술 장교를 양성하게 되었다. 에콜 폴리테크니크가 기술직 장교를 배출함으로써 생시르 육군사관학교는 기병과 보병 장교를 양성하는 분업체제로 발전했다.

생시르와 에콜 폴리테크니크가 귀족 출신이 아닌 평민에게도 학교 문을 개방한 것을 계기로 두 학교는 입학시험 제도를 도입하고, 입학할 수 있는 나이를 16세에서 20세로 하고, 고등학교를 졸업하고 대학입학 자격을 갖춘 자로 제한했다.

영국은 1729년 해군사관학교가 설립될 때까지 육군에는 장교를 양성하기 위한 교육기관 자체가 없었다. 육군의 주력인 기병과 보병 장교의 임관과 승진은 돈으로 사는 제도가 이미 오래전부터 시행되어왔기 때문이다. 따라서 프랑스와 프로이센에서는 귀족의 자제가 장교가 되었지만, 영국은 젠트리 계층의 자제들만이 장교가 될 수 있었다. "장교는 신사다"라는 말은 바로 여기서 유래한다.

그러나 포병과 공병 같은 기술직 장교를 양성하기 위해서는 별도의 군사학교 설립이 필요해졌다. 이에 따라 1741년 울위치에 육군사관학교(Royal Military Academy, Woolwich)가 설립되었다. 이 학교 졸업생들은 돈을 내지 않고도 포병이나 공병 장교로 임관되었다.

영국 샌드허스트 육군사관학교(Royal Military Academy, Sandhurst)는 프랑스 혁명전쟁에 참전해 영국 장교들이 동맹국인 오스트리아 장교들보다 실력이 부족하다는 사실을 깨달은 존 라 마샹(John Le Marchant) 대령이 1801년 그레이트 맬로우(Great Marlow)에 세운 육군대학(Royal Military College)에 1802년 보병과 기병 장교를 양성하기 위한 초급과정을 개설한 데서 비롯된다. 이 학교가 1812년 샌드허스트로 이전하면서 샌드허스트 육군대학이 되었고, 제2차 세계대전 직후인 1947년 샌드허스트 육군대학과 울위치 육군사관학교가 샌드허스트 육군사관학교로 통합되어 오늘에 이르고 있다.

독일 사관학교의 역사는 프리드리히 대왕의 귀족 아카데미로 거슬러 올라간다. 프리드리히 대왕 사망 후 귀족 아카데미는 1801년 보병과 기병의 초급장교를 대상으로 하는 군사학교로 계승되었다. 이 학교의 장교 학생들은 1년 중 절반은 교육을 받고, 절반은 부대에서 근무하였는데, 1804년 3년 과정의 정규 교육기관으로 발전했다. 그러나 1806년 프랑스와의 전쟁으로 문을 닫고 말았다.

프로이센은, 1806년 예나(Jena) 전투에서 자국의 군대가 프랑스의 나폴레옹 군대에 패배함으로써 영토의 절반을 프랑스에 빼앗기고, 과다한 전쟁보상비를 감당하는 수모를 당했다. 예나 전투 당시 프로이센 장교의 90%를 귀족이 차지했다. 높은 자리는 노쇠하고 부패하고 자격 없는 귀족들이 독점하고, 낮은 자리는 무능한 어린 귀족들이 차지했음을 고려한다면, 프로이센 군대의 패배는 예견된 참사였다.

예나 전투의 패전을 교훈으로 프로이센은 1808년 8월 6일 장교 임용령을 발표해 출신 성분이 아니라 우수한 자질을 장교임용 조건으로 삼았다.

"장교임용의 유일한 조건은 평시에는 교육과 군사 지식이고, 전시에는 뛰어난 용기와 통찰력이다. 따라서 이런 자질을 갖춘 사람은 누구나 군대의 최고 지위에 임명될 자격이 있다. 과거 군대에 존재했던 모든 사회적 계급 특전은 폐지되고, 모든 사람은 그의 출생 성분에 구애됨이 없이 평등한 의무와 권리를 갖는다."

장교 임용령은 장교 직의 귀족주의에 종언을 고하고, 세계 최초로 전문 직업주의(professionalism)를 선언한 것으로 그 역사적 의미를 지닌다고 하겠다. 이는, 게르하르트 폰 샤른호르스트(Gerhard von Scharnhorst)[02]

---

02 게르하르트 폰 샤른호르스트(1755-1813), 프로이센의 장군이자 군 개혁자로 장교의 귀족적 특권을 폐지하고, 체벌(體罰)을 금지했으며, 공적에 의한 진급 제도의 확립과 군 조직의 간소화를 추진하였다. 그리고 "모든 시민은 조국의 방

를 비롯한 프로이센의 군 개혁자들이 주도해 이루어낸 결과였다.

장교 임용령 발표 2년 후인 1810년 베를린을 비롯한 세 곳에 장교 양성을 위한 전쟁학교(Kriegsschule)가 설립되었다. 이들 3개의 전쟁학교는 1816년 베를린 전쟁학교는 일반전쟁학교(Allgemeine Kriegsschule), 나머지 2개 전쟁학교는 수 개의 사단학교(Divisionsschule)로 분리되었다. 일반전쟁학교는 장교를 대상으로, 사단학교는 장교 후보생을 대상으로 하는 군사학교였다.

프로이센의 군 개혁자들은 장교가 되기 위한 조건으로 고등학교를 졸업하고 대학입학 자격을 가진 자로 학력을 제한했다. 고등학교 졸업생이 장교가 되려면 (1) 연대장 추천 (2) 학과시험 통과 (3) 일반 부대에서 병사로 6개월 복무 (4) 상등병 임명 (5) 9개월간 사단학교 교육 (6) 군사학 특별시험 통과 (7) 연대 장교단에서 장교로 승인 (8) 장교 임관 등 여러 단계를 거쳐야 했다. 퇴역 장교들의 아들들을 위해 만들어진 생도학교(cadet school) 출신들은 연대장 추천이 필요 없고, 일반 병사들이 상등병으로 진급할 때 바로 상등병으로 입대하였다.[03]

이후 일반전쟁학교는 전쟁아카데미(Kriegsakademie)로 명칭이 변경되고, 사단학교는 전쟁학교로 다시 환원되었다. 전쟁아카데미는 참모장교 양성을 위한 최고 군사교육기관으로 오늘날 육군대학, 참모대학 또는 지휘참모대학에 해당한다.

제2차 세계대전 이후 전쟁학교는 독일연방군(서독군) 육군장교학교

위자로 태어났다."고 하면서 국민개병제를 주장하는 등 프로이센 군대를 근대화시킨 주역이다.

03   Samuel P. Huntington, *The Soldier and the State*, p.40

(Offizierschules)로, 전쟁아카데미는 리더십 아카데미(Führungsakademie)로 각각 부활하여 오늘날까지 유지되고 있다. 우리나라에서는 육군장교학교를 '독일 육군사관학교', 리더십 아카데미를 '독일 지휘참모대학'이라 부른다.

전문직업 장교 제도를 최초로 도입한 프로이센 육군은 프로이센-프랑스 전쟁(1870-1871)에 승리함으로써 그 효력을 발휘했다. 이때부터 프로이센은 군사 강국으로 떠올랐고, 세계 모든 나라가 프로이센의 군사제도를 모범으로 삼았다.

한국·중국·일본의 사관학교 도입

동아시아 3국 가운데 서양으로부터 가장 먼저 근대 사관학교 제도를 도입한 나라는 일본이다. 그다음이 중국이고, 우리나라가 가장 늦었다.

일본 육군사관학교는 1868년(메이지 원년)에 설립한 병학교(兵學校)를 효시로 삼는다. 병학교는 병학료(兵學寮)로 이름이 바뀌고, 1874년 육군사관학교조례가 제정됨에 따라 여기에 육군사관학교를 개설했다. 그 후 병학료에 있던 육군사관학교·육군유년학교·교도단·육군도야마학교가 각각 독립함으로써 병학료는 문을 닫았다.

일본육사는 처음 프랑스 사관학교를 모델로 삼고, 프랑스 육군에서 초빙된 교관이 지도하였다. 이때 학생을 '사관생도'라 호칭했다. 프랑스 사관학교를 모델로 한 일본육사의 수명은 얼마 가지 못했다. 프랑스-프로이센 전쟁을 계기로 프로이센이 군사 대국으로 부상하자, 1887년 프로이센 장교임용 제도를 도입했기 때문이다. 이때 '사관생도'는 '사관후보생'으로 호칭이 바뀌었다.

프로이센 장교임용 제도를 도입하면서부터 장교 지원 자격을 5년제 중학교(지금의 고등학교) 졸업자로 제한하고, 이들이 소정의 전형을 거쳐 사관후보생으로 선발되면, 지정된 연대(이를 원대라 함)에 입대하여 일등병으로부터 시작해 상등병에 이르기까지 복무한 다음 사관학교에 입학했다. 다만 육군유년학교 출신자는 중학교 출신자가 상등병이 될 때 상등병으로 입대했다.

사관학교 재학 중 오장(하사)을 거쳐 군조(중사)가 되고, 사관학교를 졸업하면서 조장(상사)으로 진급하여 원대에 복귀하여 견습사관(見習士官)으로 근무했다. 견습사관 시기에는 주로 신병훈련이나 당직근무를 담당했고, 연대장교단의 평가와 추천을 받아 소위로 임관하였다. 이는 프로이센의 장교 임용제도를 그대로 모방한 것이다.

1920년 육군중앙유년학교가 육군사관학교 예과, 육군사관학교가 육군사관학교 본과로 바뀌었고, 중일전쟁이 발발한 1937년 육군사관학교 본과는 육군사관학교로, 육군사관학교 예과는 육군예과사관학교로 다시 개칭되었다. 1945년 일본의 패망과 함께 일본육사는 제61기를 끝으로 역사 속으로 사라졌다.

패전으로 일본은 군대를 보유할 수 없게 되었고, 군국주의자들의 산실인 일본제국 육군사관학교와 육군대학이 폐교되고, 육군사관학교의 자마 캠퍼스는 미군 기지로 수용되었다. 그리고 1954년 육해공 통합의 방위대학교가 설립되어 오늘에 이르고 있다.

일본 육군사관학교는 중국과 한국의 사관학교에 영향을 끼쳤고, 일본육사 출신들은 일본은 물론 중국과 한국의 근현대사에 크게 영향을 미쳤다.

군국주의 일본의 핵심 인물은 대부분 일본육사 출신들이었다. 메이지 유신으로부터 일본 패망까지 30명의 총리대신 가운데 15명이 육군과 해군의 장군이 차지했고, 이들 장군 중 대부분은 육사 출신이었다.

도쿄 극동국제군사재판에서 A급 전범으로 교수형을 받은 7명 가운데 민간인(외무대신) 1명을 제하면, 도조 히데키(東條英機, 동조영기)를 비롯한 6명이 모두 일본 육사 출신이다. 마닐라 국제군사재판에서 처형된 일본군 장군들도 일본 육사 출신들이었다.

일제강점기 조선 총독과 조선에 주둔했던 일본군 사령관들 또한 대부분 일본육사 출신이었다. 윤봉길 의사의 의거로 사망한 상하이 파견군사령관 사라카와 요시노리(白川義則, 백천의칙) 대장 또한 일본육사 출신이다.

중국은 양무운동을 추진하는 과정에서 사관학교 제도를 도입하였다. 중국 최초의 사관학교는 이홍장(李鴻章)이 톈진(天津, 천진)에 설립한 수사학당(水師學堂)과 무비학당(武備學堂)이다. 수사학당은 해군사관학교로 1881년, 무비학당은 육군사관학교로 1885년에 각각 설립되었다.

톈진무비학당은 독일 장교가 교련을 맡았고, 교육과정도 프로이센 군사학교를 모델로 하였다. 의화단의 난(1899-1901)을 계기로 6개 기 1천여 명의 장교를 배출하고 폐교하였다.

이후 위안스카이(遠世凱 원세개)가 1902년에 바오딩(保定, 보정)에 무비학당을 설립해 톈진무비학당을 계승했다. 바오딩무비학당은 곧 바오딩군관학교로 명칭이 바뀌었다. 바오딩군관학교는 윈난(雲南, 운남)육군강무학교와 황푸(黃浦, 황포)군관학교와 함께 중국 근현대 3대 군관학교로 꼽힌다.

바오딩군관학교는 일본육사와 톈진무비학당을 참고로 설립, 독일 장교를 군사교관으로 초빙하고 일본인 고문과 강사를 고용했다. 그리고 생도 가운데 선발하여 일본육사에 유학을 보냈다. 이 기회를 이용한 것이 장제스(蔣介石, 장개석)였다.[04]

위안스카이가 사망하자, 그가 세운 바오딩군관학교도 문을 닫고 말았다. 이 학교 졸업생들은 북양 정부와 중국 국민당 및 공산당 군대에서 활약했다.

윈난육군강무학교는, 1909년 윈난성의 성도 쿤밍(昆明, 곤명)에 설립된 사관학교다. 졸업생들은 대부분 쑨원(孫文, 손문)의 신해혁명에 주체세력으로 활약했다. 교장과 교관은 일본육사 출신이 많았다.

황푸군관학교는 쑨원이 국민혁명군 장교를 양성하기 위해 1924년 6월 광둥성(廣東省, 광동성) 성도인 광저우(廣州, 광주)의 황푸(黃浦, 황포)에 설립된 사관학교다. 정식 명칭은 '중국국민당 육군군관학교'였다.

제1차 국공합작에 따라 레닌 정부로부터 학교 건립과 운영을 위한 자금은 물론 무기를 지원받았고, 소련 군사고문의 지도로 설립했다. 소련군의 영향을 받아 교육은 군사교육과 정치교육에 같은 비중을 두었다. 정치교육은 쑨원의 삼민주의와 마르크스주의를 중심으로 한 사상교육이었다.

교장 장제스를 비롯하여 정치주임 저우언라이(周恩來, 주은래), 교수부주임 예젠잉(葉劍英, 엽검영), 교도단장 허잉친(何應欽, 하응흠) 등은 모두

---

04 장제스는 1906년 바오딩군관학교에 입학, 1908년 일본 육군사관학교 진학을 위해 일본으로 건너가 일본육사 예비학교인 도쿄의 진무학교(振武學校)를 거쳐 일본군 야전포병 연대에서 근무 중 본국의 신해혁명에 참가하기 위해 일본육사에 진학을 포기하고 귀국하였다. 1924년 황푸군관학교가 설립되자 교장에 취임하였다.

중국 근현대사에서 빼놓을 수 없는 인물들이다.

장제스는 국민혁명군 총사령, 국민당 정부 주석 및 군사위원장, 타이완 정부 총통을 지냈고. 저우언라이는 중화인민공화국 초대 수상, 예젠잉은 중화인민공화국 국방부장관, 허잉칭은 국민당 군사위원회 참모총장을 역임하였다. 장제스와 허잉친은 한국광복군과 관계가 깊다.

쑨원이 사망하자 장제스가 공산당과 결별하고 독자적으로 난징에 정부를 수립함으로써 황푸군관학교도 난징으로 이전하면서 중앙육군군관학교로 개칭하였다. 이에 따라 황푸군관학교는 제7기 졸업생을 배출하고 끝났으나, 이후 중앙육군군관학교 졸업생들도 통상 '황푸군관학교 졸업생'이라고 부른다.

중일전쟁이 일어나 일본군이 수도 난징에 육박해 오자 중앙육군군관학교는 1938년 쓰촨성(四川省, 사천성) 청두(成都, 성도)로 이전했다. 이후 국공내전의 결과 중국이 공산화되자 국민당 정부를 따라 1949년 타이완으로 이전, 중화민국 중앙육군군관학교로 다시 개교했다.

황푸군관학교 출신들은 중국 현대사에서 중요한 역할을 했다. 졸업생들은 국민당의 북벌전에 참전해 신해혁명으로 분열된 중국을 통일하는 데 공헌했고, 중일전쟁과 국공내전에서 싸운 국민당 군대와 공산당 군대의 주요 지휘관들은 황푸 출신이 다수를 차지했다. 특히 중국국민당 정부와 군의 요직은 황푸군관학교 출신들이 차지해 국민당 정부의 지지기반이 되었다. 국공내전에서 중국 공산군이 승리를 거두는 데 결정적 역할을 했다.

일제강점기 우리나라 젊은이들이 일본육사, 만주 군관학교[05], 중국 군

---

05 1931년 일본이 만주를 침략하고, 이듬해 일본 괴뢰인 만주국을 수립하여 설립한 사관학교로 일본육사 만주 분교의 성격을 지녔다.

관학교에 진학했는데, 이 가운데 한국인이 많이 진학한 곳은 황푸군관학교와 윈난육군강무학교를 비롯한 중국의 여러 군관학교였다. 이들 가운데 일부는 중국군 장교로 있다가 광복군이 창설되자 여기에 합류하였다.

동아시아 3국 가운데 가장 늦게 사관학교 제도를 도입한 우리나라는 1888년 4명의 미군 군사교관을 초빙하여 사관학교를 개설하였다. 이것이 우리나라 사관학교의 효시가 되는 연무공원(鍊武公院)이다.

이제부터 연무공원을 시작으로 그 이후에 설립된 우리나라 사관학교에 관한 이야기를 살펴보기로 하겠다.

02

연무공원, 우리나라 최초의 사관학교

문호개방과 군사력 강화

우리나라에 근대적 사관학교가 처음 도입된 역사적 배경은 강화도조약(1876)으로 거슬러 올라간다. 이 조약을 계기로 문호를 개방한 조선 정부는 부국강병과 무비자강을 최우선 국정 과제로 삼았으며, 유능한 군사 인재를 양성하기 위해 1888년 연무공원을 설립했다. 이것이 우리나라 최초의 사관학교가 된다.

그럼 이제 강화도조약 체결로부터 연무공원 개설에 이르기까지 과정을 고찰해 보자.

강화도조약 체결 직후 고종은 협상 대표(전권대관)로 활동한 신헌(申櫶)[06]을 불러 조약 체결 과정에서 일본 측 인사들로부터 들은 말과 일본이

---

06 본명 신관호(申觀浩, 1811-1884), 순조 때부터 고종 때까지 금위대장·삼도수군

예물로 바친 신무기에 대해 자세히 물어보았다.

이에 신헌은, 일본의 무기와 농기구는 천하의 으뜸인데 조선에서 구매할 뜻이 있고, 또 기술자를 보내 본떠 만든다면 힘껏 도와줄 것이며, 그 제작법도 알아 조선에서 제작하면 좋겠다는 말을 일본 사신으로부터 들었다고 아뢰었다. 이어서 고종은 일본에서 선물로 증정한 회선포(回旋砲)[07]에 관심을 가지고 물었다.

"만들기가 매우 어렵지 않겠는가?"

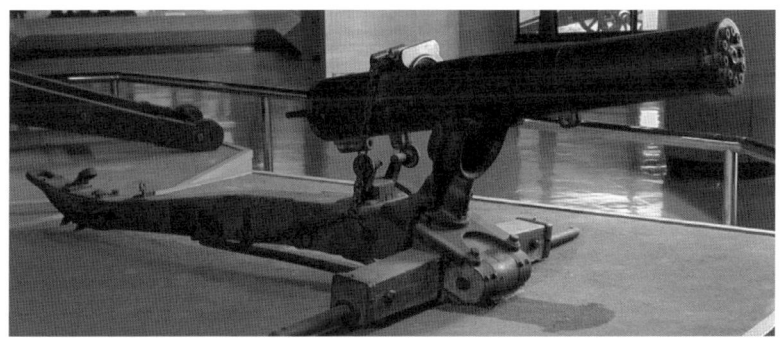

회선포, 게틀링 기관총(독립기념관 소장)

통제사·훈련대장·어영대장 등 주요 무반직을 역임했고, 대원군의 신임을 받아 형조·병조·공조판서 등을 지낸 무신이다. 강화도조약에 이어 1882년 미국과도 수호통상조약을 체결하였다. 많은 저술을 남겼고, 추사 김정희로부터 사사 받아 서예에도 뛰어나 오늘날 육군사관학교 교정에 있는 청헌당(淸憲堂) 건물의 현판 글씨도 그의 작품이다. 손자인 신팔균은 대한제국 무관학교 졸업생으로 만주에서 독립군 사령관으로 활약하다 순국하였다.

07 미국인 발명가 리차드 개틀링(Richard J. Gatling) 박사가 1861년에 개발한 최초의 기관총으로 여러 개의 총열을 손잡이로 돌려서 연속 발사해 '회선포'라 부른 듯하다. 이로부터 20여 년 후인 1884년 영국인 하이램 맥심((Hiram S. Maxim)이 발명한 완전 자동의 맥심 기관총(맥심포)이 등장하였다.

신헌이 쓴 청헌당 현판(육군사관학교 소재)

"그 묘법을 배우면 어찌 매우 어렵기까지야 하겠습니까."
"이 포는 몇 보(步)까지 갈 수 있는가?"
"오직 총구를 높이고 낮추기에 달려 있는데, 저들의 말은 1천여 보를 지날 수 있다 합니다."
"어찌 그렇게 멀리 갈 수 있는가?"
"기계가 매우 정교하고 화약의 힘도 맹렬하면 또한 멀리 미칠 수 있을 것입니다."

이어서 고종은 신헌에게 "선물 가운데 과연 서양 물건은 없는가?" "화륜선(火輪船)08의 제도는 어떠한가?" "저들도 이 배를 잘 만들 수 있는가?" "저들은 무엇 때문에 양복을 입는다고 하는가?" 등을 캐물었다. 이에 대한 문답이 끝난 후 신헌이 아뢰었다.

"저들이 말하기를, '지금 천하의 각국이 군사를 쓰는 때를 당하여 귀국의 산천이 매우 험한 것으로는 싸우고 지키기에 넉넉하나 군비(軍備)가 매

---

08 목재나 석탄 등을 태워 나오는 수증기로 운용되는 배.

우 허술하다.'고 하며, 부국강병의 방법을 누누이 말하였습니다."

"그 말은 교린(交隣)하는 성심에서 나온 듯하다. 우리나라는 군사의 수효가 매우 모자란다."09

이상의 대화 내용을 볼 때, 고종은 일본의 신무기에 관심이 많았으며, 조선의 방어태세가 허술하다는 일본 측 인사의 지적은 이웃으로 선의에서 한 충고 정도로 받아들였음을 알 수 있다.

이후 고종은, 강화도조약 체결 직후 수신사로 일본을 다녀온 김기수(金綺秀)로부터 일본이 농사짓는 것도 서양식 기계를 가져다가 쓰고, 군사도 서양식으로 훈련하며, 무기도 서양 것을 배워 이제는 스스로 만들어 부국강병을 이루고 있다는 보고를 받았다.

고종은 2차 수신사로 일본을 다녀온 김홍집(金弘集)으로부터 황준헌(黃遵憲, 주일 청국공사관 참찬관)이 쓴 《조선책략, 朝鮮策略》을 받아 읽어 보고 큰 감명을 받았다. 황준헌이 《조선책략》을 통해 조선이 취해야 할 정책 방향으로 제시한 핵심 내용은 다음과 같다.

조선의 급선무는 러시아의 침략을 막는 일이며, 러시아를 막기 위해서는 중국·일본·미국과 긴밀히 손을 잡아야 한다. 친중국(親中國), 결일본(結日本), 연미국(聯美國) 하라는 것이다. 이를 바탕으로 미국을 비롯한 서양의 여러 나라와 수교하여, 통상을 통해 국부(國富)를 늘려야 한다.

이와 함께 중국으로부터 군사훈련과 근대식 무기, 그리고 선박 제조법을 배우고, 일본으로부터 서양의 학문과 무기와 선박 제조법, 그리고 군대를 배워야 한다. 또한 학교를 세워 서양 사람을 초빙하여 가르치게 하

---

09 《승정원일기》, 고종 13년 2월 6일.

고, 근대적 무기를 갖추어야 한다. 이것이 무비자강(武備自强) 즉, 군사력을 강화하여 외부의 간섭이나 침략을 막을 힘을 갖는 길이라는 것이다.

당시 청나라도 양무운동[10]을 통한 무비자강을 추구하고 있었다. 따라서 황준헌의 조선책략은 청나라의 의견을 대변한 것이라 할 수 있다.

강화도조약 체결 이후 개항에 반대하는 위정척사파가 강화도조약과 문호개방을 극렬하게 반대하고 있었고, 정부 내에서도 개항 문제를 놓고 의견이 갈리는 등 혼란을 겪고 있던 차에 황준헌의 조선책략은 조선 정부가 국정 방향을 확고히 결정하는 데 지침이 되었다고 말할 수 있다. 그 방향은 오늘날 식으로 표현하자면 개방과 개혁을 통해 부국강병과 무비자강을 이룬다는 것이다.

조선 정부는 무비자강을 국정의 최우선 과제로 삼고 우선 무기 제조법을 배울 유학생을 외국에 파견하고, 군사교관을 외국에서 초빙하기로 방침을 정하고, 청나라에 무기 제조법을 가르쳐 줄 것을 요청하였다. 그 결과 청나라로부터 무기 제조법은 물론 무기 구매와 군사훈련까지 도와주겠다는 답변을 받았다.

청나라로부터 호의적인 답변을 들은 조선 정부는 청나라의 총리아문(總理衙門)을 본받아 1881년 1월 통리아문(統理衙門)을 설치하고, 무기 제

---

10 양무운동(洋務運動)이란, 아편전쟁과 태평천국의 난이라는 국가적 위기를 극복하기 위해 청나라가 서양의 근대적 기술을 받아들여 부국강병을 이루고자 한 자강운동이었다. 이 운동은 1861년 총리아문을 설립하여 추진되었으며, 초기에는 군사력 강화를 위한 분야에 집중되어 서양의 근대적 무기와 군함을 생산하기 위하여 병기공장과 조선소를 건립했고, 서양의 군사제도와 훈련 방식을 채택하여 강군육성에 효과를 보았다. 그러나 청일전쟁에 패배함으로써 이 운동의 한계를 노출하고 말았다.

조기술을 학습할 유학생 파견과 군사훈련 교관 초빙 문제를 놓고 청나라와 본격적인 교섭을 벌였지만, 별로 진도가 없는 데다가 유학생 파견에 필요한 경비를 마련하지 못해 유학생 파견 사업이 지체되고 있었다.

별기군 설치와 임오군란: 신식 군대의 시도와 좌절

조선 정부가 무기 제조법과 군사교련을 청나라에 의뢰하려 한다는 정보를 접한 주한 일본 공사 하나부사 요시모토(花房義質, 화방의질)는 고종과 조정의 실권자들에 접근하여 일본에 시찰단을 파견할 것과 신식교련과 군제 개편을 권고하였다. 하나부사 공사의 권고에 따라 조선 정부는 일본에 제3차 시찰단(신사유람단)을 파견하는 한편, 일본공사관의 호리모토 레이조(堀本礼造, 굴본례조) 공병 소위를 초빙하여 신식교련을 시행하기로 방침을 정했다.

이 방침에 따라 종래의 중앙상비군인 5군영(훈련도감, 어영청, 금위영, 총융청, 수어청)으로부터 장정을 선발하여 별기군을 편성하였다. 이렇게 해서 1881년 5월 19일 우리나라 최초의 신식 군대가 탄생한 것이다.

별기군은 일본의 신식 총을 들고 일본말 구령에 따라 일본군 장교와 조교로부터 일본식 훈련을 받았기 때문에 당시 사람들은 이를 왜별기(倭別技)라 불렀다.

별기군 모습(출처: 국사편찬위원회 우리역사넷)

별기군 편성 6개월 후인 1881년 11월 청나라에서 무기 제조기술을 배울 유학생 일행(공학도 20명, 기술자 18명, 이 밖에 수행원 등 모두 69명)이 영선사 김윤식(金允植)의 인솔 아래 서울을 떠났고, 이듬해 1월 텐진에 도착하였다.

김윤식은 떠날 때 미국과의 수교 문제를 북양대신 이홍장과 교섭하라는 명령을 받았기 때문에 곧바로 이홍장을 만나 미국과의 수교 문제를 타결하였다. 이에 따라 1882년 5월 22일 한미수호통상조약이 체결되었다. 미국에 이어 영국, 독일, 프랑스, 러시아 등 서양의 국가들과도 외교관계를 맺었다.

이보다 앞선 1882년 2월 5군영을 장위영과 무위영 2군영으로 축소·개편하는 군제 개혁이 단행되었다. 이로 인하여 옛 군영의 군졸들은 실직의 불안에 몰린 데다 급료마저 제대로 받지 못하여 불만이 쌓였다.

1882년(임오년, 고종 19년) 7월 19일, 무위영 소속의 옛 훈련도감 군사들은 그간 밀린 13개월분 봉급미 가운데 우선 1개월분을 지급한다는 통보를 받고, 봉급미를 지급하는 선혜청 창고인 도봉소로 갔다. 그런데 그들이 받은 쌀에는 겨와 모래가 섞여 있었고, 양도 매우 부족하였다. 이에 봉급미를 받던 일부 군졸들이 격분하여 창고지기를 구타하는 사건이 발생했다.

사건을 보고 받은 선혜청 당상 민겸호(閔謙鎬)는 강경책을 써 난동을 부린 군졸들을 체포해 엄중히 처벌하라고 명령을 내렸다. 이에 따라 주동자 4명이 체포되어 혹독한 고문을 당했을 뿐만 아니라 곧 사형에 처해질 것이라는 소문이 나돌았다.

이에 옛 훈련도감 군사들이 무위대장 이경하(李景夏)를 찾아가 선혜청의 부당행위와 동료들의 구명을 호소했다. 하지만 실권이 없던 이경하는 민겸호에게 직접 호소하도록 유도하였다. 이에 군병들은 안국동에 있던 민겸호의 집으로 몰려갔다. 그러나 민겸호는 집에 없었다. 이에 군사들이 민겸호의 저택을 부수고 불을 지르면서 폭력 행사에 들어갔다. 흥분한 군사들은 무기고를 부수고 무기를 탈취해 무장을 갖추었다.

7월 23일, 제1대는 의금부에 돌입하여 죄수를 풀어놓았다. 그리고 민씨 척족 정권의 중요 인물들과 개화파 관료들의 집을 차례로 습격하여 파괴하였다. 제2대는, 별기군이 훈련을 받던 하도감으로 갔다. 여기서 일본인 교관 호리모토를 살해하고, 이어서 도망치는 일본인 어학생(語學生) 3명과 이들을 구출하기 위해 달려온 일본공사관 순경 3명을 살해하였다.

제3대는 선혜청 당상을 지내고 경기도 관찰사로 있던 김보현(金輔鉉)을 살해할 목적으로 돈의문 밖에 있는 경기감영을 습격하였으나, 김보현이 없자 대신 감영을 파괴하고 무기고에서 각종 무기를 있는 대로 꺼내 일반 민간인들도 무장시켰다. 이들은 곧장 가까이 있는 일본공사관으로 몰려갔다. 난군들이 일본공사관을 공격하자, 하나부사 공사 일행은 인천으로 탈출하여 마침 정박 중이던 영국 선박에 구조되어 일본으로 도피하였다.

이날 정부는 무위대장 이경하, 선혜청 당상 민겸호, 도봉소 당상 심순택(沈舜澤)을 파면하였으나 군졸들의 난동은 계속되었다.

7월 24일, 군졸들은 드디어 대궐에까지 난입하였다. 이때 민겸호와 김보현이 난군에 의해 살해되었다. 사태가 이미 돌이킬 수 없는 단계임을 알게 된 고종은 대원군의 입궐을 명령한 뒤 곧 별전으로 피신했고, 명성황후는 무예별감 홍계훈(洪啟薰, 본명 홍재희, 洪在羲)의 도움을 받아 대궐 밖으로 피신할 수 있었다.

국왕의 급한 청을 받고 입궐한 대원군은 통리아문과 별기군을 혁파하고, 5군영을 다시 복구시켰다.

한편, 조선 정부로부터 군란 진압 요청을 받은 청나라는 8월 11일, 우창칭(吳長慶, 오장경), 당루칭(丁汝昌, 정여창), 마젠충(馬建忠, 마건충) 제독이 이끄는 함대에 병력 4,000명을 태우고 남양만에 도착했다. 청나라에 무기 제조기술을 배울 유학생을 인솔하고 갔던 영선사 김윤식은 이 부대와 함께 귀국했다.

청나라군은 곧 서울로 진입해 대원군을 톈진으로 압송해 갔다. 이어서 난군 소탕을 구실로 군인 거주 지역인 왕십리와 이태원 방면에 출동해 군병 170여 명을 체포, 그중 11명을 참수하였다. 이로써 임오군란은 청나라군의 개입으로 진압되었다.

일본으로 피신했던 하나부사 공사는 8월 12일 군함 4척, 수송선 3척에 1개 대대 병력을 싣고 제물포에 상륙한 후 일부 병력을 서울에 진주해 놓고 조선 정부를 강압해 제물포조약(1882.8.30)을 체결했다. 그 내용은 '흉도' 체포와 처벌, 일본이 입은 피해 배상, 일본공사관 경비병 배치, 그리고 조선 정부의 사죄 등이었다. 이렇게 해서 임진왜란 이후 최초로 일본군이 조선에 주둔하게 되었다.

임오군란으로 인하여 강병 육성을 위한 신식 군대의 시도는 좌절되고, 무기 제조기술을 배우기 위해 청나라에 파견되었던 유학생들도 도중에 귀국하고 말았다.

임오군란은 이것으로 끝나지 않고, 이후 갑신정변, 청일전쟁, 러일전쟁으로 이어지면서 우리나라 근대사의 흐름을 바꾸어 놓았다.

임오군란은 일부 불만을 품은 군인들이 일으킨 난동으로 단순화시킬 수 없다. 개항 이후 조선 사회에 잠재되어 있던 불만과 갈등이 외부로 폭발한 사건이 바로 임오군란이었다.

개항 이후 일본의 상품이 조선에 유입되는 대신 조선으로부터는 쌀이 유출되어 쌀값이 폭등하고 영세 상공인이 피해를 보았다. 척사파 유생들은 황준헌의 조선책략을 반대하는 상소를 올렸다. 그 대표적인 사례가 영남만인소(嶺南萬人疏)였다.

그 요지는, 미국·러시아·일본은 다 오랑캐고, 우리가 잘 모르는 미국을 끌어들이면 어떤 화를 당할지 모르며, 러시아는 원래 우리와 아무 감정이 없는데 남(황준헌)의 이간질로 러시아가 다른 마음을 품게 된다는 것이었다.

갑신정변과 톈진조약

군란이 진정된 이후에도 청나라는 3,000여 명의 병력을 서울에 주둔시킨 가운데 강화도조약으로 법적 효력이 없어진 조선에 대한 종주권을 다시 명문화하였고, 자국 상인의 통상 특권을 보장하는 협정을 맺었다. 또한 조선의 군대를 장악하여 청나라식으로 군제를 개편하여 훈련하고, 조선의 내정과 외교를 간섭하였다. 일본은 일본대로 제물포조약 상의 권리를 내세우며 조선에 침투해 들어왔다. 그 결과 조선은 청일 양국의 각축장이 되었다.

이렇게 되자 조선의 개혁 세력도 자연히 친청 온건개화파와 친일 급진개화파로 분열·대립하게 되었다. 친청 온건개화파는 중국의 양무운동을 참고로 제도와 사상은 기존 체제를 유지하되 부족한 서양의 기술을 받아들여 부국강병을 이루자고 주장했고, 급진개화파는 일본의 근대화를 모델로 서양의 기술뿐만 아니라 체제까지도 받아들여 개혁해야 한다고 주장했다.

민 씨 척족이 온건개화파에 속하며, 시찰단으로 일본을 다녀온 박영효·김옥균 등 신진세력이 급진개화파에 속하였다. 그런데 현실은 온건개화파가 정권을 장악하고 있어 급진개화파가 뜻을 펼칠 수 없었다.

그런데 드디어 급진개화파에게 기회가 왔다. 청나라가 베트남을 놓고 프랑스와 전쟁에 직면하게 되자 서울에 주둔하고 있던 청나라 군대 3,000여 명 가운데 그 절반인 1,500여 명을 차출하여 베트남으로 파병하는 일이 발생하였다. 급진개화파는 이 기회를 이용해 1884년 12월 4일 쿠데타를 일으켰는데, 이것이 갑신정변이다.

정변 세력은 다음날 새로운 정부를 구성하고, 14개 조항의 개혁과제를 발표했다. 청나라에 대한 사대·조공을 폐지할 것, 신분제를 폐지하고 인민평등권을 제정할 것, 실력과 재능에 의해 인재를 등용할 것, 국가에 해독을 끼치거나 부패한 관리를 처단할 것, 군제를 개편하고 근위대를 급히 설치할 것 등이 주요 내용이었다.

정변이 성공했더라면 우리나라의 자주적 근대화가 좀 더 일찍 이루어졌을 것이다. 그러나 정변은 청나라군의 개입과 일본의 배반으로 실패하고 개화파 정권은 '삼일천하'로 막을 내렸다.

일본 측은 군인 4명을 포함해 40여 명의 사상자를 내는 피해를 보았다. 일본공사관은 불에 탔고, 공사 일행은 탈출해 인천에서 일본 우편선을 타고 본국으로 피신했다.

갑신정변에서 국왕 호위와 수구파 처단을 맡았던 사관생도 14명 가운데 7명은 고종을 호위하던 중 청나라군의 공격을 받아 현장에서 살해되었다. 나머지 7명 가운데 서재필·정난교 등 6명은 일본으로 도피했고, 1명은 민 씨 척족 세력에 체포되어 처형되었다.[11]

갑신정변에서 40명이나 되는 일본인이 살해당하자, 일본은 2개 대대 병력과 군함 7척을 출동시켜 제물포항에 주둔시켰고, 이 가운데 1개 대대 병력을 이노우에 가오루(井上馨, 정상형) 전권대사가 인솔하고 서울에 들어와 조선의 국왕과 대신들을 협박하여 갑신정변에 따른 모든 책임을 조선 측에 전가하면서 한성조약(漢城條約)을 체결하였다.

여세를 몰아 일본은 이토 히로부미(伊藤博文, 이등박문)를 청나라에 파견하여 청나라와 텐진조약(天津條約, 천진조약)도 체결하였다.

텐진조약의 핵심 내용은, 청일 양국은 4개월 이내에 조선에서 철군할 것, 조선은 국내 치안을 위해 군대를 양성하되 청일 양 당사국 이외의 나라에서 군사교관을 초빙할 것, 이후 조선에서 변란이 발생하여 청일 양국이 조선에 군대를 파병할 때는 사전에 이를 통보하고 사태가 진정되면 즉

---

11 갑신정변에 등장하는 사관생도들은 오늘날 우리가 말하는 사관학교 생도가 아니다. 이들은 임오군란으로 중단된 신식교련을 담당할 교관 요원으로 선발되어 일본 육군도야마학교(陸軍戶山學校)에 유학하고 갑신정변 수개월 전에 귀국한 자들이다. 육군도야마학교는 초급장교와 부사관을 대상으로 보병 기초훈련 교관 요원을 교육하던 군사학교였다. 따라서 이들을 통상적 의미의 '사관생도'라고 부르는 것이 적절하지 않다.

시 철병할 것 등이었다. 이때 청일 양국은 조선에 군사교관을 파견할 제3국은 미국으로 한다는데 비공식적으로 합의했다고 한다.

그러나 일본은, 그들이 후원한 갑신정변이 청나라 군대의 개입으로 실패로 돌아갔을 뿐 아니라 조선에 대한 지배권을 청나라에 빼앗기자 청나라에 대한 전쟁 준비에 들어갔고, 결국 10년 후 청나라를 상대로 전쟁을 일으켰다.

미국 군사교관 초빙[12]

1882년 조미수호통상조약이 체결되고, 이듬해 비준되어 루시어스 푸트(Lucius H. Foote)가 초대 주한미국공사로 부임하자, 고종은 푸트 공사에게 미국 정부에서 군사교관(군사고문, military adviser)을 보내 줄 것을 요청하였다. 이 기회에 군사교관을 파견하는 것이 조선에 대한 미국의 영향력을 증대시킬 수 있다고 판단한 푸트는 본국 정부와 교섭에 나섰으나, 아무 성과도 거두지 못했다.

푸트의 뒤를 이어 공사관 무관으로 있던 조지 포크(George C. Foulk) 해군 중위가 공사대리로 군사교관 초빙 문제를 추진하던 중에 갑신정변이 발생하였고, 톈진조약 협상 과정에서 청일 양국이 조선에 군사교관을 파견할 나라는 미국으로 한다는데 비공식적으로 합의했다는 사실을 알아차린 포크는 곧 본국 국무장관에게 조선에 군사교관을 급히 파견할 것을 요구하는 전보를 보냈다.

---

12 미국 군사교관 초빙 문제는 이광린의 <미국 군사교관 초빙과 연무공원>, 《한국개화사연구》(일조각, 1981), 159-202쪽에 자세히 나와 있다.

이에 미국 국무장관은 의회에서 현역 장교는 해외에 파견할 수 없다고 의결했기 때문에 만일 퇴역 장교라도 가능하다면 보내 줄 수 있다는 내용의 답신을 보내왔다.

당시 미국은 남북전쟁(1861-1865)의 후유증을 앓고 있어 대외 문제에 적극적으로 나설 처지가 아니었고, 1882년 조선과 통상조약을 체결한 이래 조선 문제에 대해서는 시종일관 정치적 중립 내지는 불간섭주의를 취하고 있었다. 따라서 정치적으로 민감한 군사교관 파견 문제에 부담을 느끼고 있었다.

1887년 1월 임시대리공사로 부임한 윌리엄 록힐(William Rockhill)은, 더는 군사교관 파견 문제를 지연시킬 수 없다는 것을 깨닫고 조선 정부와 본격적인 교섭에 나섰다. 그는 외무협판(외무차관)을 방문, 퇴역 장교를 조선 정부가 받아들인다면 교관 초빙은 별로 어려움이 없을 것이라고 말했다. 이에 조선 정부는 유능한 장교라면 현역이건 퇴역이건 무조건 받아들이겠다고 알렸다. 그러나 록힐도 결과를 보지 못하고 4개월 만에 이임했다.

미국 군사교관 초빙을 교섭한 이래 여섯 번째 미국 공사로 허그 딘스모어(Huge A. Dinsmore)가 부임했다. 그는 본국 국무장관에게 군사교관의 파견을 독촉했다. 그리고 수석교관에게는 연봉 5,000불, 조교관에게는 3,000불을 지불하고 별도로 여비 500불과 주택을 무료로 제공한다는 조선 정부의 공식 입장을 확인해 주었다. 이로써 미국과 교섭을 벌인지 5년 만에 군사교관 초빙 문제가 타결되었다.

연무공원 개설

학수고대하던 미국인 군사교관 4명이 도착한 것은 1888년 4월이었다. 수석교관 윌리엄 다이(William McEntire Dye) 장군을 비롯하여 에드먼드 커민스(Edmund H. Cummins) 대령, 존 리(John G. Lee) 소령, 닌스테드(F.H. Neinstead) 해군대령 등 4명으로 모두 퇴역 장교들이었다. 수석교관 다이 장군은 웨스트포인트 출신이다.

연무공원 개설을 위한 준비는 미국인 교관이 도착하기 전부터 추진되었다. 고종은 먼저 5군영에 속한 전·현직 고위급 장수의 자식·사위·동생·조카·친척 가운데서 16세 이상 27세 이하의 젊은이를 각각 3인씩 천거해서 내무부(內務府)[13]에 올리라고 명령하였다.[14] 이어서 새로 개설할 학교를 '연무공원'으로 하도록 다음과 같은 교지를 내렸다.

"무비(武備)는 나라의 중요한 일이니 소홀히 하거나 시간을 지체해서는 안 될 것이다. 학도의 명단에 들어간 사람들은 반드시 먼저 무술을 익숙히 단련하여야만 대오(隊伍)가 바르게 되고, 군사의 위용을 엄하게 할 수 있다. 지난번에 추천한 사람들이 이제 날마다 학습하게 되었으니, 그 장소를 연무공원(鍊武公院)이라 부르고, 제반 실행해야 할 규정들은 내무부에서 토의하고 확정하여 세부 조항을 만들어서 올리도록 하라."[15]

---

13 갑신정변으로 폐지된 통리국군사무아문의 후신으로 궁내에 설치된 국정 운영의 최고기관이었다. 갑오개혁 때 폐지되었다.
14 《고종실록》, 고종24년(1887) 12월 1일.
15 인용문에서 '학도'라는 용어는 《고종실록》, 고종 24년 12월 25일자 원문에는 '말위부주지사'라는 용어로 표기되어 있다. 이를 '장교' 또는 '사관'으로 번역하기도 하는데 정확한 번역이라 할 수 없다. 사관학교는 장교나 사관이 될 사람을 교육하는 곳이기 때문이다. 이후 《고종실록》과 《승정원일기》에는 연무공원 '학도'라는 용어가 나타난다. 따라서 '말위부주지사'는 '학도'로 보아야 할 듯하다.

군사력을 갖추는 것이 나라의 중대하고도 시급한 일이며, 정예한 군대를 만들기 위해서는 먼저 군사기술을 훈련받은 인재가 있어야 한다는 취지에서 개설한 것이 바로 연무공원이다. 이렇게 출범한 연무공원이 우리나라 사관학교의 효시가 된다.

학교 이름을 연무공원으로 부르도록 명령을 내린 날이 음력으로 1887년 12월 25일이고, 양력으로는 1888년 2월 6일이다. 미국·프랑스·영국·독일보다는 80여 년, 일본보다는 20여 년, 그리고 중국보다는 3년 늦었다.

학교 이름을 연무공원(鍊武公院)이라 한 것은 무술(武術)을 연마하는 관립학교라는 의미를 지닌다. 연무공원보다 2년 앞서 개설한 육영공원(育英公院)도 정부가 세운 관립학교였다. 이 무렵 세운 사립학교인 이화학교와 배제학교에는 '학당(學堂)'이라는 이름이 사용되었다.

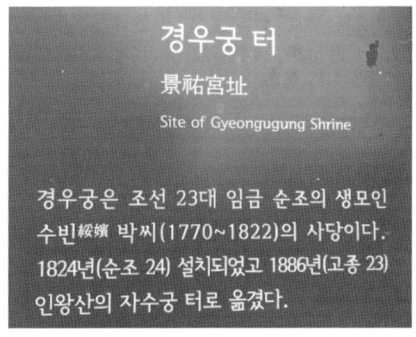

경우궁터 표지판(필자 촬영)

연무공원이 설치된 장소는 경우궁(景祐宮) 자리로 오늘날 서울시 종로구 계동의 현대건설 본사 사옥이 있는 곳이다.

연무공원 운영에 관한 세부 규칙은 남아 있지 않아 그 내용은 알 수 없으나 미 육사 출신인 수석교관 다이 장군의 영향을 받았을 것으로 보인다.

학도들은 서양식 복장을 하고, 서양식 신식무기를 배우며, 서양식 군사훈련을 받았다. 교관들이 처음에는 한국말을 몰라 영어로 훈련했다. 학도들에게는 각종 신식무기의 사용법을 가르쳐야 했기 때문에 미국·일본·독일·프랑스·러시아 등으로부터 대포와 소총을 수입하였다. 무기 수입은 주로 닌스테드 해군 대령이 맡았다. 이렇게 수입된 무기는 중앙군에도 지급되었다.

일본 군사교관을 초빙해 신식교련을 시도했으나 임오군란으로 좌절되고, 일본 군사학교에 유학을 보내 군사교관 요원으로 활용하려던 시도 또한 일본 군사학교에 유학을 다녀온 '사관생도들'이 갑신정변에 가담함으로써 실패하고 말았다.

이에 남은 선택지는 오직 하나, 스스로 사관학교를 세워 군사 인재를 확보하는 방법밖에 없었을 것이다. 따라서 연무공원은 우리나라가 스스로 장교를 양성하기 위해 설립한 최초의 사관학교라는 점에서 그 역사적 의의를 찾을 수 있다.

무관이 되는 새로운 길

연무공원은 미국 군사교관 4인과 학도 40여 명으로 출발했다.[16] 오늘날의 눈높이에서 보자면 언뜻 보잘것없는 시작으로 보이겠지만, 미 웨스트포인트가 교관 5명과 생도 10명으로 개교한 것이나, 해방 후 육군사관학교가 교장 1명과 교관 3명, 그리고 88명의 입학생으로 출범한 데 비하면 결코 초라한 출발은 아니었다.

최초로 입학한 이들 40여 명 가운데 과연 몇 명이 졸업했는지는 알 수 없다. 다만 연무공원이 개설된 지 9개월 정도 되는 시기인 1889년 3월 1일, 연무공원의 사첨 3인과 학도 26명에 대한 인사명령은 확인할 수 있다.[17]

---

16 이광린, 《한국개화사연구》, 164쪽 재인용.
17 《승정원일기》, 고종 26년 1월 30일.

이때의 인사명령을 보면, 먼저 연무공원 사첨(司籤)[18] 이학균·김진성·박진규를 그 직책에 유임시키고 6품에 승진시키도록 하였다. 당시 무과시험에 합격하면 대체로 종9품 초관(哨官)에 임명되고, 무관 장원 급제자가 6품에 임명되던 관례에 비추어 볼 때 파격적이라 할 수 있다.

다음으로 연무공원 학도 26명을 통위영과 장위영의 초관에 반반 나누어 배치하라고 명령하였다. 초관은 125명 정도의 병력을 거느리는 군영의 초급 지휘관이다.

이들 26명 가운데 6명은 무과에 합격하여 5군영과 훈련원 등에서 하급직(9품)에 있던 자들이었고, 11명은 무과시험에는 합격했으나 아직 관직을 받지 못한 자들이었다. 나머지 9명은 무과에 급제하지 않은 자들이었다.

무과에 급제하지 않은 9명에 대해서는 이날 무과 급제를 하사하였다. 과거시험을 보지도 않고 합격했으니, 이는 연무공원 학도에게 주어진 특혜였다.

끝으로 우등 학도 4명은 부장(部將) 명단에 올렸다가 자리가 나면 승진시키라고 명령하였다. 부장은 일정 기간이 지나면 6품으로 승진하는 관직으로 '6품 승진 예비자'라 할 수 있다. 이로부터 4년 후 부장으로 있던 연무공원 출신 9명은 실제로 6품으로 승진하였다.[19] 종9품이 6품으로 승진

---

18 연무공원에 앞서 육영공원을 개설할 때 생원, 진사, 유학(幼學) 가운데 외국어에 능통한 자를 골라 '사첨'에 임명하라고 한 것을 볼 때 사첨은 외국인 교관을 보좌하기 위한 조교의 성격을 가진 것으로 보인다. 여기서 생원과 진사는 생원진사과에 합격한 자를 지칭하며, 유학은 생원진사과에 합격하지 않은 자를 지칭한다.

19 《일성록》, 고종 28년 3월 6일. 승진자 명단은 이진호·신덕성·권승필·유신희·남

하려면 7, 8년이 걸렸던 관례로 볼 때 연무공원 출신이 4년 만에 6품으로 승진한 것도 특혜라 하겠다.

조선 시대 무관이 될 수 있는 길은 두 가지가 있었다. 무과 시험에 합격해 무관으로 임관되는 경우와 선조의 후광으로 특별 임관되는 경우다. 그런데 왜란과 호란을 겪으면서 무과 합격자가 급증했고, 전쟁이 끝난 후에도 그 수효가 줄어들지 않아 조선 후기 광해군에서 고종 때까지 무과 급제자가 무려 120,653명에 이르렀다고 한다.[20]

태종 2년(1402)에 처음 시행된 무과시험의 급제자는 28명에 불과했다. 그런데 조선 후기에 이르러 무과 급제자가 급증해 숙종 2년(1676)에는 그 숫자가 1만 7,652명에 이를 정도였다. 연무공원이 개설된 이듬해인 고종 26년(1898)에도 2,513명이 무과에 합격했다.[21] 과거 제도는 갑오개혁(1894) 때 폐지되었다.

무과 합격자가 급증하자 무과에는 합격했으나 아예 관직을 받지 못하는 사람, 하급 간부(오늘날 부사관)에 임명된 사람, 그리고 무관에 임명되었으나 자리가 없어 대기상태에 있던 사람들이 많아졌다. 따라서 연무공원 학도들을 9품 초관에 임명한 일은 파격적인 인사라 하겠다.

만리·조능현·이범래·김재영·이문식 등이다.
20 정해은, 《조선의 무인과 양반사회》(역사산책, 2020), 14-15쪽.
21 앞의 책, 73-78쪽.

운영난과 폐교

이렇듯 연무공원이 우리나라 역사상 최초로 체계적인 교육을 받은 군사 인재를 배출하는 기능을 수행하였으나, 그 운영이 순탄하지 않았고, 어려운 일이 계속 일어났다. 가장 큰 어려움 가운데 하나는 재정난이었다. 연무공원 유지를 위한 예산이 별도로 책정되지 않아 미국인 교관들에게 급료를 제대로 줄 수 없었고, 연무공원에 지급되는 돈은 거의 학도들의 서양식 제복을 마련하는 데 사용되었다.

미국인 교관들에게 급여 지급이 어렵게 되자 조선 정부는 1889년 9월 18일 돌연 커민스 대령과 리 소령을 해고하고, 그날부터 봉급을 지급하지 않는다고 일방적으로 통보하기에 이르렀다.

이에 커민스 대령과 리 소령은 이를 주한 미국 공사에 알렸고, 미국 공사는 조선 정부에 이를 항의하는 한편 본국 정부에 이 사실을 알려 처리 방안을 문의했다. 이에 미국 정부는, 확실한 근거가 없는 한 계약조건의 이행을 정당하게 요구할 수 있다는 내용의 훈령을 내렸다. 결국 해임된 두 교관에게 밀린 봉급과 여비를 지급하는 선에서 문제는 일단락되었다.

또 다른 문제는 교관들의 업무 과중이었다. 미국 교관들의 주 임무는 사실 조선 중앙군에 대한 교련을 담당하는 것이어서 연무공원 학도만 가르칠 형편에 있지 않았다.

임오군란 때 궁성이 난군에 의해 점령당하고, 갑신정변 때도 창덕궁을 중심으로 청일 양국 군대 사이에 교전이 있었으나 조선의 궁성 호위군은 아무런 대응도 할 수 없었으니, 궁궐 호위병들에 대한 훈련을 개선해야 할 필요성이 절실해졌다. 그 결과 궁성 호위군에 대한 훈련을 미국 교관들이 담당하였으니, 이들의 업무 부담이 과중해졌다. 더군다나 리 소령과 커민스 대령이 해고된 이후 나머지 두 교관의 부담은 더욱 커졌다.

여기에 친청 보수파가 연무공원 운영을 담당하면서, 청나라에 영합하여 공원의 발전에는 관심을 두지 않게 되었고, 이에 따라 연무공원은 급격히 쇠퇴하기 시작했다.

1893년 12월 닌스테드 해군대령은 계약이 만료되어 사표를 제출했으나, 조선 정부로부터 육영공원(育英公院)의 교사직을 맡아달라는 교섭을 받고 서울에 남았다. 이렇게 되자 다이 장군 혼자 연무공원과 근위부대의 훈련을 담당하게 되었다. 당시 그는 이미 60세가 넘는 노인이었다.

부실하게나마 운영되고 있던 연무공원이 문을 닫게 된 결정적 계기는 동학 농민봉기 진압을 구실로 조선에 출병한 일본군이 1894년 7월 23일 경복궁을 점령하고, 조선 중앙군의 무장을 해제하면서 연무공원의 무기도 모조리 빼앗아 감으로써 연무공원은 사실상 그 기능을 잃고 말았다.

공식적으로는 갑오개혁 때 군제를 개편하면서 연무공원은 개교 6년 만에 폐교를 맞았고, 연무공원 대신 일본의 주도로 훈련대사관양성소가 연무공원이 있던 자리에 설립되었다.

연무공원 출신들

연무공원 출신 가운데 행적이 비교적 소상히 밝혀진 사람은 앞에서 든 조교 3인 가운데 1인과 학도 26인 가운데 12명에 불과하다. 이들 이외에도 연무공원을 통해 임관한 자들이 더 있었을 것으로 추측되지만 자료를 찾지 못하였다. 이들 13명의 대한제국 시기까지의 경력은 다음과 같다(괄호 안은 최종계급).

　　이학균(참장) 대한제국 무관학교 교장, 원수부 총장, 육군법원장
　　이병무(부장) 일본육사 졸업, 군부대신 및 시종무관장
　　오보영(참장) 헌병대장, 시위제3대대장, 시종무관
　　이승칠(참령) 훈련대 중대장, 대한제국 무관학교 교관
　　이진호(참령) 친위대 대대장, 아관파천 후 파직
　　이범래(참령) 친위대 대대장, 아관파천 후 파직
　　남만리(정위) 친위대 제1대대 중대장, 거창·천안·평택 군수
　　권승필(정위) 군부 군무국 군사과원, 육군연성학교
　　박제범(정위) 친위대 중대장, 대한제국 무관학교 학도대
　　백명기(정위) 친위대 중대장, 친왕부무관
　　안규승(3등계사) 강화지방대 중대장(정위), 군부 경리국 과장
　　이한창(1등군사) 친위대 중대장, 진위제5대대 향관(보급관)
　　조능현(부위) 평양진위대대, 육군연성학교

　이들 연무공원 출신 가운데 이학균, 이진호, 이범래, 이병무, 남만리 등 5인은 동학농민군 봉기, 청일전쟁, 명성황후시해사건, 춘생문 사건, 아관파천, 군대해산 등 격변하는 정세 속에서 운명이 갈렸다.
　이진호는 1894년 동학농민군 2차 봉기를 진압하기 위해 조직한 교도대(敎導隊)의 영관으로 임명되어 일본군과 함께 농민군을 진압하는 데 앞장섰다. 이어 청일전쟁 때는 평양전투에서 일본군을 도왔다.
　이병무는 청일전쟁 승리를 축하하기 위해 사신(보빙사)으로 파견된 의

화군 이강(고종의 둘째 아들, 후에 의친왕으로 책봉)을 수행해 일본으로 갔다가 그곳에 남아 일본 육군교도단을 거쳐 일본육사에 진학, 1896년 일본육사를 졸업하였다. 한국인 최초의 일본육사 졸업생이라 할 수 있다.

명성황후시해사건에서 연무공원 출신 이범래와 이학균은 반대편으로 갈라섰다. 이범래는 훈련연대 제2대대(대대장 이두황 참령) 중대장으로 황후 시해에 가담했고, 시위연대 제1대대장 이학균 참령은 이들의 반대편에 서서 이들을 저지하고자 했다.

명성황후시해사건 직후 훈련대가 이 사건에 가담한 사실이 알려져 해산되었고, 군제는 중앙의 친위대와 지방의 진위대로 개편되었다. 이때 이진호와 이범래는 친위연대 대대장에 임명되었다. 친위연대는 2개 대대밖에 없었기 때문에 연무공원 출신이 고위직에 진출함으로써 장교단의 세대교체가 이루어지는 듯했다. 그러나 이들은 춘생문 사건과 아관파천을 계기로 역적으로 몰렸다.

춘생문 사건(春生門 事件)이란 명성황후시해사건 이후 친일 세력에 포위되어 신변의 위협을 느끼고 있던 고종 임금을 궐 밖으로 피신시키려다 실패한 사건을 말한다. '실패한 아관파천'이라 할 수 있다.

이 사건은 고종의 경호책임을 맡고 있던 다이 장군이 미국인 선교사와 교사, 그리고 미국과 러시아의 공사관과 모의하여 추진되었다. 여기에 정동파 관료들이 가세했는데, 당시 정동(貞洞)에는 미국·러시아·영국 등 구미 공사관이 자리하고 있었고, 이들 공사관의 외교관들과 친교 관계를 맺었던 조선의 관리들을 '정동파(貞洞派)'라 불렀다. 이들은 반일, 친미·친러의 성향을 띠고 있었다.

1895년 11월 12일 새벽, 친위대 중대장 남만리 정위와 이규홍 정위가 병력을 이끌고 춘생문 옆 담을 넘어 대궐에 진입해 임금의 피신을 돕고자 했다. 그런데 이 계획에 협력하기로 약속했던 친위대 대대장 이진호가 군부대신 서리 어윤중에게 밀고하여, 어윤중이 입궐해서 친위대 병사들을 회유해 거사는 결국 실패했다.

다이 장군이 연무공원에서 자신의 제자였던 이진호를 믿고 거사에 협력해주도록 부탁했는데, 이진호가 이를 배신한 것이다. 다이 장군에 협력한 연무공원 출신 남만리는 현장에서 궁궐 수비병에게 체포되어 백령도 유배형을 받았다.

그러나 아관파천(俄館播遷)을 계기로 반전이 일어나 이진호와 이범래에게 체포·처형의 명령이 내려지자, 이들은 일본으로 피신했다. 남만리는 사면되어 군수로 발령을 받았다.

이렇게 해서 연무공원 출신 5명 가운데 이학균과 이병무 두 사람만 군대에 남게 되었다. 이후 1898년 대한제국 무관학교가 설립되면서 이학균이 교장, 이병무가 부교장 격인 교두(敎頭)로 취임했다.

러일전쟁을 계기로 이학균은 일본의 감시대상이 되자 상하이로 망명하였고, 이병무는 일본군의 후광을 입어 승승장구하였다.

이병무는 군부대신으로 고종 황제를 겁박해 강제 양위시키고, 군대해산을 주도했다. 이병무는 시종무관장 겸 친위부 장관으로 1910년 8월 한일병합조약 체결에 관한 어전회의(御前會議)에 참석해 가결함으로써 경술국적(庚戌國賊)으로 지탄받게 되었다. 일제강점기에는 일본군 중장으로 승진하는 등 '수치스러운 영달'을 누리다가 1926년 사망했다. 군부의 대표적인 친일반민족행위자다.

이진호와 이범래는 군대해산 이후 일본에서 돌아와 사면을 받고, 일제의 비호를 받아 영달을 누렸다. 일제강점기 이진호는 도지사, 조선총독부 학무국장 등을 지내며 친일행각을 이어갔다. 이범래 또한 조선총독부의 토지조사사업에 앞장서 협력했다. 이 두 사람도 친일반민족행위자 명단에 들어 있다.

이학균, '대한제국 무관학교의 아버지'

연무공원 출신 가운데 끝까지 국왕에게 충성하고 군 발전에 이바지한 인물을 들라고 하면 단연 이학균(李學均) 장군을 꼽을 수 있다. 그의 공적 가운데 대표적인 것은 1898년 5월부터 1903년까지 5년간 대한제국 무관학교 교장으로 있으면서 무관학교의 기틀을 다진 일이다.

이학균은 예비 과거시험이랄 수 있는 생원진사과에도 합격하지 못한 유학(幼學)으로 당시 국정 운영의 최고기관인 내무부의 말단 직원(부주사)으로 있다가, 연무공원이 개설되자 사첨으로 발령받았다. 당시 개화와 자강을 추진하던 내무부에서 근무한 것이나 연무공원 사첨에 발령받은 데는 그가 영어 실력이 있기 때문이 아니었을까 추측해 본다.

이학균은 교관 다이 장군의 조교로 근무하던 중 6품으로 승진했고, 이후 통위영 부장(4품)을 거쳐 1885년 6월 시위연대 제1대대장(참령)에 임명되었다.

명성황후시해사건 당일 이학균 참령은 폭도들이 궁궐에 접근하는 것을 발견하고 숙직 중이던 다이 장군과 러시아인 건축기사 세레딘 사바틴(Afanasy Seredin-Sabatin)에게 이를 알렸고, 다이 장군과 함께 시위대를 지휘해 폭도들을 저지했으나 실패했다.

춘생문 사건 때도 다이 장군과 뜻을 함께해 국왕을 궐 밖으로 피신시키고자 하였으나, 연무공원 출신 이진호의 배신으로 실패하고 말았다.

아관파천 이후 이학균은 궁내부 관리로 임명되어 국왕의 환궁에 대비한 경운궁(덕수궁) 건설 감독 임무를 수행하고, 회계원 검사과장과 왕궁의 건축 공사 책임자로 활동했다. 그 공으로 그는 중추원 1등 의관(議官)에 임명되어 정승의 지위에 해당하는 경(卿)의 반열에 올랐고, 친위 제2대대장에 임명되었다. 이후 명성황후 장례식(1897.11) 때는 외국 공사들의 조문을 안내했다.

대한제국이 출범한 후 무관학교가 설립되자 이학균 참령은 초대 교장에 임명되었다. 1899년 4월에는 인천항에 도착하는 알베르트 하인리히(Albert Wilhelm Heinrich) 프로이센 왕자를 서울까지 호위하는 책임을 맡기도 하였다.

이해 6월, 원수부 회계국 총장에 임명된 지 얼마 되지 않아 참장으로 승진, 원수부 검사국 총장과 회계국 총장서리로 임명되어 무관학교장을 겸임하였다.

이학균은 무관학교 교장으로 재직하는 동안 다이 장군이 우리말로 번역하다 마치지 못한 전술 교재와 훈련 규칙을 완성하고, 외국 군사교범을 참고하여 학도 교육에 필요한 교재를 개발하여 간행하였다. 교과과정, 교육방법, 학도규칙 등을 제정해 교육체계를 확립하는 한편 일본육사 출신 교관들을 포용해 무관학교의 기틀을 잡음으로써 '대한제국 무관학교의 아버지'로 자리매김하게 되었다.

무관학교 제1회 졸업생 오상근의 회고에 따르면, 이학균 교장은 군사학에 능통하고, 영어 실력이 좋았다고 한다. 대궐 출입이 잦았고, 항상 민충

정공(민영환)과 친하게 지내며 일을 도모하고 처리했는데, 무관학교도 이 두 사람이 주도해 설립했다고 한다.[22]

이학균은 참령으로 무관학교 교장으로 부임한 지 1년 만에 부령으로 승진했고, 다시 8개월 만에 정령을 건너뛰어 바로 참장으로 승진했다. 연무공원 조교에서 장군까지 진출한 입지전적 인물이다. 여기에 군의 최고 통수기관인 원수부의 검사국·회계국·기록국 총장 등 요직을 두루 지냈다.

1903년 10월, 이학균은 육군법원장에 취임했고, 3개월 후 고종황제의 사업을 돕기 위해 육군법원장에서 물러나게 된다. 이후 이학균은 고종황제를 대신해 여러 방면의 사업가로 활동했다.

고종황제가 미국인과 합작해 설립한 전기회사를 황제를 대신해 운영했다. 이 회사는 전기·철도·전화·전등 설치 및 운영권을 가지고 있었다. 그리고 황제를 대신해 이전까지 주로 일본인과 거래하던 정부 전매품인 인삼 매매계약을 프랑스인과 체결했다. 그는 광산 허가권도 가지고 있었다. 이로 인하여 그는 모함을 받기도 하였다.

이학균은 친미·친러의 정동파에 속한 반일 인물인데다 일본의 이권이 위협받자 일본의 감시대상이 되었다. 러일전쟁이 일어난 직후인 1904년 3월, 그는 일본의 감시망을 피해 미국 군함을 타고 상하이로 피신했다.

그러나 여기서도 상하이 주재 일본영사관과 일본헌병의 감시 속에서 궁핍한 생활을 이어가던 중 1909년 3월 사망했다. 그해 9월 그가 공들여 가꾸어 놓은 대한제국 무관학교도 일제의 강압으로 문을 닫았다.

---

22 종합잡지 《삼천리》, 제4권 제1호(1932)에 실린 오상근의 <나의 모교, 나의 은사> 참조.

미 육사 출신 제너럴 다이

연무공원 수석교관 다이 장군
(출처: 《한국개화사 연구》)

연무공원 수석교관을 역임한 윌리엄 다이(William McEntire Dye, 한국명 茶伊 다이, 1831-1899)는 1849년 미국 육군사관학교에 입학해 1853년에 졸업했다. 1861년에 남북전쟁이 일어나자 북군 소속으로 아이오와 의용연대를 이끌고 참전했다. 전쟁 기간 의용군 명예 준장이 됐다.

그 후 정규군 소령으로 임관했으나 곧 자진 예편하여 취미로 농사일을 하던 중 1873년 이집트 정부에 초빙되어 이집트군 대령 계급을 받고 이집트 군대에 대한 근대화 작업을 추진했고, 이집트-에티오피아 전쟁에 참전해 부상 당하기도 하였다.

1878년에 미국으로 돌아온 뒤 워싱턴 D.C. 경찰국장으로 근무하던 중 육군사령관의 추천으로 선임 군사교관으로 조선에 부임하였는데, 그때 그의 나이는 58세였다.

그는 연무공원뿐만 아니라 궁성 호위대에 대한 훈련까지 담당해 무척 힘이 들었지만 성실하게 그 직무를 수행했다. 이에 고종은 연무공원과 통위영·장위영의 훈련에 성과를 낸 다이에게 2품 병조참판, 닌스테드(한국명 仁時德, 인시덕)에게 3품 병조참의의 직함을 내렸다. 병조참판은 오늘날 국방부 차관, 병조참의는 국방부 국장에 해당한다.

1894년 7월 23일 청일전쟁에 출병한 일본군이 경복궁을 포위·점령한 가운데, 조선 중앙군을 무장해제 시키고 무기를 탈취해 갈 때 연무공원도 예외는 아니었다.

일본군의 이런 만행에 대해 고종과 조정 대신들이 일본군의 왕궁 철수와 조선군 재무장을 강력히 요구하고, 이에 서울 주재 구미(歐美) 외교관들이 가세한 결과 무장해제 한 달여 만에 일본군은 탄약을 제외한 무기를 되돌려 주었다.

다이 장군은 일본군이 왕궁에서 철수할 때 되돌려 받은 녹슨 무기를 손질함은 물론 심지어 일본군이 철수하면서 궁성 안의 연못에 버린 무기를 건져내 훈련에 사용하였다.

이후 일본은 조선군의 재무장을 허용하고, 장차 자신들의 수족으로 사용하기 위해 훈련대를 만들었다. 일본이 주도해 만들고 일본군이 훈련한 훈련대를 믿을 수 없던 고종은, 다이와 닌스테드가 훈련한 군사들로 별도로 시위대를 편성하였다.

명성황후시해사건이 발생한 날 밤 다이 장군은 경복궁에서 숙직하고 있다가 이학균 참령으로부터 폭도들이 쳐들어온다는 보고를 받고 시위대를 지휘해 일본군에 대항했으나 곧 무너지고 말았다. 그는 명성황후 시해 사건을 직접 목격한 산증인으로 이 사건을 국제사회에 알리는데 공헌했다.

임금의 경호를 책임 맡고 있던 다이 장군은 명성황후시해사건 직후 공포와 불안에 떨고 있는 고종을 궐 밖으로 피신시키고자 했으나 믿었던 연무공원 제자의 배신으로 실패했다(춘생문 사건).

조선에 온 후 다이 장군은 일본군의 경복궁 침범, 갑오개혁, 을미사변,

춘생문 사건 등 요동치는 정국의 변동을 겪으며 정신적으로나 육체적으로 몹시 지친데다 이미 66세라는 고령으로 복잡한 군사나 정치 문제에 더는 개입하고 싶지 않았다. 더욱이 국왕이 친일 세력의 포위를 벗어나 비록 외국 공관일망정 러시아공사관에서 신변의 보호를 받고 있어 그의 목적도 어느 정도 달성되었다고 생각했다. 여기에 조선 정부와 4차 계약도 끝날 무렵인지라 먼저 왕실 농원의 기사로 일하고 있던 아들을 따라 왕실 농원에서 일하게 되었다.

그가 관직에서 물러난 지 6개월 후인 1896년 10월 드미트리 푸챠타(Dmitri V. Putyata) 대령이 인솔하는 러시아 군사 교관단이 도착하여 조선군과 무관학교에 대한 훈련을 맡았다.

다이 장군은 조선에 온 지 11년 만인 1899년 고국으로 돌아갔다. 그는 이미 질병에 걸려 몸이 몹시 쇠약해 있었기 때문에 본국에 도착한 지 얼마 안 되어 향년 68세의 나이로 타계했다.

03 훈련대사관양성소와 건양 무관학교

갑오개혁과 근대적 군사제도 도입

1894년 6월 1일 동학농민군이 전주성을 점령하자 조선 정부는 청나라에 파병을 요청했다. 조선으로부터 파병 요청을 받은 청나라는 2,400여 명의 병력을 출발시키면서 톈진조약에 따라 일본 정부에 파병 사실을 통보하였다. 일본은 6월 9일 제물포에 약 4,500명의 군대를 상륙시켰다.

6월 11일, 전주성에서 정부군과 농민군 사이에 협정이 성립되어, 동학농민군 1차 봉기가 종료되었다. 이에 따라 조선 정부는 청나라와 일본에 철병을 요구하였다.

그러나 일본은 이 기회를 이용해 청나라의 영향력을 제거하기로 판단하고, 철병을 거부하고 도리어 추가 병력을 파병하여 조선 정부에 내정개혁안을 제시하였다. 이에 조선 정부가 미온적인 태도로 나오자 일본군은 1894년 7월 23일 경복궁을 점령하였다.

그리고 이틀 후인 7월 25일 아산만 근해의 풍도 앞바다에서 일본 해군 함정이 청나라 군함을 공격했고, 28일에는 일본 육군이 아산과 성환에 주둔 중이던 청나라 군대를 공격했다. 일본군의 공격을 받은 청나라 군대는 평양으로 후퇴했다.

이런 상황 속에서 조선 정부는 7월 30일 군국기무처(軍國機務處)를 설치하여 갑오개혁에 착수하였다. 종래 '병조(兵曹)'는 '군무아문(軍務衙門)'을 거쳐 '군부(軍部)'로 개칭되고, '무관'이란 호칭은 '장교' 또는 '사관'으로 바뀌었다.[23]

근대적 군대 계급제도가 만들어졌다. 이때 만들어진 새로운 계급 호칭과 품계는 아래와 같다.[24]

대장(정·종1품) 부장(정2품) 참장(종2품)
정령 부령 참령 정위(3품)
부위 참위(6품)
정교 부교 참교(품외)

새로운 계급제도의 가장 큰 특징은, 무관의 지위가 문관과 동일 수준이 되었다는 점이다. 군대의 최고 계급인 오군영의 대장의 품계가 정부의 최고 관직인 총리대신과 동격이 되고, 장교의 최하 계급인 참위(소위)의 품계가 군수급이 되었다.

---

23   이전까지 "장교는 군졸을 통솔하는 위치에 있는 교련관·기패관·군관 등으로 장관(將官)과 달리 관품이 없었다." 《조선의 무인과 양반사회》, 148쪽.
24   《승정원일기》, 고종 31년(1894) 12월 4일.

지금처럼 봉급이 돈으로 지급되고 계급과 직책을 기준으로 봉급 액수가 책정되는 제도가 도입된 것도 갑오개혁 때부터라 하겠다. 봉급도 장교의 위상 향상에 걸맞게 책정되어, 대장은 대신(장관), 부장(소장)은 협판(차관)과 봉급 수준이 같았고, 정령(대령)은 도지사 평균 봉급보다, 정위(대위)는 5등급 군수보다 봉급이 많았다.[25]

장교의 권한과 신분보장을 위한 법령도 발표되었다. 장교는 종신토록 그 관직을 보유하고, 그 제복을 입어 그 관직에 대한 예우를 누린다. 그러나 본인의 청원을 허락하여 면직된 자, 신민(臣民) 된 권한을 상실한 자, 금고 이상의 처벌을 받은 자, 본분을 위반하여 면직된 자 등은 이 권한을 잃는다.

계급정년제와 진급 제도가 도입되었다. 대장은 정년이 없고, 부장·참장만 되어도 당시 평균수명에 비하면 거의 평생 정년을 보장받았다. 영관이 54세, 위관과 하사는 45세였다. 진급은 근속 연한에 따른 '석차 진급'과 선발에 따른 '발탁 진급'을 원칙으로 삼았다. 단, 전투에서 공훈을 세운 자와 전투 중인 부대에서 손실된 인원을 보충할 경우만큼은 예외로 했다.

갑오개혁을 계기로 종래의 '영(營)-사(司)-초(哨)-기(旗)-대(隊)-오(伍)' 편제가 오늘날과 같은 '연대-대대-중대-소대-분대-반'으로 변경되었다.

복장 또한 '육군복제규칙' 제정에 따라 서구식 군모에 양복 형태의 상의와 하의 그리고 구두에 이르기까지 신식복장으로 바뀌었다. 이때 군복 제도의 특징은 단일 복장을 그 꾸밈에 따라 예장(禮裝, 정복), 정장(正裝, 예복), 군장(軍裝, 전투복), 상장(常裝, 근무복)의 네 종류로 한 것이다.

---

25 무관 및 상당관 관등 봉급령(칙령 제68호, 1895.3.30)과 관등봉급령(칙령 제57호, 1895.3,29) 참조.

갑오개혁 직후 군복
(출처: 《육군복제사》)

정복에 모자에 깃털을 꽂고 어깨 줄을 걸치면 '예복'이 되고, 정복과 예복 착용 때 차던 군도 혁대를 탄띠로 바꾸고 배낭을 짊어지면 '전투복'이 된다. 배낭을 메지 않을 때는 우의와 외투를 말아서 왼쪽 겨드랑이 밑으로 비스듬히 두르면 '근무복'이 되는 것이다.

웃옷은 천이 흑색 혼합모직물(나사, 羅紗)이고 깃은 똑바로 선 스탠드업 칼라에 앞면에는 무늬가 없는 은색 단추 5개를 한 줄로 달았다. 그리고 좌측 허리 부분 하단은 칼을 차는 데 편리하도록 터 낸 형태였다.

장군, 영관, 위관 계층 구분은 양쪽 칼라에 부착한 '은별' 숫자로 구별하였는데 장관급은 3개, 영관급은 2개, 위관급은 1개씩 달았다. 계급 구분은 소매에 부착한 황금색 띠와 은색의 태극무늬 단추로 된 소매장으로 구분하였다. 바지는 천이 웃옷과 다른 흑색 천이었으며 양측 측면에는 홍색 띠를 부착하여 장관급은 3줄, 영관과 위관은 1줄이고 그 폭이 달랐다.

모자는 흑색 재질로 된 투구 모양으로 앞뒤로 타원형이고, 꼭대기에는 화살촉과 같은 금속제 장식을 달고, 차양과 턱 끈은 흑색 가죽으로 만들어 달았다. 뒤에도 앞면과 같은 모양의 챙을 달았으나 그 크기가 약간 작았다. 모표(帽標)는 무궁화 가지를 교차시킨 다음 그 위에 오얏 꽃 모양의 장식을 새겨 넣었는데, 영관급과 장관급은 그 위에 은색별을 붙였다.

훈련대와 시위대로 나뉜 중앙군

청일전쟁이 한창 진행 중이던 1895년 1월, 이노우에 일본 공사는 고종에게 징병제도를 시행하기에 앞서 우선 훈련대를 조직하여 궁궐을 호위하는 근위대로 삼을 것과 사관학교를 설립해 사관을 양성할 것을 제안했다. 이에 고종은, 징병제도는 나라의 상공업 발전에 저해된다는 이유를 들어 고사하는 대신 훈련대 편성은 묵인했다.

이렇게 해서 1895년 2월 기존의 군영(장위영·통위영·경리청·총어영)에서 장정을 선발해 훈련대를 편성하고, 신태휴(申泰休) 참령을 훈련대장으로 임명하였다.

이때 편성된 훈련대는 후에 제1훈련대대가 되고, 서울에 제2훈련대대가 편성되자, 2개 대대로 훈련연대를 편성하여 홍계훈 부령을 연대장에 임명하였다. 우범선 참령과 이두황 참령이 대대장에 임명되었다. 훈련연대장 홍계훈 부령은 임오군란 때 명성황후를 피신시킨 공으로 국왕 부처의 두터운 신임을 받고 있었다.

이때 편성된 훈련연대는 우리나라 최초의 연대급 편제로 이후 러시아 군사 교관단에 의해 러시아식 편제가 도입되기까지 조선군의 기본편제가 되었다.

일본 측은 이 훈련대를 장차 그들의 수족으로 삼기 위하여 일본군 경성수비대가 창설과 훈련을 맡도록 하였다.

처음부터 훈련대에 궁성 호위를 맡기기를 원치 않았던 고종은 시위대 편성을 공포하였다(1895.7.17). 시위대도 훈련대처럼 시위연대로 편제되었다. 시위연대장에는 홍현택 부령, 제1대대장에는 연무공원 출신 이학균 참령, 제2대대장에는 김진호 참령이 각각 임명되었다.

이렇게 해서 조선의 중앙군은 일본군이 편성하고 훈련한 '훈련대'와 미국인 교관이 훈련한 '시위대'로 분열되었다. 그 결과 시위대와 훈련대는 명성황후시해사건에서 충돌하였다. 훈련대는 명성황후 시해에 가담하였고, 시위대는 이들을 저지하는 편에 섰다.

훈련대사관양성소

이노우에 공사의 건의로 훈련대가 설치되자, 훈련대에 필요한 장교를 양성하기 위한 훈련대사관양성소 또한 일본의 건의로 설립되었다.

오늘날 사관학교설치법에 해당하는 훈련대사관양성소관제가 칙령 제91호로 1895년 7월 8일 공포되었다. 사관양성소관제의 주요 내용은 다음과 같다.

- 사관양성소는 훈련대에 임용할 사관에게 필요한 교육을 하는 것을 목적으로 한다.
- 학도는 귀천을 불문하고 지원자를 모집하여 시험으로 채용한다.
- 소장은 군부 군무국장에게 예속하여 사관양성소 사무를 관리하고 학도 교육에 대한 책임을 맡는다.
- 교관은 모두 무관으로 학(學)·술(術) 두 분야의 교육을 맡는다.
- 학도의 수학기간은 3개월로 정한다.
- 본소를 졸업한 자는 참위에 임명한다. 만약 결원이 없는 때는 휴직을 명하고 학술을 계속 이수하도록 한다.

- 본소를 졸업한 자를 사관으로 채용하는 법은 고과표에 의하여 그 상위로부터 차례로 임명한다.
- 학도 중 졸업할 가망이 없는 자는 언제든지 퇴학을 명한다.
- 부칙: 교관은 내·외 무관으로 충당한다.

연무공원은 양반 출신들을 대상으로 추천제로써 학도를 선발했으나, 사관양성소는 신분의 차별 없이 누구나 지원하여 시험을 통해 공개 모집한 것이 가장 큰 특징이다. 이는 신분 차별을 폐지하고 능력에 따라 인재를 채용하도록 한 갑오개혁의 산물이라고 할 수 있다.

졸업 후 참위로 임용하도록 한 것도 연무공원과 다르다. 연무공원 이수자는 품계를 받아 군영의 초관에 임명되었다. 또한 사관양성소는 연무공원과 달리 수학 기간이 정해져 있었는데, 최초 수학 기간으로 정했던 3개월은 이후 18개월로 연장되었다.

"교관은 내·외 무관으로 충당한다."라는 부칙은 사관양성소의 교육과 훈련을 일본군이 맡도록 법제화한 것이다. 실제로 훈련대와 마찬가지로 훈련대사관양성소 또한 일본군 경성수비대가 교육을 맡았고, 일본공사관 무관이자 군부 고문인 구스노세 유키히코(楠瀬幸彦, 남뢰행언) 중좌가 양성소를 실질적으로 통제했다. 당시 사관양성소 설치 장소는 연무공원이 있던 경우궁 자리였다.

사관양성소는 설치법이 공포되기도 전에 이미 교육을 시행해 1895년 4월 25일 입소한 학도들이 7월 8일 참위로 임관했다. 이들 가운데 왕유식·권태한(권학진)·이대규·김상열 참위 등 4명은 졸업 직후 일본육사 유학생으로 선발되었다. 여기에 훈련대 소속의 조성근·성창기 등 2명의 부위도 일본육사 유학 명령을 함께 받았다. 명성황후시해사건이 발생하기 6일 전이었다.

훈련대사관양성소는 일본이 친일 장교를 양성할 목적으로 개설한 것이었으므로, 우리나라 사관학교의 정통성에 심대한 하자가 있다고 할 수 있다.

일본 육군사관학교로의 유학생 파견

일본육사에 유학생 파견을 본격적으로 추진한 것은 갑오개혁 때부터였다. 조선 정부 주도로 일본육사에 유학생 파견을 시작하던 1896년도 군부 예산 가운데 유학생경비로 2만 3,314원이 책정되었다. 이는 국내 사관양성비로 책정된 2만 8,921원과 맞먹는 수준으로, 당시 개혁 정부가 일본육사 유학에 얼마나 공을 들이고 있었는지 보여주는 부분이다. 참고로 같은 해 국가 총예산은 631만 6,831원, 군부 예산은 102만 8,401원으로, 군부 예산이 국가 예산의 16%에 달했다.[26]

1895년 4월, 개혁 정부의 실세인 박영효 대신의 주선으로 대대적인 유학생 파견이 이루어졌고, 이들 가운데 21명이 육군유년학교를 거쳐 1898년 12월 일본육사 제11기로 진학, 이듬해 11월 졸업하였다.

이들이 일본으로 출발한 뒤에 앞서 말한 사관양성소 졸업생 4명과 훈련대 장교 2명 등 6명의 장교가 1895년 가을 일본으로 건너갔고, 1896년 1월 일본육사에 진학했다. 그런데 이들 6명이 일본육사에 진학한 지 얼마 되지 않아 아관파천으로 친일 정부가 몰락하고 반일 분위기가 거세지자,

---

26   <관보> 제226호 부록, 건양원년(1896) 1월 20일자.

이들에게 소환 명령이 내려왔다.

귀국 후 이들 가운데 왕유식·권태한·성창기·조성근 등 4인은 훈련대사관양성소 후속으로 설치된 무관학교 교관으로 발령을 받았다.

그러나 당시 일본 육군유년학교에 재학 중이던 1895년도 일본 유학생 21명은 귀국하지 않고 학업을 계속해 일본육사 제11기로 졸업하였고 이후 일본군에서 견습사관으로 있던 1900년 7월, 본국 정부로부터 참위 임관 명령을 받았다.

제11기생의 뒤를 이어 8명이 1899년 일본 유학길에 올랐다. 1897년 대한제국이 출범하고, 1898년 대한제국 무관학교가 개교한 이듬해 이들이 일본육사에 진학하기 위해 유학길에 오른 것은, 이들을 대한제국 무관학교와 대한제국 군대의 교관으로 활용하려는 의도가 아니었을까 생각된다.

이들은 일본육사 예비과정을 거쳐 1902년 일본육사에 진학해 이듬해 일본육사 제15기로 졸업 후 도쿄에 있는 일본군 부대에서 견습사관으로 근무하던 중 러일전쟁이 발발하자 일본군 부대를 따라 종군하게 되었다. 이들이 서울을 지나갈 때 본국 정부로부터 전쟁 현장을 견학한다는 의미에서 '관전장교(觀戰將校)'라는 칭호를 받았고, 귀국 후 전원 대한제국 무관학교에 발령받았다.

이후 한동안 일본육사 유학생이 없다가 김광서가 제23기로 졸업했다. 김광서는 대한제국 군기창장(지금의 병기감)을 지낸 포병 부령 김정우의 아들로, 그의 형은 일본 육사 제11기로 졸업한 김성은이었다.

김광서는 황실 장학생으로 1904년에 일본으로 건너가 국권피탈 전해인 1909년 일본육사에 입교, 강제 합병 후인 1911년 졸업해 일본군 장교로 임관했다. 한국인 일본육사 졸업생 가운데 최초로 일본군 장교로 임관된 것이다. 그러나 그는 1919년 3·1운동에 자극받아 일본군 중위 신분으로 일본군을 탈출, 만주 신흥무관학교에 합류해 항일 독립운동에 투신했다. 이때 김경천으로 이름을 바꾸었다.

김광서가 일본육사에 입학한 1909년 대한제국 무관학교는 일제의 강압으로 문을 닫게 된다. 이때 재학 중이던 1, 2학년 무관생도들 가운데 43명이 일본육사에 전학하기 위해 일본으로 건너갔다. 이들은 일본 육군중앙유년학교를 거쳐 2학년 무관생도 18명 가운데 13명이 1914년 일본육사 제26기로 졸업하여 일본군 장교로 임관했고, 1학년 무관생도 25명 가운데 20명은 1915년 일본육사 제27기로 졸업해 일본군 장교로 임관했다. 이들로서 일본육사에 유학하는 일은 끝났다.

이들과는 달리 개별적으로 일본육사에 진학한 사람으로는 이병무와 이희두가 있다. 이병무는 앞에서 이야기했듯이 한국인 최초의 일본육사 졸업생이고, 이희두는 1895년 일본 유학을 떠나 1896년 1월 일본육사에 진학, 1897년 7월 졸업했다. 이어서 육군도야마학교를 이수하고 1899년 귀국해 정위로 임관했다. 이 학교는 갑신정변 때 행동대로 활동한 서재필 등 '사관생도들'이 교육 받았던 곳이다.

갑오개혁 때로부터 강제 합방 이전까지 일본육사에 유학한 한국인은 모두 71명으로 확인되는데 이들 가운데 37명은 대한제국 장교로, 나머지 34명은 일본군 장교로 임관하였다.[27] 이들 71명 가운데 9명이 일제강점기 독립운동에 투신해 8명이 독립유공자로 건국훈장을 받았고, 24명은 친일

---

27 이기동, 《비극의 군인들》(일조각, 2020), 711-734쪽에 나오는 일본육사 출신 명단 가운데 갑오개혁 이전에 일본육사에 진학했다가 자결한 박유굉과 1895년 관비생으로 게이오의숙에 입학한 4명은 제외하였다.

반민족행위자로 분류되고 있다. 또한 10명은 해방 후 국군 장교가 되었으며, 10명 가운데 5명은 육군사관학교를 거쳐 국군 장교로 임관했다.

새로운 강자 러시아의 등장과 을미사변

청일전쟁은 1895년 4월 시모노세키(下關, 하관) 조약 체결로 끝이 났다. 이 조약으로 일본은 랴오둥(遼東, 요동)반도, 타이완(臺灣, 대만), 펑후(澎湖, 팽호) 군도를 할양받고, 전쟁 배상금 2억 량과 열강과 동등한 통상상의 특권을 누리게 되었다.

일본이 랴오둥반도를 차지하게 되자 만주 진출을 꾀하던 러시아는 즉시 프랑스·독일과 손잡고 랴오둥반도를 청나라에 다시 돌려주도록 일본에 압박을 가했다. 3국을 상대로 전쟁을 할 수 없던 일본은 조약 체결 1주일 만에 랴오둥반도를 청나라에 돌려주었다(삼국간섭).

피를 흘리면서까지 얻은 전리품을 피 한 방울도 흘리지 않은 러시아에 강탈당한 일본 정부는 체면이 구겨졌다. 반면에 러시아는 여세를 몰아 시베리아 횡단철도를 만주를 통과하여 부설할 수 있도록 청나라로부터 승인받았다.

한편, 청일전쟁에 승리한 일본은 조선을 지배하려 하였고, 여기에 불안을 느낀 고종과 명성황후는 극동의 새로운 강자로 떠오른 러시아를 끌어들여 일본을 견제하고자 하였다. 만주에 진출하려던 러시아 또한 일본이 조선을 지배하는 것을 용인할 수 없었다.

이에 일본의 조선 지배를 저지하고자 하는 러시아 공사 칼 이바노비치 베베르(Karl Ivanovich Weber)와, 일본에 의해 침해된 고종의 왕권을 복구하고자 하는 명성황후의 의도가 맞아떨어져 조선과 러시아의 관계가 급속히 가까워졌고, 일본을 배경으로 하는 세력이 권력에서 밀려났다. 여기에 일본의 통제아래 있던 훈련대를 폐지한다는 조선 정부의 방침이 일본 측에 전달되었다.

위기를 느낀 일본은 명성황후를 반일 세력의 핵심이자 러시아와 조선의 연결 고리로 간주하고 명성황후를 시해하는 만행을 저질렀다(1895.10.8.). 이어서 일본은 급진 개혁을 추진해 단발령을 발표하였다. 명성황후 시해에 이어 단발령이 발표되자 전국에서 의병이 봉기하였다.

훈련대가 명성황후 시해에 가담한 사실을 뒤늦게 알게 된 고종은 훈련대를 해체하고, 육군을 서울에 주둔하여 궁성 수비를 담당하는 친위대와 지방의 주요 지역에 주둔하면서 소요 진압과 변방 수비를 담당하는 진위대로 하는 편제 개편을 단행하였다(1895.10.30.). 그리고 일본의 영향에서 벗어나기 위해 1896년 2월 11일 러시아 공사관으로 피신하였다(아관파천).

이날 고종은 내각을 해산하고, 친일파 체포 명령을 내렸다. 총리대신 김홍집과 농상공부 대신 정병하는 이날 성난 군중들에 의해 살해되었고, 탁지부 대신 어윤중은 17일 용인에서 피살되었다.

새로 출범한 내각은 단발령을 철회하고 각자의 편리에 따라 상투를 자르도록 하였다. 단발령은 일본이 주도해 추진한 갑오개혁 가운데 가장 반발이 심했던 대표적 사례라 할 수 있다.

영국의 신문기자 프래더릭 맥켄지(Frederick A. McKenzie)는, "상투를 잘라야 한다는 일본인의 생각은 옳은 것이었지만 민중들이 개화 사조를 통해 천천히 처리해야 할 문제들을 법으로 다스리려 했다는 점에 과오가 있었다." 단발령은 "오히려 상투의 수명을 연장시켜 주었다."라고 말한다. 그 사례로 노령이나 만주의 이주 한인들이 아무런 압력도 없었으나 상투를 자르는 것이 편리하다고 느껴 스스로 상투를 자른 것을 볼 수 있었다고 그는 말한다.[28]

단발령 철회 조치는 갑오개혁에 대한 고종의 불만과 불신을 반영한 것으로 해석될 수 있다.

고종이 러시아공사관에 머물고 있던 1895년 5월 러시아 황제 니콜라이 2세(Nikolai II Alexandrovich Romanov) 즉위식이 있었다. 여기에 민영환을 전권대신으로 파견하여 러시아에 궁궐 경비병과 군사교관 파견, 차관 제공, 전신선 설치 등 5개 사항을 요구하였으나 결과는 군사교관 13명을 지원받는 데 그쳤다. 이 무렵 러시아는 조선 문제를 놓고 서울과 모스크바에서 일본과 협상 중이어서 조선을 지원하는 데 소극적이었다.

이렇게 해서 드미트리 푸챠타(Dmitri V. Putiata) 대령을 단장으로 위관 2명, 군의관 1명, 부사관 10명으로 편성된 러시아 군사교관단이 서울에 도착한 것은 1896년 10월이었다. 이들은 도착 즉시 고종의 환궁에 대비하여 시위대를 편성·훈련하는 한편 무관학교 교육도 담당했다.

---

28 맥켄지는 영국 데일리 메일 신문사의 종군기자로 1904년 러일전쟁을 취재하기 위해 한국을 다녀갔다가 1906년에 다시 내한하여 1907년까지 머물면서 의병 활동을 직접 취재해 1908년 *The Tradegy of Korea*를 출간했다. 이 책의 한글 번역본 가운데 필자가 참고한 것은, 신복룡 역주, 《대한제국의 비극》(집문당, 1999)이다. 맥켄지는 3·1운동에 자극 받아 1920년 *Korea's Fight for Freedom*을 저술하였다. 신복룡은 이를 《한국의 독립운동》이라는 제목으로 번역하여 앞의 《한국의 비극》과 합본으로 발간하였다. 맥켄지는 2014년 한국정부로부터 독립운동 지원 유공으로 건국훈장 독립장을 추서 받았다. 국가보훈부 독립유공자 명단에는 맥켄지로 표기되어 있다.

건양 무관학교

　명성황후시해사건을 계기로 훈련대가 폐지되자, 훈련대사관양성소 또한 같은 운명에 처하게 되었다. 이를 타개하기 위해 1896년 1월 훈련대사관양성소를 대신할 무관학교를 설립했다.

　이때 설립한 무관학교는 2년 후 개교한 대한제국 무관학교와 혼동하기 쉽다. 실제로 서울 신문로에 설치된 '육군무관학교 터' 표지판에는 "1896년 1월 설립한 육군무관학교가 있던 자리"라고 설명하고 있는데, 이는 훈련대사관양성소 후신으로 설립된 무관학교를 대한제국 무관학교로 혼동한 데서 비롯된 것이다.

　1896년 1월에는 훈련대사관양성소 후속의 무관학교가 설립되었고, 대한제국 무관학교는 1898년에 설립되었다. '육군무관학교'라는 교명 또한 1904년 9월 대한제국 무관학교 관제 개정 때 처음 등장하기에 이전의 사관양성소 후속의 무관학교와는 관계가 없다. 대한제국 무관학교는 서울시가 설치한 '육군무관학교 터'에 위치했고, 훈련대 사관양성소 후속의 무관학교는 연무공원과 훈련대사관양성소가 있던 계동의 경우궁 터에 설립되었다

　따라서 훈련대사관양성소 후속의 무관학교와 대한제국 무관학교의 혼동을 막기 위하여 필자는 훈련대사관양성소 후신의 무관학교를 설립 당시 연호를 따서 '건양 무관학교'로 부르기로 하겠다.

　1896년 1월 15일 칙령 제2호로 공포된 건양 무관학교 관제의 주요 내용은 다음과 같다.

- 무관학교는 무관이 되고자 하는 자를 선발하여 초급 무관에게 필요한 교육을 시행한다.
- 채용할 학도의 인원은 군부대신이 정하여 전국에 고시한다.
- 교장 1인(군부 군사과장으로 겸임), 부관 1인(위관), 의관 1인(부대의관으로 겸임), 교두 1인(고참 교관으로 겸임), 교관 3인(영·위관), 조교 하사 8인, 번역관 2인, 주사 2인, 전어생(통역관) 약간인의 직원을 둔다.
- 교장은 군부대신에게 예속하여 교무를 통할하고 또 학도 모집하는 사무를 관장한다.
- 교두는 학도를 교육하는 책임이 있으니 각 교관의 분담을 정하며 학도의 행위를 감독한다.
- 교관은 교두의 명을 받아 훈육 및 학·술과의 교수를 담임하며 학도의 행위를 감시한다.
- 조교는 교관의 명을 받아 교육 과목의 일부를 분담하되 전속 조교는 무기, 마구 기타 교육재료의 보관을 담당하고 교내 관사에 기거하여 학도를 감시하는 책임을 맡는다.
- 학도의 수학 기간은 군부대신의 정하는 바에 의한다.
- 수학 중에는 피복, 식사를 모두 관비로 하고 약간의 수당을 지급한다.
- 학도 중에서 학술이 특별하고 행위가 방정한 자를 선발하여 사장(舍長, 내무반장)으로 명한다.
- 교두는 학기말에 학도의 졸업시험을 시행하며 각 교관을 소집하여 개의(開議)하고 모든 학기의 결과와 졸업시험 성적을 대조하여 서열을 정하고 고과표를 작성하여 교장에게 보고한다. 교장은 고과표에 그 의견을 첨부하여 군부대신에게 상신하여 그 인가를 받은 후에 졸업증서

를 부여한다.
- 학도 중에 다음 사항에 관계되는 자는 퇴교를 명한다.
    1. 학술을 이수함이 완전치 못하여 졸업의 목적이 없는 자.
    2. 군기를 문란하거나 법규를 여러 번 위반한 자.
    3. 행위가 부정하고 뉘우치는 기미가 없는 자.
    4. 질병으로 졸업의 희망이 없는 자.
- 질병 또는 기타 사고로 정해진 기간 내에 졸업을 못한 자라도 장래에 희망이 있는 자는 차기 학도 중에 편입할 수 있다.
- 여름 혹서기에는 학도에게 3주간의 휴가를 주되 이 시기에 수영 연습을 명할 수 있다.

부칙
- 교관과 조교는 당분간 외국 무관에게 촉탁할 수 있다.
- 성적이 미달하여 사관의 자격을 얻지 못한 자는 하사로 임명한다.
- 훈련대사관양성소관제는 본령 시행일부터 폐지한다.

이 관제의 가장 큰 특징은 사관학교의 명칭을 '무관학교'라고 한 점이다. 이 명칭은 이후 대한제국 무관학교, 신흥무관학교, 대한민국임시정부 육군무관학교로 그 호칭이 이어져 중국의 '군관학교', 일본의 '사관학교'와 구별되는 우리나라 고유의 사관학교 호칭이 되었다는 점이다.

관제 가운데 퇴교 요건을 구체적으로 명시하고 있는 점과 질병 및 기타 사유로 학도가 정해진 기간에 졸업하지 못 할지라도 장래성이 인정된 자에게 유급 제도를 적용한 점, 그리고 성적 미달로 사관의 자격을 얻지 못하면 하사로 임명하도록 한 점은 이후 대한제국 무관학교 관제로 이어졌다. 교관과 조교를 당분간 외국 군인에게 위탁한다는 부칙 조항은 일본 교관과 조교에게 교육을 담당하게 하려는 의도로 보인다.

관제 발표 후 무관학도 모집령이 발표되었다. 입학 자격은 20세에서 30세까지의 청년 중 시험을 거쳐 선발하고, 신장이 5척(약 150센티미터) 이상으로 신체가 건강한 자로 하며, 한문으로 자기 의견을 진술할 만한 자로 정했다.

수학 기간은 대략 1년으로 하고 자퇴하지 못하며, 수학 중 피복과 급식은 관비로 해결하고 약간의 수당을 지급한다고 명시했다. 그리고 지원자는 입학지원서, 이력서, 호적등본을 소관 관찰사에게 제출하여 직인을 받아, 모집령이 공포된 20일부터 22일까지 군부에 제출해야 하며, 부형이나 친척 중 보증인 2명의 서명을 받되, 2명 중 1명은 서울에 거주해야 한다는 것 등을 그 내용으로 했다.

무관학교 설치법이 발표되고, 신입생 모집 광고가 나간 직후 아관파천이 이루어졌다. 그 결과 친일 내각이 물러남으로써 건양 무관학교 또한 존폐의 갈림길에 처했다. 그러나 일단 모집공고가 나간 이상 신입생을 뽑지 않을 수 없어 100여 명의 신입생을 선발, 1896년 4월 1일 이들을 입학시켰다.

이들에 대한 교육은 처음 일본군이 맡았으나 이후 일본육사에 진학했다가 조기 귀국한 왕유식·권태한 참위, 성창기·조성근 부위와 일본육사를 졸업하고 귀국한 이병무 정위가 맡았다. 이병무는 교두(부교장)를 겸직했다. 이들은 그해 10월 푸챠타 대령을 단장으로 하는 러시아 군사 교관단이 도착할 때까지 교육을 맡았다.

러시아 교관단이 도착할 무렵 군부에서는 교육을 중단하라는 훈령을 내렸다. 이런 혼란한 상황 때문에 중도에 포기한 학도가 많아 입학생 100명 가운데 불과 19명밖에 졸업하지 못했다. 이들 졸업생은 대부분 러시아 교관단이 주도해 만든 시위대에 발령받았다. 이 시위대의 호위 속에 고종이 파천 1년 만에 러시아 공사관으로부터 덕수궁으로 환궁하였다.

건양 무관학교 졸업생 가운데 이름이 알려진 인물로는 군대해산에 항거해 순국한 박승환 참령과 대한민국임시정부 국무총리를 지낸 이동휘가 있다. 두 사람은 독립유공자로 인정되어 건국훈장을 추서 받았다.

끝으로 건양 무관학교를 훈련대사관양성소의 후신으로 볼 것인가, 아니면 대한제국 무관학교의 전신으로 볼 것인가? 하는 문제가 남는다.

훈련대사관양성소가 폐지될 위기에 몰리자 친일 정부가 '무관학교'로 간판을 바꿔 달았다는 점을 고려할 때 건양 무관학교는 훈련대사관양성소의 후신이라 할 수 있을 것이다. 반면 훗날 대한제국 무관학교가 '무관학교'라는 교명을 그대로 사용했다는 점과 대한제국 무관학교의 관제 또한 건양 무관학교 관제를 개정하여 만들었다는 점에 초점을 맞춘다면 이를 대한제국 무관학교의 전신이라 보는 시각도 존재할 수 있다.

그러나 대한제국 무관학교는, 대한제국이 나라의 자주독립을 지키기 위한 장교 양성을 목적으로 설립했으며, 교관과 조교를 외국 군인에게 위탁할 수 있다는 건양 무관학교의 관제를 아예 폐기했다는 점만 보아도 건양 무관학교는 대한제국 무관학교와 그 성격이 본질에서 다르다.

따라서 건양 무관학교는 대한제국 무관학교의 전신으로 볼 수 없으며, 건양 무관학교도 훈련대사관양성소와 마찬가지로 우리나라 사관학교의 전통으로 삼기에는 심각한 문제가 있다 하겠다.

제2부

대한제국 무관학교(1898-1909)

독립운동 지도자 배출

01 대한제국 무관학교 설립

대한제국의 출범

아관파천으로 조선 문제에서 유리한 입장을 차지한 러시아는 시베리아 횡단철도가 완성될 때까지는 일본과 외교적 타결을 우선하는 정책을 채택, 일본과 협상한 결과 베베르-고무라 각서(1896.5)와 로바노프-야마가타 의정서(1896.6)를 체결하였다.

주한 러시아 공사 베베르와 일본 대표 고무라 주타로(小村壽太郎, 소촌수태랑) 사이에 서울에서 체결한 각서는, 고종이 환궁하더라도 안전하다고 판단될 때 양국 대표가 환궁을 진언하고, 양국이 조선의 내정에 필요한 조언을 하며, 양국은 조선에 800명을 초과하지 않는 병력을 주둔할 수 있다는 데 합의하였다.

모스크바에서 러시아 외상 로바노프 로스토프스키(Lobanov Rostovsky)와 일본 대표 야마가타 아리토모(山縣有朋, 산현유붕) 중장이 체결한 의정서는, 조선이 국내 질서를 유지하기에 충분한 군대와 경찰을 창설 유지하는 문제는 두 나라가 간섭하지 않으며, 일본이 조선 내의 전신선을 계속 관리하는 대신 러시아는 서울로부터 러시아 국경에 이르는 전신선 가설 권한을 갖는다는 것을 내용으로 하였다.

이후 아리토모 일본 외무대신이 조선을 북위 39도 선에서 나누어 러시아와 일본이 점령하자고 제안했다. 이에, 러시아 외무상 로바노프가 대안으로 러·일 양국 군대의 충돌을 예방하기 위하여 중립지대를 설정하자고 제안하여 이를 비밀조항으로 채택하였다.

두 협약으로 러시아와 일본 가운데 어느 일방이 조선에 대하여 영향력을 행사할 수 없게 됨으로써 조선은 모처럼 외세의 간섭에서 벗어나 자주독립을 이루기에 유리한 기회를 맞았다.

이런 상황에 맞추어 자주독립을 기치로 독립협회가 발족하였다(1896.7.2.). 독립협회는 러시아공사관에 파천해 있는 고종의 환궁을 촉구하였다.

아관파천으로 일본의 간섭에서 벗어나는 데는 일단 성공을 거두었으나, 국왕이 러시아공사관에 피신해 있는 것은 독립 국가의 체통을 손상할 뿐 아니라 조선에 대한 러시아의 영향력 증대를 초래하였다. 그 결과 러시아가 각종 이권을 요구하자 다른 구미 열강들과 일본 또한 최혜국 대우를 내세우며 이권을 요구하고 나섰다. 이는 조선의 자주독립에 대한 또 하나의 새로운 위협 요인이 되었다는 점에서 독립협회의 환궁 주장은 설득력이 있다고 하겠다.

독립협회의 주장이 효력을 발휘해 고종은 러시아 군사교관이 훈련한 시위대의 호위를 받으며 파천 1년 만인 1897년 2월 20일 새로 수리한 덕수궁으로 환궁하게 되었다.

독립협회는 그들의 소청에 따라 국왕이 환궁했다는 사실에 고무되어 칭제(稱帝)·건원(建元)을 간청했다. 그 결과 1897년 10월 12일 고종은 황제 즉위식을 거행하고, 국호를 대한제국(Empire of Korea)으로 칭하도록 하였다. 또한 연호를 광무(光武)로 하였다. 이렇게 해서 대한제국은 세계 만국이 공인하는 자주독립 국가임을 천명하였다.

그러나 대한제국이 출범한 이후에도 러시아는 군사권을 장악하기 위해 조선의 군대를 러시아 편제에 따라 편성·훈련하고, 군사기지를 설치하기 위해 부산 절영도 조차(租借)를 요구하며, 재정권을 장악하기 위하여 러시아인 키릴 알렉세예프(Kirill A. Alexeev)를 탁지부 고문으로 앉히고, 한러은행을 설립하였다.

독립협회는, 러시아의 이런 처사야말로 대한제국의 자주권을 침해하는 행위라 비난하고, 만민공동회를 개최하여, 러시아 교관단과 탁지부 고문을 즉시 모두 돌려보내고, 대한의 자주 권리를 지키자는 내용의 결의안을 채택, 정부에 강력히 건의하였다.

이들의 건의를 무시할 수 없었던 조선 정부는 러시아 교관단과 탁지부 고문을 해임하였다(1898년 3월). 동시에 러시아의 절영도 조차 요구도 철회되었고, 한러은행도 폐쇄되었다.

이때 러시아가 순순히 물러난 데는 이 무렵 러시아가 청나라로부터 뤼순(旅順, 여순)과 다롄(大連, 대련)을 조차 받고, 하얼빈에서 다롄에 이르는 철도 부설권을 받아서 한반도가 투자 우선순위에서 밀려났기 때문이었다.

독립협회가 염원한 민족사관학교

러시아가 조선에서 한발 물러선 직후인 1898년 4월, 러시아 대표 로만 로마노비치 로젠(Roman Romanovitch Rosen)과 일본 외무대신 니시 도쿠히로(西德二郞, 서덕이랑) 사이에 러·일 양국은 조선의 내정에 간섭하지 않는다는 것과, 조선이 군사교관과 고문 파견을 요구할 때 양국의 사전 동의를 받아야 한다는 것, 그리고 러시아는 한국과 일본 간에 상업상 및 공업상의 관계 증진을 방해하지 않는다는데 합의하였다.

로젠-니시 협정으로 일본은 외교적으로 승리를 거두었다. 그러나 엄밀히 따지면 일본이 승리한 것이 아니라, 러시아가 양보했다는 표현이 적절할 것 같다. 청나라로부터 뤼순과 다롄을 조차하여 군사기지를 건설하고, 하얼빈-다롄 철도를 건설해야 할 러시아로서는 한반도에 자원을 투자할 여력이 없어졌기 때문이었다.

니시-로젠 협정으로 러시아와 일본 사이에는 러일전쟁이 일어날 때까지 세력균형이 유지되었다. 그러나 독립협회는 러시아와 일본 사이의 이런 세력균형으로 얻은 자주독립은 명목상의 독립에 불과할 뿐 아니라 위험하다고 보았다. 이들 사이의 세력균형이 깨어지는 날 우리나라의 자주독립은 위협을 받게 된다는 것이다.

독립협회는 러시아가 군사력을 강화하고, 시베리아 철도를 부설하며, 뤼순과 다롄에 군사기지를 설치하여 남진하는 것은 '우리나라의 숨은 근심'으로 간주하였다. 또한 일본이 군비를 확장하는 것은 러시아와의 전쟁 준비를 위한 것이므로 크게 경계해야 한다고 했다. 따라서 우리가 자주 국방력을 갖지 않으면 나라를 지키지 못한다고 강조하고, 자주 국방력을 갖

추기 위한 국방개혁 방향을 다음과 같이 제시했다.[29]

첫째, 해군을 창설해야 한다. 육·해군을 길러야 내란과 외국의 침범을 막을 수 있고, 나라가 부유해지며, 육·해군이 강해야 우리나라 사람들이 외국 사람들과 동등한 대접을 받을 수 있기 때문에 종전의 육군체제를 탈피해야 한다.

둘째, 무기와 장비를 과학화해야 한다. 무기 제조 업무를 담당하는 기기국(機器局)을 다시 강화하고, 무기를 제조하는 기기창(機器廠)을 보수·확장하여 외국의 무기보다 나은 최신무기를 갖추도록 힘써야 외침을 막을 수 있다.

셋째, 사관을 양성할 무관학교를 설립해야 한다. 러시아와 일본의 교관을 초빙하여 군사를 훈련하는 것은 마치 '칼의 자루를 타인에게 주고 자기는 그 칼의 날을 쥔 것'과 같이 위험한 일이다. 따라서 우리나라 사관을 훈련하여 이들이 우리나라 구령으로 우리나라 병사를 훈련하여 정병을 길러야 한다. 우리나라 사관은 각국의 전기전술을 익혀 그 장점을 합하여 통일해야 한다. 군사를 훈련할 사관을 양성하는 것이 급선무이므로 무관학교를 설립하여 체계적으로 장교를 양성해야 한다.

넷째, 방위력을 확장해야 한다. 군사력을 강화하여 외침을 막도록 한다. 이를 위하여 육·해군을 확장해야 한다.

마지막으로 강병(强兵) 육성이다. 군대의 임무는 국가 방위이며, 군대가 강하여야 나라가 위험이 없다. 충성심과 군기, 그리고 전기전술을 가르치는 것이 강병의 요체다.

---

29 이 부분은 신용하가 《독립협회 연구》(1976)에서 주장한 내용을 요약해 서술했다.

독립협회가 추구하는 무관학교는 일본이나 러시아 교관이 아닌 우리나라 교관이 훈련을 맡아 우리나라 사관을 양성하는 무관학교, 우리나라 병사를 우리나라 구령으로 훈련할 사관을 양성하는 무관학교, 외세의 위협으로부터 국가의 자주독립을 지킬 군사 인재를 양성하는 무관학교였다. 한 마디로 민족사관학교를 염원한 것이다.

독립협회의 무관학교 창설 주장에 호응하여 군부협판(지금의 국방부 차관) 주석면(朱錫冕)이 고종황제에게 무관학교 설립을 주청했다.

"무관학교를 특별히 설치해 총기 있고 준수한 젊은이로서 세상일에도 밝고 경서와 역사에 익숙한 사람을 뽑아 사관의 벼슬을 주어 교육하고 훈련하여 문무를 겸비하게 할 일입니다."[30]

이에 무관학교 설립 문제를 의정부(議政府)에서 논의하라는 황제의 분부가 있었고, 이에 따라 무관학교 설치에 관한 세부 사항을 정해 1898년 5월 14일 무관학교관제 개정안이 제정되었으며, 며칠 뒤인 5월 18일 관보 제952호에 공포되었다.

설치법의 제정과 개정[31]

오늘날 사관학교 설치법에 해당하는 대한제국 무관학교 관제(官制)는 무관학교 설치 목적, 신입생 선발 기준, 교직원, 학교 운영 원칙, 졸업 및 졸업 후 처우 등에 관한 규정을 포함하고 있어 무관학교의 기본 성격을 이

---

30 《고종실록》, 1897년 11월 24일.

31 대한제국 무관학교에 관한 부분은 임재찬의 《구한말 육군무관학교 연구》(제일문화사, 1992)를 주로 참조하였다.

해하는 데 핵심 요소가 된다고 하겠다. 처음 공포된 대한제국 무관학교 관제의 주요 내용은 다음과 같다.

- 무관학교는 초급 무관에게 필요한 교육을 실시할 것.
- 신입생 모집은 군부 장·령·위관과 정부 고위 관료가 각자 약간 명을 추천하되 지벌(地閥)을 따지지 말고 인재를 선발할 것.
- 입학 연령은 18세로부터 27세까지로 하고, 신체 건강하고, 체력이 뛰어나며, 총명준수한 자로 선발할 것.
- 교장은 군부대신에게 예속하여 교무를 통할하고, 학도 모집 사무를 관장할 것.
- 교두는 학도교육에 대한 책임을 지고, 학도 행위를 감독할 것.
- 교관은 교두의 명을 받들어 훈육 및 학·술과 교육을 담당하며 학도의 행위를 감독할 것.
- 조교는 교관의 명을 받아 교육 과목의 일부를 분담하고, 교내 관사에 거주하며 학도를 항시 감시하는 책임을 담임하되, 학도와 함께 학습하여 학도가 졸업할 때는 위관으로 임관시킬 것.
- 자퇴한 자, 군기 문란이나 규칙 위반으로 퇴교 처분을 받은 자, 부정한 행위를 하고도 반성하지 않아 퇴교 처분을 받은 자는 입학 월수를 계산하여 해당 학도에게는 매 1개월에 징역 1년을 과하고, 추천인은 매 1개월에 벌금 10원을 변상시킬 것. 단, 질병으로 퇴교된 경우는 벌칙을 적용하지 않음.
- 학도를 속성과와 졸업과로 구분하고, 졸업과의 졸업 연한은 5년으로 하며, 졸업 시에 공석이 없으면 참위 본봉을 먼저 지급하여 공석 발생

시 임관시킬 것.
- 교두는 교관회의를 소집하여 학도의 성적 결과로 석차를 정하고, 고과표를 작성하여 교장에게 보고할 것.
- 학도 중에 성적이 우수하고 품행이 단정한 자를 사장(舍長, 내무반장)에 임명할 것.
- 질병이나 다른 사고로 졸업하지 못한 자라도 장래에 희망이 있는 자는 차기 학도 중에 편입이 가능하도록 할 것.
- 혹서기에 3주일 휴가를 부여하되 그 기간에 수영 연습을 명할 것.
- 학업성적 미달로 사관의 자격을 얻지 못하면 하사로 임명할 것.

이 관세에는 건양 무관학교 관제에 들어 있던 '교관과 조교를 외국 무관에 맡긴다'라는 조항이 삭제되어 있다. 더는 외국군에게 대한제국 무관학교의 교관 자리를 맡기지 않는다는 것을 전제로 한 것이다.

학도 모집에는 추천제와 시험제가 동시에 채택되었다. 입학 연령으로 정한 18세에서 27세까지의 나이는 당시 관습으로 볼 때 이미 결혼해 자녀를 두고 있을 나이였다. 따라서 입학 조건으로 미혼이 들어 있지 않은 것이 오늘날 육군사관학교 입시제도와 다른 점이다.

광무 3년(1899) 4월 4일 자 《독립신문》에는 한 학도가 꾀병으로 교육에 불참하자 그 학도를 가두고, 추천인에게 벌금을 부과했다는 기사가 실렸음을 볼 때, 질병 이외의 사유로 퇴교 처분을 받은 학도와 그 학도를 추천한 사람을 처벌하도록 한 규정이 실제로 적용된 것으로 판단된다.

조교가 학도와 함께 학습하여, 학도가 졸업할 때 위관으로 임관하도록 한 것도 특징이다. 이학균 교장 본인도 연무공원에서 조교로 근무하다 장교로 임관된 바 있다. 실제로 무관학교 조교로 있다가 참위로 임관한 자들이 명단으로써 확인된 자만 5명이니 실제 인원은 이보다 많았을 것으로 추정된다. 이들은 졸업시험이 면제되고 특별 임관한 것으로 판단된다.

졸업을 앞두고 최종 성적을 사정할 때 교관회의를 소집하여 석차를 정하도록 한 것은 오늘날 사관학교 교육운영위원회와 유사한 형태로 보인다.

속성과와 5년제 졸업과를 둔 것은 장교 충원의 긴급성 여부에 따라 수업 기간을 조절할 수 있도록 한 것 같다. 그러나 실제로 5년 졸업과는 폐교할 때까지 한 번도 시행되지 않았다.

무관학교 관제는 이후 몇 차례 개정이 있었다. 1차 개정(1899.12.31)에서는 각 도 관찰사에게도 추천권을 주어 지역 안배를 꾀했고, 입학 연령을 18세에서 23세까지로 개정했다. 이는 오늘날 사관학교 입학 연령 17세에서 22세(제대군인의 경우 최대 24세까지)와 거의 일치한다.

관비생 정원 외에 사비생을 허락하되, 입학시험과 교육은 관비생과 동일하게 하고, 그 인원은 50명 이내로 한다는 규정이 신설되었다. 그러나 이 규정이 실제로 시행되지는 않은 것으로 보인다.

질병 이외의 사유로 퇴교하는 학도에게 과했던 징역형이 학비 변상으로 완화되고, 추천인에 대한 벌칙은 삭제되었다. 교두 직제가 폐지되고, 학교는 원수부 검사국장의 지휘·감독을 받도록 했다. 이는 원수부 설치에 따른 조치였다.

2차 개정(1900.9.4)에서는 학도대장 제도를 도입해 학도 훈육을 책임지도록 하였다.

이후 러일전쟁을 계기로 군대해산과 무관학교 폐교 수순을 밟기 위한 3, 4차 개정이 있었다. 3, 4차 개정안은 군대해산 부분에서 설명할 것이다.

무관학교 관제 가운데 일본육사와 근본적으로 다른 부분은 입학과 졸업, 임관 제도에서 찾을 수 있다. 일본 육사는 신입생으로 선발되면 먼저 부대에 입대해 일정 기간 병사로 근무 후 육사에 입학하고 졸업 후에는 원래 입대했던 부대에서 견습사관을 거쳐 임관하는 독일식 제도를 본뜬 것이다. 그러나 대한제국 무관학교는 신입생으로 선발되면 바로 무관학교에 입학하여 졸업과 동시에 참위로 임관하는 제도를 택했다. 이는 미국이나 프랑스의 사관학교 제도다. 이는 연무공원으로부터 대한민국 육군사관학교에 이르기까지 이 제도가 적용되고 있다.

200명 모집에 1,700명 지원

1898년 5월 18일 무관학교 관제 개정안의 공포에 이어 제1회 무관학도 신입생 모집이 있었다. 입학시험은 1차 군부(軍部) 시험과 2차 어전(御前) 시험으로 나눠 실시됐다. 1차 시험은 필기시험과 간단한 신체검사, 그리고 체력검정으로 치러졌다. 체력시험은 '철봉 들기' 정도였다고 한다. 필기시험은 한문 독해와 작문 능력을 평가하는 시험이었다.

1차 시험에서 모집정원의 1.5배가 되는 300명을 선발했다. 2차 어전 시험은 덕수궁에서 고종 황제가 친히 임석하고, 군부대신과 원수부 총장들이 배석한 가운데 한문 작문을 지어 낭독하는 형식으로 치러졌다. 최종 200명 모집에 1,700명이 지원하여 '8.5 대 1'의 높은 경쟁률을 보였다.[32]

오늘날 육군사관학교의 입시 경쟁률에 비하면 높은 경쟁률은 아닐지 몰라도, 이로부터 60여 년이 지난 1951년 진해에서 4년제 육사로 개교할

---

32   한시준, 《황학수, 대한제국군에서 한국광복군까지》(역사공간, 2006), 24-26쪽.

때 제1기(육사 제11기) 신입생 모집정원 200명에 1,400명이 응시해 '7 대 1'의 경쟁률을 보인 것에 비하면 결코 낮은 경쟁률이라 할 수 없다.

대한제국 무관학교 경쟁률이 이처럼 높았던 이유는 이곳에 입학하면 새로운 학문을 배울 수 있고, 졸업하면 직업이 보장될 뿐만 아니라 갑오개혁을 계기로 장교의 위상과 급료가 높아졌기 때문이었다.

무관학교 지원자는 "종신토록 군무에 종사한다"라는 내용이 들어 있는 지원서 양식을 작성해 제출했던 것으로 미루어 볼 때 무관학교는 전문직업군인 장교를 양성하기 위한 사관학교였다고 할 수 있다.

제1회 입학생들의 학력은 대부분 개인적으로 한문 교육을 받았고, 극히 일부가 사범학교나 법관양성소 등을 졸업하였다.

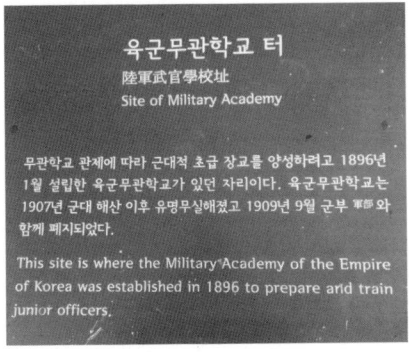

대한제국 무관학교 터(필자 촬영). 1896년에 설립되었다는 표지판 설명문은 1898년으로 수정되어야 한다.

제1회 신입생이 입교함으로써 1898년 7월 1일 대한제국 무관학교가 문을 열었다. 위치는 훈련도감 본영의 청사인 훈국신영(訓局新營) 자리로 오늘날 종로구 신문로 3길 12에 해당한다. 현재 여기에 '육군무관학교 터' 표지판이 설치되어 있다.

대한제국 무관학교 장교와 생도(독립기념관 소장)

학교 건물은 처음 훈국신영의 197칸 2층 목조 건물을 사용하였다.[33] 오늘날 생도 생활관에 해당하는 학도실은 침상과 담요를 사용하여 '서양식'이라 불렸던 것 같다. 이후 사진에 보이듯 학교 건물이 벽돌 2층으로 개축된 것으로 보인다. 1900년 무렵 서울에 서양식 건축 붐이 불었던 것으로 미루어 볼 때 충분히 가능한 일이다.

대한제국 무관학교 교관들

무관학교 관제 개정안이 확정된 1898년 5월 14일 자로 무관학교 교장, 교두, 교관 요원에 대한 발령이 아래와 같이 내려졌다.[34] 이들이 대한제국

---

33 차문섭, <구한말 육군무관학교 연구>, 《조선시대 군사관계 연구》(동국대학교 출판부, 1996), 287-343쪽 참조.
34 《승정원일기》, 고종 35년 5월 14일.

무관학교 최초 교관단이었다.

　　교장 이학균 참령
　　교두 이병무 참령
　　부관 이상덕 부위
　　교관 이승칠·전우기·신우균 정위, 김인수·이수봉·이창근 부위, 왕유식·
　　권태한 참위

교장 이학균 참령, 교두 이병무 참령, 교관 이승칠 정위는 연무공원에서 미국인 교관으로부터 교육을 받았다. 이병무는 이후 일본 육사를 졸업하고 귀국하여 건양 무관학교 교관 겸 교두로 발령받았다. 왕유식·권태한 참위는 훈련대사관양성소에서 일본군 교관으로부터 교육을 받고 졸업 후 일본 육사에 진학했으나 도중에 명령을 받고 귀국해 건양 무관학교 교관으로 발령받았다. 이수봉 부위는 건양 무관학교에서 러시아인 교관으로부터 훈련받았다.

나머지 교관들은 장교로서 업무 능력이 뛰어나 발탁되었다. 전우기 정위는 시위대 중대장으로 훈련에 공이 커 임금으로부터 상을 받았고, 신우균 정위는 친위대 중대장으로 1896년 2월 춘천에 출동하여 소요사태를 진압하는 데 공을 세웠다.

이후 제2회 입학생들이 한창 교육을 받고 있던 1901년 4월, 일본육사 제11기생 6명이 무관학교 교관으로 부임해 왔다. 보병과에 노백린·김형섭, 포병과에 어담·김교선, 공병과에 김성은, 기병과에 김희선 등이 그들이다.

명성황후시해사건으로 반일 분위기가 아직 가시지 않았던 당시 상황에

민영환 부장 사진(출처: 우리역사넷)

서 일본육사를 나온 이들이 무관학교 교관으로 발령받은 데는 원수부 회계국 총장 민영환 부장(副將)의 노력이 크게 작용했다. 민영환 부장은 고종 황제를 알현하는 자리에서 이들을 무관학교 교관으로 임명할 것을 주청했다.

"폐하! 이들은 무관학교 교관을 할 만한 학술이 있습니다. 이들에 대한 것은 일체 신이 보증하겠습니다."

황제의 절대적인 신임을 받고 있던 민영환은 그 자리에서 긍정적인 답변을 받았으나, 반대파의 공작으로 결재가 나지 않자 다시 건의하기를 거듭한 끝에 결국 황제의 승인을 받아냈다. 이들이 무관학교에 부임하게 된 것은 민영환의 노력이라 하더라도, 무관학교에 잘 적응할 수 있었던 데는 이학균 교장의 배려가 크게 작용했다.

이들 가운데 노백린과 김희선은 일제강점기 독립운동에 투신했다. 노백린이 상하이 임시정부 제2대 군무총장(국방부장관)으로 있을 때 김희선은 군무차장(국방부차관)과 임시정부 육군무관학교 교장을 겸하고 있었다.

1904년 일본육사 제15기 졸업생 8명 전원이 다시 무관학교에 부임해 왔다. 이들 가운데 이갑과 유동열이 독립운동에 투신했다.

일본육사 출신 교관은 제11기, 제15기로 끝났다. 따라서 이들을 무관학교 교관 제2세대라 할 수 있다. 이후 무관학교 교관과 학도대 구대장 및 중대장은 대한제국 무관학교 출신들이 맡았다. 이들이 제3세대 교관인 셈이다.

교육목표와 교육방법[35]

대한제국 무관학교는 교육강령·교칙·학도계칙을 제정함으로써 교육체계를 완비했다. 교육강령은 교육목표를 포함해 교육과목, 교육방법, 평가원칙 등을 제시한 것이고, 교칙은 교과과정과 평가방식을 규정한 것이다. 학도계칙은 오늘날 생도규정에 해당하는 것으로, 생도들의 정신 자세와 행동 규범을 구체적으로 명시한 것이다.

교육강령에는 제일 먼저 교육목표를, 초급 무관에 필수적인 기본학술을 가르침과 아울러 고결한 품성을 길러 졸업 후 장교단의 교육을 받거나 병과학교에 입학하거나 혹은 스스로 학습함으로써 장차 고급 무관에 진출할 자격에 도달하도록 한다고 규정하였다.

학과 과목은 전술학·군제학·병기학·축성학·지형학·외국어학·군인위생 및 마학(馬學)으로 했다. 외국어는 불어·독어·영어·중국어·노어·일어로 했는데 오늘날 육사와 비교할 때 스페인어와 아랍어가 빠져있다.

교육은 학과 강의와 응용 학습을 기본으로 하고, 심오한 이론보다 간명한 것을 택하고 실물과 모형 그리고 도표나 그림을 이용하여 이해력을 높이도록 했다. 응용 학습은 학도가 이미 배운 학과 범위 내에서 과제를 정하여 이미 배운 바를 응용하여 스스로 문제를 해결하도록 하였다. 교관은 학도가 제출한 답안을 자세히 검토하여 문장을 수정하고 강평하도록

---

35 임재찬,《구한말 육군무관학교 연구》참조.

하였다.

교관은 학도들이 강의에 집중하도록 모든 학도에게 먼저 질문을 던지고 나서 한 학도를 지적하여 대답하도록 하였다. 질의응답식 수업 방식을 택한 것이다.

전술 교육은 소부대를 지휘할 수 있는 능력을 기르는데 목표를 두고, 보병은 대대 전술, 기타 병과는 중대 전술까지 배우도록 했다.

"장교의 적부(適否)는 학식과 기술은 물론 그 정신의 여하에 따라 결정되므로 장교는 확고한 군인정신으로써 학식을 갖추어 임기응변의 능력을 갖추어야 한다. 따라서 학술을 가르칠 때도 항상 도의(道義)를 권장하고 정기(正氣)를 고취하여 충군애국(忠君愛國)의 정신을 길러야 한다."

"군대의 주 임무는 전투이므로 군사학 교육 또한 전투로써 기준을 삼아 전투지휘에 필요한 적절한 독단 활용을 허용하고, 공격정신을 발휘하도록 하며, 지휘통일을 이루어야 작전에 성공한다는 사실을 명심하고 여기에 교육과 훈육의 목표를 두어야 한다."

학도들의 학술 이론에 대한 이해도와 응용 능력을 검사하여 교육에 참고로 활용하고, 학습평가 자료로 활용하기 위해 수시로 시험을 시행하되, 평점은 0점에서부터 20점까지로 하여 그 우열을 가리며, 생도들의 품행도 마찬가지 평점으로 평가한다.

교육과정, 학과(學科)·술과(術科)·기술(技術)

교육과정은 학과·술과·기술의 세 과정으로 나누었다. '학과'는 군사학과 외국어, '술과'는 전술학과 전술훈련, '기술'은 체조·검술·승마를 지칭한다. 오늘날 사관학교 교과과정의 일반학·군사학·체육에 해당한다.

학과는 초급 사관에게 필요한 능력을 길러주는 것과 아울러 임관 후 독학·연구의 자질을 습득시킬 수 있도록 한다. 학과의 과목과 강의 횟수는 외국어 200회 이상, 전술학 85회 이상, 병기학 70회 이상, 축성학 50회 이상, 지형학 40회 이상, 승마 15회 이상, 위생학 15회 이상이었다.

외국어 교육이 전체 학과 교육의 40%를 차지하고 있으며, 그 다음이 전술학 18%, 병기학 14%, 축성학 10%, 지형학 8% 순이고, 군제학·마학·위생학이 3.4%에 이른다. 외국어는 군사상 실용을 위주로 하고, 학술 연구에 도움이 되며, 사교용 언사를 구술 혹은 필기로 표현할 수 있도록 하는 것을 목적으로 하였다.

군제학은 먼저 우리나라 군제의 내력과 전·평시 편제와 동원·보충·경리·상벌 및 군법회의 구성 등을 강의하도록 하였다.

병기학은 이론보다는 여러 병과에 공통적인 폭약의 성질과 탄도의 형성, 현재 보유하고 있는 총포의 구조와 탄환 효력을 이해시킨 이후에 야전 및 요새전에서 병기의 사용법을 가르치도록 하고, 병기 및 모형 관찰, 포병기기창·화약제조소·병기창 견학과 폭약 제조법을 통해 이해력을 높이도록 하였다.

축성학(築城學)은 임시축성과 영구축성을 다 포함하되, 이와 함께 도로·교량·철도 및 전신(電信)에 관한 기본 지식을 강의하고, 공사 작업 및 임시 축조물의 견학, 요새 및 모형의 견학, 응용실습 등을 통해 이해력을 높이도록 하였다.

지형학은 지형에 대한 설명과 독도법·측량법 그리고 군사작전과 지형과의 관계를 교육하는 것을 목적으로 함으로 지형학 교관과 전술학 교관은 서로 연계하여 응용전술을 완전하게 하도록 하였다. 제도(製圖)는 군사 목적에 필요한 제도 기술에 숙달시키고, 이미 배운 바를 활용하여 각국 지도를 능히 독해하도록 하였다.

위생학은 군대위생 일반을 가르치고, 마학은 마필의 사육과 간호 및 장비 등에 관한 사항을 숙지시키도록 하였다.

술과는 전술학과 전술훈련이다. 소부대 지휘 능력을 부여하는 데 목적이 있으므로 먼저 전술대형 운용과 기본전술을 강의하고 난 뒤에 연합부대 편성 운용과 그 지휘법을 가르치도록 하고, 전사(戰史)는 전술의 교훈이 되기 때문에 사례로 인용하여 전술의 원칙을 밝혀 교육을 내실 있게 하도록 하였다. 전술의 이해력을 높이기 위해 각종 병과의 훈련, 야외 연습, 도상(圖上) 훈련 등을 통한 응용 실습, 그리고 야외전술 실습 등을 강의와 함께 교육하도록 강조하였다.

기술은 체조·검술·마술을 총칭한다. 체조는 체조교범에 따라 교육하여 임관 후 교육과 감독을 할 수 있도록 하였다. 무관학교 졸업생들이 학교 체육 교사로 초빙된 데는 이들이 무관학교에서 배운 체조 때문이었다.

검술은 모든 학도가 배우되 특히 보병·공병·요새(要塞)포병 학도는 총검술도 배우도록 하였다.

승마는 모든 학도가 험지에서 말을 타고 달릴 수 있어야 하고, 기병과 야전포병 학도는 고등마술에 이르도록 훈련하도록 하였다. 우천으로 승마훈련이 어려울 때는 안장 사용, 마필 사육 및 마사(馬舍) 청소법 등을 교육하도록 하였다.

시험은 검정시험·일과시험·정기시험으로 구분했다. 검정시험은 입학 2, 3일 후에 시행하되 시험문제 수준은 입학시험 수준으로 하였다. 일과시험은 구술시험을 원칙으로 하되 일일 수업 시간에 행하며 시험 횟수는 많을수록 좋으나 학기당 최소 3회 이상 실시하도록 했다. 정기시험은 중간고사(3회)와 졸업시험으로 구분된다. 일과시험·중간시험·졸업시험을 참조하여 학도의 학술 우열을 심판한다. 술과 및 기술은 평소 훈련 성적으로 우열을 판단할 수 있도록 하였다.

모든 시험의 평점은 0점에서 20점으로 하되 17-20점 최우등, 13점-16점 우등, 9점-12점 중등, 5점-8점 열등, 1점-4점 최열등으로 한다.

학술시험의 합격점은 13점 이상으로 한다. 100점 만점으로 하면 65점에 해당한다. 이는 육사 4년제 초창기 합격선이 67점, 즉 100점의 3분의 2였던 점과 유사하다.

품행 평점은 훈육을 담당하는 중대장이나 교관이 평가하여 부과했다.

성적 서열은 정기시험이 끝난 후 교관회의에서 학술성적과 품행 벌점을 확인한 다음 급제자 가운데 학술 총 점수에 따라 정하고, 낙제자와 유급자는 교관회의에서 결정하였다.

정치문제 논의와 파벌 조성 금지

오늘날 사관학교 생도규정에 해당하는 학도계칙은 무관학도가 길러야 할 정신 자세, 교내 생활 규칙, 퇴교 사유, 외출·휴가, 주번근무 등을 자세히 규정하고 있다.[36]

육군사관학교 육군박물관에 소장된 《육군무관학교학도계칙》 첫머리에는 고종 황제의 칙유(勅諭)가 나와 있다.

---

36   육군사관학교 육군박물관 편, 《육군무관학교학도계칙》(2018) 참조.

"우리 동방은 이전 시대부터 무공(武功)을 숭상하여 강한 나라라고 칭하였으니, 수나라 양제의 강함이나 당나라 태종의 웅장함으로 백만 대군을 움직이고 천하의 힘을 다하더라도 패서(浿西, 지금의 대동강 또는 예성강 일대: 저자)에서 전멸하고 요동(遼東, 압록강과 두만강 대안의 남만주 일대 지역: 저자)에서 패퇴하였으니, 이는 산과 강이 험준하였을 뿐만 아니라 군사의 사기가 강력하고 임금을 위해 기꺼이 목숨을 바치려는 마음이 견고하였기 때문이다. (중략) 500년 동안 문치(文治)가 극에 달하다 보니, 안일함에 빠진 것이 습관이 되어 점차 약해졌다."

칙유에 이어 계문(戒文)이 나온다. 계문은 오늘날 사관생도 신조나 도덕률에 해당하는 것으로 판단된다. 모두 7개 조항으로 되어 있는 계문은 다음과 같다.

1. 성심을 근본으로 충절을 다할 것.
2. 상관에게 경의와 예절을 지키고 동기생에게 신의를 이룰 것.
3. 상관의 명령에 복종할 것.
4. 무용(武勇)을 숭상하고 직무에 힘쓸 것.
5. 혈기를 앞세워 만용을 부리지 말 것.
6. 도덕을 닦고 명예를 숭상할 것.

이어서 나오는 학도계칙에는 학도가 지녀야 할 기본 정신에 관한 조항이 나온다.

"장교는 군대의 기간(基幹)이요 군인정신의 근원으로, 그 정신의 강약이 군대의 강약을 결정한다. 군인정신이란 대황제폐하에 대한 헌신적 충절이요, 무용(武勇)이요, 신의요, 의무를 지키는 것이다. 그리고 검소를 주로 하고, 예의를 바르게 하며, 군기에 복종하는 것이다. 따라서 무관학도는 이러한 군인정신을 길러야 한다."

"복종은 군기의 기본이니 상관의 명령과 지시는 성실히 복종해야 하며, 명령에 불편한 사항이 있으면 일단 그 명령을 이행한 후에 의견을 건의해야 한다."

학도의 명예는 모든 학도가 갖추어야 할 덕목일 뿐 아니라 본교의 명예이기 때문에 상관은 학도의 행위를 감시해야 하지만, 학도 스스로 자기 덕을 수양하여 실천에 매진하여 상호 품행을 살피고, 결단코 명예를 더럽히는 행위를 해서는 안 된다. 또한 타 학도의 부정한 행위를 목격하였을 때는 지극한 우애의 정으로 온화하고 간곡히 타일러 반성하여 개전하도록 하여야 한다. 만일 충고를 받아들이지 않아 품행을 문란케 하는 자는 결단코 용서치 말고 소속 장교에게 신고하여야 한다.

학도들은 조직을 만들거나 정치적인 문제에 관한 논의·연설·투서를 하여서는 안 되며, 학도들 간의 파벌 형성, 금전과 물품 대여, 도박 등을 하여서도 안 된다. 학도는 학교에 재직하는 문관(군무원) 및 하사(부사관)에게 먼저 경례한다.

일과와 일상생활

육군사관학교 육군박물관에 소장되어 있는 《육군무관학교학도계칙》의 원소유자였던 이범서(李範緖, 무관학교 2회 졸업생)가 책자 뒤에 필기해 놓은 것을 보면 학도들의 일과시간에 관한 구체적 내용을 알 수 있는

데 다음과 같다.[37]

> 05:30 기상 05:50 인원검사 06:30 청소
> 07:00 조식
> 07:20-07:50 자습 08:30-09:50 술과 10:00-11:30 학과
> 12:00 오식(중식)
> 13:00-14:30 학과 15:00-16:30 술과 17:00-17:30 자습
> 17:40 석식
> 19:00-20:00 자습 20:30 인원검사 21:00 소등 및 취침

오늘날 생도 일과와 비교하면 기상 시간이 30분, 취침 시간이 한 시간 빠르다. 토요일에는 오전 교련 오후 정기 검사 후 면회가 시행되었다.

모든 일과는 나팔 신호로 이루어졌다. 기상나팔에 따라 일어나 복장을 착용하고 점호를 받은 뒤 무기와 혁대를 손질하고, 물품과 침구를 정돈하고, 용모를 단정히 한 다음 복장 검사를 받아야 한다. 학도실 청소는 모든 학도가 해야 하며, 대청소 시에는 고용인을 이용할 수 있다. 기상 후 침실의 창문을 열고 침구를 정돈한다.

교실(학당)과 연병장(교장)에 갈 때는 반장학도나 사장학도(내무반장)의 인솔에 따라 엄숙히 행진해야 한다. 자습실을 떠날 때는 책상 위에 있는 필기구와 서적을 지정된 장소에 정돈하고 의자는 책상 밑에 넣는다. 자습실이나 교실의 좌석을 임의로 바꾸지 못한다.

---

37 이범서: 대한제국 무관학교 1900년 입학, 1902년 임관, 1903년 졸업, 시위대·친위대 근무, 최종계급 부위, 1907년 9월 강제 해임.

외출은 일요일과 경축일에 하되, 그 시간은 임시 명령으로 한다. 학술의 성적이 저조하여 복습 또는 과업을 명받은 자는 외출을 불허한다. 외출 후 병이 나거나 다른 사정으로 정해진 시간에 귀교가 곤란할 때는 사전에 주번교관에게 보고하고, 귀교 후에는 그 사유서를 작성하여 주번교관에게 제출한다. 일요일, 기타 휴일, 그리고 수요일과 토요일 오후는 면회소에서 면회가 가능하다. 여름에는 4주 이내의 휴가를 부여하고 귀성 혹은 여행을 허가한다.

복장은 위신과 품행에 가장 중요하니, 복장을 착용할 때는 세심한 주의를 해야 하고, 특히 복장은 청결하고 단정하고 엄숙해야 한다. 구두는 광택이 나게 해야 한다. 외출·외박·휴가 시에도 규정된 제복을 착용하여야 한다.

무관학도 정복 차림은 대한제국을 상징하는 오얏 꽃 모양의 모표를 붙이고, 흰색 수를 놓은 정모와 은빛 단추 다섯 개를 달고, 분홍색 옷깃 휘장을 하고, 소매에 흰색 줄이 하나 있는 상의와 검정색 윤이 나는 가죽 허리띠, 그리고 제봉선에 흰 줄이 산뜻하게 뻗어 내린 하의와 무릎까지 올라오는 검정 부츠를 신고, 왼쪽 허리에는 군도를 찼다.

"담배꽁초를 함부로 버리지 말라"는 규정이 있는 걸 보면 흡연이 허용되었음을 알 수 있다. 술과 여자 문제에 관해서도 특별한 금지 사항이 발견되지 않는다.

벌점은 태만 1점, 무단 지각 3점, 부정행위 5점, 가벼운 영창 9점, 무거운 영창 10점으로 하며, 벌점을 받으면 졸업 사정 때 영향을 미친다.

당시 학도들이 불렀던 군가도 이범서의 자필로 그 가사가 적혀 있다. 무관학도 뿐만 아니라 대한제국 군인들이 불렀던 군가로 보인다. 가사 가운데 일부를 현대식으로 바꿔 그 단편을 소개하면 다음과 같다.

군인들아 군인들아 대한제국 군인들아
잊지마라 잊지마라 충군애국 잊지마라

정병(精兵)을 배양하니 부국강병 기초로다
황실의 군대요 국가의 간성이라

나아가세 나아가세 죽을망정 나아가세
번개처럼 휘두른 칼에 추풍낙엽 적군일세
대한국기 높이 달아 억만 군인 개선가다

이들 군가의 키워드는 '충군애국', '부국강병', 국가간성', '승리' 등으로 당시 대한제국 군대가 추구했던 가치와 정신을 반영하고 있었다.

황제가 친히 참석한 제1회 졸업식

무관학교 자체에서 시행하는 심사를 통해 졸업 예정자로 결정되면 원수부(元帥府)에서 주관하는 졸업시험에 합격해 졸업증서를 받아야만 졸업할 수 있었다. 1898년에 입학한 제1회 신입생 200명 가운데 128명이 1년 6개월의 교육을 마치고 1900년 1월 19일 원수부의 졸업시험에 합격했다.[38]

제1회 졸업식은 덕수궁에서 고종 황제가 대원수 정장 차림으로, 황태자는 원수 정장 차림으로 임석하고, 원부수 총장들과 무관학교 교장 및 교관

---

38 《황학수, 대한제국군에서 한국광복군까지》, 26-27쪽.

들이 배석한 가운데 황제께서 칙어(勅語)를 읽은 다음 친히 졸업장을 주면서 졸업생들의 등을 어루만져 주었다고 한다.

1차 졸업 5개월 후인 1900년 6월 제1회 입학생 11명이 추가로 졸업하고, 참위로 임관했다(《관보》1900년 6월 16일). 이로써 제1회 입학생 200명 가운데 139명이 졸업하고, 61명이 탈락했다. 이로부터 50여 년이 지나 4년제 육사의 첫 번째 졸업생인 제11기의 경우 201명이 입학, 156명이 졸업, 44명이 탈락했다. 이로 미루어 보아 대한제국 무관학교가 4년제 육사보다 더 엄격했다고 할 수 있다.

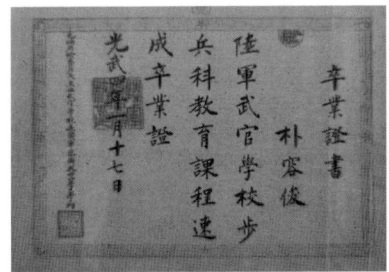 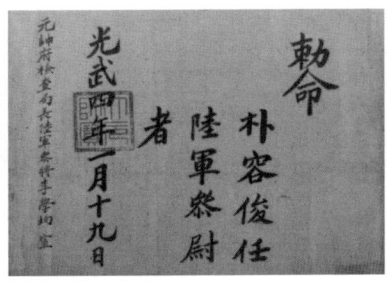

대한제국 무관학교 졸업장　　　　　　대한제국 장교 임관장
(육군사관학교 육군박물관 소장)　　　(육군사관학교 육군박물관 소장)

제1회 졸업생 139명은 임관 후 3개월에서 6개월간 시위대·친위대·진위대에 배치되어 견습을 마친 후 부대에 배치되었다. 보직은 순환 보직이 원칙이었던 것 같다. 그래서 보직 변경이 잦았다. 궁성을 지키는 시위대를 가장 선호했을 것이다. 다음으로는 수도를 방위하는 친위대였고, 지방의 진위대는 선호도가 가장 낮았을 것이다. 따라서 기회를 공평하게 주기 위해서 순환보직이 이루어졌을 것으로 보인다. 1차 보직이 끝나면 군부, 무

관학교, 연성학교, 시종무관부 등에서 보직을 쌓아 진급했다.

진급은 부위 때부터 차이가 났다. 빠른 사람은 임관 1년 정도 지나 부위에 진급했는데, 늦은 사람은 동기생이 정위에 오를 때 부위로 진급했다. 1907년 군대해산 때 제1회 졸업생 계급을 보면 부위에서 참령까지 분포되어 있다.

제1회 졸업생 가운데 일제강점기 독립운동에 투신한 인사는 김학소(김혁)·황학수·양재훈(영규열)·홍충희 등이 있다. 김학소는 신민부 중앙집행위원장으로 신민부를 영도했다.

황학수는 임시정부 군무부 참사 겸 육군무관학교 교관을 지내고, 만주로 돌아와 동기생 김학소의 신민부에 합류하여 참모부 위원장을 역임하다가 김학소가 일제에 체포된 후 신민부를 떠났다. 이후 한국독립군 부사령관을 끝으로 만주에서의 활동을 접고 임시정부에 다시 합류해 서안 광복군총사령부 총사령 대리를 지내고 임시정부 국무위원으로 해방을 맞아 귀국했다.

양규열은 부민단 학무부장, 서로군정서 군사사장, 백서농장 훈독, 통의부 군사부장을 역임했으나 일제의 회유에 못 이겨 독립운동 진영을 탈퇴했다. 따라서 대한제국 무관학교 졸업생 독립운동가 가운데 유일하게 독립유공자로 인정받지 못했다.

홍충희는 북로군정서 보병대 제2중대장 겸 대대장으로 청산리 전투에 참전했다. 독립유공자로 건국훈장을 수여 받았다.

제2회 무관학도 임관과 졸업

제1회 졸업 후 9개월이 지난 1900년 10월 제2회 신입생 350명이 입학했다. 제1회 입학생 가운데 탈락자가 많이 발생해 장교 충원 계획에 차질이 발생할 것을 우려하여 모집인원을 대폭 증가시킨 것으로 보인다. 제1회 138명은 그 인원이 많지 않아 임관과 졸업을 거의 동시에 했다.

그러나 제2회 입학생은 2명만 탈락하고 348명이 졸업했다. 군대해산 당시 장교 전체 숫자가 1,500명에도 미치지 못했음을 고려한다면, 졸업생 348명을 동시에 임관시킨다는 것은 무리라고 아니할 수 없는 상황이었다. 따라서 제2회 입학생들은 여러 차례로 나뉘어 임관하게 되었다.

1902년 1월 11일 자로 1차 92명이 보병 참위로 임관 명령이 났다. 이들의 명단은 1902년 1월 12일자 《관보》 호외에 나와 있다. 그런데 1차 발령이 나기 전날인 1월 10일(음력 1901년 12월 1일) 임관 예정자 92명을 제외한 학도들이 모두 학교를 자퇴한다면서 집단 탈영한 군기 문란 사건이 발생했다.[39] 이 사건은 신문에 나고, 임금에게 보고할 정도로 엄중한 군기 사고였다.

이 사건의 본질은 1차 임관에서 탈락된 무관학도들의 항의성 시위였다. 군의 사정으로 같이 입교한 동기생들을 차례로 나누어 임관시키려면 누구나 인정할 수 있는 객관적이고 공정한 선발 기준이 있어야 할 것이다. 그렇지 못할 때 탈락자들은 여기에 정실(情實)이 개입했다고 느끼게 될 것이며, 특히 감수성이 예민하고 정의감이 강한 젊은이들은 이에 반발

---

39 《승정원일기》, 1901년 12월 1일.

하게 되어 있다. 제2회 무관학도들의 자퇴 소동은 바로 이런 데서 촉발되었다고 할 수 있다.

이 사건에 대한 책임을 지고 백성기 교장을 비롯한 학도대장 이희두 참령과 3명의 중대장 그리고 2명의 참위가 면직되고, 무관학교에 대한 지휘·감독권을 가진 검사국 총장도 1개월 감봉 처분을 받았다.

한편, 자퇴하겠다며 학교를 무단이탈했던 학도들은 곧바로 모두 복귀했고, 자퇴 소동을 주도한 학도 13명은 육군법원에서 유죄 판결을 받았다. 주동자 가운데서도 핵심 역할을 한 조성환은 종신형을 받았고, 나머지 12명도 가담 정도에 따라 차이를 두어 처벌받았다. 그 후 조성환은 15년형으로 감형된 데 이어 사면되었고 1904년 6월 19일 제2회 입학생으로서는 마지막인 4차에 이르러서야 다른 주동자들과 함께 참위로 임관했다.

자퇴 소동이 일어난 다음 날 이미 임관 명령을 받은 92명은 예정대로 보병 참위로 임관했다. 그리고 나머지 학도들도 1902년 7월과 1903년 6월에 각각 참위로 임관했다. 이로써 자퇴 투쟁을 주도해 처벌받은 학도들을 포함한 제2회 입학생은 네 차례에 걸쳐 모두 임관함으로써 입학생 350명 가운데 2명을 제외한 348명이 임관하게 되었다.

자퇴투쟁 주동자 13명이 임관한 지 3개월 후인 1904년 9월 24일 무관학교 관제가 "입학 순서에 따라 졸업하고, 졸업과 동시에 임관한다."라고 개정되었다. 이는, 제2회 무관학도들의 자퇴 투쟁이 임관과 관계되었다는 사실과 1차 선발 기준에 문제가 있음을 인정한 결과가 아니었을까 생각된다.

자퇴 투쟁 주동자들이 마지막으로 임관한 이후 무관학교는 3년간 신입생을 모집하지 않았다. 이는 러일전쟁을 계기로 주도권을 장악한 일본이 한국의 군대를 축소하거나 해산시키려는 의도에 따른 것이었다. 군대해산 당시 제2회 무관학도들의 계급은 극히 일부가 정위에 올라 있었고, 나머지 대부분이 부위나 참위로 있었다.

제2회 무관학도 가운데는 애국지사들이 많이 나왔다. 1907년 8월 1일 대한제국 국군이 일제에 의해 강제로 해산되던 날 무관학교 제2회 남상덕 참위는 대대장 박승환 참령의 자결에 자극받아 병력을 이끌고 일본군과 싸우다 전사했다. 동기생 이충순 참위는 부상을 입고 일본군에 사로잡힐 위기에 처하자 스스로 목숨을 끊었다.

신규식·조성환·신팔균·이장녕·이관직·김찬수 등은 일제강점기 신흥무관학교, 만주 독립군, 대한민국임시정부 등에서 활동했다. 이들은 대한민국 정부로부터 건국훈장을 받았다.

광무 국방개혁

02

1900년의 서울, 전기·전화·전차 운용

광무개혁이 진행되던 1900년 무렵 서울의 모습을 살펴보면 당시 대한제국의 발전상을 이해하는 데 도움이 될 것이다.

서울이 근대 도시로서 모습을 갖추기 시작한 것은, 1896년부터 1899년까지 한성판윤(지금의 서울시장)으로 재직한 이채연(李采淵)에서 비롯된다. 이채연은 초대 주미 공사관 통역관으로 파견되어 나중 대리 공사까지 지낸 인물로, 그가 미국에서 머물던 워싱턴 DC를 모델로 서울의 도시계획을 설계하였다.

그는 우선 무허가 가옥을 철거해 주요간선도로 폭을 넓혔다. 쓰레기 투기 금지령을 발표하여 청소부를 고용해 쓰레기를 수거해 서울 외곽에 설치된 쓰레기장에 버리거나 소각하도록 하고, 대로변의 잡상인을 단속해

서울을 깨끗한 도시로 바꿨다.

고종이 러시아 공사관에서 환궁하면서 새로운 궁전이 된 덕수궁을 중심으로 워싱턴 DC를 모델로 방사상 도로를 건설해 서울 도심 구조를 새롭게 정립했다. 오늘날 서울시청 앞 광장의 모습도 이때 조성된 방사형 도로를 바탕으로 하고 있다.

서울에는 독립문과 원구단이 건설되고, 독립공원·덕수궁공원·탑골공원 등이 조성되었다. 덕수궁 안에 있는 근대 서양식 석조건물은 1900년에 착공되었다.

서울에 전선을 가설하여 종로를 시작으로 서울의 주요 도로에 가로등을 설치했고, 1896년 덕수궁과 인천 사이에 전화가 개통된 데 이어 서울에 100회선의 전화가 개통되었다.

1899년 전차가 개통되어 운행을 시작하였다. 1881년 독일 지멘스사가 베를린 교외에서 처음 상업용으로 운행한 이래 영국 런던과 오스트리아 빈에서 사용되고, 이어서 미국에서 사용되었다. 동양에서는 도쿄·홍콩·상하이·베이징보다 먼저 서울에서 전차가 운행되었다.

1899년 인천-노량진 간 철도가 개통되고, 1900년에는 한강에 최초로 철교가 완공되어 노량진-서울역 간 철도가 연결되었다. 지금 있는 한강 철교 가운데 A철교가 바로 이때 완공된 것이다. 1901년 경부선철도가 착공되어 1905년 완전히 개통되었다.

정동에는 라시아 공사관 건물을 비롯하여 영국·프랑스 공사관과 독일 영사관 건물이 들어서고, 프랑스식 호텔과 감리교 예배당, 명동성당 등 서울에 서양식 높은 건물들이 들어서고 있었다. 명동성당은 1892년에 착공하여 1898년 완공되었다. 당시 우리나라에는 양옥 건축 기술자가 없어 벽

돌공·미장이·목수 등을 중국에서 데려다가 일을 시켰고, 도중에 재정난과 청일전쟁으로 공사가 중단되기도 하여 6년이 걸렸다.

황실에는 프랑스 그림이 걸리고, 탁자에는 유럽풍의 식탁보를 깔았다. 황실 연회 때는 프랑스 요리와 샴페인이 제공되었다. 명월관에서는 위스키·맥주·포도주·안경·시계·우산으로부터 양복·수건·모자·장갑·가죽지갑·장난감·우유·서양 식료품·여행 장비·재봉틀·운동기구·자전거 등에 이르기까지 오늘날로 말하자면 백화점에 있는 상품을 팔았다.

서울은 대한제국이 이룬 발전의 한 단면을 상징적으로 보여줄 뿐이다. 광무개혁 시기 산업부흥 정책을 펴 농업을 비롯한 상업과 공업 분야에 많은 발전이 이루어졌다. 산업부흥 정책에 보조를 맞춰 상공(商工)학교·의과학교·광산학교·전기학교·우편학교 등 실업계 전문학교가 설립되었다.

상공업 관련 회사 설립을 장려한 결과 근대적 상업·금융·제조업·운수교통·토건 분야에서 여러 기업이 새로 설립되었다. 오늘날 우리은행에 합병되기 이전의 상업은행의 뿌리인 천일은행이 이때(1899년) 설립되었.

산업부흥정책에 힘입어 1896년도 480만 원이던 세입이 1907년도에는 1,318만 원으로 꾸준히 증가하는 현상을 보였다.

개항기 최강의 군사력

광무개혁으로 인한 경제발전에 힘입어 국가 예산의 상당 부분을 군사력 강화에 투입한 결과 대한제국은 개항기 최강의 군사력을 보유하게 되었다. 먼저 무관학교 개교 무렵 고종 황제가 공포한 10개 대대 증설계획에 따라 중앙군과 지방군의 증강이 이루어졌다.

시위대 훈련 장면(국립 민속박물관 소장)

중앙군은 황궁을 호위하는 시위대와 수도권을 수비하는 친위대로 구분되었다. 시위대와 친위대는 러시아 군제에 따라 1개 연대 2개 대대, 1개 대대 5개 중대, 1개 중대 4개 소대로 편성되었다. 1개 대대 정원은 1,000명이었다.

이후 시위대는 2개 연대로 확대 편성되었다. 각 연대에는 1개 포병대대가 편제되고, 시위대 직속의 기병대대가 편성되었다. 그리고 군악대 2개 소대가 편제되었다. 따라서 시위대는 보병 4개 대대(4,000명), 포병 2개 대대(652명), 기병 1개 대대(408명), 군악대 2개 소대(102명)로 편성되어 총병력 5,000여 명을 보유하게 되었다. 친위대 또한 2개 연대 4개 대대, 공병중대, 치중병중대, 곡호대(군악대)로 조직되어 병력은 4,000여 명에 달했다.

이로써 중앙군은 1900년 기준 9,000명의 병력을 보유하게 되었다. 이는, 1895년 을미사변 직전 훈련연대 2개 대대와 시위연대 2개 연대의 병력을 합친 3,546명(1개 연대 1,773명)에 비하면 5년 만에 3배 가까이 중앙군이 증가한 셈이다.

중앙군 강화와 함께 지방군에 대한 정비와 강화도 이루어졌다. 1895년 9월 편제 개편에 따라 처음 평양과 전주에 각각 1개 대대씩 모두 2개 대대 총병력 900여 명의 진위대가 편성된 후 지방대를 흡수하였고 1901년 8월 이후 전국에 6개 진위연대와 1개 진위대대를 갖게 되었다. 이 가운데

5개 연대는 각각 3개 대대로 하고, 제6연대는 2개 대대, 그리고 제주도의 1개 독립대대를 합쳐 모두 18개 대대 총 1만 8,000명의 병력을 보유하기에 이르렀다.

이렇게 해서 1900년대 초 중앙에 4개 연대 9,000명과 지방에 6개 연대 1만 8,000명 등 모두 2만 7,000여 명의 병력을 보유하게 되었고 개화기 최강의 군사력을 지녔다는 사실은 자주독립을 지향하던 시대적 여망에 부응했다는 의미에서 높이 평가받을 일이다.

병력증강과 함께 무기 강화에도 힘썼다. 광무 이전 조선군이 보유하고 있던 무기는 일본이 훈련대에 지급했던 일제 무라다 소총과 아관파천 이후 러시아 황제가 원조해준 베르당 소총 정도가 고작이었다. 따라서 무기를 보강하기 위해 1899년 세창양행(1884년에 독일 마이어 상사의 제물포 지점으로 설립된 무역상사)을 통해 독일로부터 권총과 소총 그리고 탄환과 대검 등을 수차례에 걸쳐 수입했다.

이어서 프랑스 정부로부터 소총 1만 자루와 탄환 300만 발을 구매하기로 반출 승인을 받았으나, 재정 부족으로 뜻을 이루지 못했다.

대한제국 포병부대(출처: 우리역사넷)

1900년 최초로 창설된 포병 중대에 대포를 배치하기 위해 영국 회사에 맥심(maxim) 기관총 6문, 야포(野砲) 4문, 산포(山砲) 8문을 주문했다. 이에 놀란 일본 외무대신이 영국 주재 일본 공사에게 이 주문을 취소시키라는 훈령을 내렸지만 실패하였고, 무기가 서울에 도착하자 주한 일본 공사에게 탄창 제공을 제한하도록 지시했다. 이처럼 일본은 대한제국의 군사력 강화를 저지하려고 집요하게 훼방을 놓았다.

1903년, 대한제국 정부에서 런던의 한 상사와 최대 규모의 무기 구매를 추진했다. 이때 발주한 무기는 소총 5만 정, 총검 5만 자루, 실탄 100만 발로 대금은 30만 5천 원 정도에 이른다. 이 해 국가 예산이 1,080만 원이고, 국방예산이 국가 예산의 약 40%인 425만 원이었던 것으로 파악되는데, 대략 국방비의 7.5%에 이르는 금액을 무기 구매에 할당한 것이다.

그러나 이 무기는 러일전쟁 중에 홍콩에 도착하였으나, 일본의 방해 공작으로 한국으로 반입되지 못하고 결국 유럽으로 되돌려 가 버리고 말았다. 비록 일본의 방해 공작 등으로 우여곡절을 겪기는 했지만 1903년까지 대한제국 군대가 보유한 소총은 최소한 3만 정 이상이 되었을 것으로 추산된다.

수입에만 의존하지 않고 무기를 스스로 제작하는 일에도 착수해 우선 병기 제조공장인 기계창에 무기 제작과 탄약 제조비로 많은 예산을 투입하고, 프랑스인과 러시아인 무기 제조 기술자들을 고용하고 한국인 기술자 50명을 채용하여 1902년 지금의 사직동에 있던 기기창에서 대포(17발 총) 2대를 제작하여 시험 발사했다.

이후 일본으로부터 총기 제작 기계를 구입하고 총기 제조공장을 설립하기에 이르렀다. 그리고 기계창에서는 탄피 제작 기계를 수입하였다. 기계창 예산은 1896년 5만 원에서 1904년 46만 원으로 무려 9배가량 급증했다.

육군 증강에 밀려 지체되어 온 해군 창설에도 착수해 1903년 일본으로부터 군함 한 척을 매입해 들여오게 되는데, 이것이 양무호다. 일본 상선

학교 유학을 마치고 귀국한 26세의 신순성을 함장으로 임명하고, 승무원 73명을 급히 모집하여 함선에 배치하였다.

양무호 도입 이듬해 일본에서 새로 건조한 광제호를 구매해 들여왔다. 여기에 무선통신 시설을 갖추고 3인치 포 3문을 장착해 군함으로 활용할 계획이었으나, 함정을 인수한 직후 을사늑약(1905)으로 인해 광제호는 세관 감시선으로 전락하고 말았다. 양무호 또한 일본 해군에 군수물자와 석탄을 수송하는 수송선으로 강제 징발되었다.

원수부 설치

조선은 건국 초기부터 병조(兵曹)에 군정권을 부여하고, 삼군부(三軍府)에 군령권을 부여함으로써 정치와 군사를 분립시켜 상호 견제와 균형을 유지하도록 하는 정책을 기조로 삼았다.

그 후 세조 때 삼군부가 폐지되고, 중앙군이 5위(중군·좌군·우군·전군·후군) 체제가 확립되면서 군령권도 5위도총부(五衛都摠府)로 넘어갔다. 5위도총부가 비록 5위에 대한 군령권을 지녔다고는 하지만 군정권을 가진 병조가 5위를 장악하고 있어, 병조의 군령기능도 무시할 수 없었다.

이후 성종 때 왜구와 여진의 침입이 계속되는 가운데 삼포왜란(三浦倭亂)[40]을 계기로 비변사라는 임시 군령기관을 만들었는데, 이후 정식 정부기관으로 상설화되었다. 임진왜란 이후 비변사는 전쟁 수행을 위한 최고 군령기관에 그치지 않고 그 기능이 확대·강화되어 정치와 군사 전반에 걸

---

40 1510년(중종 5년) 부산포·제포·염포 등 삼포에서 일본인들에 의해 발생한 대규모 폭동.

쳐 간여하지 않은 부분이 없었다.

이처럼 비변사의 권력이 비대해지자 군사와 정치의 균형이 깨지고 월권에 의한 폐단이 적지 않게 되었는데, 이에 대원군은 비변사를 혁파하고 삼군부를 부활시켜 군령권을 삼군부로 되돌려 주었다. 그 후 대원군은 삼군부를 의정부와 대등한 1품 직위의 정부 기관으로 만들고, 의정부를 정부(政府), 삼군부를 무부(武府)라 하여 군령권과 군정권 간에 균형을 회복시켰다.

삼군부 청헌당. 삼군부의 3개 건물 가운데 하나로 1967년 정부종합청사
(지금의 정부서울청사)를 신축하면서 육군사관학교로 이전. 서울시 유형문화재 1-100호.

1880년 통리아문이 설치되면서 삼군부는 다시 폐지되고, 그 기능은 통리아문으로 이관되었다. 또한 군령권은 각 군영이 가졌다. 그 후 임오군란 때 대원군에 의해 잠시 삼군부가 복구되기도 했으나 얼마 지나지 않아 통리군국사무아문에 통합되고 말았다.

이런 상황에서 대한제국 출범과 함께 군에 대한 통수권을 확립하고, 황제권을 강화하기 위한 제도적 개혁이 필요했는데, 이는 바로 최고군령기

고종황제(국립고궁박물관 소장)

관인 원수부 설치로 실현되었다. 원수부 설치에 따라 황제는 대원수가 되고 황태자는 원수가 되어 군대에 대한 통수권을 확립했다. 이로써 모든 군령권을 원수부에 귀속시키고, 모든 군령은 대원수가 원수를 거쳐 하달하도록 하였다. 원수부는 황궁 내에 설치하고, 문관은 어떤 직위에도 관원이 될 수 없도록 하였다.

원수부에는 군무국·검사국·기록국· 회계국 등 네 개 부서를 설치하여 업무를 분담시키고, 국에는 장성급으로 국장(이후 총장으로 개칭)을 두어 사무를 관장하도록 하였다. 원수부 검사국은 각 학교 교육에 관한 사항을 관장함으로써 무관학교에 대한 지휘권을 행사하게 되었다.

원수부가 설치됨으로써 지금까지 군부에서 가장 중요한 직무를 맡고 있던 군무국이 폐지되고, 군무국에 속했던 권한과 직무가 원수부로 이관되었다. 장교 인사권도 원수부로 넘어갔다.

원수부 총장은 대원수의 명령을 받아 군부대신에게 명령을 하달하기에 군부대신보다 더 실권을 갖게 되었다. 따라서 그 자리는 자연히 황제의 신임을 받는 인사들이 맡았다. 그러나 원수부 제도는 러일전쟁 때 일본이 추진한 군대 감축 과정에서 그 기능을 상실했고, 대한민국임시정부가 광복군을 창설하면서 통수부로 부활했다.

헌병·육군법원·군악대 창설

우리나라에 최초로 헌병(군사경찰) 제도를 도입한 것은 '육군헌병조례'가 반포된 1900년 6월 30일이다. 헌병을 설치하게 된 직접적인 동기는 백성기 참장의 상소가 계기가 되었다. 따라서 백성기 장군은 우리나라 헌병 병과를 탄생시킨 '헌병의 아버지'라고 말할 수 있다. 헌병을 창설해야 한다는 백성기 장군의 취지는 이렇다.

헌병이 없던 당시에는 외출 나온 병정들이 길거리에서 행패를 부리는 일이 생길 것을 우려하여 거리마다 순찰병을 배치해 병정들의 행동을 감시했다. 그러나 도리어 순찰병들 스스로 군기가 문란해 제대로 임무를 수행하지 않은 데다, 이들에게는 사격훈련 등 현장의 군사훈련을 시킬 수 없었던 것이 큰 폐단이 되었다.

이에 백성기 장군은 헌병이라는 특수병과가 설치되지 않아서 이런 피해가 전군에 미치는 것이니 친위대대 병정 중 문장력이 있고 계산을 잘 하는 자로서 1개 중대를 뽑아 헌병으로 삼고 순찰업무를 학습시켜 순찰을 전담토록 해야 한다고 주장했다. 그리하여 각처에 소위 순찰 병정으로 파견된 자는 모두 본대로 복귀시켜 평상교육을 받도록 하자는 것이었다.

헌병조례에 따르면 헌병사령부는 원수부에 예속하여 군사경찰·행정경찰·사법경찰을 관장하고, 육군헌병은 군사경찰에 관한 일에 대해서는 군부대신의 요청에 응하고, 행정경찰에 관하여는 내부대신과 각 관찰사의 요청에 응하며, 사법경찰에 관하여는 법부대신과 경부대신의 요청에 응하도록 하였다.

헌병 창설에 이어 육군법원도 설치되었다. 육군법원은 육군의 민사(국가의 보통법이나 사회적 통념상의 정의를 다소 위반하여 범죄에는 해당하나 형에는 저촉되지 않는 경우)와 형사(범죄의 행위가 곧 형에 닿을 만한 경우)를 심판하도록 하였으며, 군인의 유배형이나 징역형 이상의 죄를 판결하기 위하여 육군법원 내에 군법회의를 설치하였다.

대한제국 군대 행진 장면
(출처: 우리역사넷)

우리나라에서는 일찍부터 북이나 징과 같은 타악기가 전장에서 명령을 전달하거나 신호용으로 또는 전투를 독려하는 수단으로 사용되었다. 그 후 한국의 전통 악기인 소라(나각)와 같은 취주악기가 군대에서 사용된 것으로 보인다. 우리 역사상 최초로 '군악대'라는 명칭이 등장한 것은 갑오개혁 때 종래의 '내취(內吹)'를 군악대로 전환한 데서 비롯된다. 내취란 국왕이 행차할 때 호위 행렬에 끼어 악기를 연주하는 악대를 말한다.

군악대를 창설하여 부대에 배속시킨 것은 1900년 12월이었다. 이때 군악 2개 소대가 창설되었는데, 시위연대와 시위기병대에 각각 1개 소대씩을 부속시켰다.

독일인 프란츠 폰 엑커르트(Franz von Eckert)가 초빙되어 군악대를 지휘했는데, 그는 대한제국 국가(國歌)와 대한제국 행진곡 등을 작곡하였고, 보통 행사에서는 독일·미국·오스트리아 등의 행진곡을 연주하였다. 그리고 일반 민중들에게도 때때로 연주회를 통해 군악대의 장엄한 연주를 들려주기도 하였다고 한다.

일반 부대에는 중대에 나팔수 4명과 북을 치는 고수(鼓手) 2명이 편제되었다. 그리고 대대에는 군악장을 비롯하여 간이 군악대가 편제되어 있었다. 일선 부대에 배치된 군악병들은 전선에 투입되어 활용되었는데,《보병조전》에 보면 밀집대형으로 있는 중대가 착검하여 돌격할 때 고수와 나팔수가 북을 치고 나팔을 부는 가운데 전투원들은 힘차게 돌진하도록 교리로 정해 놓고 있다. 그리고 군기(軍旗)에 경례할 때도 고수와 나팔수가 팡파르를 1회 연주하도록 하고 있다. 전투나 의식뿐만 아니라 병영 내에서 이루어지는 모든 일과가 나팔 신호로 통제되었다.

우리말 구령의 제정

최초의 신식 군대인 별기군 훈련은 일본군 교관의 일본어 구령에 따랐고, 임오군란 이후 조선군에 대한 훈련은 청국군의 중국어 구령에 따라 이루어졌다. 갑오개혁 이후에는 일본군이 훈련을 맡으면서 일본어 구령이 사용되는가 하면 아관파천 이후 러시아 군사 교관단이 들어와서는 러시아어 구령이 사용되었다. 이렇게 조선군의 구령이 일본말에서 중국말로 다시 일본말을 거쳐 러시아말로 바뀌는 혼란을 겪었다. 그러니 독립협회가 "우리나라 사관이 우리나라 말 구령을 사용하여 우리나라 병사들을 훈련할 것"을 주장한 것은 너무 당연한 일이다.

우리말 구령을 확인할 수 있는 근거는《보병조전》이다. 이 교범은 원래 1898년에 초판이 발행되었지만, 지금 남아 있는 것은 1906년도에 나온 개정판이다.

대한제국의 군사교범은 주로 한문으로 되어 있고, 토씨 정도만 한글을 사용한 데 비해 구령은 한자에 괄호를 치고 한글로 번역해 사용한 것이 특징이다. 예를 들면 "앞으로 갓" 구령은 "前(압흐로) 進(가)"로 하여 한자의 전진(前進)을 한 글자씩 한글로 풀었다. 《보병조전》에 나타난 구령 가운데 대표적인 사례를 선정해 현행 구령과 비교해 보면 다음과 같다(화살표 우측은 현행 구령).

우(좌)로 나라니→우(좌)로 나란히, 바루→바로
우(좌)향우(좌)→우(좌)향우(좌), 돌아 우(좌)→우(좌)로 돌아
압흐로 가→앞으로 갓, 분대 서→분대 서
구보로 가→뛰어 갓, 평보로 가→바른걸음으로 갓
억? 총→어깨 총, 세워 총→세워 총
밧드러 총→받들어 총, 거러 총→걸어 총
푸러 총→풀어 총, 씨여 창→꽂아칼
탄환 장여→탄환 장진, 탄환 빼어→탄환 제거
셔셔 견양 총 사격→서서 쏴, 꾸러 견양 총 사격→무릎 쏴
업듸여 견양 총 사격→엎드려 쏴, 사격 긋져→사격 중지

오늘날 "차렷"이나 "쉬어" 구령은 일본군 구령인 "기착(氣着)"과 "휴식"을 한자 그대로 사용하고, "우향우" "좌향좌"도 일본군 한자 구령을 그대로 사용했다.

이처럼 제식훈련을 비롯한 여러 동작에 관해서는 일본군이 사용하던 한자어를 한글로 풀어 사용했지만, 소총 부품 등에 관한 보다 전문적인 용어는 한자어를 그대로 사용했다. 해방 후 창군 초기에 이르러 이들 명칭이

한글로 만들어졌다. 예를 들면, 槓杆(공간)→노리쇠 손잡이, 床尾(상미)→개머리판, 銃床(총상)→총대, 擊鐵(격철)→공이치기, 安靜段(안정단)→안전장치, 照尺(조척)→가늠자, 擊莖(격경)→노리쇠뭉치 등이다.

한국식 계급 호칭

대한제국 국군은 갑오개혁 때 도입된 근대적 계급제도를 대부분 수용했지만 하사관(부사관) 계급에 '특무정교'를 신설하고, 병사들의 계급을 3등급으로 새로 정한 것이 특징이다. 이렇게 해서 정착된 대한제국 국군의 계급은 다음과 같다.

(장관) 대장 부장 참장
(영관) 정령 부령 참령
(위관) 정위 부위 참위
(하사) 특무정교 정교 부교 참교
(병졸) 상등병 일등병 이등병

대한제국 군대의 계급 호칭은 같은 한자권에 속해 있으면서도 일본이나 중국의 계급 호칭과 명백히 구분된다. 우선 장교의 경우 계급의 상하를 나타내기 위해 일본은 '소·중·대(少中大)'를, 중국은 '소·중·상(少中上)'을 앞에 붙이는 데 비해 대한제국은 '참·부·정(參副正)'을 붙이고 있다.

원래 서양에서 중·소위는 '대위', 중령은 '대령', 중장은 '대장'이 유고시 그 자리를 대신 할 서열을 정한다는 의미에서 '루테난트(lieutenant)'라는 호칭이 붙는다. 대위가 유고 시 중위가 그 먼저 대위를 대신한다는 의미에서 중위를 'first lieutenant'라 부르고, 소위는 중위 다음으로 대위를 대신한다는 뜻에서 'second lieutenant'라 한다.

대한제국의 계급 호칭은, 정위·정령·대장을 기준으로 하고 이들을 먼저 대신할 계급으로 부위·부령·부장이 있고, 그 다음으로 대신할 참위·참령·참장이 있는 것이다. 대한제국 계급 호칭은 막연히 계급의 상하를 나타내는 일본이나 중국식보다는 계급의 승계 순서를 정해 주는 고유한 의미를 지닌 서양의 계급 호칭 제도에 더 가깝다고 하겠다.

대한제국 계급 호칭은 약간의 수정을 거쳐 광복군으로 이어졌다. 중국은 우리나라의 하사관 계급에 붙는 '교(校)'를 영관 계급에 붙여 '소교·중교·상교'로 호칭했다. 따라서 광복군은 중국군과 혼동을 피하려고 하사관 계급 호칭에 '교(校)' 대신 '사(士)' 자를 붙였다. 오늘날 부사관에 '하사·중사·상사·원사'와 같이 '사' 자를 붙인 것은 여기서 유래한다.

광복군 계급 호칭은 해방 후 미군정 하의 경비대(육군)에도 계승되었으나, 경비대의 주도권을 일본군 출신들이 장악하면서 그들에게 익숙한 일본식 호칭으로 바뀌고 말았다. 참으로 안타까운 일이다.

복제와 훈장 제도

대한제국 군대 복제(服制)는 일본군과 러시아군의 복제를 모방하던 데서 벗어나, 자주적 개혁기로 복제가 크게 변한 시기라 하겠다.

갑오개혁 때 단일 군복이었던 예장(禮裝)을 예의(禮衣)와 상의(常衣)로 구분하여, 정장(정복)과 예장(예복) 차림을 '예의'로, 군장(전투복)과 상장

대한제국 보병정위 예복과 예모
(육군사관학교 육군박물관 소장)

(근무복) 차림을 '상의'로 했다.

정복과 예복의 경우 웃옷은 흑색융으로 된 스텐드업 칼라형이며, 칼라에는 홍색융 바탕에 황금실로 수를 놓은 띠를 붙여 관등을 표시하였다. 앞면에는 흑색실로 둥글게 꼰 끈으로 매듭을 지어 만든 5개의 단추를 달았다. 소매 밑부분 바깥 면에는 황금색 띠로 계급을 나타내는 소매 장식을 붙였으며, 그 위에 다시 무궁화 문양을 더하였다.

바지는 웃옷과 같은 재질의 보통 양복식 바지로서 바지 양측 면에는 띠를 부착하였는데, 그 띠의 색상으로 병과를 구분하고 넓이로 관등을 나타내도록 하였다.

근무복과 전투복의 복지와 제식은 예의와 같되, 색상이 순흑색이며, 칼라에는 관등 표식을 하지 않고 소매에만 정장과 같은 형식의 황색 소매장식을 부착하여 계급을 나타냈다. 무관학도 복장도 천과 제식은 장교와 같게 하였으나, 다만 소매장식만은 달리하였다.

이 시기에는 군모의 형태가 투구형에서 타원형으로 완전히 바뀌었으며, 모표와 턱끈, 그리고 무궁화 모양이 새겨진 금속제 귀 단추를 부착했다.

각종 모자 장식은 장교용과 하사졸용을 구분해, 장교의 모자테는 참위에서 대장에 이르기까지 1줄에서 9줄까지의 황금색 띠를 둘렀으나 하사졸의 모자에는 황금색 띠를 둘리지 않았다. 턱끈도 장교용은 황금색 실로 둥글게 꼬아 2줄로 나란히 붙여 달았으나, 하사졸용은 가죽끈을 사용하였다.

모표에도 차이가 있었는데, 장교용은 타원형으로 된 흑색 융 바탕에 오얏꽃과 꽃잎이 있는 장식을, 하사졸용은 오얏꽃 꽃잎만 있는 장식을 달았다.

이후 훈장 조례가 제정되어 훈장과 기장의 착용 요령이 추가되고, 복장 규정이 보완 개정됐다. 이때 개정된 복장 규정에 따르면, 복장 차림을 대례장·예장·반례장·군장·상장 등 5종류로 분류하고, 대례장·예장 차림을 '예의(禮依)', 반례장·군장·상장 차림을 '상의(常衣)'로 하였다.

대한제국 시기 군 복제(服制)를 살펴보면 나름대로 주체성을 살리고자 했으나, 이후 일본의 영향과 군대해산으로 그 명맥을 잇지 못했다는 점이 아쉬움으로 남는다.

대한제국 태극훈장
(국립민속박물관 소장)

복제와 함께 우리나라 최초로 근대적 훈장 제도가 광무 4년(1900)에 도입되었다. 훈장은 모두 7종으로 이 가운데 5종(금척대훈장·서성대훈장·이화대훈장·태극장·8괘장)은 문무관 구별 없이 수여하고, 1종(서봉장)은 부녀자에게, 나머지 1종(자응장)은 무공이 뛰어난 군인에게 수여하였다.

군인에게 수여되는 자응장(紫鷹章)은 1등부터 8등까지 여덟 등급으로 되어 있고, 계급에 따라 수여되는 등급이 정해져 있지만, 전시에 무공이 뛰어난 자는 이에 구애되지 않고 곧바로 1등을 수여할 수 있도록 하였다. 오늘날의 무공훈장은 태극·을지·충무·화랑·인헌 등 5종이 있고, 계급의 높낮이로 훈장의 등급을 제한하지 않는 것과 차이가 있다.

훈장은 본인 이외에는 사용하지 못한다. 따라서 자손에게도 물려줄 수 없도록 한 것은 이때나 지금이나 마찬가지다. 정장(正章)과 약장(略章)으로 구분하여 약장은 왼쪽 가슴에 달도록 한 것도 오늘날과 같다. 훈장에는 금전적 보상이 따랐는데 그 액수가 비교적 높은 편이었다고 한다.

03

군대해산과
항일무장투쟁

일본의 승부수, 러일전쟁 도발

니시-로젠 협정으로 만주와 한국을 둘러싼 러시아와 일본 사이의 암투가 사라진 것은 아니다. 러시아는 의화단(義和團)의 난[41]이 만주로 번지자 이를 진압하기 위해 만주에 파병하였고, 난이 진압된 이후에도 러시아군은 철수를 거부하고 만주에 계속 주둔하였다.

이에 일본은 1902년 1월 영일동맹을 맺어 청나라와 대한제국이 제3국으로부터 침략을 받으면 두 나라가 공동으로 이에 대처하기로 협약하였다. 이에 러시아는 만주에서의 철병 약속을 하였으나, 1차로 일부 병력을 철수시켰을 뿐 나머지 병력은 철수하지 않고 펑톈(奉天, 봉천, 지금의 선

---

41 청나라 말기인 1899년 11월부터 1901년 9월까지 산둥과 화베이 지역에서 일어난 외세 배척 운동.

양)성 남부와 지린(吉林, 길림)성을 점령하였다.

러시아는 이에 머물지 않고 1903년 압록강 하구의 신의주 남쪽 용암포(龍巖浦)에 군사기지를 건설함으로써 한국에 대해서까지 침략 야욕을 노골적으로 드러냈다. 일본은 전쟁에 앞서 외교적으로 문제를 해결하고자 러시아와 협상에 들어갔다.

일본의 기본입장은 한국을 자국의 보호령으로 하는 대신, 만주에서 러시아의 우월권을 인정한다는 것이었다. 만주와 한국을 러시아와 일본이 서로 나누어 갖자는 것이다. 이에 반해 러시아는 북위 39도 이북의 한반도 지역을 중립지대로 설정할 것과 일본이 한국 영토를 전략적으로 사용해서는 안 된다는 태도를 고수하였다. 러일전쟁 직전까지 두 나라는 몇 차례 협상을 진행했으나, 러시아가 일본의 제안에 끝내 호응하지 않았다.

러시아는, 일본이 설마 자기 나라를 대상으로 감히 전쟁을 일으키지 못할 것이라고 자만하여 느긋한 자세로 회담에 임했던 반면, 일본은 삼국간섭으로 랴오둥반도를 반환했던 굴욕을 만회하기 위해 러시아를 상대로 복수전을 펼칠 기회가 왔다고 생각했다. 그동안 일본은 러시아를 가상 적국으로 청나라에서 받은 거액의 전쟁배상금을 모두 육군과 해군을 강화하는 데 사용하는 등 전쟁 준비에 매진하였다.

러시아와 일본 사이에 전운이 급박함을 알게 된 대한제국은 1904년 1월 국외중립을 선언, 양국 간의 분쟁에 끼어들지 않으려고 하였다.

그러나 일본은 러시아와 국교 단절을 선언하고, 이틀 후인 2월 8일 밤에 뤼순항에 정박 중인 러시아 함대에 대하여 기습공격을 감행하였다. 이어서 9일에는 일본군 제2함대가 인천항에 정박 중이던 러시아 함정 2척을 격파하고, 즉시 제12사단 선발대를 서울로 진입시켰다. 그러고 나서 러시아에 정식으로 선전포고를 했다.

일본군이 서울에 입성하자 일본은 한일의정서(1904.2)를 강제로 체결하고, 이를 구실로 한반도의 토지를 그들의 군용지로 점령하면서 통신 시설을 강제로 접수하였다. 또한 경부·경의 철도 부설권을 군용으로 **빼앗**았다.

개전 당시 일본의 군사력은, 육군 13개 사단 총병력 16만여 명에 대포 830문 수준이었고 필요에 따라 예비 병력도 동원 준비가 되어 있었다. 이는 청일전쟁 때의 거의 배가 되는 전투력이었다.

이에 비해 러시아는 정규군 31개 사단 207만 명에 예비군 250만 명 도합 450만의 거대 육군을 보유하고 있었다. 해군은 극동함대와 발틱함대만 합쳐도 일본 해군의 2배가 넘을 정도였기에 러시아가 일본을 두려워할 필요는 없었다.

그렇지만 실제로 극동 방면에서 사용할 수 있는 러시아 육군은 만주 지역에 배치된 22만 명에 불과했고, 극동함대 해군력은 일본보다 나을 게 없었다.

따라서 러시아로서는 전쟁이 일어날 때 얼마만큼 병력을 전장에 집중시킬 수 있느냐 하는 것과 5,500마일 떨어진 병참선을 어떻게 극복할 것이냐 하는 것이 문제였다. 이 문제를 해결할 방법은 첫째가 만주 지역 육군으로 지연전을 전개해 시간을 버는 방법이요, 둘째가 해군력을 이용하는 방법이었다. 비록 지연 작전은 실패할지 몰라도 발틱함대까지 동원하면 해군력만은 믿었다.

세계 최강의 군사 대국 러시아를 상대로 도박을 해야 했던 일본군의 전략은 러시아군의 증원부대가 도착하기 전에 만주에 주둔하고 있는 러시아군을 섬멸(殲滅)하는 조기 결전이었다. 이런 전략에 따라 인천에 상륙한 일본군 제1군은 북상하여 압록강 연안에서 러시아군의 저지를 뚫고 남만주에 진출하고, 랴오둥반도에 상륙한 제2군은 뤼순의 배후를 차단했다. 이후 일본군은 만주 지역에서 예상외로 연전연승을 거두었다.

일본의 승리와 대한제국의 운명

상대적으로 우세한 군사력에도 불구하고 당시 러시아는 혁명의 소용돌이에 휩싸여 군인들의 사기가 저하되고, 파업과 철도 파괴 등으로 증원군의 투입이 불가능하게 되었다. 따라서 마지막 펑톈 전투에서 일본은 7만 명의 사상자를 내고도 승리할 수 있었다. 러시아군은 사상자 9만에 포로 2만 명을 냈다.

1905년 3월 펑톈 전투를 끝으로 지상전은 일본군의 승리로 사실상 결말이 났다. 이제 러시아가 지상전에서의 참패를 만회할 길은 발틱함대를 동원한 해전이었다. 1904년 4월 발틱함대 파견을 결정했으나, 출항한 것은 그로부터 6개월이 지난 뒤였다. 총 34척의 전함이 150일 동안 항행해 쓰시마 해협에 도착한 것은 1905년 5월 27일 새벽이었다.

발틱함대 장병들은 오랜 항행으로 지칠 대로 지쳐 있었고, 각종 질병에 시달리고 있었다. 게다가 항해 도중 본국에서 혁명운동이 일어나고 있다는 소문까지 들리면서 일부 함정에서는 하극상 사건까지 발생하는 등 군기가 문란해지고, 사기는 극도로 저하되어 있었다. 이에 반해 도고 헤이하치로(東鄕平八郞, 동향평팔랑) 제독이 이끄는 일본 연합함대는 사령관 이하 전원이 결사 항전의 정신자세로 전투에 임했다.

1905년 5월 27일 오후 1시 20분부터 이튿날 오전 11시 반까지 쓰시마 해협에서 계속된 교전에서 일본 해군은 러시아의 주요 전함 12척 가운데 8척을 침몰시키고 나머지는 나포했다. 그 밖에 순양함 5척, 구축함 7척도 침몰시켰다. 목적지인 블라디보스토크까지 무사히 도착한 러시아 함정은 3척뿐이었다. 러시아군은 막대한 병력 손실을 보고, 함대사령관과 부사령관까지 일본군에 포로로 잡히는 수모를 당했다.[42]

일본은 비록 전투에는 이겼으나 그 피해가 막심했고, 펑톈 공략전이 끝났을 때 일본은 전쟁 여력이 이미 바닥이 났다. 5억 엔을 예상한 전쟁 비용은 19억 8천 400만 엔이 들었고, 병력 소모는 사망 8만 4천 400명, 기타 부상자와 환자를 합쳐서 12만 명이었다. 이것은 개전 당시 일본의 전투병력의 60%나 되었다. 일본군의 무자비한 인해전술로 인하여 이처럼 엄청난 사상자를 낸 것이다.

여기에 일본군의 병참 능력마저도 한계점에 이르렀다. 만주의 혹한 속에서 얼어붙은 주먹밥을 먹는 바람에 25만 명 중 11만 명이 병을 앓았다.

이런 상황에서 일본은 더는 전쟁을 지속할 수 없게 되었고, 결국 시어도어 루스벨트(Theodore Roosevelt Jr.) 미국 대통령의 중재로 1905년 9월 5일 서둘러 포츠머스조약을 체결하였다. 그러나 그 내용은 전승국으로는 보기 드물게 전쟁배상금을 포기하는 굴욕적인 것이었다.

포츠머스조약은 한국의 운명을 바꿔 놓았다. "러시아 제국은, 일본 제국이 한국에서 정치·군사·경제적인 우월권이 있음을 승인하고, 또 한국에 대해 지도·보호·감독에 필요한 조치를 취할 수 있음을 승인한다"라는 포

---

42 뤼순전투와 쓰시마해전에 관해서는 정토웅의 《20세기 결전 30장면》(가람기획, 1997), 36-55쪽에 자세히 서술되어 있다.

츠머스조약에 근거해 일본은 을사늑약(1905.11.17)을 강제로 체결하였고, 5년 후 결국 한국을 강제 합방하는 데 이르렀다.

러일전쟁은 일본의 운명도 바꿔 놓았다. 러일전쟁에서의 승리를 계기로 일본은 세계열강의 반열에 오르게 되었고, 과거 미국을 비롯한 서구 열강과 맺었던 불평등 조약을 개정하였다. 일본의 국제적 위상이 높아진 가운데 전쟁의 실상을 알지 못했던 일본 국민은 승리감에 취해 자신감과 애국심에 찼고 하나로 단결했다.

러일전쟁 직전에 현역 장군이 육군대신과 해군대신에 임명될 수 있도록 규정을 만들어 군부는 정치에 개입하게 되었고, 러일전쟁에 승리한 군부는 더욱 기세가 등등해 정치를 주도하게 되었다. 그 결과 일본은 군국주의의 길로 들어섰다.

통제받지 않은 일본 군부는 결국 1931년 만주를 침략해 점령했고, 1937년 중국을 공격하고, 그리고 1941년 태평양전쟁을 감행하였다. 그 결과 일본 제국은 230만여 명(민간인 39만여 명 포함)의 희생자를 내고 1945년 8월 참담한 패망을 맞았다. 전쟁으로 흥한 일본이 결국 전쟁으로 망한 것이다.

군제 개편, 군대 감축을 위한 기만

러일전쟁을 계기로 한반도에 대규모 병력을 주둔시킨 일본은 한국의 정부를 견제 내지 무력화시키기 위해 군대해산을 최종 목표로 대한제국 군대에 대한 군제 개편을 단행했다.

군제 개편 작업은 일본공사관 무관인 노즈 시즈다케(野津鎭武, 야진진무) 중좌를 군부 고문에 앉혀 추진했는데, 막상 노즈가 군제 개편에 착수하고 보니 군대와 군사에 관한 모든 권한을 원수부가 장악하고 있어 난관에 봉착했다.

그렇다고 원수부를 갑자기 폐지하려 한다면, 고종황제의 허락을 받을 수 없을 뿐만 아니라 단호한 반대가 예상되었기에 군제개혁을 명분으로 군제의정소(軍制議定所) 설치를 건의하는 방식으로 승낙을 받았다.

고종황제는 이곳에서 군대의 제반 제도가 시대에 맞도록 보완되고 개선될 것으로 알고 있었다. 그러나 노즈의 목표는 군제의정소를 조정하여 강군육성을 지향하던 광무개혁과는 정반대로 대한제국 군대를 축소하여 결국 해산하는 데 있었다.

군제의정소가 출범한 지 채 한 달도 되지 않는 9월 24일 원수부·군부·육군무관학교·육군법원·군기창 등의 관제를 개정하고, 참모부·교육부·육군연성학교·육군유년학교 관제를 새로 만들었다.

원수부는 군무국·검사국·기록국·회계국 등 4국을 모두 폐지해 그 권한과 기능을 군부와 신설될 참모부와 교육부에 이관시키고, 실현가능성이 없는 육·해군 대장을 부원수로 임명해 실권을 행사하도록 규정을 만들었다. 이로써 원수부는 이름뿐인 대원수(황제)와 원수(황태자)만 남겨놓고 유명무실하게 만들었고 대신 군부의 권한과 기구를 확대·강화했다.

이처럼 권한과 임무가 군부·참모부·교육부로 분리되자 6개월 후인 1905년 2월 군부 관제를 다시 개정해 참모부와 교육부를 군부 예하의 참모국과 교육국으로 편입시킴으로써 군부가 명실공히 전권을 장악하게 되었다.

노즈 중좌의 군제 개편에 부응하여 하세가와 요시미치(長谷川好道, 장곡천호도) 주한 일본군사령관은 고종황제에게 징병제가 유리하나, 이를 곧바로 시행하기가 곤란하다는 이유를 들어 우선 재정 부담이 가장 큰 군대를 감축하자고 건의했고, 고종황제는 이를 받아들여 편제 개편에 관한 칙령을 공포했다(《관보》1905년 4월 22일 호외).

이에 따라 중앙군의 양대 주력인 시위대와 친위대 가운데 친위대가 아예 폐지되고, 시위대는 시위보병 1개 연대로 축소되었다. 시위보병연대의 편제상 정원은 2,502명이었다. 여기에 종래의 포병 2개 대대를 1개 중대(168명)로, 기병대대를 기병중대(139명)로 축소하고, 공병 1개 중대(208명)와 헌병 6개 구대(264명) 등을 포함해 중앙군은 모두 3,281명 수준을 유지해 광무개혁 시 중앙군 9,000명의 거의 3분의 2를 감축했다.

지방군인 진위대의 경우에도 8개 대대 정원 5,072명으로 감축하였다. 그런데 러일전쟁 중 함경도 북청과 종성 일대가 러시아군에게 협력하였다는 이유로 북청의 진위 제5연대가 이미 해산된 뒤 진위 제5대대 설치가 이루어지지 않아 실제 진위대 병력은 4,438명이었다. 광무개혁 때에 이르러 18개 대대 1만 8,000명 규모에서 그 4분의 1 수준으로 감축되었다.

군대해산을 3개월 앞둔 1907년 4월 22일 마지막 군대 개편이 이루어져 연대보다 규모가 큰 시위혼성여단(侍衛混成旅團)을 편성하였다. 군대해산을 앞두고 시위혼성여단을 편성한 까닭은 무엇일까?

사실 이것은 일본 측의 기만술이었다. 군제 개편을 명분으로 실제로는 병력을 대폭 감축한 일을 고종 황제가 알게 되었을 것이고, 이에 군비 강화를 국정의 최우선 과제로 삼았던 고종 황제가 격하게 반응했으리라는 것은 충분히 추측할 수 있다. 여기에 급격한 병력 감축으로 인한 한국군의 동요도 있었을 것이다.

따라서 일본 측에서는 마치 군대를 강화하는 것처럼 종래 최고 부대 단위가 '연대'였던 것을 '여단'으로 승격시키고, 여기에 2개 연대를 편성해 마치 군대를 증가시키는 것처럼 보이게 했다. 그러나 이런 개편은 일본 측의 꼼수였을 뿐, 실제로 개편된 1개 연대 정원 1,852명은 종전의 1개 연대 정원 2,502명보다 훨씬 적었다.

군대해산, 항일무장투쟁 시작

고종 황제를 강제 퇴위시킨 일본은 곧이어 정미7조약을 강요해 체결했다. 이 조약에는 군대해산에 관한 비밀각서가 첨부되어 있었다. 황궁 수위를 맡을 1개 대대만 남겨놓고 나머지는 모두 해산할 것, 장교는 해산에서 제외하되 일부 필수 요원을 제외하고 일본군대에 배치하여 견습시킬 것, 이후 장교 양성은 일본에서 할 것, 해산군인 가운데 자격 있는 자는 경찰관으로 채용하고, 기타는 황무지를 개간하거나 간도로 이주시켜 농사에 종사하도록 할 것 등이 비밀각서의 주요 내용이었다. 장교를 해산에서 일단 제외한 이유는 한국군이 군대해산에 조직적으로 항거하는 일을 막기 위한 임시방편이었다.

비밀각서에 따라 통감부는 한국군 해산 준비에 착수해 그 첫 단계로 시위대 병력의 이동을 금지하고, 탄약고를 장악했다. 그리고 일본군 부대를 서울과 지방의 주요 도시에 증강 배치하고, 인천 앞바다에는 일본 해군 구축함 4척을 대기시켰으며, 제2함대가 인근 바다의 해역을 경비함으로써 만일의 사태에 대비했다.

모든 준비를 마친 7월 31일 밤 주한 일본군 사령관 하세가와 대장이 총리대신 이완용과 군부대신 이병무를 앞세우고 입궐, 순종 황제를 압박하여 미리 준비해 간 군대해산 명령(군대해산 칙소)을 재가받았다.

국가 경비를 절약하여 민생에 유익하게 사용하고, 군제를 쇄신하여 사관 양성에 진력하며, 장차 징병법을 통해 공고한 군사력을 갖추려 하니 황실 경호에 필요한 자를 제외하고는 모두 일시 해산한다는 것, 그리고 그간의 노고를 생각하여 계급에 따라 은금(恩金)을 내린다는 것이 칙유의 내용이다. 이와 함께 군대해산으로 인하여 발생할 수 있는 폭동을 진압할 임무를 통감에게 위임하라는 조칙도 내렸다.

1907년 8월 1일 오전 7시, 군부대신 이병무가 시위혼성여단장 양성환 참장을 비롯하여 시위보병 연대장과 대대장, 기병·포병·공병대장 등 재경 지휘관들을 하세가와 일본군 사령관 관저로 집합시켰다. 이 자리에서 이병무는 황제의 해산 조칙을 낭독하고, 10시에 해산식이 있을 예정이라고 했다. 이어서 하세가와 사령관이 장교는 이번 해산 대상에서 제외된다고 알리고 나서, 병사들에게는 맨손 훈련이 있다고 하고 이들을 비무장으로 10시까지 훈련원 연병장에 집결시킬 것을 지시했다.

시위보병제1연대 제1대대장 박승환 참령은 이날 아침 군대해산 명령을 하달하기 위한 소집 명령을 받았으나, 이에 응하지 않고 선임 중대장 사재흡 정위를 대신 보냈다. 8시 조금 지나 부대에 돌아온 사재흡 정위로부터 군대해산 명령이 내려졌다는 보고와 함께 병력을 모두 무장 해제시켜 오전 10시까지 훈련원으로 인솔, 해산식에 참가하라는 명령을 전해 들었다. 대대장 박승환 참령과 선임 중대장 사재흡 정위는 건양 무관학교 동기 졸업생이다.

박승환 참령은 곧 각 중대장을 집합시켜 중대원들의 총기를 무기고에 반납한 후 전원 연병장에 집합시키도록 명령하고 나서 대대장실로 들어갔다. 대대장실에 들어간 박 참령은 "대한제국 만세!"를 외치고 자신이 차고 다니던 권총으로 자결하였다.

"군인으로서 나라를 지키지 못하였고, 신하로서 충성을 다하지 못하였으니 만 번 죽은들 아까움이 있으랴!"

박승환 참령이 마지막 남긴 말이다.

시위대 병영(국립민속박물관 소장)

총성을 듣고 제일 먼저 당번병이 대대장실로 뛰어 들어가 대대장이 죽은 것을 보고, "대대장님이 자결하셨다!"고 크게 외쳤다. 이를 전해들은 제1대대 소속 중대장들이 급히 대대장실로 뛰어 들어갔다. 이 순간 무기를 반납하고 해산식장으로 가기 위해 연병장에 집합해 있던 병사들이 일제히 고함을 지르면서 성난 파도처럼 무기고로 몰려들어 반납했던 총과 실탄을 되찾은 뒤, 대대의 무장해제를 감시하고 있던 일본군 교관 오이히라 대위와 2명의 기병을 향해 총을 난사하자, 이들 일본 군인들은 재빨리 도주하였다.

이때 박승환 대대의 병사 3명이 바로 옆에 있는 시위보병제2연대 제1대대로 달려가, 무장을 해제당한 채 연병장에 정열하고 막 훈련원으로 출발하려던 그곳 병사들에게 대대장의 자결 소식을 전하고, 동조하라고 호소했다.

제2연대 제1대대는 얼마 전 고종 황제 강제 양위에 반대하는 시위에 참가하여 대대장 이기표 참령이 해직되어 민중식 정위가 대대장 대리를 맡고 있었다. 이때 남상덕 참위(대한제국 무관학교 제2회 졸업생)가 앞장서자, 병사들이 이에 호응하여 일제히 함성을 지르고 무기고로 달려가 문을 부수고 무기를 들었다. 이 광경을 보고 군대해산을 감독하기 위해 파견된 일본군 대위가 재빨리 남문으로 도망쳤다.

시위보병 제1연대 제3대대와 제2연대 제3대대의 일부 병력이제1연대 제1대대와 제2연대의 봉기에 가담해 일본군과 치열한 전투를 벌였다. 이 날의 전투에서 시위대는 일본군 30여 명을 사살했고, 대신 100여 명이 전사했다.[43]

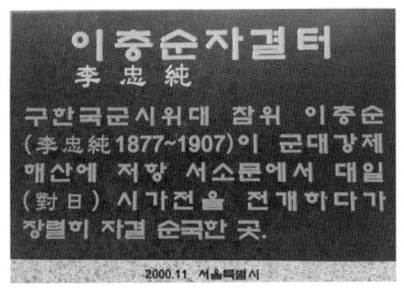

이충순 참위 순국비(필자 촬영)
서울시 중구 서소문로 88

전사한 한국군 장교 가운데는 무관학교 졸업생 남상덕 참위와 이충순 참위가 포함되어 있다. 남상덕 참위는 전투 중 순국했고, 이충순 참위는 부상해 일본군에 사로잡힐 위기에 처하자 스스로 목숨을 끊었다.

제1연대 제1대대 중대장 오의선 정위(대한제국 무관학교 제2회 졸업생)는 박승환 대대장을 따라 순절하였다. 오의선 정위와 남상덕·이충순 참위에게는 건국훈장이 추서되었다.

당시 서울에 있던 맥켄지(Frederick A. Mackenzie)영국 기자는, 이날

---

43 국사편찬위원회 편,《한국사자료총서》제11집(1960),《속음청사》하권, 215쪽. 이 책은 영선사로 청나라에 파견된 바 있던 김윤식이 1887년부터 1921년까지 35년간 쓴 일기를 국사편찬위원회서 편집해 발간한 것으로, 여기에 인용된 부분은 군대해산이 있던 1907년 8월 1일자 일기 내용이다.

대한제국 군대의 용전은 심지어 일본군에게서도 "높은 찬사를 받았다."라고 증언하고 있다.[44]

서울 시위대의 항전은 비록 단 하루 만에 끝났으나, 이 항전은 이후 계속될 지방 진위대 해산계획에 큰 차질을 빚게 하였을 뿐 아니라 의병봉기의 도화선이 되었다. 이날의 항일투쟁은 이후 의병－독립군－광복군으로 그 명맥이 이어졌다.

진위대의 봉기와 의병으로의 전환

중앙군 해산에 이어 지방 진위대에 대한 해산도 추진했으나, 이에 저항해 곳곳에서 봉기가 일어났다. 지방 진위대 가운데 가장 먼저 그리고 가장 규모가 크고 조직적으로 봉기한 곳이 원주의 진위제5대대였다. 원주진위대 대대장 홍유형 참령이 군부로부터 소집 명령을 받고 1907년 8월 2일 상경하자 대대장 대리인 김덕제 정위(대한제국 무관학교 제1회 졸업생)와 대대 선임하사 민긍호 특무정교는 봉기계획을 세우고 동지들을 규합했다.

8월 5일, 진위대 병사 250명이 일제히 봉기하여 무기고를 파괴하고 소총과 실탄을 확보하였다. 김덕제 정위와 민긍호 특무정교가 이끄는 이들 봉기군은 삽시간에 원주읍을 장악하였다.

원주 본대의 봉기 소식을 들은 여주분견대 병사들도 이튿날 본대인 원주진위대에 합류하였다. 일본군이 출동하여 원주에 투입되었으나, 봉기군은 이미 원주를 떠나 평창으로 이동했다.

수원진위대 강화분견대에서도 봉기가 일어났다. 진위대 참교 출신인

---

44   F.A. 매킨지 저, 신복룡 역주, 《대한제국의 비극》(집문당, 1999), 152쪽.

유명규와 당시 강화분견대 지홍윤 부위는 50여 명의 병사와 함께 무기고를 부수고 소총과 탄환을 탈취해 무장하고 파출소를 습격하여, 친일 군수이며 일제의 앞잡이인 일진회의 총무인 정경수를 처단하였다.

이런 상황을 모르고 수원진위대 일본인 교관 오꾸라 대위가 강화분견대 해산 임무를 띠고 일본군 보병 1개 소대(기관총 2정)를 이끌고 갑곶돈에 도착하여 상륙을 개시하려고 할 때 성벽에 잠복하고 있던 봉기군으로부터 일제 사격을 받아 6명이 사살되고, 5명이 부상하는 피해를 보았다.

이에 일본군은 다시 2개 중대, 기관총 2정, 공병 1개 소대를 강화도에 증파시켜 대대적인 반격 작전에 나섰다. 이들은 봉기군이 장악하고 있던 강화부를 다시 점령하고 봉기군 수색과 검거에 나섰다. 이에 강화분견대 봉기군과 무장한 주민들은 황해도 통진·해주 등지로 탈출하여 의병투쟁에 들어갔다.

진위 제3대대 안동분견대 해산군인들은 경상북도 동대산을 중심으로 활동하던 정환직 의병부대와 문경을 중심으로 활동하던 이강년 의병부대에 합류하였다. 특히 안동분견대장 백남규 부위(대한제국 무관학교 제1회 졸업생)는 이강년 휘하의 유력한 지휘관으로 활약하기도 하였다.

진위제8대대 진주분견대에서도 봉기계획을 세워 탄약을 분배하다가 급보를 받고 달려온 일본군에 의해 강제 해산을 당했다. 봉기를 시도하다 실패한 이들 진주분견대 해산병들도 의병부대에 합류했다.

해산군인들은 이처럼 스스로 의병부대를 조직하거나 기존의 의병 진영에 합류함으로써 의병은 일본군과 능히 대적할 수 있는 타격력을 갖추게 되었다. 청나라에 영선사로 파견된 바 있던 김윤식이 지은 《속음청사》에는, "가평·원주·제천 여러 곳의 의병봉기는 모두가 해산군인들로 서양

총을 가졌고, 일찍이 조련을 거쳐 규율이 있었으므로, 일본군과 교전하면 살상이 심히 많고 세력이 장대하여 의병 수가 4, 5천 명이라고 한다."라고 기술하고 있다.

　영국 종군기자 맥켄지도 같은 내용을 증언해 주고 있다. 그는, 해산군인들이 조직하고 훈련한 의병들이 일본군에게 타격을 입히고 있으며, 일본군은 한국 주민들을 대량 학살하고 있다는 소문을 서울에서 들었다. 이 소문의 진위를 확인하기 위해 그는 의병이 활동하고 있던 이천, 제천, 충주, 여주, 양근(지금의 양평)을 직접 찾아갔다.

　그는 곳곳에서 일본군의 만행으로 폐허가 된 마을을 목격하였다. 일본군은 약탈, 방화, 살인, 강간 등 온갖 만행을 저질렀다. 한 마을이 초토화되면 마을 주민들은 의병에 투신해 의병의 숫자는 날로 늘어났다. "이때 뿌려진 증오의 씨앗을 뿌리 뽑으려면 몇 세대가 지나야 할 것이다."

　그는 양평에서 의병부대를 직접 만났다. 우리나라 교과서에 나오는 의병 사진은 바로 이때 맥켄지가 촬영한 것이다. 의병들 가운데는 대한제국 군복을 입고 있는 자도 있었다. 그들은 비록 낡은 무기를 가지고 있었으나, 자신감과 애국심에 차 있었다. 이들은 이날 아침 일본군과 싸워 일본군 4명을 사살했다고 하였다.

　시간이 조금 지나자 그날의 전투를 이끌었던 장교가 맥켄지를 찾아와서, "우리는 어차피 죽게 되겠지요. 그러나 좋습니다. 일본의 노예가 되어 사느니보다는 자유로운 한 인간으로 죽는 편이 훨씬 나으니까요."라고 말했다.[45]

45　《대한제국의 비극》, 174-177쪽.

1909년에 이르러 의병항전의 중심이 호남 지방으로 옮겨지자, 일제는 소위 '남한대토벌작전'이라는 이름으로 이곳에 대규모 병력과 현지 군경을 총동원했다. 남해안 해상에는 함정을 배치하여 의병들의 해상 탈출을 막고 그야말로 빗질하는 식으로 의병을 쓸어냈다.

이를 고비로 국내 의병 활동은 위축되었고, 의병들은 압록강과 두만강을 건너 만주와 연해주로 피신하여 항일 독립전쟁을 전개했다.

제2의 군대해산, 장교 대량 해임

일제는 군대해산을 단행한 후 대대적인 군제 개편을 통해 무관부·군부·육군무관학교를 제외한 군부 소속의 기관을 모두 폐지했다. 이어서 장교 인사가 이루어졌다. 그 결과 90여 명의 장교만 남게 되었다.

시위보병 2개 연대의 6개 대대 가운데 유일하게 고종황제 강제 양위와 군대해산에 저항하지 않고 순응한 시위보병 제2연대 제2대대가 군대해산에서 제외되어 황궁을 지킬 근위보병대로 편성되었다(1907. 8. 26). 편제는 본부와 4개 중대로 하고, 정원은 장교 26명, 하졸 628명 등 모두 653명으로 하였다.

편제 개편과 인사가 끝난 다음 보직 없이 남은 장교들을 해임하는 '제2의 군대해산' 조치가 이루어졌다. 군대해산 1개월 후인 1907년 9월 3일 순종 황제의 명령에 따라 총리대신 이완용과 군부대신 이병무가 올린 파면 대상 장교 1,142명과 상당관 111명 등 모두 1,243명의 명단이 재가 되었다.[46]

---

46 해임 장교의 계급별 명단은 1907년 음력 7월 26일 자 《승정원일기》와 1907년 9월 14일 자 《관보》에 실려 있다.

'상당관(相當官)'이란 갑오개혁 때 군의·수의·경리·병참 및 보급·군악 등 특수직위 간부들에게는 장교 계급이 부여되지 않았으나 장교와 똑같은 처우를 하여 이들을 '상당관'이라 일컫게 되었는데 이들은 사실상 장교나 마찬가지다. 이들 해직 장교 1,142명의 계급별 분포를 보면 아래와 같다.

장관(40명) 부장 17명 참장 23명
영관(165명) 정령 10명 부령 30명 참령 125명
위관(937명) 정위 207명 부위 266명 참위 464명

이들 이외에도 군대해산에 반대해 봉기한 시위보병 제1연대 제1대대와 시위보병 제2연대 제1대대 소속 장교 24명, 원주 진위대대 장교 10명, 청주 진위대대 2명, 수원진위대대 장교 2명 등 모두 38명이 부하들의 봉기를 저지하지 못했다는 이유로 이미 파면되었으니 실제 해임된 장교는 1,180명에 이른다.

해임된 장교 1,180명과 해임에서 제외된 장교 90여 명을 합치면 대한제국 장교는 모두 1,270여 명이었다는 계산이 나온다. 여기에 상당관 111명까지 포함하면 그 숫자는 1,381명에 이른다. 이는 해방 후 정부수립 직후의 육군 장교 숫자와 비슷하다.

해임된 장교들의 이후 행적은, 정부로부터 관직을 받아 공직생활을 계속한 사람, 은사금(恩賜金)이라는 이름의 위로금을 받고 낙향해 은둔생활을 한 사람, 스스로 직장을 구해 생활한 사람 등 여러 갈래로 나뉜다. 이들 가운데는 일제강점기 친일행위를 한 사람도 있고, 독립운동에 투신한 애국지사들도 있다.

해임된 부장(副將) 17명은 을사늑약 체결을 끝까지 반대하였던 한규설을 제외하면 대부분 일제의 강제 합병에 협조하고, 국권피탈 후 작위를 받거나 일제 총독부 고문 등을 지냈다. 을사늑약에 협조하여 을사오적(乙巳五賊)으로 지목받고 있는 이완용을 제외한 이지용·박제순·이근택·권중현 등 4명이 해임된 부장들이다.

장교 대량 해임 당시 대한제국 무관학교 제1회 졸업생들의 계급은 극소수가 참령이고 나머지는 정위와 부위가 각각 절반 정도 차지했다. 제2회 졸업생은 극히 일부가 정위였고, 나머지 대부분은 부위와 참위였다.

해임에서 제외된 대한제국 무관학교 출신들은 무관부·군부·육군무관학교·근위보병대 등에 배치되었다. 이 가운데 근위보병대에는 26명의 장교 가운데 대대장을 제외한 25명이 대한제국 무관학교 출신들이었다.

일본육사 출신들

러일전쟁을 계기로 일본육사 출신들은 황금기를 맞아 출세의 길을 걸었다. 러일전쟁 직전 해직되어 유배지에 있던 이병무는 러일전쟁 발발 직후 사면되어 참령으로 복직, 1904년 9월 부령으로 승진한 후 1907년 5월 부장으로 승진해 군부대신에 올랐다. 그야말로 벼락출세한 것이다. 이희두 또한 마찬가지였다.

장교 대량 해임 당시 현역으로 있던 일본육사 제11기생 13명과 제15기생 8명 등 21명은 모두 해임대상자 명단에서 빠졌다. 고종황제 양위식에 참석할 대신들을 살해하려다 실패해 구속 중이던 일본육사 출신 이희두·어담·이갑·임재덕 등 4인도 풀려났고 해임 대상에서 빠졌다.

일본육사 제11기 졸업생은 모두 21명이었는데, 5명이 참위 때 사형·병사·옥사로 죽고, 2명은 을사늑약 후 관리와 경찰로 전직했다. 나머지 1명은 군대해산 전해인 1906년 병사한 김성은 부령이다. 군대해산 당시 제11기생 계급은 노백린·어담이 정령, 윤치성이 부령이었고 나머지는 모두 정위였다.

군대해산 당시 제15기생은 전영헌이 부령, 나머지는 모두 참령으로 진급해 군부 과장 등에 보직되었다. 이들 과장 밑에는 제11기생 정위가 있었다. 제15기생은 일본육사 졸업 후 도쿄의 근위사단에서 견습사관으로 근무하고 있을 때 사단장이 군대해산 당시 주한 일본군사령관으로 있던 하세가와 요시미치(長谷川好道) 대장이었다. 하세가와는 후일 참모총장을 지내고 원수로 승진한 후 제2대 조선 총독에 부임하여 재임 중 3·1 운동을 무자비하게 진압하는 등 무단통치로 비판을 받는 인물이다.

훈련대 장교와 훈련대사관양성소 졸업생으로 일본육사에 진학했다가 아관파천 이후 송환 명령을 받고 도중에 귀국한 6명 가운데 5명도 해임에서 제외되었다.

갑신정변 때 행동대로 나섰던 사관생도 가운데 일본으로 피신했던 정난교·이규완·신응희도 돌아와 국권피탈 후 총독부 관리가 되었다. 역적으로 몰려 일본으로 피신한 이두황·이진호·이범래도 사면을 받고 귀국, 일제강점기 총독부 고위직과 중추원 참의 등에 임명되었다. 세상이 완전히 뒤바뀐 것이다.

1909년 다시 군부가 폐지되어 친위부로 개편되고, 육군무관학교가 폐교되어 다시 29명이 예편하게 되자 일본육사 출신들 가운데 윤치성 부령, 방영주 참령, 임재덕 참령, 김희선 참령 등 4명이 군복을 벗었다. 이때 대한제국 무관학교 출신 24명도 해임되었다.

이보다 앞서 노백린 정령, 이갑 참령, 유동열 참령 등 3인은 자진해서 군복을 벗고 애국계몽단체인 신민회에 가입해 활동했다.

일제강점기 독립운동에 투신한 일본육사 출신들은 제11기 노백린·김희선, 제15기 이갑·유동열·이동훈 등 5명이다. 이들은 모두 대한제국 무관학교 교관을 지냈다. 이들 가운데 일제의 회유에 결국 넘어간 김희선을 제외한 나머지 4명에게는 건국훈장이 추서되었다.

노백린, 무관생도 우상에서 임시정부 군무총장으로[47]

노백린(盧伯麟, 호 계원 桂園, 1875-1926)은 황해도 풍천 출생. 키는 작으나 몸집은 크고 완력이 세 어려서부터 '항우'라는 별명을 들었다. 그는 14세 때 양친을 여의고, 20세가 되던 1895년 봄 국비유학생으로 선발되어 일본으로 건너갔다. 당시 도일한 114명의 국비유학생 가운데 노백린을 포함한 21명이 1898년 12월 일본 육사 11기생으로 입학하여 다음해 졸업했다.

노백린은 일본 육사 졸업 후 6개월간 도쿄에 있는 일본군 부대에서 견습사관을 마치고 참위로 임관했으나 본국 정부로부터 귀국 명령이 내려오지 않는데다가 봉급마저 끊기자, 정부에 탄원하기 위해 6명의 대표 가운데 한 사람으로 귀국하였다. 그는 다른 5명의 동기생과 함께 1901년 4월 대한제국 무관학교 교관으로 발령을 받았다.

---

47   이현희, 《대한민국임시정부 국무총리 계원 노백린 장군 연구》, 신지서원, 2000.

러일전쟁 발발 직후인 1904년 4월 부위로 승진한 데 이어 9월 정위로 승진하여 무관학교 학도대장에 취임했다. 그는 엄격한 기율과 교련으로 무관생도들로부터 '호랑이 교관'이라는 말을 들었다. 전형적인 야전 군인의 성격을 지닌 그는 급진적이고 직설적인 말을 거침없이 내뱉고, 상관들과 자주 마찰을 일으켰으나 무관생도들에게는 우상과 같은 존재였다.

'호랑이 교관' 노백린
(출처: 국가보훈부 공훈록)

노백린은 1905년 4월 참령에 이어 12월 부령으로 승진하여 헌병대장에 임명되었다. 군대해산 직후 그는 정령으로 무관학교장으로 발령을 받았으나, 이듬해 5월 자진해서 사직했다. 그는 이미 애국계몽운동 단체인 신민회에 가담하고 있어 일제 관헌으로부터 감시를 받게 되었고 결국 1916년 하와이로 망명하였다.

3·1운동이 발발하고 상하이 임시정부가 출범하자, 그는 이동휘의 후임으로 임시정부 군무총장(국방부장관)에 임명되었다. 군무총장 임명 소식을 들은 그는 1920년 샌프란시스코 북쪽에서 쌀 농장을 경영하고 있던 재미 동포 김종린의 재정지원으로 비행사 양성소를 창설했다. 앞으로는 하늘을 지배하는 자가 곧 세계를 제패할 수 있다는 그의 선각자다운 면모를 읽을 수 있다.

그는 1921년 임시정부에 합류, 군무총장에 취임하여 임시 정부 군사정책을 본격적으로 수립·추진하게 된다. 그는 미국에 있는 이승만 대통령으로부터 국무총리에 임명되어 임무를 성실히 수행했으나, 임시정부의 계속되는 재정난과 독립운동 노선의 분규로 인한 분란의 책임을 지고 총리 직을 사임하였다.

그의 후임 국무총리로는 이동녕이 임명되었다. 그리고 신임 국무총리에 의해 노백린은 다시 군무총장에 재임명되었다. 이후에도 임시정부 군무총장과 교통총장 그리고 국무총리를 번갈아 가며 맡아 일하던 중 지병이 재발하여 국정 활동을 거의 하지 못하는 상황에 이른다. 결국 그는 1926년 52세를 일기로 상하이에서 순국하였다.

그의 차남 노태준 또한 부친을 따라 독립운동에 투신하여 광복군으로 활약했다. 장남 노선경은 신흥무관학교를 졸업하고 만주에서 독립운동을 전개하다가 1920년 학생모집과 군자금 조달을 위해 국내에 들어오던 중 체포되어 옥고를 치렀다. 광복 후 육군사관학교 제8기 특별4반을 거쳐 대한민국 장교로 임관하였다. 차녀 노순경은 세브란스병원 간호사로 근무하면서 아버지의 뜻에 따라 서울에서 만세 시위를 주도하다 체포되어 옥고를 치렀다. 이들 세 자녀는 대한민국 정부로부터 건국훈장을 수여 받았다.

이갑, 독립운동의 선구자[48]

이갑(李甲, 호 추정 秋汀, 1877-1917)은 평안남도 숙천군에서 부농의 4남 2녀 중 3남으로 태어나 12세 때 고종의 왕세자(후에 순종) 동갑을 대상으로 한 특별 과거시험에 합격했다.

그러나 12세의 이갑이 15세로 나이를 올려 응시한 것이 들통나 민씨 척

---

48 이기동, <추정 이갑>,《비극의 군인들: 근대한일관계사의 비록》, 481-540쪽.

이갑 참령, 독립운동의 선구자

족의 민영준 평양감사가 아버지를 가두고 온갖 협박을 가하자 집안의 거의 모든 토지를 바치고서야 풀려났다. 이 과정에서 아버지는 혹독한 고문을 받았고, 하루아침에 가세가 기울어지고 말았다.

이갑은 20세가 되자 아버지가 민영준에게 빼앗긴 토지문서를 품고 무작정 서울로 올라왔다. 이때 서울에서는 독립협회 운동이 한창이었다. 그는 독립협회에 가담했으나, 독립협회가 곧 정부에 의해 해산되었다.

1899년 이갑은 일본 유학길에 올라 일본육사 예비학교를 거쳐 1902년 일본육사에 진학, 1904년 제15기로 졸업했다. 그와 함께 일본육사를 졸업한 한국인은 모두 8명이었다. 이갑이 일본육사에 들어간 해에 아버지는 가족들에게 "언제든 원수를 갚아 달라!"는 유언을 남기고 타계하였다.

일본육사를 졸업하고 부대에 배치되어 견습사관으로 있을 때 러일전쟁이 발발하자, 이갑은 한국인 동기생들과 함께 러일전쟁 관전장교로 일본군 부대를 따라 전쟁을 참관하고 본국에 돌아와 대한제국 참위로 임관하여 부위로 승진, 무관학교 학도대에 발령을 받았다.

이 무렵 그는 아버지의 원수를 갚기 위해 군복 차림에 군도를 차고 아버지의 재산을 강탈했던 그 평양감사 민영준을 찾아갔다.

"대감께서 평양감사 시절에 빼앗은 우리 집 전답을 도루 찾으러 왔습니다."

"허허, 그건 오해라구, 오해야. 그 땅으로 말하면 내가 돈을 주고 산 땅이야."

"땅문서가 이렇게 제 손에 있는데도 그런 말 하시는 거요?"

이갑은 차고 있던 칼을 빼 들었다.

"대감의 배에는 어디 이 칼이 들어가지 말라는 법이 있습니까?"

혼비백산한 민영준이 뒷문으로 달아나고 말았다.

이렇게 해서 이갑은 빼앗긴 토지에 이자까지 쳐서 되돌려 받았다. 이 일로 이갑은 장안에 이름이 알려졌다. 돌려받은 돈은 대부분 교육사업과 동지들의 활동을 돕는데 사용하였다. 민영준도 마음을 돌려 오늘날 휘문중고등학교의 전신인 휘문의숙 설립에 재산을 바쳤고, 이갑의 인물됨을 알고 이갑과 친교를 맺었다고 한다.

1905년 이갑은 임관한 지 2년 만에 참령에까지 승진하였다. 1907년 2월 미국에서 돌아온 도산 안창호를 만나 서로 의기가 투합하여 둘도 없는 동지가 되었다.

이갑은 고종황제의 강제 양위를 저지하기 위해 친일 대신들의 설득에 나섰으나 실패하자, 양위식에 참석할 대신들을 암살할 계획을 세우고 일본육사 선배인 임재덕 대위가 지휘하는 시위보병 제1연대 제3대대로 하여금 무력시위를 벌이게 하고, 시위대 동원을 위해 군무국장 이희두 참장 설득에 나섰다. 그러나 계획이 실패해 이희두·어담·임재덕과 함께 일본 헌병대에 체포되어 구속되었다. 그가 갇혀 있는 동안 군대해산이라는 또 하나의 엄청난 사건이 벌어졌다.

이갑은 군대해산 후 풀려나 곧바로 참령에 복직했지만, 군에 머문다는 것이 의미가 없다고 판단해 이듬해 군을 떠났다.

1909년 이토 히로부미가 하얼빈에서 안중근 의사에 의해 살해되자, 이갑은 그 배후 조종자로 지목되어 안창호·노백린·유동열·이동휘 등 신민회 동지들과 함께 일본군 헌병대에 구속되었다가 3개월 만에 풀려났다.

하지만 일제의 감시는 더욱 엄해졌다. 더는 조국 땅에 남아 민족운동을 할 수 없게 되자 1910년 여름 그는 조국을 떠나 중국 칭다오(靑島, 청도)에서 여러 동지와 모여 독립운동 방향에 대해 논의하였다. 이것이 소위 말하는 '청도회의'인 것이다.

이 회의에서는 당장 무장투쟁을 전개하자는 급진론과 실력을 양성하면서 기회를 엿보자는 점진론이 대립하였지만 결국 독립군을 양성하면서 만반의 태세를 갖추자는 쪽으로 결론이 났다.

이에 따라 만주에 무관학교를 세워 독립운동 기지를 마련하기로 합의를 보았다. 그런데 자금을 대기로 한 이종호가 갑자기 태도를 바꾸는 바람에 무관학교 건립계획이 무산되자 동지들은 각자 자기 길을 향해 헤어졌다.

이런 판에 일본의 강제 합병 비보를 접한 이갑은 제정 러시아의 수도인 상트페테르부르크(St. Petersburg)로 갔다. 그곳에서 그는 러시아 공사를 지낸 이범진의 초청을 받았다. 이범진은 헤이그 특사의 한 사람인 이위종의 부친으로 아관파천을 주도한 인물이다. 아관파천 이후 여러 대신 직을 거쳐 러시아 공사로 부임했는데, 1905년 을사늑약 체결로 외교권이 일제에 박탈당하자 귀국하지 않고 그곳에 머물러 있었다.

이갑을 만난 이범진은 자신이 가진 재산을 기부할 뜻을 밝혔다. 이에 이갑은 안중근 의사와 민긍호 원주의병대장의 유가족들에 대한 생계비 보조와 미국 본토와 하와이에 있는 교민단체 운영기금 지원을 제안했다. 이범진은 즉석에서 이를 받아들여 우편으로 송금할 절차를 밟았다. 이갑은 그 다음 날 이범진이 자살했다는 소식을 신문을 보고 알았다.

이로부터 얼마 뒤 이갑은 전신불수로 쓰러졌다. 이때 마침 안창호가 미국으로 가는 길에 상트페테르부르크에 들러 이갑의 병세가 심상치 않음을 보고 이갑을 미국으로 데려가 치료하기로 맘먹고 먼저 떠났다.

안창호의 초청을 받은 이갑은 뉴욕 항구에 도착했으나, 병세가 위중하므로 미국 이민국의 상륙 허가를 받지 못하고 페테르부르크로 되돌아왔다.

이갑은 노모와 부인 그리고 딸이 있는 고국으로 돌아갈까 생각해보기도 하였다. 그러나 그는 결국 동지가 있는 시베리아의 치타(Chintinskaya)를 택했다. 여기서 이갑은 대한인국민회 원동위원회 총회장으로 추대되었다.

겨울에 접어들어 혹한이 엄습하자 이동휘·이종호·이상설·정재관 등 신민회 동지들이 연대 서명한 초청장이 왔다. 블라디보스토크로 오라는 것이다. 그는 한 가닥 희망을 품고 그곳으로 갔다. 하지만 그가 기대했던 동지들의 대동단결은 요원하기만 했다.

동지들을 타이를 기력조차 상실해 버린 그는 울적한 마음에서 중동선 열차를 타고 블라디보스토크에서 600리 떨어진 북만주 지린성 무링(穆陵, 목릉)으로 가 안중근 의사의 첫째 동생 안정근의 집에 머물렀다. 이때 부인과 외동딸 정희가 간호를 위해 이곳에 왔다.

이 무렵 도산 안창호가 치료비로 500불을 보내주었다. 안창호는 부인이 남의 집 빨래를 해주고 받은 돈과 자신이 막노동판에서 번 돈을 합쳐 당시로서는 큰돈을 보내준 것이다. 이갑이 인생에 가장 아름다운 것은 우정이라고 말한 것도 아마 도산을 염두에 두고 한 말일 것이다.

이갑은 가족까지 와서 안정근의 집에 기거하기가 부담스러워 집을 얻어 이사했다. 이때 춘원 이광수가 들러 한 달여간 안정근 집에 머물면서 매일 이갑을 찾아왔다. 이갑은 춘원에게 대필을 부탁해 세계 각처에 흩어져 있는 동지들에게 편지를 보내, 분열하지 말고 서로 단결할 것과 용기를 잃지 말고 끝까지 투쟁할 것을 당부하였다.

춘원이 다녀간 1914년 가을 이갑은 동포들이 많이 살고 있고, 망명 동지들을 쉽게 만날 수 있는 연해주의 우수리스크(Ussuriysk)로 옮겼다. 당시 이곳에는 신민회 동지인 이동녕이 가까운 곳에 살아 자주 찾아왔다. 헤이그 특사였던 이상설도 이곳으로 이사 왔으나 이미 내출혈로 몸을 움직일 수 없는 상태였다.

가족의 정성 어린 간호에도 불구하고 이갑의 병세는 호전되지 않고 악화하였다. 임종을 앞둔 이갑은 이응준에게 자기 딸을 부탁한다는 편지를 보냈다. 이응준에게 이갑은 평생 은인이자 사부라 할 수 있다. 무작정 상경하여 오갈 데 없는 이응준 소년을 자기 집에 데려다 공부시켜 대한제국 무관학교에 입학시켰고, 대한제국 무관학교가 폐교되자 이응준으로 하여금 일본육사에 진학하도록 권유한 것도 바로 이갑이었다.

당시 이응준은 일본군 중위로 도쿄에 근무 중이었다. 이응준은 일본군 대좌까지 승진했고, 해방 후 대한민국 초대 육군참모총장이 되었다.

우수리스크에 온 지 4년만인 1917년 6월 13일 추정 이갑은 구국의 한을 품은 채 세상을 떠났다. 향년 41세. 이동녕을 비롯한 망명 동지들과 동포들의 애도 속에 장례식이 치러지고, 시신은 그곳 공동묘지에 안장되었다.

1920년 1월 이정희는 아버지의 유지에 따라 이응준과 결혼식을 올렸다. 이정희 여사는 도산 안창호 선생이 투병 중일 때 정성을 다해 병상을 지켜주었고, 도산의 마지막 임종을 지켰다.

독립운동 과정에서 이루어 놓은 것이 없다는 견지에서는 이갑을 실패한 혁명가로 볼 수도 있을 것이다. 그러나 이갑이 우리에게 남겨준 것은 애국심이다. 춘원은 《나의 고백》에서 추정 이갑의 애국심을 다음과 같이 표현했다. "추정의 속에는 조선이 찼다. 추정의 속에는 조선밖에 없다. 그는 그의 속에서 자기를 내어 쫓고, 그 자리에다 조선을 들여앉혔다."

유동열, 임시정부 참모총장

유동열(柳東說, 1879-1950)은 이갑과 함께 1904년 일본 육사 15기 기병과로 졸업하였다. 다른 한국인 동기생들과 함께 러일전쟁을 참관한 후 귀국하여 대한제국 기병참위에 임관되었고 무관학교 학도대에 보직되었다. 군대해산 직후 군부 마정과장으로 발령받아 해직을 면했으나, 노백린·이갑처럼 스스로 군복을 벗고 비밀결사인 신민회에 참여하였다.

1909년 안중근 의사의 의거 배후 인물로 지목되어 노백린·이갑과 함께 일본 헌병대에 체포되었다가 석방되었다. 이후 중국으로 망명하여 신민회 회원들과 해외에 무관학교와 독립군 기지를 건설하기로 합의함에 따라 블라디보스토크로 이동했다. 그러나 경비를 제공하기로 한 이종호가 약속을 지킬 수 없게 되자, 그는 자금을 모집하기 위해 국내로 들어오다가 일본 헌병에게 체포되었다.

석방 후 그는 105인 사건에 연루되어 다시 체포되어 경성지방법원에서 10년을 선고받았으나, 상고심에서 무죄로 풀려났고 다시 칭다오로 망명했다.

제1차 세계대전이 발발하여 일본군이 칭다오로 진격해 오자, 유동열은 베이징을 거쳐 1915년 상하이로 이동했다. 여기서 동지들과 함께 신한혁명당을 결성했다. 신한혁명당은 고종황제를 상하이로 망명시켜 당수로 추대하려 계획했으나 실패하고 말았다.

1917년 러시아 연해주에서 문창범·김립 등과 공동으로 전러한족회를 조직하였다. 이후 그는 이동휘를 도와 한인사회당 창당에 협조했고, 한인사회당 군사부장으로 선임되었다. 이듬해에는 다시 만주로 돌아와 무오독립선언(戊午獨立宣言)의 민족대표로 서명하였다.

1919년 3·1 운동 이후 국내외 각지에서 임시정부가 출현했다. 이때 유동열은 한성(漢城, 지금의 서울) 임시정부 참모부장, 상하이 임시정부의 참모총장, 러시아 대한국민의회 참모총장으로 선임되었다. 하지만 유동열은 이들 정부에 취임하지 않고 있다가 이동휘가 상하이 임시정부에 참여하자, 임시정부 참모총장에 취임했다.

1921년 유동열은 대한민국임시정부 참모총장을 사직하고 러시아로 가서 이르쿠츠크(Irkutsk)에서 개최된 제1차 고려공산당 대표대회에서 군정위원에 선출되었다. 그러나 자유시참변(自由市慘變)[49]에 실망, 무장투쟁을 위한 활동무대를 만주로 옮겼다. 이때 마침 대한민국임시정부로부터 군무총장 제안을 받고 노백린 후임으로 임시정부 군무총장에 취임했다.

1929년 남만주에서 조선혁명당이 창당되자 유동열은 중앙위원으로 선임되었다. 1931년 일제가 만주사변을 일으키자, 조선혁명당은 더는 만주

---

49 1921년 6월 러시아 자유시에서 만주 독립군과 러시아 한인 무장부대가 극동공화국 인민혁명군에 의해 무참히 사살된 사건으로 이 책 제3부 신흥무관학교 편에 자세히 설명되어 있다.

에서 활동하기 어렵다고 판단하고 유동열과 최동오를 중국 관내로 파견했다.

이후 그는 1935년 7월 독립운동계열 정당들이 결집한 민족혁명당의 중앙집행위원 겸 군사부장을 맡았다. 그러나 민족혁명당 내부에서 김원봉의 의열단 계열이 주도권을 잡게 되었고, 그는 일본육사 후배이자 무력투쟁에 뜻을 같이하는 지청천과 함께 조선혁명당을 조직했다.

이때 창당한 조선혁명당은 만주에서 결성된 조선혁명당과는 이름은 같으나 별개의 단체로, 김원봉의 조선민족혁명당에 반대하는 지청천·유동열·최동오·김학규·현익철 등 만주에서 독립투쟁을 전개한 인사들을 중심으로 조직되었다. 1940년 조선혁명당은 임시정부 여당인 한국독립당으로 통합되었다.

1937년 중일전쟁 발발 직후 유동열은 지청천, 현익철, 김학규, 안공근 등과 함께 임시정부 군사위원으로 선임되었다. 또한 임시정부 피난지 치장(綦江, 기강)에서 유동열은 국무위원으로 선임되고 참모총장의 직임을 맡았다. 이후 임시정부만의 군사 조직을 편성하는데 열성을 기울였고, 그 결과 한국광복군 창설을 이뤄냈다. 그리고 1940년 11월 통수부가 설치되자 그는 통수부 참모총장으로 선임되었다.

광복 후 귀국한 그는 미군정청의 통위부장(국방부장관)에 취임했다. 그를 통위부장에 추천한 사람은 미군정청 군사 고문으로 활동하던 일본육사 동기생 이갑의 사위 이응준이었다.

대한민국 정부 출범으로 통위부는 국방부로 전환되고, 유동열은 재야로 물러났다. 6.25 전쟁이 발발한 후 서울에서 미처 탈출하지 못한 유동열은 임시정부 요인들과 함께 납북되어 북으로 끌려가던 중 1950년 10월 18

일 평안북도 희천의 한 농가에서 숨을 거두었다. 이때 그의 나이 71세였다. 1989년 대한민국 정부는 그에게 건국훈장을 추서하였다.

04

독립운동에 투신한 무관학교 졸업생들

대한제국 무관학교 폐교

러일전쟁을 계기로 일제는 두 차례에 걸쳐 무관학교 관제를 개정했다. 1차 개정은 1904년 9월 24일 원수부와 군부 관제 개정 때 함께 개정했다. 이때 '무관학교'가 '육군무관학교'로 학교 이름이 변경되고, 무관학교에 대한 감독권이 종전의 '원부수'에서 신설된 '교육부'로 이관되었다.

입학 자격은 신설될 육군유년학교 졸업생으로 하되, 유년학교 졸업자가 나올 때까지 3년간은 예외로 했다. 입학 연령을 18세로부터 23세로 조정하고, 매년 모집정원을 100명으로 한정시켰다. 수학 연한을 만 3년으로 하되, 유년학교를 졸업하지 않은 자에게는 6년으로 했다. 또한 입학순서에 따라 졸업하고, 졸업과 동시에 임관하도록 하였다.

이 개정안의 핵심은 군대 감축과 해산에 대비해 무관학교 졸업생 배출을 지연시키는 데 있었다. 실제로 이 관제 발표 후 3년 동안 무관학교 신입생 모집은 없었다. 졸업과 임관 규정은 1902년 1월 발생한 무관학교 제2회 입학생들의 집단자퇴 소동을 고려한 것으로 보인다.

육군무관학교 관제 개정과 동시에 육군유년학교 관제와 육군연성학교 관제가 제정·공포되었다. 육군유년학교와 육군연성학교는 일본의 제도를 도입한 것이다.

육군유년학교는 무관학교에 진학할 자들에게 보통학과 기초 군사학을 교육하고, 입학 연령은 15세에서 18세로 하며, 수학 기간은 3년으로 정했다. 모집정원은 매년 100명으로 제한하였다.

육군연성학교는 위관장교와 부사관을 대상으로 전술·사격술·체조·검술을 숙달시키기 위한 교육기관이다. 연성학교에 교성대를 설치해 교성대의 대장·중대장·소대장 등은 교관을 겸하였다. 이때 만들어진 유년학교와 연성학교는 군대해산 직후 폐지되었다.

2차이자 마지막 개정은 군대해산 직후인 1907년 8월 26일에 있었다. '무관학도'가 '무관생도'로 호칭이 변경되고, 교직원의 직책은 있으나 정원이 책정되어 있지 않았다. 그리고 무관생도 모집정원을 25명 이내로 제한했다. 25명 이내란 1명도 뽑지 않을 수 있다는 뜻이다. 수학 기간은 일어 1년, 보통학 2년, 군사학 3년으로 총 6년으로 하였다.

개정된 관제에 따라 군대해산 직후인 1907년 10월 1일 무관학교 입학시험이 치러졌다. 여기서 선발된 신입생 25명이 그해 12월 입학했다. 이때 육군유년학교 출신도 입학했다.

1908년에 또다시 25명의 신입생이 입학했다. 이로써 대한제국 무관학교 신입생 모집은 끝이 났고 이들 50명이 '마지막 무관생도'가 된 것이다.

이들 1, 2학년 무관생도들은 일본군 교관과 조교로부터 교육을 받았다. 무기가 없어 군사훈련은 도수 교련을 받는 것이 고작이고, 무관학교 폐교 시 이들을 일본 육사에 전학시키고자 일본어 교육이 강화되었다.

1909년 8월 2일. 교장 이희두 참장이 전체 생도들과 교관들을 집합시킨 가운데 순종 황제의 칙령을 낭독했다. 대한제국 무관학교에 대한 사망 선고였다.

"짐이 앞으로 신민들의 발달 정도를 보아 병력을 증강할 필요가 있다고 인정될 때까지는 군부와 무관학교를 폐지한다. 현재의 군사는 궁중에 친위부를 설치하여 이를 관장하게 하고, 사관 양성은 이를 일본국 정부에 위탁해서 군사 일에 숙달하게 하는 바이니 너희 백성들은 짐의 의도를 잘 헤아리라."[50]

이로써 나라의 자주독립을 지키기 위한 군사 인재 양성이라는 시대적 여망을 안고 출범한 대한제국 무관학교는 모두 500여 명의 장교를 배출하고, '마지막 무관생도' 45명을 남겨둔 채 문을 닫고 말았다(1, 2학년 입학생 50명 가운데 5명이 탈락했다). 무관학교 폐교 1년 후 대한제국은 일본에 강제 합병되고 말았다.

비록 대한제국 무관학교는 일제의 강압으로 문을 닫았지만, 무관학교의 자주독립 정신을 이어받아 일제강점기 망명지 만주의 신흥무관학교, 북로군정서 사관연성소, 신민부 성동사관학교, 상하이의 대한민국임시정부 육군무관학교 등을 통해 그 정신을 이어갔다. 그리고 해방 후 태릉 육군사관학교로 그 명맥이 이어졌다.

---

50 《관보》, 1909년 7월 31일.

육군사관학교 개교 당시 부교장이던 장창국 장군은 그의 저서 《육사 졸업생》에서, 1946년 5월 1일 육군사관학교 개교식 날의 역사적 의미를 이렇게 평가하고 있다. "어쨌든 이날은 1909년 한국 무관학교가 일제에 의해 강제로 폐쇄된 이후 37년 만에 우리나라가 정식 사관학교를 갖게 된 날이다."

대한제국 무관학교 졸업생 독립지사들

대한제국 무관학교 졸업생 가운데 독립유공자로 인정되어 대한민국 정부로부터 건국훈장을 수상한 애국지사는 모두 13명이다. 이들 가운데 대한제국 무관학교 제2회 오의선 정위, 남상덕 참위, 이충순 참위 등 3인은 군대해산에 항거해 순국했고, 나머지 9명은 일제강점기 독립투쟁을 했던 인사들이다. 건국훈장은 받지 못했으나 항일투쟁을 전개한 인사로는 원주진위대 김덕제 정위(제2회)와 만주에서 독립운동을 전개한 양규열 참령(제1회)이 있다.

일제강점기 독립운동에 투신한 대한제국 무관학교 졸업생은 다음과 같다(괄호 안 계급은 대한제국 최종 계급).

- 제1회 졸업생
김혁(본명 김학소, 정위) 신민부 중앙집행위원장, 성동사관학교 교장
황학수(부위) 임시정부 육군무관학교 교관, 신민부 참모부 위원장, 시안 광복군총사령부 총사령 대리, 임시정부 국무위원
양규열(본명 양재훈, 참령) 서로군정서 군사사장, 백서농장 훈독

홍충희(부위) 북로군정서 보병대 제2중대장 겸 대대장 서리

김창환(부위)[51] 신흥무관학교 교관, 통군부 및 통의부 의용군사령관

- 제2회 졸업생

신규식(부위) 임시 정부 국무총리 대리 겸 외무·법무총장

조성환(참위) 임시정부 군무차장, 임시정부 군무부장

이관직(부위) 신흥무관학교 교관, 3·1운동 때 투옥

이장녕(부위) 북로군정서 참모부장

신팔균(정위) 신흥무관학교 교관, 통의부 의용군사령관

김찬수(참위) 북로군정서 보병대 제3중대장(청산리 전투 참전)

이들은 일제강점기 신흥무관학교 또는 임시정부 육군무관학교 교관으로 군사 인재를 양성한 사람, 만주 지역 독립운동 단체에서 활약하거나 독립전쟁에 참전한 사람, 대한민국임시정부와 광복군에서 활약한 사람 등으로 크게 나누어 볼 수 있다.

신흥무관학교 교관으로는 이장녕·이관직·신팔균·김창환, 임시정부 육군무관학교 교관으로는 황학수 등이 있다.

만주 지역 독립운동 단체에서 활동한 인사로는 김혁·황학수·양규열·김창환·조성환·이장녕 등이 있다. 김혁은 만주 독립운동단체를 이끈 대표적 인물로 신민부 중앙집행위원장을 맡았다.

만주 독립군이 치른 청산리 전투에는 제1회 졸업생 홍충희가 대대장 서리 겸 제2중대장, 제2회 졸업생 김찬수가 제3중대장으로 참전했고, 제

---

51 김창환은 무관학교 조교로 있다가 제1회 졸업생들이 졸업할 무렵 임관한 것으로 추정된다. 그에 관한 자세한 내용은 신흥무관학교 편에 자세히 설명되어 있다.

2회 졸업생 조성환과 이장녕이 북로군정서 고문과 참모부장으로 청산리 전투를 지원했다.

봉오동 전투, 청산리 전투와 함께 만주 독립군의 3대첩에 꼽히는 대전자령 전투를 치른 한국독립군 지도부의 총사령 지청천, 부사령 김창환·황학수, 참모장 이장녕 등은 모두 대한제국 무관학교 출신들이다.

대한민국임시정부에 참여한 대한제국 무관학교 졸업생으로는 신규식·조성환·황학수 등이 있다. 이들은 모두 임시정부 각료를 지냈다.

김혁, 신민부 영도자[52]

김혁, 신민부 영도자
(출처:《항일무장독립운동가 김혁》)

김혁(金赫, 본명 김학소 金學韶, 호 오석 吾石, 1875-1939)은 대한제국 무관학교 제1회 졸업생으로 시위보병 제1연대 제3대대에 근무하던 중 군대해산으로 해직되어 고향 용인으로 내려갔다.

1910년 나라를 일제에 강탈당하자 대종교(大倧敎)에 입교하였다. 대종교는 단군을 믿는 신앙정신으로 조선의 자주독립을 실현할 수 있다고 표방하였고, 김혁은 여기서 구국(救國)의 길을 찾았다.

나라를 빼앗기자 대종교는 백두산이 있는 만주 지역으로 활동무대를 옮겼다. 그 결과 독립운동을 전개하기 위해 이 지역으로 망명한 인사들이

---

52 오석 김혁 장군 기념사업회편,《항일무장독립운동가 김혁》(학민사, 2002) 참조.

대종교를 믿게 되었다. 청산리대첩을 이룬 북로군정서의 총재 서일, 부총재 현천묵, 재무부장 계화, 사령관 김좌진 등이 모두 대종교 신도들이었다.

김혁이 만주로 망명하게 된 직접적인 계기가 된 것은 3·1운동이었다. 그는 1919년 3월 30일 고향 용인에서 주민 300여 명이 참석한 가운데 독립선언서를 낭독하고 나서 만세삼창을 선창했다. 이후 일제의 검거망을 피하여 만주로 망명, 대종교인들이 조직한 흥업단(興業團)에 가입하여 부단장이 되었다. 흥업단은 농민과 군인이 따로 없이 한편으로는 농사짓고 다른 한편으로는 군사훈련을 하는 병농일체 제도를 택하고 있었다.

1920년, 8월 김혁은 북로군정서를 방문하여 9월 9일 북로군정서 사관연성소 제1회 졸업식 내빈축사를 한 다음 북로군정서를 떠나 흥업단으로 복귀하였다. 북로군정서를 떠날 때 김좌진 사령관과 약속하기를, 북로군정서 독립군과 흥업단이 백두산 부근의 안투현(安圖縣, 안도현)에 집결하여 독립전쟁을 준비하기로 하였다.

청산리 전투 이후 김혁의 행적은 잘 알려지지 않고 있다. 김혁이 다시 모습을 나타낸 것은 1924년 3월 북만주에서 대한독립군정서가 조직될 때였다. 대한독립군정서는 과거 북로군정서 간부들이 주도해 조직했다. 총재 현천묵, 군사부장 조성환, 서무부장 나중소, 재무부장 계화, 참모 김규식·이장녕 등은 북로군정서 간부들이었다.

북로군정서 총재 서일이 1921년 자유시참변을 개탄하고 자결함으로써 부총재였던 현천묵이 대한독립군정서 총재에 추대되었다. 김혁은 이장녕·김규식과 함께 참모로 활동했다.

대한독립군정서는 북만주 지역의 독립운동 단체들을 규합하여 1925년 3월 신민부를 탄생시켰다. 김혁은 신민부 중앙집행위원장에 추대되어 신민부를 영도하였다.

신민부 군사부위원장 겸 총사령관 김좌진, 참모부위원장 나중소, 외교부위원장 조성환, 보안사령관 박두희, 제1대대장 백종열, 제2대대장 오상세 등은 모두 북로군정서 출신들이다. 박두희·백종열·오상세는 신흥무관학교 졸업생으로 청산리 전투에서 크게 활약한 바 있다.

김혁이 신민부를 대표하는 중앙집행위원장에 추대된 것은 그의 나이, 대한제국 무관학교 졸업이라는 학력, 인품과 통솔력이 고려되었을 것이다. 청산리 독립전쟁을 승리로 이끈 김좌진 사령관은 1889년생이고 김혁은 이보다 14세나 많은 1875년생이다.

신민부에서 성동사관학교를 설립하자, 김혁은 교장에 임명되어 부교장 김좌진, 교관 박두희·오상세·백종열 등과 함께 신민부 군인 양성을 위하여 노력하였다.

신민부가 출범한 이듬해인 1926년 대한제국 무관학교 동기생인 황학수가 김혁을 찾아왔다. 황학수는 곧 참모부위원장에 임명됐다. 따라서 신민부에는 김학소를 비롯하여 조성환·황학수 등 대한제국 무관학교 출신들이 주요 직책에 포진하게 되었다.

신민부가 북만주를 근거로 한창 세력을 확대하고 있던 1928년 1월, 김혁은 일제에 체포되는 비운을 맞았다. 신민부가 회의를 연다는 첩보를 입수한 일제가 하얼빈 주재 일본 총영사관 경찰과 중국 경찰을 대동하여 회의장을 급습하여 김혁을 비롯한 신민부 간부 10명을 체포해 하얼빈 일본영사관으로 호송해간 것이다. 김좌진과 황학수는 다행히 그곳에 없어 체포를 면했다.

김혁이 체포된 이후 김좌진이 중앙집행위원장에 추대되었고, 황학수는 여전히 참모부위원장으로 김좌진과 함께 군사 활동에 주력했다.

김혁은 하얼빈 주재 일본영사관에 구속되어 있으면서도 동기생인 황학수에게, "장작림 시대부터 중동선 철도 좌우 50리 이내에는 일본군이 경찰권을 갖고 있으니 동지들은 더욱 조심하라"는 내용의 편지를 보냈다.

김혁은 체포되기 3년 전인 1925년 이범석이 평생 동지인 마리아와 결혼할 때 주례를 서기도 하였다. 이때 조성환과 김좌진이 들러리로 참석했다고 한다.

김혁은 1929년 6월 신의주법원에서 10년 형을 받고 7년여의 수형 끝에 1936년 8월 가석방되었다. 1937년 4월 13일 서대문형무소에서 순국한 김동삼 지사의 장례 때 문상자 명단에 나온 것 외에는 그의 행적을 알 수 없다.

그도 옥고로 인한 건강 악화로 1939년 4월 23일 고향인 용인 농서리 자택에서 타계하였다. 1962년 건국훈장이 추서되었다.

황학수, 대한제국 국군에서 광복군까지

황학수, 대한제국 군인에서 광복군까지
(출처: 국가보훈부 공훈록)

황학수(黃學秀, 1879-1953)는 20세가 되던 해인 1898년 8.5대 1의 높은 경쟁률을 뚫고 대한제국 무관학교 제1회로 입학했다. 1900년 1월 무관학교를 졸업하고 참위로 임관, 1907년 군대해산 때 부위로 해임되어 자신이 성장한 충북 제천으로 낙향하였다.

고향에서 은둔생활을 하던 그는 서울에서 무관학교 동기생 모임이 있어 참석했다가 김혁을 만났다. 그는 김혁으로부터 만주에서 독립운동이 활발히 전개되고 있으며, 만주는 독립군 양성에 적합한 지리적 조건을 갖추고 있다는 말을 듣고 만주로 망명할 결심을 하였다.

황학수는 일제 경찰의 감시를 피하여 무관학교 동기생 김혁을 찾아 압록강을 건넜다. 안동(安東, 지금의 단동 丹東).에 도착한 그는 김혁의 소재지를 수소문하였지만 알 수 없었다. 할 수 없이 방향을 바꾸어 안동에서 배를 타고 상하이로 가서 1919년 11월 임시정부 군무부 참사에 임명되었다.

당시 군무부총장은 노백린, 차장은 김희선이었지만, 노백린은 미국에서 활동 중이어서 김희선 차장이 실질적으로 군무부를 이끌고 있었다. 임시정부 육군무관학교가 개설되자 황학수는 교관으로도 활동했다.

임시정부 육군무관학교가 경영난으로 2회에 졸업생을 배출하고 문을 닫자, 그는 다시 동기생 김혁을 찾아 만주행을 단행했다. 그는 북만주에 도착하여 신민부 중앙집행위원장으로 있는 김혁을 만났고, 신민부 참모부위원장으로 임명되었다.

그런데 황학수가 믿고 의지했던 김혁이 일제에 체포되고, 이어서 신민부를 지키던 김좌진마저 공산주의자에게 암살당하자 그는 한국독립당과 그 예하의 한국독립군에 합류, 한국독립당 부위원장과 한국독립군 부사령을 맡았다. 당시 한국독립군 총사령관은 지청천이었다.

1931년 만주사변 이후 한국독립군은 중국구국군과 연합하여 일본군과 만주군을 상대로 전투를 벌였다. 한중연합군이 대승을 거둔 전투는 1933년 7월의 대전자령(大甸子嶺) 전투였다.

이후 한국독립군과 중국구국군 사이의 불화와 중국공산당의 공작으로 한국독립군의 활동이 어렵게 된 데다 임시정부 김구의 요청으로 한국독립군 간부들은 만주를 떠나 중국 본토로 들어갔다.

이 무렵 독립군 모병을 위해 지방에서 활동하고 있던 황학수는, 한국독립군 주력이 중국 관내로 떠난 줄을 뒤늦게 알고 홀로 임시 정부를 찾아 만주를 떠났다. 그는 베이징과 내몽골을 거쳐 천신만고 끝에 창사(長沙, 장사)에 이동해 있는 임시정부에 합류했다. 만주를 떠난 지 4년 만이었다.

1939년 임시정부가 치장으로 이동하고 나서 광복군을 편성하기로 방침을 정했다. 그러나 문제는 광복군 편성에 필요한 병력을 모집하는 일이었다.

이에 황학수는 무관학교 후배인 조성환 등과 함께 시안(西安, 서안)으로 파견되어 이곳을 거점으로 잡고 일본군 점령 지역에 거주하고 있는 한인 청년들을 대상으로 모집활동을 전개했다. 이들이 모집활동을 전개하는 동안 1940년 9월 충칭에서 광복군 총사령부가 창설되었다.

이후 광복군 총사령부가 시안으로 이동하자, 황학수는 시안광복군총사령 대리로 임명되었다. 총사령 지청천과 참모장 이범석은 중국과의 교섭을 위해 충칭에 머물러 있었다.

광복군총사령부가 충칭으로 복귀한 이후 황학수는 임시정부 국무위원으로 활동하던 중 해방을 맞아 임시정부 요인들과 함께 1945년 12월 1일 환국하였다. 이즈음 그는 이미 70세 고령에 들었고, 미군정 아래서 활동할 공간도 없어 자신이 성장했던 충북 제천에서 여생을 보내다가 1953년 타계하였다. 1962년 건국훈장이 추서되었다.

신규식, 쑨원으로부터 대한민국임시정부 승인을 얻다.

신팔균(앞 줄 왼쪽)과 신규식(앞 줄 오른쪽)의 부위 때 사진(독립기념관 소장)

신규식(申圭植, 호 예관 睨觀, 1879~1922)은 현 충청북도 청주시 상당구 가덕면 인차리에서 태어났다. 세 살 때 글을 깨우칠 정도로 어려서부터 영특하고 총명했다. 어린 나이에도 글재주가 뛰어나 글을 짓고 시를 썼는데 어른들도 그에 미치지 못할 정도로 뛰어나 신동으로 이름이 알려졌다.

17세가 되던 1897년경 상경하여 관립 한어학교(官立漢語學校)에 입학해 재학 중 독립협회에 가담해 적극적으로 활동하느라 한어학교를 졸업하지 못했다. 그러나 이 학교에서 배운 중국어는 상당한 수준에 이르러 훗날 중국에서 활동할 때 중국인들조차 그를 중국인으로 오해할 정도였다고 한다.

20세가 되던 1900년, 신규식은 대한제국 무관학교 제2회로 입학, 1902년 참위로 임관했다. 무관학교 동기생 가운데 조성환과는 절친한 관계로 후일 독립운동 동지가 되었다.

1906년 부위로 승진, 1907년 군대해산으로 해임되었다. 군대해산 때 신규식은 시위 제1연대 제1대대에서 대대장 박승환 참령의 자결 현장에 있었다.

강제 해직된 이후 신규식은 산업과 공업의 발전이 부강의 원동력이라고 생각하고 대한협회와 기호흥학회에 가입하고, 《공업계》라는 잡지를 창간하는 등 구국 계몽운동에 투신하였다.

1910년 나라가 일제에 강탈당하자, 그는 독립운동에 투신할 것을 결심하고 모든 재산을 처분해 마련한 자금을 가지고 1911년 상하이로 망명하였다.

상하이에 도착한 신규식은 신해혁명에 참여하여 중국 혁명가들과 접촉하게 되었고, 중국 혁명 지사들의 문학단체인 '남사(南社)'에 외국인으로는 유일하게 정식회원으로 가입해 이들과 폭넓게 교류하였다. 이런 활동을 통해 얻은 인적 네트워크는 후일 혁명지도자 쑨원(孫文, 손문)과도 연결되는 매개가 되었다.

그는 무관학교 동기생 조성환과 함께 상하이에 박달학원을 세워 한국인 유학생들에게 중국이나 미국·유럽 유학에 필요한 기초과목인 영어·중국어·지리·역사·수학 등을 가르쳤다.

박달학원은 3회에 걸쳐 100여 명의 졸업생을 배출했는데, 이 가운데는 대한민국 초대 국방부장관 겸 국무총리를 지낸 이범석과 4·19 학생혁명 이후 과도정부 수반을 역임한 허정이 있다. 신규식은 이범석에게는 윈난 육군강무학교에 입학하도록 주선해 주고, 허정에게는 프랑스 유학 준비를 지원해 주었다.

신규식은 무관학교 출신답게 군사력의 중요성을 누구보다 잘 알고 있어 중국의 군사학교에 한인 청년들을 보내 군사 인재를 길렀다. 신규식의 주선으로 중국 군관학교에 입학한 한국인 가운데 이름이 알려진 인사들은 다음과 같다.

- 윈난육군강무학교
  이범석: 광복군 참모장, 대한민국 초대 국무총리 겸 국방부장관

이준식: 광복군 지대장, 육군사관학교 교장, 육대총장(중장)

　　김관오: 광복군 총사령부 참모처 과장, 관구부사령관(소장)

　- 구이저우육군강무당

　　김홍일: 광복군 참모장, 육군사관학교 교장, 군단장(중장)

　- 바오딩육군군관학교

　　오광선(중퇴) 광복군 국내지대장, 호국여단장(준장)

　　조개옥(본명 조윤식): 화북의용군 여단장, 6·25전쟁에서 전사(중령)

　1917년 7월 우리 민족의 독립운동사에 중요한 '대동단결선언'이 나왔다. 이 선언을 발의한 사람은 신규식과 조성환을 포함해 모두 14명인데 신규식의 이름이 첫머리에 나온다. 조소앙·신채호·박은식·김규식·박용만 등 이름이 알려진 독립지사들이 여기에 포함되어 있다. 신규식과 조성환은 중국에서 활동할 때 신성, 조욱이라는 이름을 사용하였다.

　이 선언은 모든 독립운동단체를 통일하여 최고기관을 만들 것을 제안하였는데, 이 제안은 1919년 3·1운동 이후 상하이에서 대한민국 임시의정원과 임시정부의 탄생으로 실현되었다.

　1919년 2월 지린(吉林, 길림)에서 발표된 대한독립선언서(무오독립선언서)에 서명한 39명 가운데도 신규식(신성)과 조성환(조욱)의 이름이 등장한다. 1919년 3·1독립선언의 서명자들은 종교 지도자인 데 비해 대한독립선언서에 서명한 애국지사들은 안창호·이승만·이시영·이동녕·김동삼·김좌진·이동휘·이상룡 등 실제로 독립운동을 전개하던 인물이었다. 이처럼 신규식과 조성환은 독립운동의 선구자로서 함께 활약하였다.

　이후 신규식은 상하이 대한민국임시정부 제2기 내각의 법무총장 겸 외무총장에 이어서 국무총리 대리로 임명되었다.

1921년 11월, 신규식은 임시정부 국무총리 대리 자격으로 호법정부 대총통 쑨원을 방문하여, 쑨원으로부터 임시정부 승인과 아울러 북벌이 완성되면 한국 독립운동을 적극적으로 지원한다는 약속을 받았다. 그리고 중국의 각 군관학교에 한인 청년들의 입학을 허락받았다.

이때 쑨원의 대한민국임시정부 승인과 한인 독립운동 지원 약속은 이후 임시정부와 중국 정부 사이의 외교관계는 물론 임시정부가 중국 국민당과 중국 정부에 지원을 요청하는 근거가 되었다.

대한민국임시정부는 출범할 때부터 이념과 투쟁 노선 그리고 독립운동 활동 지역의 차이로 분열의 요인을 안고 있었다. 이에 일부 진영에서 임시정부를 부인하면서 국민대표회의 개최를 요구하고 나섰다. 이에 신규식은 이동녕·이시영과 함께 임시정부를 지켜내고자 온갖 노력을 다했으나, 국민대표회의 개최 의지를 꺾지는 못했다.

이처럼 임시정부가 존폐 위기에 처하자 신규식은 처참한 현실을 개탄하고 임시정부의 앞날을 걱정하는 가운데 1922년 9월 25일 운명하였다. 그냥 병들어 죽은 것이 아니라 고의로 음식을 끊고 투약도 거부함으로써 사실상 자결의 길을 택했다고 한다. 그러나 죽는 순간까지 임시정부의 앞날을 염려했으며 독립운동 진영 간의 분열과 갈등을 안타까워하였다.

신규식은 무관학교 출신으로 문무를 겸비한 걸출한 인재임이 틀림없다. 그에게는 건국훈장이 추서되었고, 상하이 공동묘지에 있던 그의 유해는 1993년 국내로 봉환돼 국립현충원 임시정부 요인 묘역에 안치되었다.

조성환, 임시정부 군무부장

조성환(曺成煥, 호 청사 靑簑, 이명 조욱 曺煜, 1875~1948)은 서울 양반 가문의 장남으로 태어나, 25세가 되던 1900년 대한제국 무관학교 제2회로 입학하였다.

무관학교 재학 중이던 1902년 1월 차별 임관에 항의해 동맹 자퇴 투쟁을 주도했다. 이로 인해 조성환은 육군법원에서 종신형을 선고받았으나, 그의 동맹자퇴 투쟁에 일정 부분 정당한 사유가 있다고 인정받아 최종적으로 15년 유배형을 받았다. 유배지에서 2년을 보낸 1904년 6월 사면되어 1904년 6월 참위로 임관했다.

보직이 없던 그는 1905년 평양에서 교사로 있던 중 안중근 의사를 만났다. 안중근 의사가 간도에서 이상설이 운영하는 관전학교로 가기 위해 평양을 떠날 때 조성환은 그에게 소개장을 써주었다고 한다.

1907년 4월 안창호와 양기탁이 주도해 창립한 구국 비밀단체인 신민회에 가입해 핵심 간부가 되었다. 신민회는 일본육사 출신으로 대한제국 무관학교 교관을 지낸 노백린·이갑·유동열·김희선과 건양 무관학교 출신 이동휘가 핵심 간부였다.

1907년 8월 1일 군대해산 조치에 항거해 봉기한 시위대 군인들이 일본군과 벌인 시가전에서 부상자가 발생하자, 그는 함께 동맹 자퇴 투쟁을 벌인 동기생들과 부상자 위문과 치료비 모금에 나섰다.

나라의 운명이 다해가던 1909년 2월, 조성환은 베이징으로 망명했다. 이때부터 조욱이라는 가명을 사용하였다. 1911년 중국에서 신해혁명이 일어나자, 조성환은 마침 망명해 온 동기생 신규식과 함께 혁명의 현장을 직접 확인하기 위해 난징으로 갔다. 두 사람은 난징에서 역사의 거대한 변화를 목격했다.

이후 두 사람은 상하이에 박달학원을 열어 한국인 유학생들을 모아 가르쳤다. 이후 신규식은 그곳에 남고, 조성환은 베이징으로 복귀했다.

베이징에 돌아온 직후 조성환은 일본 경찰에 붙잡혀 국내로 압송되었다. 그에게 씌워진 혐의는 일본 총리대신을 암살할 계획을 꾸몄다는 것이다. 1912년 그는 전남 진도로 유배되었다.

유배에서 풀려난 조성환은 1915년 다시 베이징으로 갔다. 이때는 제1차 세계대전이 한창 진행 중이었다. 중국에서 활약하던 독립운동가들은 이를 기회로 삼아 조국의 독립을 이룰 수 있으리라고 판단, 항일투쟁을 펼칠 신한혁명당을 결성했다. 신한혁명당 결성을 주도한 인물은 신규식·박은식·이상설 등이다. 여기에 조성환·유동열도 가담했다.

1917년 대동단결선언에 서명한 이듬해 조성환은 북만주와 연해주를 오가며 활동하던 중 지린에서 대한독립선언서가 발표되자 여기에 서명하게 된다.

조성환은 1919년 4월 10일에 열린 임시의정원의 노령 대표로 참석했다. 이 회의는 대한민국임시정부를 탄생시킨 역사적인 회의였다. 임시정부가 출범하자 조성환은 제1기 내각의 군무부 차장에 임명되었다. 그러나 그해 8월 그는 상하이 임시정부와 러시아의 대한국민의회와의 통합을 협의하기 위해 블라디보스토크(Vladivostok)로 갔다.

조성환이 블라디보스토크에 머무는 동안 체코군과 무기 구매 협상을 통해 북로군정서 독립군에게 충분한 무기를 공급해 북로군정서 독립군이 청산리 전투에서 승리를 거둘 수 있었다.

청산리 전투 이후 조성환은 베이징에 복귀하였다. 이때 임시정부 외교총장과 국무총리 대리를 맡고 있던 동기생 신규식이 조성환을 베이징 주재 임시외교위원으로 임명하였다.

1922년 가을 조성환은 북만주로 이동, 1923년 12월 현천묵, 김좌진과 함께 대한독립군단을 조직하고 참모 겸 군사부장에 취임하였다. 대한제국 무관학교 출신 김혁과 이장녕도 참모로 참여하였다.

1925년 3월 신민부가 조직되자 조성환은 외교부위원장에 임명되었다. 신민부 중앙집행위원장은 무관학교 제1회 졸업생 김혁이 맡았다.

신민부가 조직된 직후인 1925년 6월 일제와 장쭤린(張作霖, 장작림)이 마쓰야(三矢, 삼시)협정을 맺어 독립군을 탄압하는 바람에 독립군의 활동에 제동이 걸렸다. 이 무렵 조성환은 만주에서 공산주의 세력이 부상하면서 좌우로 갈라진 항일투쟁 세력들을 통일하기 위한 유일당 운동에 나섰으나 이념과 투쟁 노선의 차이로 협상이 중단되었다.

1931년 만주사변 이후 조성환은 임시정부에 합류, 군무부장에 취임하였다. 1937년 7월 중일전쟁이 일어나자 임시정부는 전시체제에 들어갔고, 군무부장 조성환은 군사위원회를 만들어 독립전쟁에 필요한 군사 업무를 맡겼다. 그러나 임시정부가 피난길에 오르면서 군사위원회 활동도 중단되었다.

임시 정부가 충칭 남쪽 치장에 도착하고 나서야 전시 대비책을 마련해 나갔다. 그 대비책의 핵심은 군대를 조직하는 일이었다. 군대를 조직하기 위해 조성환은 먼저 병력을 모집할 군사특파단을 편성했다. 군무부장 조성환이 군사특파단장을 직접 맡았다. 대신 군무부장 자리는 지청천에게 맡겼다.

시안에서 군사를 모집하던 조성환은 다시 지청천 후임으로 군무부장에 임명되었다. 광복군 총사령부 창설에 따라 지청천이 총사령에 내정되었기 때문이다.

1940년 9월 17일 충칭에서 한국광복군총사령부 설립식이 거행되었다. 이어서 통수부가 구성되었다. 통수부는 김구 주석을 최고 통수권자로 하고, 참모총장 유동열, 군무부장 조성환, 내무부장 조완구가 각각 참모를 맡았다.

조성환은 조선의용대를 이끌고 광복군에 합류한 김원봉에게 군무부장 자리를 인계하고, 국무위원으로 8·15해방을 맞아 임시정부 요인 제2진으로 귀국했다.

해방 공간에서 조성환은 신탁통치 반대 투쟁에 나섰고, 남한 단독정부 수립에 반대해 김구, 김규식, 김창숙, 조소앙 등과 함께 5·10 총선거 불참 선언을 한 다음 정계를 은퇴하였다. 1962년 건국훈장이 추서되었다.

신팔균, 통의부 의용군사령관

신팔균(申八均, 이명 신동천 申東天, 1882~1924)은 명문 무관 가문에서 태어났다. 고조할아버지는 훈련대장을 역임했고, 할아버지 신헌(신관호)은 순조·헌종·철종·고종 등 4대에 걸쳐 문무의 주요 관직을 역임했다. 1876년 일본과 강화도조약, 1882년 미국과 수호조약을 체결하였다. 지금 육사 교정에 있는 청헌당 건물의 현판 글씨는 그가 쓴 것이다. 신팔균의 부친은 무과에 급제한 후 포도대장을 거쳐 오늘날 서울시장에 해당하는 한성부윤을 지냈다.

신팔균은 집안의 전통에 따라 1900년 10월 대한제국 무관학교 제2회로 입학하여 1902년 7월 참위로 임관, 1903년 9월 졸업하였다. 그의 동생 신가균도 무관학교 제2회로 입학하여 같은 날 참위로 임관하였다.

1907년 3월 부위로 승진, 군대해산 때에도 해임당하지 않고 황실 경호부대인 근위보병대에 배치되었다. 그의 동생 신가균은 군대해산 때 참위로 해임되었다. 신팔균도 결국 1909년 6월 정위 진급과 동시에 예비역에 편입되었다.

전역 후 신팔균은 향리인 충청북도 진천군 이월면 노원리에 낙향하여 청소년들에게 애국계몽사상을 고취하기 위해 학교를 설립하였으며 동생 신가균과 함께 후학 양성에 힘쓰는 한편 비밀단체를 조직하여 국권 회복을 위한 활동을 하였다.

1910년 나라가 일제에 강제 합병되자 신팔균은 만주, 베이징, 상하이, 연해주 등지를 전전하다가 1919년 3·1운동 직후 신흥무관학교 교관으로 부임하였고, 이름을 '동천'이라 하게 되면서 일본육사 출신 지청천·김경천과 함께 소위 '만주 삼천'이 되었다.

1920년 신흥무관학교가 문을 닫고 신흥무관학교 교성대가 백두산 부근으로 이동할 때 신팔균은 여기에 동행하지 않고 베이징으로 갔다. 베이징에서는 신흥무관학교 교장을 역임한 이세영(이천민)과 함께 베이징 거주 한인들의 교육과 자치를 위한 한교교육회를 조직하는 등 활동에 힘쓰다가 1924년 다시 만주로 돌아와 6월 통의부 군사위원장 겸 의용군사령관에 임명되었다. 통의부는 1920년 경신참변[53] 이후 만주 각지에 흩어져 있

---

53 경신참변(庚申慘變)이란 1920년 일본군이 만주를 침략해 간도에 거주하던 동포들을 대량 학살한 사건이다.

던 독립단체가 통합하여 1922년 8월 결성된 독립운동단체였다.

통의부 의용군사령장에 임명된 신팔균은 의용군 조직을 재정비하는 한편, 대대적인 모병으로 5개 중대로 증강하여 무장투쟁 역량을 정비하는 데 힘썼다. 이렇게 되자 신팔균과 통의부 의용군은 일제의 표적이 되었다.

1924년 7월 2일, 통의부 의용군을 이끌고 훈련 중 일제의 사주를 받은 중국 마적의 기습공격을 받았다. 이에 신팔균은 부대를 안전지대로 후퇴시키면서 전투를 지휘하던 중 총탄에 맞아 쓰러졌다. 부하들이 부축하려 하자 이를 뿌리치고 쓰러진 부상병부터 먼저 후송하도록 명령하고 계속해서 전투를 지휘했다. 그러나 이때 다시 총탄이 흉부를 관통함으로써 그 자리에서 쓰러져 순국하고 말았다.

이장녕, 북로군정서 참모부장

이장녕 (출처: 국가보훈부 공훈록)

이장녕(李章寧, 1881-1932)은 오늘날 독립기념관이 있는 천안시 목천에서 태어났다. 1900년 10월 무관학교 제2회로 입학, 1902년 7월 신팔균·신규식 등과 함께 참위로 임관했고, 1907년 3월 함께 부위로 승진했다. 1907년 군대해산 때 그는 일본군대 견학 명령을 받아 해직을 면했으나, 이후 추가 해직으로 군을 떠나 가족과 함께 만주로 망명하였다.

그의 가족이 이주한 곳은 안동(단동)과 신흥무관학교가 처음 자리 잡은 삼원포의 중간쯤 되는 횡도천이였다. 여기서 무관학교 설립 예정지 답사에 나섰던 이회영 일행과 만나게 되었고, 그 인연으로 이장녕은 신흥무관학교 설립에 참여하게 되었다.

이장녕은 신흥무관학교 교관과 교장, 그리고 서로군정서 독판부 부관으로 활동했다. 서로군정서는 3·1운동 이후 서간도에서 발족한 이주 동포 자치기관인 한족회의 군정(軍政)기관이었다.

신흥무관학교 교관을 지낸 이범석의 회고에 따르면, 이장녕은 남만주 지역에서 군사 방면으로 가장 명망이 있고, 폭넓은 군사학 지식을 지닌 인물로 "일을 꾸미는 지모가 있었을 뿐만 아니라 인적 조화와 단결을 도모하신 부드러운 성격의 소유자였다." 그래서 서로군정서를 실질적으로 주도하고 거의 전적으로 영도하였으며, 한족회에서도 모든 기획을 세우는 일을 도맡아 하였다.[54]

서로군정서 부관으로 있던 이장녕은 북로군정서 사령관 김좌진으로부터 초빙을 받았다. 북로군정서는 총재부와 사령부로 구성되어 있었는데 이장녕은 총재부 참모부장에 임명되었다. 총재부에는 대한제국 무관학교 동기생이자 자퇴 투쟁을 주도했던 조성환이 고문 자격으로 시베리아에서 무기를 구매하는 교섭을 맡았다.

북로군정서가 독립군 양성과 무기 확보에 여념이 없을 때 일제의 압력을 받은 중국 당국으로부터 북로군정서 독립군에게 무장을 해제하거나 병영을 다른 곳으로 옮겨 갈 것을 통첩 받게 되었다.

중국의 압박이 심해지자 1920년 9월 9일 사관연성소 졸업식을 서둘러

---

54 이범석,《철기 이범석 자전》(외길사, 1991), 146-147쪽.

거행하고, 사령부 경비대를 중심으로 보병대를 편성하고 사관연성소 졸업생으로 연성대를 편성하여 신흥무관학교 교성대가 이동해 있다는 백두산 부근의 안도현을 향해 출발했다. 북로군정서 독립군이 안도현을 향해 행군 도중 일본군과 조우하여 벌어진 것이 청산리 전투였다.

이때 북로군정서 서일 총재, 현천묵 부총재, 이장녕 참모부장 등을 비롯한 본부 요원들과 그 가족들은 별도로 북만주의 러시아 국경지대에 인접한 미산(密山,밀산)을 향해 떠났다. 따라서 이장녕은 청산리 전투에는 참전하지 않았다.

1920년 12월 미산에 도착한 북로군정서 독립군부대는 홍범도 부대와 함께 1921년 초 우수리강을 건너 러시아 영토인 이만으로 넘어갔다. 여기서 극동공화국 제2군단으로부터 무장해제요구를 받았다. 이에 반발하여 서일과 김좌진을 포함한 북로군정서 간부들은 북로군정서 독립군을 데리고 만주로 돌아갔다. 따라서 이장녕은 자유시참변을 면하였다.

만주로 돌아온 이장녕은 북로군정서 간부 출신들이 대한독립군정서를 조직하자 조성환과 함께 참모로 활약하였다.

1923년 1월부터 상하이에서 임시정부 개선을 논의하기 위한 국민대표회의가 열렸으나 개조파와 창조파로 분열되어 결렬되고 말았다. 이에 만주 독립군 지도자들은 독립군 통일을 위한 예비모임인 통일주비위원회(統一籌備委員會)를 조직하고 이장녕을 위원장에 추대하였다.

주비위원회는 1924년 7월 지린에서 7개 독립군단체 대표들이 모인 가운데 발기대회를 개최하였고, 9월 본회의에서는 의장에 통의부 김동삼을 추대하고 분과위원회를 설치하였다. 여기서 이장녕은 조성환과 함께 군사 분과위원에 선임되었다. 그러나 독립군 통합이 성사되지 못하여 이장녕은 여기서 탈퇴하고, 1925년 북로군정서 출신들이 중심이 되어 신민부가 조직되자 참의원에 선임되었다.

1930년 한국독립당이 창당된 데 이어 1931년 한국독립군이 편성되자 이장녕은 한국독립당 감찰위원장과 한국독립군 참모장에 임명되어 활동 중 중국 패잔병에 의해 살해되었다. 그에게 건국훈장이 추서되었다.

05

'마지막 무관생도들'

일본육사 졸업, 일본군 장교로 임관

1909년 8월 대한제국 무관학교가 일본의 강요로 문을 닫게 되자 재학생 45명은, 사관 양성은 일본에 위임한다는 정미7조약의 부속 비밀각서에 따라 일본육사에 유학하게 되었다.

이들은 학교 감독관으로 나와 있던 오구라 유사부로(小 倉祐三郎, 소창우삼랑)의 면접시험과 신체검사를 거쳐 1학년(하급반) 22명, 2학년(상급반) 21명 등 모두 43명이 합격했다. 유학을 거부한 1명과 신체검사 불합격자 1명이 탈락했다. 신체검사에서 탈락한 하급반 1명은 뒤에 일본에서 합류했다.[55]

일본육사 유학 시험 합격자 43명은 오구라 대위 인솔 아래 1909년 9월

---

55 이원규,《마지막 무관생도들》(푸른사상, 2016), 69쪽.

3일 서울역에서 기차를 타고 일본으로 떠났다. 이들이 일본으로 떠난 후인 9월 15일 칙령 제77호에 의해 대한제국 육군무관학교는 공식적으로 폐교되었다(《관보》1909년 9월 15일 호외1).

부산에서 배를 타고 일본에 도착한 마지막 무관생도들은 도쿄에 있는 육군중앙유년학교에 편입했다. 이 학교는 예과 3년, 본과 2년 과정으로 되어 있고, 교육은 5년제 고등중학교 수준이었다. 일본 육군사관학교 진학을 위한 예비학교인 관계로 사관후보생처럼 엄격한 규칙 생활이 이루어지고, 매일 교련·체조·유도·검도·마술 등의 훈련이 있고, 토요일에는 야외 행군과 실습이 있었다.

대한제국 무관학교 하급반 23명은 중앙유년학교 예과 2학년, 상급반 21명은 예과 3학년에 편입하였다. 이들은 '한국학생반'으로 별도 편성되어 복장의 장식을 비롯해 침실과 식당까지 일본인 학생들과 구분되었다.

이들이 중앙유년학교에 편입한 직후 안중근 의사의 의거(1909. 10. 26)가 있었다. 이 때문에 일본인 교관과 학생들로부터 극도의 멸시와 증오에 찬 눈초리를 받으며, 야유를 들어야 했다.

이듬해 한국이 드디어 일본에 강제 병합되었다는 비보를 전해들은 마지막 무관생도들은 비통했다. '한국학생반'이 없어지고, 일본 학생과 같은 복장에 같은 내무반에서 생활하게 되었다. 그러나 눈에 보이지 않는 일본인들의 차별대우는 감수성이 예민한 나이의 이들에게는 마음의 상처가 되었다. 나라 잃은 서러움을 하소연할 수 없었던 마지막 무관생도들은 앞으로 어떻게 할 것인지 대책을 논의했다.

"나라 없는 군인이 무슨 소용이 있는가? 전원 자퇴하자."

"황궁 앞에서 단체로 자결하자."

"언젠가 조국이 우리를 부를 때가 올 것이다. 그때를 대비해 열심히 배워야 하지 않겠는가?"

결국 조국이 필요할 때를 대비해 열심히 배워두자는 쪽으로 의견이 기울어 진로 문제는 일단 정리되었다.

중앙유년학교 예과 3학년에 편입한 마지막 무관생도 상급반 21명 가운데 13명이 1912년 12월 일본육사에 입학해 1914년 5월 제26기로 졸업하였다. 중앙유년학교 2학년에 편입한 하급반 23명 가운데 20명은 1915년 5월 일본육사 제27기로 졸업, 일본군 장교로 임관했다. 나머지는 자퇴 또는 탈락했다.

일본육사를 졸업한 이들 33명은 조국의 운명처럼 기구한 생애를 보냈다. 일제강점기 대부분 일본군 장교로 일본에 충성하는 길을 택했으나, 지청천, 조철호, 이종혁, 이동훈은 독립운동에 투신해 조국의 광복을 위해 투쟁했다.

이들과는 다른 길을 간 사람들도 있다. 홍사익은 일본군 중장까지 진출했으나, 일본 패망 후 전범재판에서 사형 당했다. 윤필상은 패전 후 소련군에게 끌려가 끝내 돌아오지 못했다. 김인욱은 퇴역 후 평양에 머물러 있다가 체포되어 소련군에 넘겨졌고 중앙아시아 우즈베키스탄에 수용되었으나, 끝까지 살아남아 일본으로 송환되었다.

남우현은 일본 여성과 결혼했다. 정훈은 1945년 8월 14일 조선총독부 엔도 정무총감과 여운형을 연결해 여운형의 건국준비위원회에 치안권을 인계하도록 담판을 성사시키고 일본으로 건너가 일본인으로 여생을 보냈다. 장유근은 신사참배 문제로 상관과 충돌, 중위로 퇴역해 남대문상업학교와 오산중학교의 체조 교사로 재직하고, 1941년 보성전문학교 체육 교

사 조철호가 죽자 그 후임으로 갔다.[56]

독립운동에 투신한 지청천·조철호·이종혁·이동훈에게는 건국훈장이 추서되었다. 이 가운데 이동훈은 일본 육사를 나왔다는 사실만으로 친일 인물로 지정될 뻔했으나, 일제강점기 평양 광성고보 교사로 있으면서 제자들의 3·1운동을 지도했음이 한 제자의 글로 드러나 2012년에야 독립유공자로 인정받아 건국훈장을 추서 받았다.

일본군에 종사했던 마지막 무관생도 가운데 9명은 '일제강점기 말기 친일반민족행위 관련자'로, 16명은 민족문제연구소가 발간한 《친일인명사전》에 올라 뒤늦게 역사의 심판을 받았다.

해방 후 대한제국 마지막 무관생도들 가운데 10명이 국군 장교가 되었다. 이들 가운데 5명은 육군사관학교를 거쳐 임관하였다. 나머지 5명 가운데 2명은 군사영어학교, 3명은 특별임관을 통해 임관하였다. 이들 가운데 이응준은 대한민국 초대 육군참모총장, 신태영은 제3대 육군참모총장과 제4대 국방부장관을 역임하였다.

지청천, 독립군과 광복군 총사령

지청천(池靑天, 본명 지석규 池錫奎, 이명 지대형 池大亨, 이청천 李靑天, 호 백산 白山, 1888-1957)은 서울 삼청동에서 태어났다. 다섯 살 때 아버지를 여의고 편모슬하에서 외아들로 자랐다. 그는 서당에서 글을 배우다 집안 어른들의 권유로 교동소학교에 편입하여 졸업한 이후 모친 몰래

---

56 자세한 내용은 이규원의 《마지막 무관생도들》, 에필로그 <역사에 남은 이름> 참조.

지청천, 한국 광복군 총사령
(출처:《역사의 수레를 끌고밀며》)

배재학당에 진학했다. 모친이 신식교육을 '오랑캐' 교육이라 하여 반대했기 때문이었다.

지청천이 입학할 무렵 배재학당은 교사로 있던 서재필과 이 학교 졸업생 이승만·주시경 등이 독립협회를 설립하여 활동하고 있을 정도로 구국의 분위기가 강했다. 지청천이 후일 항일 구국전선에 뛰어든 것도 배재학당의 영향이 컸을 것이다.

황성기독청년회에 참가하여 무장투쟁을 주장한 것이 소문이 나고 자신이 배재학당에 다니는 것을 어머니가 비로소 알게 되자 그는 배재학당을 중퇴하였다. 그는 군인이 되겠다는 결심을 하고 1907년 대한제국 육군무관학교에 진학하였다. 당시 무관학교는 군부나 정부의 고위직 인사들의 추천을 받아야 입교할 수 있었는데, 어머니가 연줄을 통해 영친왕의 생모인 엄귀비의 추천서를 받아 왔다.

그가 무관학교에 입학한 직후 군대해산 조치가 이루어졌고, 어머니의 권유에 따라 결혼하였다. 이어서 1909년 무관학교가 폐교되자 일본육사에 진학하기 위해 다른 무관학교 재학생들과 함께 일본으로 건너갔다.

1914년 여름 일본육사 제26기로 졸업한 직후 제1차 세계대전이 발발했고, 지청천은 일본군 소위로 출병하여 칭다오에서 독일군과 싸우다 부상당했다. 이후 중위로 진급하여 일본으로 귀환하였다. 이때의 실전 경험은 후일 만주에서 독립전쟁을 수행하는 데 큰 도움이 되었다.

지청천이 일본군을 탈출하여 독립운동에 투신하게 된 계기가 된 것은 3·1운동이었다. 그는 아마 조국이 자신을 필요로 하는 시기가 왔다고 판단했을 것이다. 당시 일본에 근무하고 있던 지청천은 병가를 얻어 서울로 돌아왔다.

이때 일본육사 3년 선배인 김광서 중위도 서울에 와 있었다. 두 사람은 일본군 현역 장교의 신분으로 만주로 망명하여 신흥무관학교에 합류하였다. 이때부터 지청천의 험난한 항일투쟁의 역정이 시작되었다.

지청천은 신흥무관학교 교관과 서로군정서 사령관을 지낸 후 일본의 압력에 못 이긴 만주 당국의 탄압을 피해 신흥무관학교 교성대를 이끌고 안도현으로 이동했다. 여기서 홍범도 부대와 만나 북만주 밀산을 거쳐 러시아 자유시로 갔다가 자유시참변을 겪은 후 이르쿠츠크(Irkutsk)로 이송되어 고려혁명군 사관학교 교장에 취임하였다. 이후 만주로 복귀하여 정의부 군사위원장 겸 의용군 사령관에 임명되었다.

만주사변(1931) 이후 한국독립군 총사령으로 중국 구국군과 연합작전을 전개해 대전자령 전투에서 대첩을 거두었다.[57] 그러나 중국 구국군과의 불화로 만주에서 무장투쟁이 어렵게 되었다. 이때 임시정부 김구의 요청으로 1933년 한국독립군 동지들을 대동하고 중국 관내로 이동해 중국 뤄양(洛陽, 낙양)군관학교 한인특설반 교관단장으로 군사인재 양성에 힘썼다.

1937년 중일전쟁이 발발하자 임시정부의 군사정책을 수립할 기구로 조직된 군사위원회 위원으로 선임되었다가 1939년 임시정부 군무부장

---

57 대전자령대첩은 제3부 신흥무관학교 편에 상세히 설명되어 있다.

에 취임하였다. 1940년 9월 17일 한국광복군이 창설되자 그는 광복군총사령으로 임명되어 광복군 부대 편성과 국내 진격 작전을 위한 훈련에 심혈을 쏟았다.

해방 후 지청천은 국제적인 승인을 받고 공식적으로 광복군을 귀국시킬 결심으로, 일본군에 징집되어 중국 전선에 투입되었던 한인 장병들을 포함해 중국 각지에 있는 한인 청년들을 흡수, 광복군을 확대 편성하였다. 광복군 확대 편성작업이 순조롭게 진행되자 지청천은 미군정과 광복군 귀환 문제를 교섭하였으나, 미군정은 남한에는 미군 이외에 어떤 군사 조직도 인정할 수 없다는 확고한 방침을 고수해 1946년 5월 16일 광복군 해산 선언을 발표했다.

이에 따라 광복군은 개인 자격으로 귀국을 개시했다. 지청천은 광복군 주력이 귀국한 이후인 1947년 4월 귀국했다. 만주로 망명한 지 30여 년 만에 고국에 돌아온 것이다.

귀국 후 지청천은 대동청년단(大同靑年團)을 조직해 이를 바탕으로 군대를 창설하고자 했으나, 미군정은 이미 경비대 창설을 본격적으로 추진하고 있어 군대 창설 계획은 무산되고, 단원들은 개별적으로 경비대에 입대하였다. 지청천을 비롯해 경비대에 입대하지 않은 대원들은 1948년 5월 10일 치러진 제헌 국회의원 선거에 출마해 13명이 당선되었다. 지청천은 서울 성동구에서 출마해 전국 최다 득표로 당선되었다.

조철호, 한국 보이스카우트 선구자

조철호, 조선소년단 창설자(독립기념관 소장)

조철호(趙喆鎬, 1890-1941)는 서울 종로에서 태어났다. 1915년 지청천·홍사익·이응준 등과 함께 일본 육사 제26기로 졸업하여 임관 후 일본에 주둔하고 있는 부대에 근무하였는데 중위로 진급한 후 1918년 퇴역하여 귀국했다.

퇴역 후 이승훈이 설립한 평안북도 정주의 오산학교에서 체육교사로 있으면서 학생들에게 독립사상을 고취하고 독립전쟁에 대비하여 학생들에게 교련을 시켰다. 1919년 3·1운동 때에는 학생들의 만세 운동을 적극적으로 지도했다가 체포되어 옥고를 치르고 출옥했다.

조철호는 청소년들에게 독립사상과 민족의식을 배양하기 위한 소년독립군 양성에 뜻을 두고 1922년 조선소년군(朝鮮少年軍)을 창설하였다. 조선소년군은 우리나라 보이스카우트의 효시가 된다.

1924년 개최된 제1회 어린이날 행사에는 방정환·이종린 등과 함께 준비위원으로 활동했다.

중앙고등보통학교 체육교사로 있던 중에 6·10만세운동(1926)을 배후에서 지도함으로써 교단에서 추방된 그는 북간도로 망명하였다. 북간도의 동광중학교에 재직하면서 독립군 양성에 힘썼는데, 학교 운영자금을 조달하기 위해 국내에 들어왔다가 일본 경찰에 붙잡혔다.

이때 동아일보 사장으로 있으면서 중앙학교와 보성전문학교를 운영하고 있던 김성수의 신원보증으로 풀려나온 뒤, 동아일보사에 근무하면서 조선소년군 총사령에 취임하여 본격적인 보이스카우트 재건 운동을 전개하였다. 김성수는 후일 보성전문학교를 '고려대학'으로 교명을 바꾸어 종합대학으로 발전시켰고, 대한민국 제2대 부통령을 지냈다.

1937년 일제가 조선소년군을 일본보이스카우트에 병합시키려 하자 조철호는 이에 항거했으나 결국 조선소년군은 강제 해산당하고, 그는 다시 옥고를 치르게 되었다.

출옥 후 보성전문학교 체육 교사로 근무하였으나, 그동안 여러 차례의 옥고로 심신이 쇠약해져 1941년 사망하였다. 그에게는 서거 50년이 다 되어가던 1990년 건국훈장이 추서되었다.

이종혁, 참의부 군사위원장 마창덕

1919년 5월 서울에서 일본 육사 출신 김경천·지청천·이응준 세 사람이 만주로 탈출하기 위해 모의하고 있을 때, 멀리 시베리아에서는 일본육사 제27기로 일본군 장교가 된 이종혁(李種赫, 1892-1935) 중위가 러시아 공산 빨치산을 상대로 격전을 치르고 있었다.

시베리아에 출전한 일본군은 혹독한 추위와 싸워야 했고, 러시아 공산혁명군과도 싸워야 했다. 그런데 더 무서운 적은 공산 게릴라들이었다. 여기에 한국인 게릴라들 또한 일본군에게 골칫거리였다. 특히 3.1운동 이후 시베리아 각 지역에서는 한인 무장 세력이 점차 힘을 발휘하기 시작했다.

1919년 4월, 일본은 이들 지역에 대규모 병력을 투입하여 한국인 무장 세력에 대한 '토벌' 작전을 전개했다. 연해주 한인들의 정신적 지주인 최재형이 살해된 것도 이 무렵이었다.

이때 이종혁이 지휘하던 소대에서 한인 게릴라 1명을 생포했다. 배낭에는 선전물과 기밀 서류가 나왔다. 이를 중대장에게 보고하자 중대장은 즉시 처형하라는 명령을 내렸다. 이종혁은 중대장의 명령에 따라 부하에게 총살 명령을 내렸다.

총살 현장으로 끌려가던 동포 게릴라는 이종혁이 조선 사람임을 알아차리고 호통을 쳤다.

"이놈, 민족이 왜놈들에 짓밟혀 신음하고 있는데 어찌하여 왜놈 장교 복장을 하고 꼭두각시 짓을 하느냐! 부끄러운 줄 알아!"

이종혁이 속한 중대는 한인 게릴라가 소지한 기밀 서류와 진술을 토대로 한인 무장 세력을 '소탕'하는 성과를 올렸고, 이종혁은 그 공으로 무공 훈장을 받았다. 그 후 그는 견디기 힘든 민족적 양심의 가책을 느끼며 일본군 장교 생활에 대한 회의에 빠졌다. 결국 그는 일본군 장교복을 벗고, 만주로 망명하여, 참의부 군사위원장으로 활동하였다.

이종혁은 이듬해 남만주 일대에서 무장 활동을 전개하다가 펑텐(奉天, 봉천, 지금의 선양)에서 한인 밀정의 밀고로 일본 경찰에 체포되어 5년 형을 선고받았다. 시베리아에 출전하여 훈장을 받은 일로 비교적 가벼운 형을 받은 것이다.

일본 관헌들은 어떻게 해서든지 그를 전향시켜 석방하기 위해 이종혁이 "잘못했다"라는 말 한마디만 하라고 끈질기게 권유했다고 한다. 하지만 그는 끝내 이 제안을 거절했다.

석방 후 친구들이 "우선 나와 놓고 볼 수도 있었던 거 아닌가?"라고 말하자 그는, "아, 누군 좋아서 감옥살이를 하나. 내가 독립운동을 하다 형무소에 온 줄 알고 형무소에 있는 우리 한국의 형제들이 나를 큰 지도자처럼 존경하고 있는데 아, 어떻게 내가 그들을 뿌리치고 내 몸 하나 편하자고 그럴 수가 있겠나?"라고 대답하였다고 한다.

그의 이러한 완강한 태도로 인하여 일제는 형기의 절반만 채우면 가석방하던 당시 관행을 무시하고 늑막염에 걸린 이종혁을 치료도 해주지 않은 채 형기가 끝날 때까지 감옥에 가두었고, 그는 출옥 후 감옥에서 걸린 병으로 사망했다. 독립운동을 벌일 때 가명으로 사용한 '마창덕(馬昌德)'으로 보다 잘 알려져 있다. 1980년 건국훈장이 그에게 추서되었다.

이응준, 대한민국 초대 육군참모총장

이응준, 대한민국 초대 육군참모총장(출처: 《국방사1권》)

이응준(李應俊, 1891~1985)은 일본육사 제15기생으로 대한제국 참령을 지낸 독립운동가 이갑의 사위다. 이갑은 무작정 상경한 이응준을 자기 집에 데려다 공부시켜 대한제국 무관학교에 입교시켜 주었다. 대한제국 무관학교가 폐교되자 이응준으로 하여금 일본육사에 진학하도록 권유한 것도 바로 이갑이었다.

이응준에게 이갑은 아버지 같은 존

재이자 은인이고, 후견인이었다. 그런 이갑이 임종을 앞두고 이응준에게 하나밖에 없는 자기 딸 이정희를 부탁한다는 편지를 보냈다. 편지를 보낸 한 달 후인 1917년 6월 연해주 니콜스크에서 이갑은 타계하였다. 이 무렵 이응준은 일본군 중위로 도쿄에서 근무 중이었다.

3·1운동 직후인 1919년 4월 이응준은 휴가를 얻어 서울로 돌아왔다. 여기서 대한제국 무관학교와 일본육사 동기생인 지청천과 일본육사 3년 선배인 김광서와 함께 만주로 망명하여 독립군에 합류하기로 모의하였다. 이에 지청천·김광서는 만주로 망명하였으나, 이응준은 그 약속을 지키지 못했다. 본인은 군자금을 마련하지 못해 망명 약속을 지키지 못했다고 말하지만, 이는 변명에 불과한 것 같다.

실제로 이응준은 지청천·김광서가 만주로 망명한 직후 이갑의 딸 이정희와 결혼했다. 일본군 장교 신분으로 독립운동가의 딸과 결혼한다는 것은 당시로서는 일종의 모험에 가까운 일이었다. 실제로 그는 상부의 허락 없이 결혼했다는 이유로 근신 처분을 받기도 했다.

이응준은 해방 후 미군정에 참여하여 신생 조국의 육군이 될 경비대를 창설하는데 핵심적 역할을 하였다. 그래서 그를 '대한민국 육군의 산파'라고 부른다.

원만한 성격 탓이기도 했으나, 독립운동가 이갑의 사위라는 이유로 이응준은 해방 후 임시정부 요인들을 비롯한 독립운동 진영으로부터도 배척을 받지 않았다. 이응준이 미군정청 통위부장(국방부장관)에 임시정부 참모총장을 지낸 유동열을 추천해 성사시킨 일도 그의 이런 인적 배경이 크게 작용했다고 할 수 있다. 유동열은 이응준의 장인인 이갑과 일본육사 동기생이다.

이응준은 신생 조국의 군대는 광복군을 모체로 편성되어야 한다는 생각을 지니고 있었다.

1946년 6월 정령(대령)으로 특별 임관한 이응준은 대한민국 정부수립 후인 1948년 12월 초대 육군총참모장에 취임했다. 이로부터 1주일 후 광복군 출신 김홍일·송호성, 일본육사 출신 채병덕, 그리고 해군의 손원일과 함께 대한민국 최초의 장군이 되었다.

이응준은 이갑 참령이 그랬던 것처럼 일본육사 출신 이형근을 사위로 삼았다. 이형근은 육군사관학교 초대 교장, 육군참모총장과 합참의장을 거쳐 대장으로 전역했다.

김석원, 일본군 전쟁영웅이 '노병의 한'으로

김석원(중앙), 6·25 1년 전 제1사단장 시절
(출처: 우리역사넷)

일본군 장교로서 가장 잘 싸운 '마지막 무관생도'는 김석원(金錫源, 1893-1978)이다. 만주사변 때 일본군 기관총대 대장으로 출전하여 크게 공을 세워 일제로부터 상금과 함께 포상을 받았다. 중일전쟁 때는 대대장으로 참전하여 1개 대대 병력으로 중국군 1개 사단을 상대로 싸워 승리함으로써 일약 전쟁영웅이 되었다. 그러나 그는 자서전《노병의 한》에서 그의 일본군 장교 생활을 무척 후회하고 있다.

"지금 생각해보면 그때 우리의 애국지사들은 일제를 멸망시키고 나라의 독립을 찾기 위해 백방으로 목숨 바쳐 싸우고 있는데, 나는 어이없게도 아세아 대륙을 침략하기 위한 일제의 편에 서서 일본인들보다 더 큰 무공을 세워 한국 민족으로서의 우수성을 발휘해 보겠다는 생각으로 들떠 있었으니 참으로 한심한 일이 아닐 수 없었다."

대한제국 무관학교와 일본육사 동기생인 이종혁(마창덕)이 만주에서 독립투쟁을 전개하다 체포되어 옥고를 치르던 중 늑막염에 걸린 상태에서 풀려나 서울 친구 집에서 요양하고 있다는 소식을 들은 김석원은 바로 이종혁을 찾아갔다. 김석원은 이종혁을 바로 바라볼 면목이 없었다. 이종혁은 조국의 해방을 위해 항일투쟁을 한 독립군 장교요, 자신은 조국의 독립을 가로막는 일본군 장교였기 때문이었다. 김석원이 먼저 말문을 열었다.

"이군, 참 자네를 대할 면목이 없네그려."

"원 별말을 다 하는군. 이렇게 송장이 다 된 나를 찾아주니 고맙네."

"그래 그동안 얼마나 고생했나?"

"사실 나쯤이야 뭐 고생이랄 것도 없지. 내 동지들 중에는 왜놈들의 총칼에 쓰러져 이역만리에서 그냥 한 줌의 흙이 된 사람도 많으니까 그들에 비하면 오히려 난 아무것도 아니지."

"원 별말을. 자네야말로 참 큰일을 했어, 나를 꾸짖어 주게."

이종혁은 항일 독립투쟁을 한 자신을 찾아준 김석원이 고맙기는 했지만 이로 인해 김석원의 신상에 불리한 영향을 받지 않을지 걱정해서 말했다.

"이 송장 때문에 혹시 자네에게 화가 미치는 건 내가 원하질 않아. 조심하게."

김석원은 그길로 그간 가깝게 지낸 인사들을 찾아다니며 이종혁의 치료비를 마련해 갖다 주었고 그 돈으로 이종혁은 병원 치료를 받았다.

김석원은 일본 형사들이 이종혁을 돌보던 친구들을 귀찮게 굴자 친척 동생이 경영하는 여관으로 이종혁을 옮기고 자주 찾아갔다. 드디어 일본군 연대장이 이를 알고 김석원을 불렀다.

"자네, 요즘 어딜 그리 잘 다니나? 응?"

"친구가 아파서 문병하러 다닙니다."

"아, 그래. 어떤 친구지?"

"사관학교 동기동창입니다."

"동기동창 누구냔 말일세."

"이종혁이란 친굽니다."

"뭐, 이종혁? 이종혁이라면 반일 사상이 농후한 아주 불온한 녀석이 아닌가?"

"글쎄 그런 건 자세히 모르겠습니다만 그 친구 감옥에 들어가 있다가 아주 송장이 다 되어 나왔더군요. 누가 돕지 않으면 곧 죽게 될 것 같습니다."

"죽게 되건 말건 그런 사람 만나면 못쓰네. 자네는 공도 많이 세운 우수한 장교가 아닌가. 앞길이 창창한 자네 같은 장교가 그런 무모한 짓을 하면 되겠나. 앞으로도 계속 그자를 만난다면 난 자네 신상에 대하여 책임을 질 수 없단 말이야."

이런 일이 있고 나서부터 이종혁이 있는 여관에 형사들이 들끓기 시작하자, 결국 이종혁은 평북 선천으로 내려가 요양하게 되었고 그곳에서 사망하였다.

김석원이 1944년 대좌로 승진하여 평양병사부에 근무할 때 평북 선천으로 강연을 하러 간 적이 있었다. 그곳에서 친구들의 지극한 간병에도 불구하고 건강을 회복하지 못하고 끝내 숨진 이종혁의 무덤을 찾아갔다. 김석원은 동기생 이종혁의 무덤을 쓰다듬으며 한참 울었다.[58] 일본육사 출신들이 겪었을 민족적 양심의 일단을 읽을 수 있다.

김석원은 해방 후 미군정이 추진하던 경비대 창설에 참여하지 않고 자숙하면서 지냈다. 그도 광복군이 국군의 모체가 되어야 한다고 생각했다. 그러나 대한민국 정부수립 후 육사 제8기 특별1반을 거쳐 1949년 1월 대령으로 임관, 제1여단장에 발령받았고, 제1여단이 제1사단으로 승격하자 그는 곧 준장에 진급했다. 그러나 소위 '북어 사건'으로 채병덕 총장과 갈등을 빚어 군복은 벗었다.

'북어사건'을 간략히 이야기하자면 이렇다. 당시 남북 간에 물물교환 형식의 상거래가 이루어지고 있었는데, 김석원 사단장이 그 실태를 파악해 보니 남에서 북으로 가는 물자에는 전략물자가 상당수 포함되어 있는 반면 북으로부터 받아 오는 것은 명태를 비롯한 소비재뿐이었다. 그는 이 거래에 군의 수뇌부가 관여해 있다는 사실을 파악하고 이를 이적 행위로 간주하여 북한으로부터 넘어 온 북어 20여 트럭분을 압류했다.

이 사건 때문에 그는 채병덕 참모총장과 갈등을 빚게 되었고, 이승만 대통령에게까지 두 사람의 관계가 알려져 결국 두 사람 다 군복을 벗었다. 그러나 채병덕 장군은 2개월 후 복귀하여 다시 참모총장에 임명되어 6·25전쟁을 맞았다.[59]

채병덕 총장이 개전 초기의 패전에 책임을 지고 경질된 직후 김석원은 군에 복귀해 수도사단장에 임명되었다. 그는 진천지구 전투를 비롯하여 경북 의성·안동·청송 지역에서 지연작전을 지휘했다. 김석원 장군은 별

58　김석원, 《노병의 한》(육법사, 1977), 173-199쪽.
59　앞의 책 255-266쪽.

이 커다랗게 그려진 철모에 카이저수염을 하고 일본군 지휘도를 뽑아 들고 진두에 서서 전투를 독려하였다.

그는 불리한 상황에서 물러서지 않고 오직 공격만이 부대를 살리고 승리할 수 있다는 지휘 스타일을 고집했다. 그의 전투 철학은 오직 '진두지휘(陣頭指揮)'와 '임전무퇴(臨戰無退)'라고 스스로 밝히고 있다.

1950년 9월 초 3사단장으로 형산강 방어전을 담당했던 김석원 준장은 이종찬 대령(일본육사 제49기)에게 사단을 물려주고 후방으로 전보되었다. 이후 거의 무보직 상태에서 한직을 전전하다가, 1956년 64세의 나이로 소장 진급과 동시에 군을 떠났다.

제3부

신흥무관학교(1911-1920)

독립군 인재 양성소

01

망명자들이 세운 사관학교

망명 사관학교 설립 추진

러일전쟁에 승리한 일제는 대규모의 병력을 한국에 주둔시킨 가운데 1905년 을사늑약을 강제하여 한국의 외교권을 박탈한 데 이어 1906년 통감부를 설치하여 한국을 반식민지로 통치하기 시작하였다. 그리고 1907년 국가 수호의 최후 보루인 군대를 해산시키고 말았다. 이처럼 나라의 운명이 위태롭게 되자 '국권회복운동'이 일어났다. 국권회복운동은 무장항쟁과 애국계몽운동 양면으로 전개되었는데, 이를 통합해서 추진한 것이 신민회(新民會)였다.

신민회는 1907년 봄 미국에서 귀국한 안창호의 제의로 설립한 비밀결사로 무관 계열의 이갑·유동열·노백린·조성환·이동휘·김희선 등이 창립 요원으로 참여하였다. 이갑·유동열·노백린·김희선은 일본육사 출신으로 대한제국 무관학교 교관을 지냈고, 이동휘는 건양 무관학교 졸업생, 조성환은 대한제국 무관학교 졸업생이다.

신민회의 투쟁 전략은 교육과 산업을 진흥시키고 애국계몽운동을 전개하여 실력을 양성하는 한편 국외에 무관학교를 설립하고 독립군 기지를 건설하여 적절한 시기에 독립전쟁을 일으켜 자주독립권을 회복하자는 것이었다.[60] 신민회가 해외에 독립군 기지 건설과 무관학교 설립 문제를 본격적으로 검토하기 시작한 것은 군대해산으로 촉발된 의병투쟁이 퇴조기에 들어간 1909년 봄이었다.

그러나 이 계획이 착수도 되기 전에 난관에 부딪혔다. 그해 10월 26일 안중근 의사의 하얼빈 의거가 일어남으로써 일제는 안창호·이동휘·유동열·이종호·김희선 등 신민회 핵심 간부들을 안중근 의거의 배후세력으로 구속해 버렸기 때문이다. 구속된 신민회 간부들이 풀려나자 이들은 중국으로 망명하여 무관학교 설립과 독립군 기지 건설을 추진했으나 자금 부족 등의 이유로 실패하고 말았다.

이회영 흉상(육군사관학교 소재)

이들의 뒤를 이어 국외에 무관학교 설립과 독립군 기지 건설을 추진해 성공시킨 것은 이회영과 그 형제들이었다. 이들 형제 가운데서 신흥무관학교 설립을 주도한 사람은 이회영(李會英, 1867-1932)이다. 이회영은 강제 합병 직후인 1910년 가을 남만주에 건립할 독립운동기지를 물색하기 위해 이동

---

60 신민회의 창립과 활동에 관하여서는 신용하의《한국근대민족운동사연구》(일조각, 2017), 173-221쪽의 <신민회의 독립군기지 창건운동>에 자세히 기술되어 있다.

녕, 장유순, 이관직과 함께 장사꾼으로 변장하고 압록강을 건넜다.

이동녕은 민족교육에 관심이 많아 이미 만주에 설립된 서전서숙(瑞甸書塾)과 명동서숙(明東書塾)에서 동포 자제들을 대상으로 가르친 경험이 있었다. 장유순은 농업용수를 관리하는 수리개발 사업에 종사한 바 있어 만주에 이주해 올 동포들의 농사 여건을 파악하기 위해 대동했다. 이관직은 군대해산 때 부위로 해직된 대한제국 무관학교 제2회 졸업생으로 만주에 무관학교를 세울 계획으로 사전답사에 참여하게 되었다.

이회영 일행은 약 1개월간의 남만주 일대 답사를 통해 서간도 유하현 삼원포(柳河縣 三源浦)를 무관학교 설립 예정지로 정하고 귀국하였다. '삼원포'는 '삼원보(三源堡)'라 부르기도 한다.

답사를 마치고 돌아온 이회영은 형제들을 모아 놓고 가족이 함께 만주로 이주해 독립운동기지를 건설할 것을 제안했고, 형제들은 모두 이에 흔쾌히 호응했다.

이회영은 6형제 가운데 넷째인데 위로는 건영·석영·철영이 있고, 아래로는 시영·호영이 있었다. 신흥무관학교를 세운 데는 이들 형제 가운데서도 특히 이회영과 둘째 형 이석영의 공로가 크다 하겠다. 이회영의 결심, 계획, 추진력과 이석영의 자금력이 합작해 이루어낸 것이 신흥무관학교라 할 수 있기 때문이다.

둘째 형 이석영(李石榮)은 함경도 관찰사를 거쳐 좌의정과 영의정 등 요직을 두루 거친 큰아버지 이유원의 양자로 들어가 막대한 재산을 상속받았다. 황현이 《매천야록》에서 "80리 떨어진 양주 별장에서 서울에 이르는 길에 남의 땅을 한 조각도 밟지 않고 내왕할 만큼의 토지를 소유하고 있었다"라고 하니 이유원의 재산 규모를 짐작할 만하다. 신흥무관학교를 건립하는데 필요한 막대한 자금은 바로 이석영이 자기 재산을 팔아 마련한 돈이었다.

이회영 형제 일가가 서울을 떠난 시기는 1910년 음력 12월 말경이었다. 60여 명에 이르는 일행은 몇 개 조로 나누어 신의주행 기차를 탔다. 신의주에 도착해 주막으로 위장한 비밀 연락 장소에서 몇 시간 머무르다가 국경 경비가 다소 느슨해진 이른 새벽에 중국인이 끄는 썰매를 타고 얼어붙은 압록강을 건너 안동(安東, 지금의 단동, 丹東)에 도착했다.

여기서 설을 지내고 이듬해 정월 초가 되자 이주할 곳을 찾아 출발했다. 마차 10여 대에 나누어 타고 다시 북으로, 북으로 달렸다. 영하 20에서 30도에 이르는 추위와 살을 도려낼 듯 매서운 만주의 칼바람을 맞으며 안동에서 1천여 리 떨어진 유하현 삼원포 추가가에 도착한 것은 1911년 음력 2월 초순이었다.[61]

이회영 일가가 만주로 떠난 후 사전답사에 참여했던 이동녕도 그 뒤를 따라 가족과 함께 만주를 향해 출발했다. 이때 이광, 윤기섭, 김창환 등이 동행했다.

대한민국임시정부를 이끈 이동녕(우)과 김구(좌)(출처:《선구자 이동녕 일대기》)

이동녕(李東寧, 호 석오, 石吾)은 독립협회, YMCA, 상동교회, 신민회 등을 통해 또는 개인적 인연으로 많은 애국지사와 친분을 쌓았다. 독립협회와 만민공동회를 주도한 이상재, 헤이그 특사로 파견된 이상설, 상동교회 담임목사인 전덕기, 군

---

61   이은숙, 《서간도 시종기》(일조각, 2017), 71쪽.

부의 이갑·노백린 등은 독립협회에서 알게 되었고, 이준, 이승만과는 만민공동회 사건으로 함께 옥고를 치렀다.

이동녕은 상동교회 청년학원 교사였고, 학감은 이회영, 김창환은 체육교사였다. 청년학원 일로 도산 안창호도 알게 되었으며 양기탁, 김구는 상동교회 청년회를 통해 알았다. 이시영과는 이회영을 만나기 전부터 개인적으로 친분이 있었다. 그의 이런 폭넓은 인적 네트워크는 신민회 조직에도 영향을 미쳤을 것으로 보인다.

이회영 형제와 이동녕 일행 이외에도 신흥무관학교 설립에 참여한 인사들로 안동의 개화 유학자들을 들 수 있다. 보수 성향이 강한 안동에서 개화 유학자가 나오게 된 데는 무엇보다도 안동 지역에서 일어난 을미·을사 두 차례 의병운동이 실패로 끝난 데 가장 큰 영향을 받았다. 실력은 고려하지 않고 의리와 명분만을 내세워 막강한 일본 세력에 맞선다는 것은 '달걀로 바위를 치는 것'과 같이 무모한 일이라는 자각이 안동의 유학자들 사이에 싹텄다. 따라서 이들은 무엇보다도 실력 양성의 중요성에 눈을 떠 근대식 중등학교인 협동학교(協東學校)를 건립하고, 대한협회 안동지회를 결성하였다.

협동학교는 유인식이 주도하여 설립한 뒤 교장에 취임하였고, 김동삼이 교사로 있었다. 협동학교에는 이회영과 만주 사전답사에 참여한 이관직이 체육교사로 있었다. 그리고 상동청년학원에서 이회영의 영향을 받은 김기수가 교감으로 있어 유인식은 이관직과 김기수를 통해 신민회와 이회영·이동녕의 동정에 접할 수 있었다. 유인식은 서간도로 망명해 이회영·이동녕 일행과 삼원포에 합류해 경학사 교무부장에 선출되어 신흥무관학교 설립을 도왔다.

이상룡, 임시정부 국무령(출처: 우리역사넷)

이상룡(李相龍)은 안동 임청각(臨淸閣)의 종손으로 태어났다. 오늘날 보물 제182호로 지정된 임청각은 왕의 궁궐이 아닌 사대부 양반으로는 가장 크게 지을 수 있는 99칸짜리 저택이었다.

임청각은 큰 저택에 걸맞게 10명의 독립유공자를 배출해냈다. 이상룡을 비롯하여 아들 이준형과 손자 이병화, 동생 이상동과 이상동의 아들 이운형·이형국, 당숙 이승화, 이상룡의 손자며느리(이병화의 부인) 허은 여사 등이 모두 건국훈장을 받았다.

이상룡은 자신의 외삼촌이자 의병대장인 권세연이 이끄는 안동 의병을 비밀리에 도왔고, 을사의병 때는 가야산의 차성충 의병에게 군자금을 지원했다. 그렇지만 이 두 의병운동이 모두 실패로 끝나자 그는 일본의 근대화된 군대를 상대로 오합지졸과 같은 의병으로는 당해낼 수 없다는 결론에 도달했다.

이런 반성을 통해 그는 민중을 계몽하고 인재를 길러야 하며, 인재 양성 교육에는 반드시 군사훈련을 포함해야 한다는 생각을 가지게 되었다. 이런 사고의 전환은 곧 협동학교를 통한 신식교육 운동과 대한협회 안동지회 조직으로 실행되었다.

그러나 나라가 일제에 강탈당하자, 그는 이회영 형제의 뒤를 따라 가족을 이끌고 서간도로 망명했다. 망명한 이후 그는 신흥무관학교 설립을 후원했다.

이상룡의 처남 김대락도 일가를 이끌고 서간도로 이주했다. 만주로 떠날 당시 김대락은 환갑을 넘긴 66세로 망명자들 가운데 최고령자였다. 그는 개항기 안동의 위정척사 운동가들로부터 영향을 받고 자랐다. 그런데 마을에 협동학교가 설립되었고, 상투를 자른 젊은 청년들이 나라의 장래를 걱정하며 신학문을 배우기 위해 이곳을 찾기 시작했다. 처음에는 신교육을 강하게 비판하던 김대락은 마침내 자신의 집을 교실로 제공하는 등 협동학교의 확장에 노력하였다.

1910년 나라를 빼앗기자 김대락은 다시 결단을 내려 일가를 대동하고 망명길을 택했다. 일본이 지배하는 조선은 도(道)가 무너진 세상이니 더는 조선에 머무를 수 없다는 것이 그의 망명 동기였다.

삼원포 신흥강습소

망명 지사들과 그 가족들이 최종 목적지인 삼원포 추가가에 모두 도착한 시기는 1911년 초봄이었다. 이들이 정착지로 삼은 '추가가'는 '추씨' 성을 가진 중국인들이 대를 이어 살고 있어 붙여진 마을 이름이다. 위치는 삼원포부터 10여 리 떨어진 곳으로, 현재 길림성 유하현 삼원포진 명성촌(吉林省 柳河縣 三源浦 鄒家街 明星村) 지역에 해당한다.

추가가에 별안간 조선인들이 모여들자, 토착민들은 혹시 일본과 합세하여 중국을 치려고 온 지도 모른다고 의심하여 당국에 '꺼우리(高麗人, 고려인)'를 몰아내 줄 것을 청원하였다.

토착민들의 요청을 받은 중국 군경이 급습하여 이주민들의 짐을 수색한 다음 이주민들에게 본국으로 돌아가라고 했다. 이에 이회영이, "우리는 왜놈의 노예 노릇하기 어려워 아우가 형의 집을 찾아온 것인데 도로 가라면 어디로 가리오"라고 사정하였다. 말이 통하지 않아 한자로 의사를

교환하였다. 그제야 중국 군경은 악수를 청하며 "편히 지내라"라고 말하고 돌아갔다.[62]

그러나 토착민들은 주민 회의를 열어 한국인에게 토지나 가옥을 팔지 못하도록 하고, 한국인들이 집이나 학교를 짓는 행위도 허용하지 말도록 결의하였다. 그리고 한국인과는 교제도 하지 못하도록 하였다.

이렇게 어려운 여건 속에서도 이주 망명가들은 서간도로 이주해 온 본래의 뜻을 실현하기 위해 먼저 주민 자치기관으로 경학사(耕學社)를 설립했다. '경학(耕學)'은 밭을 갈고 공부한다는 뜻으로 생산 활동을 통해 생활기반을 만들고, 학교를 세워 배움의 터전을 마련하겠다는 의지를 표방한 것이다.

경학사 사장에는 안동 개화 유학자 이상룡이 추대되었고, 내무부장에는 이회영, 농림부장에는 수리사업 경험이 있는 장유순, 재무부장에는 이동녕, 교무부장에는 안동 협동학교 교장을 지낸 유인식이 각각 선출되었다.

경학사 설립을 계기로 1911년 6월 10일 신흥강습소(新興講習所)가 문을 열었다. 대한제국 무관학교가 일제의 강압으로 문을 닫은 지 1년 10개월 만이었다. 망명자들이 자신들의 재산을 바쳐 망명지에 사관학교를 설립한 일은 세계 역사에서 유래를 찾아볼 수 없는 사례가 아닐까 싶다.

비록 학교 이름은 토착민들을 안심시키고 중국 당국의 단속과 일제 관헌의 감시를 피하려고, 평범하게 '강습소'라고 붙였으나 실질적으로는 무관학교였기 때문에 '신흥강습소'를 '신흥무관학교'라 해도 틀리지 않다고 하겠다.

---

62 《서간도 시종기》, 74-75쪽.

신흥강습소 군사교련을 담당한 교관들은 대한제국 무관학교 출신 이관직·이장녕·김창환이었다.

신흥강습소는 준비가 부족하고 환경이 열악한 가운데서도 1911년 12월 제1회 졸업생 40여 명을 배출하였다. 졸업생 가운데는 김연, 변영태, 이규봉, 성준용(성주식) 등이 있다.

김연은 광복 후 60세의 고령으로 태릉 육군사관학교 제8기 특별 2반으로 입교했다. 그의 아들은 이보다 먼저 제8기생으로 입교한 바 있어, 아버지와 아들이 함께 사관후보생이 된 일이 세간에 화제가 되기도 했다.

변영태는 해방 후 대한민국 외무부 장관과 국무총리를 역임한 인물이다. 보성학교에 다닐 때 을사늑약이 체결되자 전덕기 목사의 상동교회에 나가게 되었는데, 이때 이회영을 만나 지도를 받은 것이 계기가 되어 이회영이 독립운동을 위해 만주로 이주해 가자 그는 보성학교 졸업 후 만주로 가 신흥강습소에 입학한 것이다. 이때 그의 나이 19세였다.

이규봉은 이시영의 장남으로 졸업 후 신흥무관학교 교사로 있다가 질병에 걸려 일찍 귀국했다. 후일 이규창으로 개명하였고, 해방 후 이시영이 설립한 신흥대학(新興大學) 학장을 지냈다. 신흥대학은 오늘날 경희대학교의 전신이다.

성준용(성주식)은 졸업 후 신흥무관학교 교관으로 활동하다가 중국으로 건너가 김원봉과 함께 조선민족혁명당을 창당하고 조선의용대를 창설하였으며, 대한민국임시정부 국무위원도 역임하였다.

합니하 신흥무관학교[63]

신흥강습소는 토착민의 곡식 창고를 빌려 교실로 사용할 정도로 변변한 시설조차 갖추지 못했다. 무관학교 설립을 최우선 목표로 망명한 이회영에게는 교사를 비롯한 기숙사와 식당은 물론 연병장을 갖춘 버젓한 무관학교를 건립하기 위해서는 필요한 토지를 매입하는 것이 시급한 과제였으나 토착민들의 반대로 토지 매입이 어려웠다.

이 문제를 해결하기 위해 이회영은 동삼성(東三省)[64]의 독군(총독)에게 청원하기 위해 봉천(지금의 瀋陽, 심양)으로 갔으나, 면담조차 거절당했다. 그는 내친김에 총리대신 위안스카이(袁世凱, 원세개)를 만나러 베이징으로 갔다. 위안스카이는 임오군란 이후 그가 조선에 주둔하고 있을 때 이조판서로 있던 아버지 이유승과 위안스카이 간에는 교류가 있었고, 그가 이회영의 집에 가끔 방문했던 터라 안면이 있었다.

이회영으로부터 사정을 들은 위안스카이는 동삼성 독군에게 보내는 서신을 작성해 비서인 호명신(胡明臣)에게 주고, 이회영과 동행하도록 지시했다. 위안스카이의 친서를 받은 동삼성 독군들은 만주 원주민들이 이주해 오는 한국인과 친선을 도모하고, 한국인의 사업에 협력할 것과 한국인과 분쟁을 일으키거나 불화를 조성하는 자는 엄벌한다는 내용의 명령을 현(縣)의 수령들에게 내렸다. 이렇게 해서 중국 관리들의 협조를 얻게

63　합니하 '신흥무관학교'를 '신흥중학교'라고 주장하는 이도 있으나, 이 학교를 졸업한 원병상은 신흥강습소가 합니하로 이전하면서 '신흥무관학교'로 승격했다고 증언하고 있다. 원의상, <신흥무관학교>, 《신동아》(1969년 6월호) 참조. 여기서 원의상은 원병상과 동일인이다..

64　길림성(吉林省)·봉천성(奉天省)·흑룡강성(黑龍江省)을 지칭.

되었다.

이회영과 결의형제를 맺은 호명신은 이회영에게 기왕 돈을 주고 토지를 살 거라면 추가가 보다는 다른 지역의 토지를 매입해 보라고 권했다. 호명신의 권유에 따라 토지 매입 장소를 추가가에서 동남쪽으로 90리 떨어진 통화현 합니하(通化縣 哈泥河)로 정했다. 현재 지명은 통화현 광화진 광화촌(光華鎭 光華村)이다. 이 일대는 중국인이 별로 살고 있지 않아 중국인과 마찰을 일으킬 염려가 없을뿐더러 학교 주위를 삥 돌아 강이 흐르고 있어 천연의 요새로 더없이 좋은 곳이었다.

이회영이 합니하로 토지 매입지를 결정하자, 둘째 형 이건영은 이 일대의 토지를 사들여 건물과 연병장 등을 건설했다. 물론 건설에 드는 막대한 비용도 이석영이 부담했다. 학교 건물은 1912년 7월 20일 이주 동포들이 참석한 가운데 준공식이 거행되었다.

합니하에 교사가 제대로 모습을 갖추게 되자, 삼원포에 있던 신흥강습소를 이곳으로 옮기고, 신흥무관학교로 출범했다.

합니하 신흥무관학교 교육과정은 중등학교 과정의 본과와 군사교육 과정의 군사과로 구분되었다. 본과의 수학 기간은 3년이고, 군사과는 1년이었다. 군사과는 중학 과정을 이수할 학력이 없거나 오로지 군사교육만 필요한 사람들을 대상으로 하는 단기 속성 과정이었다.

본과 교육과목은 당시 일반 중등학교(지금의 중고등학교) 교과목과 별 차이가 없었다. 외국어로는 영어와 중국어가 있었는데, 현지인들과의 관계를 고려해 중국어에 비중을 두었다.

군사과의 교과과정은 학과·술과·체육·정신교육 등으로 이루어졌는데, 이는 대한제국 무관학교 교과과정과 큰 틀에서는 같은 것이다. 학과에서 대한제국 무관학교와 다른 점은 마학(馬學)과 병기학이 빠진 점이라 하겠다. 마학은 말이 없어 빠지고, 병기학은 총기와 실탄이 없어 제외되었다. 훈련용 소총은 처음에는 나무를 깎아 만든 목총을 사용하였는데, 후에 쇠로 만든 방아쇠를 부착하였다.

술과는 주로 각개교련과 기초훈련에 치중했다. 야외 훈련은 공격전·방어전·도하훈련 등 실전 연습을 방불하게 되풀이하였다. 체육으로는 엄동설한 야간 강행군을 비롯하여 빙상 운동·춘추 대운동·축구·뜀틀·철봉 등을 통해 신체를 단련하였다.

합니하 신흥무관학교는 학교 시설이나 교육과정 등 무관학교로서의 체계를 갖추고 본격적인 독립군 인재를 양성했다. 그런데 1919년 3·1운동 이후 신흥무관학교에 많은 지원자가 몰리자 고산자(孤山子)에 본교를 개설함으로써 합니하 신흥무관학교는 분교로 계속 운영되었다.

시련과 고난[65]

신흥무관학교는 설립 이후 갖은 시련과 고난을 겪었다. 이주 동포들이 열악한 자연환경 속에서 풍토병으로 고생하였다. 질병이 걸려도 치료

---

65 신흥무관학교의 교육과 훈육, 교관과 교직원, 학교와 생도들이 겪은 고난, 생도들의 생활, 신흥무관학교 동창회 등에 관한 서술은 주로 신흥무관학교를 졸업하고 본교 교관을 지낸 원병상의 수기 2편을 참조하여 서술하였다. 한 편의 수기는 원의상이라는 이름으로 《신동아》(1969년 6월호)에 발표된 <신흥무관학교>이고, 다른 한 편은 원병상이라는 이름으로 《독립운동사자료집 제10집》(1976)에 수록된 <신흥무관학교>를 참조하였다. 이 두 편의 수기와 원병상이 쓴 <회고록>은 신흥무관학교기념사업회에서 발간한 《신흥무관학교 교관 원병상 회고록》(2023)에 수록되어 있다.

신흥무관학교 생도들의 영농 장면
(출처: 우리역사넷)

를 받을 수가 없었다. 여기에 흉년까지 들어 극심한 식량난으로 영양실조에 걸리는 일은 물론이고, 풍토병으로 인해 사망자 또한 속출했다. 이렇게 되자 일부 이주민들은 고향으로 돌아가기도 하였다.

그뿐만이 아니었다. 마적 떼의 습격이 심한 데다 중국인들의 비우호적인 태도도 큰 문제였다. 이렇게 되자 망명 지사들은 중국인들과의 관계를 개선하기에 앞서 외모부터 중국식으로 바꾸는 소위 '변장운동(變裝運動)'을 전개했다. 머리 모양부터 의복, 모자, 신발에 이르기까지 중국인과 똑같이 하여 중국인의 거부감을 해소하고자 노력했다.

외모뿐만 아니라 역사에도 변장운동을 적용해 중국과 한국은 '같은 민족'이며, 중국은 한국의 '모국(母國)'이라고까지 말했다. 조국이 비록 망하였으나 모국이 아직 존재하니 와신상담할 곳은 바로 중국이라는 논리로 중국인들을 설득했다.

또 다른 문제는 재정난이었다. 이회영 형제가 망명하면서 가져온 돈은 주로 합니하 신흥무관학교 건설에 들어갔고, 망명 지사들의 생활비와 생도들의 숙식비로도 적지 않게 지출되었다. 비록 교직원들이 무보수로 일했다 하더라도, 그들의 최소 생활비 정도는 지원해 주어야 했다.

설상가상으로 2년 연속 극심한 가뭄과 서리 등으로 인해 대흉년이 들어 망명자들과 그 가족은 생활고에 시달렸고, 학교는 재정난이 가중되었다.

재정 문제를 학교 자체에서 해결해 보려고 생도들은 일과가 끝나면 산비탈을 개간해 옥수수와 콩, 그리고 수수 등을 가꾸는 고된 영농작업을 했다.

겨울철이면 허리까지 차는 눈을 헤치면서 학교 주변에 있는 산에 올라가 땔 나무를 끌어 내리고 토막을 내어 등에 지고 운반해야 했다.

여름방학이 되면 교직원과 재학생, 졸업생들이 각 지방으로 흩어져 동포들의 농사일을 도와주는 품팔이로 돈을 마련해 학교 운영비에 보탰다. 합니하 신흥무관학교 졸업생 원병상은 당시 상황을 이렇게 표현하고 있다. "조국을 위해서는 항일투쟁이었고, 모교를 위해서는 경제투쟁이었다."

재정난을 해결하기 위해 이관직과 장유순이 국내로 들어가 모금에 나섰으나 모금이 여의치 않아 이관직은 국내에 머물고, 장유순은 빈손으로 다시 서간도로 돌아왔다. 안동 측 인사들도 이 문제를 해결하기 위하여 나섰다. 이상룡의 아들 이준형은 몰래 입국하여 선조로부터 물려받은 집안 땅을 팔려고 시도했으나, 집안사람들의 반대로 그들이 마련해 준 얼마 되지 않는 돈을 들고 돌아왔다.

이런 가운데 1913년 초봄, 일제 형사대가 신흥무관학교 요인들을 체포하기 위해 만주로 출발하니 속히 피신하라는 비밀 연락이 왔다. 이에 따라 이동녕은 가족을 국내로 보내고 이상설이 있는 블라디보스토크로 갔다. 이시영은 봉천으로 피신하고, 이회영은 기왕 위험할 바에야 국내에 들어가 자금을 조달할 방책을 마련하겠다며 국내로 들어갔다. 이시영과 이회영은 가족을 간도에 남녀 놓고 떠났다. 남은 가족들은 가난과 풍토병, 그리고 마적(馬賊)에 시달렸다.

잇단 흉년으로 이주민들의 생활 기반이 무너지자 신흥무관학교를 지원해 오던 경학사도 그 기능을 상실하였다. 다행히 부민단(扶民團)이 새로 조직되어 신흥무관학교를 지원하였다. 3·1운동 이후 부민단은 한족회(韓族會)로 발전되었다.

오직 나라를 찾겠다는 일념으로

온갖 어려움 속에서도 생도들은 엄격한 규율 속에 열심히 배웠고, 교관들은 열과 성을 다하여 생도들을 가르쳤다. 생도들은 새벽 6시에 기상나팔 소리에 따라 기상하여 3분 이내에 복장을 단정히 하고 연병장에 뛰어나가 인원 점검을 받은 다음 체조를 했다. 윤기섭 학감은, 눈바람이 살을 도리는 혹한에 풀잎으로 만든 모자와 홑옷을 입고도 활기찬 목소리에 늠름한 기상과 정열 넘치는 모습으로 생도들에게 체조를 시켰다. 체조가 끝나고 청소와 세면을 마치면 나팔 소리에 따라 내무반별로 식탁에 둘러앉아 식사하였다.

밥은 부유층 토착민들이 2, 3년 창고 안에 저장해 두어 열에 뜨고 좀먹은 좁쌀로 지었는데, 솥뚜껑을 열면 코를 찌르는 쉰내가 날 뿐만 아니라 바람에 날아갈 듯 찰기 없고 영양가 하나 없는, 가축용의 썩은 곡식을 삶아낸 그저 명색의 밥이었다. 반찬 또한 썩은 좁쌀 밥 한 숟가락에 콩장 두어 개를 입에 집어넣으면 그만이다. 그나마 배부르게 먹을 수 없었고 생도들은 주린 배를 허리띠로 졸라매면서 매일 맹훈련을 계속하였다. 여기에는 영예도 공명도 없고 불평불만도 있을 수 없었다. 다만 일사보국(一死報國)의 일념에 불탈 뿐이었다.

아침 식사가 끝나면 집합 나팔 소리에 아침 점검이 엄숙히 시작되었다. 이때 교직원 전원이 배석한 가운데 인원 점검을 했다. 이때 부르던 애국가 1절은 다음과 같다.

　화려강산 동반도는 우리 본국이요
　품질 좋은 단군자손 우리 국민일세
　(후렴) 무궁화 삼천리 화려강산
　우리나라 우리들이 길이 보존하세

교장 이하 교직원들은 기회가 있을 때마다 "우리가 조국을 찾고 겨레를 구출하기 위해서 이 자리에 모인 만큼 생도들의 책임이 중차대하니, 인격을 연마하고 군사 지식을 배양하여 부과된 사명을 완수할 것"을 당부하는 훈화를 하였다.

생도들이 "앞산 뒷산이 울리도록 우렁차게" 불렀다는 신흥학교 교가는 재학생들이나 졸업생들뿐만 아니라 졸업생들이 배치된 곳이면 어느 곳에서나 동포 청소년들이 애창했다고 한다. 교가의 3절이 신흥무관학교의 건학정신을 가장 잘 나타내어 이를 소개하면 다음과 같다.

　칼춤추고 말을 달려 몸을 단련코
　새론 지식 높은 인격 정신 길러서
　썩어지는 우리 민족 이끌어내어 새나라 세울 이 뉘뇨
　(후렴) 우리우리 배달나라의 우리우리 청년들이라
　두 팔 들고 고함쳐서 노래하여라 자유의 깃발이 떳다

교가 이외에도 오늘날 육사의 '사관생도 신조'와 '사관생도 도덕률' 같이 신흥무관학교 생도들에게는 다음과 같은 6개 항의 좌우명이 있었다.

불의에 반항정신
임무에 희생정신
체련(體練)에 필승정신
난고(難苦)에 인내정신
사물에 염결(廉潔)정신
건설에 창의정신

이들이 부른 애국가와 교가, 그리고 좌우명으로부터 신흥무관학교의 시대적 사명은, 빼앗긴 나라를 되찾고, 되찾은 나라를 건설할 군사 인재를 양성하는 것이었고, 신흥무관학교 정신은 오직 국가와 민족을 구하기 위해 생명을 바친다는 투철한 애국애족의 정신이었다. 이런 사명과 정신은 독립군과 광복군 그리고 대한민국 국군과 육군사관학교로 계승되었다.

신흥학우단과 《신흥학우보》

신흥학우단(처음 명칭은 신흥교우단)은 1913년 5월 합니하 신흥무관학교 교장 여준과 교감 윤기섭을 비롯하여 신흥무관학교 제1회 졸업생 김석·강일수·이근호 등이 발의하여 졸업생들의 결속과 건학(建學)정신의 구현을 위하여 조직되었다. 신흥무관학교 교장을 비롯한 교직원과 졸업생을 정회원으로, 재학생을 준회원으로 하는 일종의 동창회 성격을 띠고

있었으나, 서간도 독립운동의 핵심체로 발전하였다

신흥학우단은, "조국 광복을 위해 모교의 정신을 그대로 살려 최후의 일각까지 투쟁한다"라는 목적을 세우고, 조국과 민족 앞에 다음과 같이 맹세하였다.

1. 나는 국토를 찾고자 이 몸을 바쳤노라.
2. 나는 겨레를 살리려 생명을 바쳤노라.
3. 나는 조국을 광복코자 세사(世事)를 잊었노라.
4. 나는 뒤의 일을 겨레에 맡기노라.
5. 너는 나를 따라 국가와 겨레를 지켜라.

신흥학우단은 학술 연구를 통한 실력 배양, 간행물을 통한 혁명 이론 선전과 애국 사상 고취, 아동교육을 위한 소학교 설치, 노동강습소 설치로 군사훈련 실시, 일제와 그 앞잡이가 동포사회에 침투하는 것을 막기 위한 자치경찰 조직 등을 주요 추진사업으로 설정하였다.

신흥학우단의 주요 사업 가운데 하나인 간행물 발간은 《신흥학우보》로 결실을 보았다. 신흥무관학교가 만주를 넘어 국내는 물론 연해주와 미주에까지 그 존재를 알릴 수 있었던 것은 바로 《신흥학우보》의 역할이 컸다.

신흥학우단이 조직된 직후인 1913년 6월 18일 《신흥교우보》라는 이름으로 창간호가 나왔으며, 9월 15일 제2호가 발행된 것으로 미루어 볼 때 적어도 2, 3개월마다 정기적으로 발행한 것으로 보인다.

분량은 A4용지 70쪽에서 100쪽에 이르는 정도인데, 《신흥교우보》 제2호(1913년 9월 15일 발행), 《신흥학우보》 제2권 제2호(1917년 1월 13일 발행), 《신흥학우보》 제2권 제10호(1918년 7월 15일) 등 3권이 지금까지 전해지고 있다.

《신흥교우보》 제2호의 체제는 논단·교양상식·소설·문예·잡조·신흥교우단 소식 등으로 구성되어 있는데, 윤기섭 학감의 <근심하며 무서워 말고 예수와 한몸이 되라>는 논단이 제일 먼저 나와 있고, 편집인 강일수의 <간도동포를 향하야 자제교육을 권고함>이라는 글이 그 뒤를 잇고 있다. 황병우의 <우리 청년의 소망이 무엇인고>, 이영의 <일에는 상당한 힘을 요구함>이라는 글이 이어지고 있다.

교양상식으로는 콩·팥 종자 고르는 방법, 수박·호박·참외 심는 방법 등 영농에 관한 글이 있고, 화상·동상·일사병·충치 등에 관한 처치 방법에 관한 글도 보인다. 소설에는 '졍 바다 뿔'이라는 필명의 <참된 친구>가 있고, 문예에는 주로 시가 수록되어 있다. 잡조(雜俎)란에는 광개토대왕 비문에 관한 글과 8월 29일 국치일에 대한 글 등이 게재되어 있고, 끝으로 신흥교우단 역사와 단원(團員) 명단이 나와 있다.

1917년 1월 13일 발행된 《신흥학우보》 제2권 제2호는 이전과 대체로 체제가 같은데, 다만 <안중근 전기>가 독립되어 있고, 학술교양란에 <보병전투연구(역)>가 수록된 것이 특징이다.

잡조에는 신흥학교 성금 소식을 담고 있는데, 비녀를 성금으로 내놓은 부인, 약값을 보낸 농부의 사례를 소개하고 있다. 잡보(雜報)에는 동포들의 미담 사례와 교회 소식 등이 수록되어 있다. 신흥교우단 소식으로는 정기총회 소식과 신흥학우단 노래가 실려 있다.

1918년 7월 15일자 《신흥학우보》 제2권 제10호의 경우 그 체제가 이전과 큰 차이가 없다. 다만 시기상 제1차 세계대전이 진행 중인 관계로 전쟁과 국제 관계에 관한 글이 다수 실려 있는 것이 특징이다. <보병전투연구(역)>는 9회째로 주요 내용으로는 지휘관이 전투지휘에서 지켜야 할 여러 사항을 자세히 열거하고 있다.

잡조에는 각 지방 운동회 소식이 상세히 나와 있고, 신흥학우단 창립 5주년 기념식 소식과 <안중근전>이 실려 있다. 잡보에는 학교 설립 소식과 마적 피해 소식, 그리고 동포사회에 협잡꾼을 조심하라는 글, 북미주 국민회 하와이 지부 총회장 불신임안에 관한 소식, 미국 캘리포니아 주재 동포들 가운데 7명이 제1차 세계대전에 지원해 미군에 입대한 소식, 연해주에서 러시아 과격파와 반대파 간에 군사적 충돌이 일어난 소식, 신흥학교 학생들이 수학여행을 떠났는데 가는 곳마다 동포들의 환영을 받았다는 소식, 러시아령 쌍성자(雙城子, 지금의 우스리스크)에서 전로한족대표위원회가 열렸다는 소식, 봉천성에서 군사를 모집한다는 소식, 효성이 지극한 며느리를 표창했다는 미담도 실려 있다.

주로 국내 소식을 전하는 내보(內報)에서는 황해도 탄광에서 한국인과 중국인 사이에 분규가 있었다, 개성 사람들이 주식회사를 만들었다, 일본인이 조사한 평안남도의 각 종교 신도 수는 기독교 3만 6천명, 불교 1만명, 신도(神道) 3천 명이다, 국내 여러 곳에서 광맥이 발견되었다, 미주 국민회와 연락하여 광복을 모의한다고 하여 서울·평양·공주 등 각 처에서 많은 사람을 체포했는데 예수를 믿는 사람이 많았다, 중석(重石, 텅스텐과 다른 금속이 섞인 광물)을 높은 가격에 수출한다, 밀·보리농사에 풍년이 들었다는 등의 소식을 싣고 있다.

해외 소식을 전하는 외보(外報)는 먼저 동아시아 방면 소식으로 중국이 해삼위(海蔘威, 블라디보스토크)에 거주하는 자국민을 보호하기 위해 군함을 파견했다. 일본에 유학 중인 중국 학생들이 중·일군사협약에 반대해 귀국 후 학생회를 조직해 활동했다는 내용을 포함해 손문의 사퇴와 중국 내전 소식, 만주-시베리아 통신 두절 소식 등을 싣고 있다. 유럽 방면 소식으로 1차 세계대전에 관한 전황 소개, 러시아 과격파 정부의 동정, 포르투갈 대통령 선거, 이탈리아가 오스트리아 군대에 큰 타격을 입고 영국과 프랑스의 도움을 받아 오스트리아 군대를 무찔렀다는 소식 등이 실려 있다.

소배차 백서농장

신흥무관학교가 당면했던 또 하나의 문제는 졸업생들의 진로 문제였다. 졸업생들은 독립을 향한 의기는 충천했으나, 그렇다고 당장 전쟁에 나갈 형편도 아니고, 배치될 부대가 있었던 것도 아니어서 실의에 빠졌다. 가족 없이 홀로 만주로 와서 신흥무관학교를 찾은 졸업생들은 마땅히 갈 곳도 없었다.

그런데 1914년 제1차 세계대전이 일어나자 신흥무관학교 교직원들과 졸업생들은 드디어 독립전쟁을 전개할 기회가 왔다는 기대감에 가슴이 부풀었다. 유럽에서의 전쟁은 중국과 일본 간의 큰 전쟁으로 번질지도 모를 일이었다. 어쩌면 당시 이들은 중일전쟁이 일어나기만을 고대하고 있었을지도 모른다. 일제의 강력한 군사력을 상대로 우리 민족이 단독으로 전쟁을 한다는 것은 승산을 기대할 수 없는 상황에서 일제가 전선을 중국·미국·러시아 등으로 확대할 때를 결정적 기회로 삼고, 그간 해외에서 양성한 군대로 대일항전을 전개해 조국의 광복에 기여한다는 것이 신민회의 독립전쟁전략이고, 이상설·이회영의 구상이었다.

그렇지만 고대해 마지않던 중국과 일본 간의 전쟁은 일어나지 않았다. 오히려 일본은 독일에 선전포고하고 중국 침략에 나섰고, 위안스카이 정권은 제대로 저항 한번 해보지 못하고 1915년 초에 일본의 요구를 수락하고 말았다. 북간도의 간민회(墾民會, 1913년 만주에서 조직되었던 독립운동단체)가 일본 영사관의 압력으로 해체되고, 연해주의 권업회(勸業會)도 일제의 압력으로 해산되었다. 제1차 세계대전을 계기로 일제의 위세는 한층 강해졌다.

이렇듯 실의에 빠진 신흥무관학교 졸업생들의 강렬한 독립 의지를 '소화·조절'하기 위해 만든 병영이 '백서농장(白西農莊)'이다. 장소는 봉천성 통화현 팔리초구 소배차(八里哨區 小北岔)로 잡았다. 백두산 서쪽에 있어 '백서'라고 하였으며, 중국 당국과 일본 관헌의 감시를 피하려고 '농장'이라는 이름을 붙였다.

사람들의 왕래가 없는 고원 광활한 평야에 울창한 수림만 빽빽이 들어서 있고, 진입로는 들짐승이 다니는 오솔길이 전부였다. 이곳에 신흥학우단은 인력과 물자 그리고 경비를 동원하여 1914년 가을부터 벌목을 시작했고 6개월간 온 힘을 기울여 막사를 비롯한 각종 사무실과 의무실, 강당, 식당, 취사장, 창고 등을 지으면서 동서남북에 각각 초소를 갖춘 거대한 병영을 완성했다. 여기에 독립전쟁에 투신할 건장하고 의기에 불타는 385명이 입영하였는데, 신흥학교 제1회에서 제4회까지의 졸업생들이 주를 이뤘다.

이렇게 만들어진 백서농장은 서간도 최초의 독립군 군영이었다. 총책임자로 장주(庄主)가 있고, 그 밑에는 교육과 훈련을 맡은 훈독(訓督)과 작업과 농사일을 맡은 농감(農監)이 있었으며, 3개 중대로 편제된 교도대를 통제·관리하는 교도대장과 군기를 담당하는 규율대장이 있었다. 교관들은 대부분 신흥학교 졸업생들이었다.

백서농장의 장주는 김동삼, 훈독은 양규열(양재훈), 농감은 채찬(백광운), 교도대장은 이근호, 규율대장은 신용관이 각각 맡았다.

김동삼, '만주벌의 호랑이'

장주 김동삼(金東三, 본명 김긍식 金肯植, 호 일송 一松)은 안동 개화 유학자로 경학사와 신흥무관학교 설립에 동참한 바 있다. 그는 '만주벌의 호랑이'로도 알려진 인물이다.

이범석이 전하는 김동삼의 유명한 일화가 있다. 일송 선생이 독립운동 지도자인 김혁(대한제국 무관학교 제1회 졸업생)을 만나러 길을 나섰다. 그 길은 낮에도 햇빛이 잘 보이지 않을 정도로 울창한 산림지대에 나 있는 오솔길이었다. 그런데 별안간 마적이 나타나 길을 막았고 뒤에는 많은 중국인이 붙잡혀 묶여 있었다.

일송은 짚고 있던 지팡이로 넘어진 나무통을 힘껏 두드리며 "이놈아!" 하고 고함을 지르니 마적이 그만 달아났다는 것이다. 칠 척이 넘는 큰 체구에다가 얼굴이 괴상하게 생기고, 눈이 매우 크고 긴 수염이 얼굴을 덮고 있는데다가 옷은 중국식 회색 옷을 입고 손에는 굵은 철사를 꽈서 만든 지팡이를 짚고 있었으며, 머리에는 삿갓을 써 마치 초인(超人) 같은 형상이었다.

이런 거인이 나타나자 붙잡을지 말지 망설이던 중, 총을 보고도 무서워하지 않고 큰 소리를 지르자 마적들이 놀라 도망친 것이다. 이후 그에 관

한 무용담이 만주 한인 사회에 널리 퍼졌다고 한다.[66]

훈독 양규열은 대한제국 무관학교 제1회 졸업생으로 군대해산 당시 혼성시위여단장이던 양성환 참장의 아들이다. 그는 제1회 졸업생 가운데 선두 주자로 군대해산 당시 참령이었다.

농감, 교도대장, 규율대장은 신흥무관학교 졸업생들이었다. 농감 채찬은 을사늑약이 체결되자 이강년을 따라 의병항쟁에 참여했다. 교도대장 이근호는 신흥무관학교 제1회 졸업생으로 신흥학우단 조직을 발기하고 초대 총무부장을 역임한 바 있다. 규율대장 신용관은 후일 서로군정서 의용군 중대장으로 활약하다가 병사해 채찬이 그 뒤를 이어 중대장이 되었다.

소배차 백서농장은 그 운영이 순탄하지 않았다. 400여 명의 젊은이가 황무지나 다름없는 곳에 고립되어 외부 지원 없이 자급자족으로 생활한다는 것은 결코 쉬운 일이 아니었다. 식량은 척박한 땅을 일궈 농사를 지은 것으로 근근이 해결하고, 의복과 신발도 스스로 만들어 사용했다. 이들이 당면한 가장 심각한 문제는 영양실조였다. 간혹 노루나 멧돼지 같은 것이 잡히기 전에는 고기 구경을 할 수가 없고, 오직 강냉이 등으로 식사를 해야 했다.

영양실조로 인하여 병에 걸려 죽는 사람도 발생했다. 열악한 환경으로 각종 질병이 나돌아 막사의 방마다 환자들의 고통스러운 신음으로 가득 찼다. 자체 의무실만으로 많은 환자를 감당할 수 없게 되자 결국 동포들이 사는 곳으로 내려가 치료를 받도록 하지 않을 수 없었다. 치료를 받기 위해 군영을 떠나는 사람들이 점점 많아져 막사에는 빈방이 늘어났고, 외곽

---

66   이범석, 《철기 이범석 자전》(외길사, 1991), 169-170쪽.

초소에 보초를 설 사람도 없게 되었다. 훈련과 교육은 물론 농사일도 해 나가기 어렵게 되자 간부들이 병영을 해산할까 생각하였지만, 극렬한 반대로 남기로 하였다.

1919년 3·1운동은 지난 5년간 외진 산속에서 독립전쟁을 위해 군영을 유지해 온 백서농장에도 변화를 가져왔다. 3·1운동을 계기로 부민단에 이어 발족한 한족회가 백서농장은 교통이 불편하고 환경이 열악하다는 이유를 들어, 이를 폐지한다는 결정을 내렸기 때문이다.

그때까지 백서농장에 남아 있던 사람들은 마지막 고별식을 가졌다. 애국가와 묵념, 장주 김동삼 등 간부들의 비장한 격려 말씀에 이어 만세 삼창을 외치고, 모교 교가와 독립군 노래를 목이 터지도록 불렀다. 그들은 삼원포를 향해 삼삼오오 짝을 지어 떠났다. 눈물이 쉬지 않고 흘려내려 가슴을 적셨다.

소배차의 군영 실험이 비록 성공을 거두지는 못했지만, 3·1운동이 일어나기까지 그곳에서 버티면서 독립운동의 맥락을 유지한 것은 이후 항일 독립투쟁의 큰 자산이 되었다. 장주 김동삼, 훈독 양규열, 농감 채찬, 규율대장 신용관은 한족회가 독립전쟁을 수행하기 위해 세운 서로군정서에 참여, 김동삼은 서로군정서 참모장, 양규열은 군무사장, 채찬과 신용관은 의용군 중대장 등으로 활약하였다.

02

3,500명 독립군 인재 양성

고산자 신흥무관학교

3·1운동은, 한인들이 많이 거주하는 만주 일대까지 영향을 끼쳤고 곳곳에서 만세 시위가 활발히 전개되는 등 독립에 대한 열기가 고조되었다. 이런 분위기 속에서 종전의 부민단이 한족회로 확대 개편되었다.

한족회는 우선 독립전쟁을 수행할 기관으로 군정부를 설립하였다. 이 군정부가 후일 상하이 임시정부 산하에 들어가면서 '서로군정서'로 개칭되었다.

서로군정서는 최고 영도기관인 독판부, 행정기관인 정무청, 그리고 군사기관으로 군무사·참모부·사령부로 조직되었다. 독판부 독판은 이상룡, 부독판은 여준, 부관은 이장녕이 선임되었다. 이상룡은 경학사 사장, 여준과 이장녕은 합니하 신흥무관학교 교장을 역임했다.

군사기관의 군무사장은 양규열, 참모부장은 김동삼, 사령관은 지청천이 각각 맡았다. 양규열과 김동삼은 백서농장에서 훈독과 장주를 역임하였고, 지청천은 신흥무관학교 교성대장을 겸하고 있었다.

신흥무관학교 또한 3·1운동을 계기로 개교 이래 최고 전성기를 맞았다. 이때의 상황을 원병상은 다음과 같이 증언하고 있다.

"국내에서 탈출해 온 애국청년들, 재만 교포 청년들, 또 과거 의병활동에 참여했던 노년층까지 몰려들어 신흥무관학교는 개교 이래 최고 성황을 이루었다. 17,8세의 소년부터 50여 세의 노년 학생을 망라한 이때의 600여 명 신입생은 그 성분도 가지각색이었다. 한 학년의 학생 수가 600여 명이라는 것도 개교 이래의 최대의 숫자였다."[67]

신흥무관학교 지원자들이 이처럼 급증하자 이들을 수용하기 위해 1919년 5월 3일 삼원포 부근의 고산자(孤山子)에 학교를 하나 더 개설하였다. 이것이 고산자 신흥무관학교다. 고산자의 현 지명은 길림성 유하현 고산자진 대두자(孤山子鎭 大杜子)다. 교사 신축과 연병장 조성을 비롯한 각종 시설 공사는 한족회에서 맡아 추진했다.

고산자에 신흥무관학교가 설립됨에 따라 합니하 신흥무관학교는 분교로 운영하도록 하였다. 이 밖에도 통화현 쾌대무자(快大茂子)에도 분교를 두었다.

---

[67] 신흥무관학교기념사업회,《신흥무관학교 교관 원병상 회고록》(2023) 참조

지도 1 신흥무관학교 위치

고산자 본교가 개설될 무렵 일본육사 출신 김경천·지청천과 대한제국 무관학교 졸업생 신팔균이 여기에 합류하였다. 이들이 신흥무관학교에 합류함으로써 만주의 독립운동 진영은 물론 동포사회가 고무되었고, 감동한 젊은이들이 신흥무관학교에 몰려들었다.

고산자 신흥무관학교의 교육훈련은 대체로 합니하 신흥무관학교의 것과 같았으나, 실전 훈련에 더 비중을 두었던 것 같다. 1920년 6월 합니하 분교를 졸업한 김산(金山, 본명 장지락, 張志樂)은 당시 훈련 상황을 다음과 같이 기억하고 있다.

"우리는 군대 전술을 공부하였고 총기를 가지고 훈련받았다. 그렇지만 가장 엄격하게 요구되었던 것은 산을 재빨리 올라갈 수 있는 능력이었다. 게릴라 전술(중략), 우리는 등에 돌을 짊어지고 걷는 훈련을 하였다. 아무 것도 지지 않았을 때는 아주 경쾌하게 달릴 수 있었다. '그날'을 위해 조선의 지세, 특히 북한의 지리에 관해서는 주의 깊게 연구하였다."[68]

한국의 지형 특히 북한의 지리에 관해서는 주의 깊게 연구하고, 유격 전술에 주안을 두어 훈련하였다는 것은, 3·1운동을 계기로 고조된 독립 열기에 부응하여 국내 진격 작전을 전개하기 위한 준비로 볼 수 있다. 김산이 말하는 '그날'은 바로 국내 진격 작전을 개시하는 날이다.

중국의 탄압과 내부혼란

3·1운동 이후 만주의 동포 사회는 조국의 독립을 향한 열기에 휩싸였고, 수많은 애국 동포가 신흥무관학교를 찾아왔다. 이에 위협을 느낀 일제는 중국 당국에 압력을 가해 독립운동 탄압에 나서도록 하였다. 일제는, 한국인이 군인을 모집·훈련하여 만주를 소란에 빠뜨리려 한다는 소문을 퍼뜨려 중국 당국을 긴장시켰다. 이런 판에 신흥무관학교는 마적단의 습격과 윤치국 치사사건으로 내부 위기를 맞았다.

1919년 7월 하순 마적단이 고산자 신흥무관학교를 습격해 교감 윤기섭, 교관 박장섭과 수명의 생도를 납치해 갔다. 마적단 습격의 배후에는 일제가 있었을 가능성이 있다.

다행히 한족회가 몸값을 치르고 나서야 이들은 풀려났으나 학교의 위

---

[68] 님 웨일즈 지음, 조우화 옮김, 《아리랑》(동녘, 1892), 88쪽.

신이 크게 손상을 입었고, 침울한 분위기에 휩싸였다. 명색이 독립군 인재를 양성한다는 군사학교에서 총 한 발 쏘지 못하고 당했으니 교직원과 생도들은 자괴감과 무력감에 빠졌다. 설상가상으로 윤치국 치사사건까지 발생하여 그야말로 학교는 존폐 위기에 몰리게 되었다.

윤치국 치사사건이란, 합니하 신흥무관학교 졸업생 윤치국이 1919년 8월 고산자 본교 부근 여관에 묵고 있었는데, 신흥학교 학생들이 여행 용무를 묻자 대답이 불분명하고 불손하여 밀정으로 의심하여 그를 교내로 끌고 가 구타하여 사망에 이르게 한 사건을 말한다.

당시 만주에서는 일제의 밀정이 많아 낯선 사람이 나타나면 일단 의심부터 하던 것은 전혀 이상한 일이 아니었다. 만해 한용운 스님도 사전 연락도 없이 신흥무관학교에 찾아갔다가 생도들에게 폭행을 당해 죽을 뻔했다는 일화가 전해지고 있다.

윤치국 치사사건이 발생하자 중국 당국은 고산자 본교에 휴교 명령을 내렸다. 이때 중국 당국이 신흥무관학교를 해산시키려 한다는 소문까지 나돌았으나 10월에 다시 문을 열었다.

1920년에 접어들자 독립운동단체에 대한 중국 당국의 탄압이 노골화되었다. 중국 경찰은 삼원포에 본부가 있는 한족회와 대한독립단에 대하여 해산명령을 내리고, 대한독립단 단원 6명을 끌고 갔다. 그리고 한족회가 운영하는 한족신보사를 폐쇄하고, 서류·인쇄기기·도서 등을 압수해 갔다.

중국 당국의 탄압에도 불구하고 삼원포에서는 3·1운동 1주년 기념식이 대대적으로 열리는 등 동포들의 독립 열망이 조금도 위축되지 않았다. 이렇게 되자 일제는 '중·일 합동수색대'를 편성하여 삼원포 일대의 동포들

거주지에 쳐들어와 무고한 동포들을 잡아가는가 하면 독립운동단체에서 활동하던 인사들을 체포·살해하는 만행을 자행하였다.

일제는 서간도 지역에 '보민회(保民會)'라는 친일 단체를 만들어 독립운동가들을 체포하는 데 앞잡이로 이용하였다. 이때 중·일 합동수색대에 의해 체포된 365명 가운데 9명이 살해되고, 62명이 구속되었다.[69]

김원봉, 신흥무관학교 동기생들과 의열단 창단

3·1운동 직후인 1919년 6월 고산자 신흥무관학교에 입학한 김원봉은 마적 떼가 학교를 습격해 윤기섭 학감을 비롯한 교관과 생도를 납치해 가는 참담하고도 어처구니없는 상황을 목격하고 나서, 군대를 길러서 세계 최강의 일본과 대결한다는 것은 매우 어려울 뿐 아니라 시간이 너무 걸린다고 생각했다. 결국 그가 도달한 결론은 강력한 결사체를 만들어 폭력투쟁을 전개하는 길이었다. 그는 신흥무관학교를 자퇴하고 의열단(義烈團)을 창단했다(1919.11).

의열단 창단 멤버는 모두 13명인데, 김원봉의 신흥무관학교 동기생이 10명이었고, 나머지 2명은 고향 밀양 사람이었다.

김원봉(金元鳳, 호 약산, 若山)은 1898년 경남 밀양에서 9남 2녀 중 장남으로 태어나 밀양공립보통학교를 자퇴하고, 밀양 읍내 동화중학 2학년에 편입하였다. 그는 동화중학 전홍표 교장으로부터, "우리가 목숨이 붙어 있는 동안에는 강도(强盜) 일본과의 투쟁을 단 하루도 게을리할 수 없다. 빼앗긴 국토를 되찾고 잃어버린 주권을 회복하기 전에는 우리는 언제

---

69 서중석, 《신흥무관학교와 망명자들》(역사비평사, 2001), 196쪽.

나 부끄럽고, 언제나 슬프고, 또 언제나 비참하다."라는 말을 가르침 받아 평생 잊지 않고 가슴에 새겼다.

1913년 서울의 중앙중학 2학년에 편입했으나 중도에 그만두고, 당시 세계에서 가장 강력한 군대를 가진 독일에 유학하여 군사학을 배우겠다는 생각에 1916년 톈진의 덕화학당에 들어갔다. 그런데 이 학교가 제1차 세계대전의 여파로 문을 닫자, 난징의 금릉대학에 진학하여 영어를 배웠다. 제1차 세계대전이 끝나자 김원봉은 금릉대학을 그만두고 만주로 향하던 중 3·1운동 소식을 듣고 신흥무관학교에 들어갔다.

의열단은 창단된 지 얼마 후에 근거지를 베이징으로 옮기고, 폭탄과 권총을 구매하는 한편 단원을 포섭하는 활동을 펼쳤다. 준비를 마친 의열단은 일본 고관 암살과 중요 관공서 폭파를 목적으로 하는 제1차 암살파괴 계획에 따라 폭탄과 총기를 국내로 반입시키고, 창단 요원들이 국내로 들어갔다.

그런데 불행히 국내로 보낸 폭탄과 총기 및 실탄이 일본 경찰에 압수되고, 윤세주·곽재기·이성우·신철휴·한봉인 등 창단 요인들이 체포되었다. 이종암·김상윤·서상락은 추적을 피해 중국으로 돌아갔다. 이들이 체포된 지 1년 후인 1921년 6월 경성지방법원은 이들에게 중형을 내렸다. 이때 의열단의 존재가 비로소 세상에 알려졌다.

1차 암살파괴 계획이 좌절된 지 얼마 안 된 1920년 9월 14일 부산경찰서가 의열단원 박재혁에 의하여 폭파되고, 서장 등 3명이 즉사한 사건이 일어났다. 박재혁도 중상을 입은 채, 투옥된 날부터 단식을 시작하여 9일 만에 스스로 목숨을 끊었다. 1920년 12월 27일 의열단원 최수봉이 밀양경찰서에 폭탄을 던졌다. 제1탄은 불발되고, 제2탄은 복도에서 폭발하는 바람에 의거는 실패로 돌아갔다. 최수봉은 현장에서 붙잡혀 사형을 선고받고, 태연하게 교수대에 올라 21세의 짧은 생애를 마쳤다.

　해가 바뀌어 1921년 9월 12일 오전 10시경 총독부 청사 2층에 폭탄이 투척 되었다. 당시에는 누구 소행인지 밝혀지지 않았다. 1922년 3월 28일 일본군 육군대장 다나카 가이치(田中義一, 전중의일)가 상하이 황포탄 부두에 도착하여 배에서 내려오자 의열단원 오성륜이 저격했으나 때마침 앞을 가린 서양 여성이 맞아 실패했다. 제2선을 맡은 김익상이 자동차에 오르는 다나카를 저격하였으나 그의 모자를 관통시키는 데 그쳤다. 제3선의 이종암이 자동차에 폭탄을 던졌으나 불발되고 말았다. 김익상과 오성륜은 현장에서 붙잡혔고, 이종암은 도피에 성공했다. 체포된 김익상이 총독부 청사를 폭파했다고 자백하였다.

　1923년 1월 12일, 종로경찰서 폭탄 투척 사건이 발생했다. 이 의거를 일으킨 사람은 의열단원 김상옥이었다. 그는 눈 덮인 남산을 넘어 금호동에 있는 안장사(安藏寺)를 찾아가 승복을 빌려 입고 효제동 이혜수 집에 은신하였다.

　1월 22일 새벽 일본 무장경찰 수백 명이 김상옥을 체포하기 위해 효제동 일대를 겹겹이 포위하였다. 김상옥은 방안 벽장에 숨어 있다가 일본 경찰 간부를 사살한 후 순식간에 옆집으로 피신하였다. 이후 집 담장에 몸을 의지한 채 일경과 3시간 반에 걸친 총격전을 벌인 끝에 10여 명의 일경을 살상하고 최후의 순간까지 항복을 거부, 남은 한발로 자결하여 34세의 생애를 마쳤다. 마치 드라마의 한 장면을 보는 듯한데, 실제로 2016년에 개봉되어 흥행에 성공한 영화 '암살'에 등장하는 김장옥의 실제 인물이 바로 김상옥이다.

의열단의 의거는 1926년 12월 28일 나석주의 동양척식회사와 조선식산은행에 대한 폭탄 투척을 끝으로 일단락되었다.

의열투쟁의 한계를 느낀 김원봉은 의열단원 24명과 함께 1926년 3월 황푸군관학교 제4기로 입학해 졸업 후 중국 국민당군 장교가 되었다.

1938년 10월 김원봉은 중국국민당 정부의 지원을 받아 조선의용대를 창설했다. 광복군보다 2년이나 앞선다. 이후 김원봉은 한국광복군에 합류하여 광복군 부사령관과 임시정부 군무부장을 역임했다.

백두산을 향하여

중국 당국의 탄압이 점점 심해지자 서로군정서 독판 이상룡은 서로군정서 병영을 백두산에 가까운 안도현 삼인반(安圖縣三人班)으로 옮기기로 하였다. 이에 따라 신흥무관학교는 재학 중이던 생도들을 교성대에 편입시켜 지청천 인솔 아래 안도현으로 이동하였다. 병력은 400명이었으나 비무장이었다. 김창환·오광선·손무영·김승빈 등 교관들이 교성대장 지청천을 도와 이들을 인솔했다.

신흥무관학교 교성대가 안도현을 향해 떠난 후 서로군정서 행정 기관은 액목현(額穆縣)으로 이동하고, 의용대는 그대로 지역에 남아 동포들을 보호하는 임무를 맡았다. 서로군정서 의용군에는 신흥무관학교 졸업생들이 주축이 되어 활동하였다.

교성대 일행이 안도현 방면으로 이동을 개시함과 동시에 신흥무관학교는 사실상 문을 닫았다. 이로써 1911년 6월 신흥강습소로 출발한 신흥무관학교는 10여 년 동안 3,500여 명의 독립군 인재를 배출하고 막을 내렸다.

그렇다면 신흥무관학교가 문을 닫고 이동을 개시한 시기는 언제쯤일까? 북로군정서 김좌진 사령관 비서로 있던 이정(李楨, 1895-1943)이 쓴 1920년 7월 29일 (음력)자 <진중일기>를 보면, 서로군정서 독판(이상룡)과 사령관(지청천)이 북로군정서 사령관(김좌진)에게 보낸 공문에는, "왜적의 수색으로" 신흥무관학교를 안도현으로 이전, 사령관 지청천 이하 다수 사관생도가 안도현 삼인방(삼인반을 지칭)에 주둔하고 있다고 알려왔다는 내용이 있다. 따라서 신흥무관학교는 일본군의 대대적인 '소탕 작전'을 피하려고 늦어도 음력 7월 20일 전후 안도현을 향해 이동을 개시했다고 할 수 있다. 이는 1920년 양력 8월 신흥무관학교가 폐교되었다는 통설과 일치한다.

그렇다면 왜 신흥무관학교는 안도현으로 이동했을까? 무엇보다 비무장인 생도들을 보호해 후일에 대비하기 위해서였을 것이다. 서로군정서는 1920년 5월부터 무기를 구입하기 시작했지만, 의용대에 우선 지급하고 보니 신흥무관학교까지 무장시킬 정도는 되지 못했다.

또 다른 이유는, 안도현은 군사전략적 측면에서 볼 때 백두산 자락과 연결된 삼림이 울창하고 산세가 험해서 피신하기가 쉬웠고, 국내로 공격해 들어가기 좋은 위치였다. 이보다 더 유리한 점은 안도현은 봉천성에 속해 있으면서 길림성 접경지대에 있어 길림성의 중국군이 공격해 오면 봉천성으로 피신하고, 봉천성의 중국군이 공격해 오면 길림성으로 피신할 수 있었다.

신흥무관학교 교성대가 안도현을 향해 이동을 개시할 무렵 북간도 독립군부대도 근거지를 떠나 안도현 방향으로 이동하기 시작했다.

1920년 6월 7일 봉오동 전투에서 참패를 당한 일본군은 북간도 독립군에 대한 대대적인 '토벌' 방침을 정하였다. 만주 독립군을 제압하지 않고는 한반도 식민 통치도 어려울 수밖에 없다는 사실을 깨달았기 때문이다. 일제는 만주의 실권자 장쭤린(張作霖, 장작림)을 강압하여 독립군을 '토벌'하도록 하였다. 중국이 만일 소극적으로 대처하면 일본은 대규모 병력을 투입하겠다고 협박하였다.

일본의 압력에 굴복한 장쭤린은 맹부덕(孟富德)을 사령관으로 '토벌대'를 편성하여 독립군을 단속하도록 하였다. 그러나 북간도는 서간도와 사정이 달랐다. 북간도 독립군부대들은 강력한 무장력을 갖추고 있어 물리력을 사용해 독립군을 단속할 수가 없었다. 따라서 중국군은 독립군부대들이 일본 측의 눈에 띄지 않는 산림지대로 근거지를 옮겨주기를 바랄 뿐이었다.

북간도 독립군부대들 가운데 홍범도 부대가 제일 먼저 이동을 시작하여 1920년 9월 하순 백두산 기슭의 청산리 부근 삼림지대에 주둔하면서 국내 진입의 기회를 기다렸다. 이후 북간도의 다른 독립군 부대들도 10월 초까지 홍범도 부대 주둔지 근처로 이동해 왔다. 가장 늦게 근거지를 떠난 독립군부대는 김좌진의 북로군정서 독립군이었다.

중국군을 동원한 독립군 '토벌'이 실패로 돌아가자 일본군은 대병력을 직접 간도에 출동시켰다. 그 결과 간도 출병 일본군과 청산리 일대에 주둔하고 있던 만주 독립군부대 사이에 교전이 이루어졌다. 이것이 '청산리 전투'다. 청산리 전투는 홍범도 연합부대와 김좌진의 북로군정서 독립군이 대첩을 거둔 전투였다. 신흥무관학교 교성대도 청산리 전투 막바지에 참전하였다.

신흥무관학교 교관들

처음 신흥강습소 개설 때는 대한제국 무관학교 출신 김창환·이장녕·이관직 등 3인이 교관으로 활동하였다. 이들은 경학사와 신흥강습소 창립 멤버이기도 하였다. 김창환은 1911년 신흥무관학교(신흥강습소) 개교부터 1920년 문을 닫을 때까지 어렵고 힘든 시기를 거치며 학감 윤기섭과 함께 학교를 지켜냈다.

이관직은 신흥무관학교 부지 선정을 위해 이회영과 함께 만주 지역 사전답사에 참여한 바 있다. 신흥무관학교 운영이 어려웠던 1913년 자금을 모집하고자 입국하였으나, 모금이 여의치 않아 국내에 머물렀다. 따라서 신흥무관학교 교관으로 재직한 것은 얼마 되지 않는다.

이장녕은 합니하 신흥무관학교 교장을 지내고, 서로군정서 독판부 부관으로 활약하던 중 김좌진 사령관의 초빙으로 북로군정서에 합류하여 본부 참모부장에 부임하였다.

합니하 신흥무관학교에는 여준, 이광, 이장녕, 이세영(이천민)이 교장을 맡았다. 이세영이 고산자 본교 교장에 부임하자 김창환이 합니하 신흥무관학교 학도감 겸 임시 교장을 겸임하였다. 신흥강습소 출신의 성준용과 합니하 졸업생들이 교관진에 합류하였다.

3·1운동 이후 고산자 본교에 일본육사 출신 김경천·지청천과 대한제국 무관학교 출신 신동천이 고산자 신흥무관학교를 찾아와 교관진에 합류하였다. 이들이 신흥무관학교에 합류하자 만주 동포들 사이에서는 "나르는 홍범도, 뛰는 김좌진, 만주 삼천이면 산천초목도 두려워 떤다"라는 말이 유행했다고 한다. 여기서 만주 삼천(三天)이란 이청천·김경천·신동천 세

사람 이름에 하늘 천(天) 자가 붙어 있어 '삼천'이라 불렀다. 이들의 본래 이름은 지석규(지대형), 김광서, 신팔균이었다..

고산자 신흥무관학교에는 이들 3인 이외에 합니하 신흥무관학교 출신의 계용보·원병상·백종렬·오상세·김승빈·손무영·김성로 등이 교관으로 군사훈련을 담당하였다.

오상세와 백종렬은 북로군정서 사관연성소 교관으로 선발되어 간 이후 청산리 전투에 참전했다. 김승빈(본명 김병주)은 서울의 근위보병대에 근무하다 제대한 다음 3·1운동에 참가해 구속되기도 하였다. 이후 남만주로 망명해 신흥무관학교 교관으로 활약하였다. 신흥무관학교 교성대가 안도현으로 이동할 때부터 지청천과 행동을 함께하였다.

합니하 분교에는 이범석, 오광선, 성준용 등이 교관으로 있었다. 이범석은 중국 윈난육군강무학교 졸업 후 3·1운동을 계기로 만주로 건너와 신흥무관학교에 합류했다. 그리나 곧 북로군정서 사관연성소 교관으로 초빙되어 간 후 연성대를 지휘해 청산리 전투에 참전했다.

오광선은 중국 바오딩군관학교 재학 중 중국 내전으로 학업을 중단하고 신흥무관학교에 입학하여 졸업한 후 교관으로 남았다. 김승빈과 함께 지청천이 인솔하는 신흥무관학교 교성대를 따라 이동, 러시아로 들어갔다가 자유시참변을 겪고, 지청천이 교장으로 있는 고려혁명사관학교 교관으로 있던 중 소련공산당에 의해 지청천 교장과 함께 구속되었다가 탈출에 성공했다.

신흥무관학교 교관들 가운데서도 대한제국 무관학교 교관들처럼 많은 독립지사가 나왔다. 이들 신흥무관학교 교관들의 이후의 행적은 다음과 같다.

김창환: 통군부 및 통의부 의용군사령관, 한국독립군 부사령

이관직: 3·1만세 시위에 학생 동원 활동 중 일제 헌병에 체포됨

이장녕: 북로군정서 참모부장, 한국독립군 참모장

이세영: 통군부 군사부장, 통의부 참모부장

지청천: 한국독립군총사령, 임시정부 군무부장, 광복군총사령

신팔균: 통의부 의용군사령관(순국)

김경천: 러시아 지역에서 항일 의용군 지휘

이범석: 북로군정서 연성대장, 광복군 참모장 및 제2지대장

오광선: 한국독립군 대대장, 광복군 국내지대장

백종렬: 북로군정서 사관연성소 교관, 청산리 전투 참전

오상세: 북로군정서 사관연성소 교관, 청산리 전투 참전

김승빈: 고려혁명군 사관학교 중대장, 소련군 장교(대령)

김성로: 북로군정서 독립군으로 청산리 전투 참전

이상 열거한 신흥무관학교 교관들은 모두 독립유공자로 인정되어 건국훈장을 수여 받았다. 이들 가운데 이범석은 해방 후 대한민국 초대 국방부 장관 겸 국무총리를 역임하였고, 오광선은 해방 후 육군사관학교를 거쳐 대한민국 장교가 되었다. 김승빈은 러시아로 들어가 공산당에 가입하고, 소련군 장교로서 제2차 세계대전에 일본군을 상대로 싸워 소련 정부로부터 훈장을 받았다. 소련군 대령으로 전역하였다.

신흥무관학교 터줏대감 김창환

김창환, 신흥무관학교 터줏대감
(출처: 국가보훈부 공훈록)

김창환(金昌煥, 별명 金錫柱 김석주, 호 秋堂, 1872-1937)은 경학사와 신흥강습소 설립에 참여하였고, 신흥무관학교가 문을 닫을 때까지 학감 윤기섭과 함께 어렵고 힘든 시기를 거치며 신흥무관학교를 지킨 터줏대감이다.

3·1운동 이후 신흥무관학교가 고산자로 본교를 옮긴 후 김창환은 합니하 분교의 훈련감 및 임시 교장을 맡았다. 1920년 8월 신흥무관학교가 문을 닫고 교성대가 안도현으로 이동할 때 지청천과 함께 행동했다. 1921년 지청천과 함께 러시아에 들어갔으나, 자유시 이동을 거부하고 만주로 돌아와 자유시 참변을 면했다.

1922년 1월 남만주의 여러 독립운동 단체가 연합하여 대한통군부가 결성되자, 김창환은 의용군사령관으로 임명되었다. 이해 8월 통군부가 다시 대한통의부로 확대 개편되자 다시 통의부 의용군사령관에 추대되었다. 통의부 총장은 김창환과 함께 경학사와 신흥학교 설립에 참여한 김동삼이 맡았다. 1925년 통의부를 기반으로 정의부가 조직되어 지청천이 총사령으로 부임하자 김창환은 재무위원으로 임명되었다.

그가 다시 모습을 나타낸 것은 1929년 오상현 충하진(五常縣 沖河鎭)에서 '생육사(生育社)'가 결성될 때였다. 생육사는 생산·저축을 장려하여 독립운동기금의 충실을 꾀하며, 나아가서는 독립운동 인재를 양성하기 위한 비밀 조직체였다. 김창환을 포함해 지청천, 홍진, 황학수, 김좌진, 이장녕, 박일만 등이 주도해 만들었다.

생육사는 1930년 7월 창당된 한국독립당의 기반이 되었고, 김창환은 한국독립당 고문으로 추대되었다. 군사부 위원에는 지청천·오광선·이장녕·이붕해·손무영 등 신흥무관학교 출신들이 포진하고 있었다.

1931년 9월 일제가 만주사변을 일으켜 만주를 공격해 오자 한국독립당은 한국독립군을 편성했다. 지청천이 총사령에 추대되고, 김창환은 부사령에 임명되었다. 한국독립군은 1932년부터 항일반만(抗日反滿) 중국군과 연합하여 대전자령(태평령)에서 일본군 대부대를 공격해 많은 전리품을 노획하는 전과를 올렸다. 대전자령대첩은 봉오동·청산리대첩과 더불어 만주 독립군의 3대첩에 들어간다.

1932년 일제의 괴뢰국인 만주국이 설립된 이후 탄압이 가중되는 상황에서 한국독립군은 곤경에 처하였다. 이때 임시정부 김구로부터 중국 관내로 들어오라는 연락을 받았고 1933년 10월 한국독립군 주요 간부들과 중국 군관학교에 입학할 청년들과 함께 중국 관내로 이동했다.

중국 관내로 이동한 김창환은 1935년 난징에서 조직된 조선민족혁명당에서 지청천과 함께 활동하였다. 그 뒤 지청천이 조선민족혁명당에서 탈퇴해 나와 조선혁명당을 조직하자 여기에 참여하여 활동하던 중 1937년 난징에서 향년 65세로 병사했다.

김창환에 대해서는 대한제국 무관학교 출신이라고 하는 설과 무관학교 출신이 아니라 하사관 출신이라는 설이 있다. 무관학교 출신이라는 주장은 신흥무관학교 설립 초기부터 그를 알고 있던 이회영의 부인 이은숙 여사의 회고록 《서간도시종기》에 이장녕·이관직·김창환 세 사람을 "고종

황제 당시에 무관학교의 특별 우등생"이라는 증언에 따른 것이다.

그러나 이범석은 김창환을 대한제국 "하사관을 지낸 노인"이라고 주장한다. 이범석이 김창환을 만났던 1919년 당시 이범석은 1900년생으로 19세인데, 김창환은 1872년생으로 만 47세였으니, 이범석이 김창환을 "노인"이라 불러도 틀린 말은 아닐 듯싶다. 하지만 김창환이 하사관 출신이라는 주장은 옳지 않은 것 같다. 공식기록인 국가보훈부 독립유공자 공적조서에도 그는 엄연히 대한제국 부위 출신으로 기록되어 있다.

필자는 김창환이 하사관 출신이라는 주장과 대한제국 무관학교를 나온 부위 출신이라는 주장이 다 같이 옳을 수 있다고 생각한다. 김창환이 무관학교 조교로 근무하다 장교로 임관한 것으로 판단되기 때문이다. 당시 무관학교 설치법에 따르면 조교를 장교로 임관시킬 수 있도록 하였다. 그가 입대했다는 1899년은 무관학교 신입생 모집이 없었고, 당시 김창환이 27세 되는 나이로 군에 입대할 나이는 훨씬 지났다 할 수 있다. 그렇다면 그가 그해 하사관 신분으로 무관학교 조교에 임명되었을 것으로 추정된다. 김창환이 무관학교 출신이라고 주장할 수 있는 또 하나의 근거는 그가 상동교회 청년학원 체육 교사로 재직한 점을 들 수 있다. 당시 무관학교 출신들은 각급 학교의 체육 교사로 채용되었기 때문이다.

김경천, 나폴레옹을 꿈꾸던 풍운아

김경천은 1888년 함경남도 북청에서 김정우의 차남으로 태어났다. 나이가 8세 되던 1895년 아버지가 서울에서 경찰에 취임하게 되자 경기도 광주로 이주하였다. 그런데 이해 11월 아버지와 형 김성은이 관비생으로

일본군 기병소위 김경천
(출처: 《경천아일록》)

일본 유학을 떠났다.

아버지는 도쿄고등공업학교에 입학하여 도쿄포병공창 총탄제조소에서 총탄제조법을 배웠고, 형은 일본육사 제11기로 졸업하였다. 아버지는 귀국하자 군부 기사로 취임하여 1904년 포병참령으로 임관한 후 군기창장에 임명되고, 1906년 포병부령에 승진하였다. 형은 대한제국 무관학교 공병과 교관으로 발령받았고 아버지보다 먼저 공병부령에 승진하였다.

김경천은 서울의 경성학당에서 신학문을 배우고 1904년 정부의 국비 장학생으로 일본 유학을 떠났다. 김경천의 부친과 형은, 그가 공학도가 되길 원했다. 그러나 그는 마음이 내키지 않아 진로 결정에 망설이고 있던 차에 도쿄의 한 고서점에서 주인이 권고한 나폴레옹 전기를 사서 읽고 나서 군인이 되기를 결심하였다.

그는 곧바로 주일 한국공사를 찾아가 일본육사 예비학교인 육군중앙유년학교에 진학하겠다고 말하였고, 주일 공사가 일본 외무성에 건의하여 1905년 9월 유년학교 예과 2학년에 진학하였다. 유년학교는 예과 3년 본과 2년인데 시험 결과 예과 2학년에 입학한 것이다.

1909년 여름 유년학교 본과를 마치고 기병 상등병으로 도쿄의 기병제1연대에 입대하였다. 이해 가을 안중근 의사의 의거가 있었다. "아! 위대하다. 우리도 사람이 있구나!" 김경천의 소감이었다.

안중근 의사의 의거가 있기 직전 대한제국 마지막 무관생도 44명이 유년학교에 들어왔다. 김경천이 유년학교에 재학 중일 때 형과 부친이 타계하였다.

김경천은 1909년 12월 일본육사에 입교, 1911년 5월 제23기로 졸업, 일본군 기병소위로 임관하였다. 그는 일본육사 생도 시절 나폴레옹이 되겠다고 다짐하고 자신을 단련시켰다. 일본인 생도들도 그를 '제2의 나폴레옹'이라고 별명을 지어 불렀다.

일본군 장교가 된 직후 본국에 돌아와 결혼하고, 서울 사직동에 집을 마련하였다. 이 집은 대지가 1천여 평으로 아름다운 정원을 갖추고 있어 김경천은 "공원 같은 낙원"으로 표현했다. 그는 이미 부친으로부터 막대한 유산을 받았다.

김경천 집터
金擎天

김경천(1888~1942)은 만주와 연해주에서 항일무장투쟁을 이끌면서 '백마 탄 장군', '진짜 김일성' 등으로 불렸다. 1911년부터 1919년 만주로 망명하기 전까지 이곳에서 살았다.

서울 종로구 사직동 풍림스페이스본 아파트 106동 정문

1919년 김경천이 병가를 얻어 서울에 머무르는 동안 고종황제가 승하하고, 이어서 3·1운동이 일어났다. 그는 고종황제 장례식장에 몇 차례 참배하였고, 3·1만세 시위를 직접 목격하였다. 서울 도심 거리에는 시위 인파로 가득했고, 밤에는 여기저기서 연설회가 열렸다. 주위 사람들이 그에게 "칼을 빼시오!"라고 말하였다.

그는 마침 병가를 얻어 서울에 온 일본육사 후배인 지청천·이응준과 함께 서간도로 망명하기로 하였으나, 이응준은 결행 직전에 이탈했다. 1919년 6월 6일, 김경천과 지청천은 검문이 심한 서울역을 피해 택시를 타고 수원으로 가서 신의주행 1등 칸에 각자 따로 자리를 잡았다. 열차가 서울

역을 지날 때 김경천은 부인과 세 딸 생각에 마음 아팠다.

열차는 이튿날 신의주에 도착하였고, 여기서 열차를 바꿔 타고 안동(단동)역에 도착하였다. 안동역에는 일본 헌병, 경찰, 형사, 사복 차림의 보조원들의 검문이 심했으나 열차 안에서 알게 된 일본인과 같이 행동해 무사히 통과하였다.

안동의 한 중국인 집에서 지청천과 재회하여 하룻밤을 지내고 중국인 옷으로 갈아입고 한국인의 안내를 받아 고산자 신흥무관학교를 향해 출발했다.

도보로 길을 떠난 지 보름만인 6월 25일경 두 사람은 고산자 신흥무관학교에 도착하였다. 이들보다 며칠 전 대한제국 무관학교 제2회 졸업생 신팔균이 이미 도착해 있었다.

김경천은 신흥무관학교에 그리 오래 머물지 못했다. 서로군정서에서 러시아에서 무기 매입 방침을 정하고 김경천과 신팔균에게 그 임무를 맡겼기 때문이었다.

1919년 9월 중순 김경천은 신팔균과 함께 러시아에 들어가 무기를 구매하기 위해 길림으로 떠났다. 그런데 여기서 무슨 연유인지 신팔균은 남고 김경천 혼자 러시아를 향해 떠났다.

김경천은 장춘과 하얼빈을 거쳐 동포들이 많이 모여 사는 연해주의 우스리스크에 도착해 한동안 여기에 머물렀다. 당시 한인들은 이곳을 소왕영(蘇王營) 또는 쌍성자(雙城子)라고도 불렀다. 그는 무기구입 임무를 달성하지 못한 채 허송세월만 하고 있다는 자책감에 1920년 3월 블라디보스토크 동쪽에 있는 수청(水淸)으로 이동하였다.

1920년 4월 일본군의 사주를 받고 노략질을 일삼던 중국 마적단 300

여 명이 수청의 한인 마을을 습격해 왔다. 김경천은 급히 조직한 의용군으로는 당해낼 수 없어 러시아 민병대와 합세하여 마적 200여 명을 사살하는 성과를 올렸다. 이런 공로를 인정받아 김경천은 1921년 4월 수청지역 한인의용군 총사령관에 추대되었다.

수청한인의용군 총사령관이 된 그는 군대교련을 일신하여 실전에 충실케 하는 한편, 학도대를 조직해 사관양성에 진력해 한인의용군을 새롭게 만들었다. 그 결과 사방에 출몰하는 마적단을 퇴치할 수 있었다. 이후 김경천이 이끄는 한인의용군은 러시아 적군과 보조를 맞춰 러시아 백군과 백군을 지원하는 일본군을 상대로 전투를 벌였다.

김경천이 치른 전투 가운데 가장 치열했고 성공을 거둔 전투는 1922년 1월의 이만(지금의 달레네첸스크) 공격전이었다. 이 전투에서 김경천은 한인의용군 200명으로 러시아 백군 700명을 야간 습격으로 격퇴하였다. 그는 쏟아지는 탄환 속에서 말을 타고 서서 지휘하였다. 적은 포탄의 섬광 속에 비친 김경천을 보고 '카레이스키(고려인)!'라고 소리를 지르며 달아났다. 이 전투 이후 본국에서는 '백마 탄 김 장군' 이야기가 퍼졌다.

이후에도 몇 차례 전투가 있었으나, 1922년 10월 시베리아에 출병한 일본군이 철수를 개시함에 따라 러시아 공산혁명 정부는 러시아 지역의 한인 빨치산부대에 대하여 무장해제 명령을 내려 무장투쟁을 접어야 했다. 러시아 정부는, 러시아 지역에 한인 무장부대가 있는 것을 핑계로 일본이 철병을 번복할 것을 두려워하여 이런 조치를 단행하였다.

항일무장투쟁을 통해 조국의 독립을 쟁취하고자 했던 꿈이 사라져 실의에 빠져 있던 때 지청천으로부터 1923년 초에 상하이에서 열리는 국민대표회의에 참석하겠다는 편지를 받았다. 김경천도 상하이로 가서 국민대표회의에 참석하였다. 그러나 이 회의에 실망한 그는 다시 우스리스크로 돌아왔다.

1925년 7월 가족이 와서 평범한 일상을 보냈다. 조국을 위해 아무것도 할 수 없게 된 그는 수청으로 이주하여 과거 의용군으로 활동했던 부하들과 '희망'이라는 집단농장을 운영하면서 소일하였다.

그러나 그의 은둔생활도 1932년에 끝났다. 그는 하바롭스크시 정치부에 들어가 잠시 활동한 후 블라디보스토크 고려사범대학에서 일본어와 군사학을 가르쳤다.

그러나 이것도 오래 가지 못했다. 스탈린에 의한 공포정치의 여파가 그에게도 미쳤다. 1936년 가을 김경천은 이유도 모른 채 체포되어 러시아 공산군 군법회의에서 3년 금고형을 받았고, 가족은 중앙아시아 카자흐스탄으로 강제 이주하게 되었다.

복역을 마치고 석방된 그는 카자흐스탄으로 가서 가족과 재회했으나 곧 간첩죄로 다시 체포되어 강제노동수용소 8년 형을 받고 복역 중 1942년 1월 영양부족에 따른 질환으로 사망했다. 나폴레옹을 꿈꾸던 풍운아 김경천은 역사의 모순 속에서 이렇게 허망하게 세상을 떠났다. 그러나 그는 재평가받아 부활했다.

스탈린이 죽은 뒤 김경천은 재심에서 무죄선고를 받고, 복권되었다. 1993년 카자흐스탄 정부는 그의 명예를 회복시켜 주었고, 1998년 대한민국 정부에서는 고인에게 건국훈장을 추서하였다. 그는 우리 독립운동사에서 홍범도·지청천·김좌진과 어깨를 나란히 할 수 있는 독립투사라 할 수 있겠다.

03

청산리 전투와
신흥무관학교 출신들

북로군정서로 간 신흥무관학교 교관과 졸업생들

1919년 3·1운동을 계기로 서간도에서는 한족회가 서로군정서를 설립하였고, 북간도에서는 단군을 숭배하는 대종교 계열의 민족주의자들이 주축이 되어 대한군정부를 발족시켰다. 대한군정부는 상하이 임시 정부의 요청에 따라 대한군정서로 그 이름을 바꾸었는데, 이를 '서로군정서'와 대비해 통상 '북로군정서'라고 부른다.

북로군정서는 군사 문제에는 비전문가인 종교인들이 만든 조직이었기에 군사 인재를 외부로부터 영입하였다. 먼저 김좌진과 나중소를 영입하여 간부진을 편성하였다.

북로군정서는 본부격인 총재부와 군사조직인 사령부로 구성되었다. 총재부는 총재 서일, 부총재 현천묵, 서무부장 임도준, 재무부장 계화, 참모부장 나중소로 구성되고, 사령부는 김좌진이 사령관에 취임하였다. 여기에 임시정부 군무차장을 역임한 조성환이 외교 담당 고문 자격으로 참여한 것으로 판단된다.

총재부는 길림성 왕청현 대감자(汪淸縣 大坎子)에 있었고, 사령부는 본부로부터 100여 리 떨어진 왕청현 서대파 십리평(西大坡 十里坪)에 있었다. 사령부에서 30리쯤 더 들어간 삼림지대에 사관연성소가 위치했었다.

참모부장 나중소는 대한제국 부위 출신으로 두만강 국경 수비 중대장으로 근무할 때 불법적으로 국경을 침범해 들어온 청나라 군대를 두만강을 건너면서까지 추격해 격퇴한 용장이었다. 그래서 간도 지역에서는 나는 장수라는 의미에서 '나비장(羅飛將)'이라는 별명으로 알려졌다고 한다. 국권피탈 후 만주로 망명하여 대종교에 참여, 54세의 나이로 북로군정서에 영입되었다.

김좌진 장군 흉상 (육군사관학교 소재)

북로군정서 사관연성소(소장은 김좌진 사령관이 겸임)는 1920년 4월부터 300명의 신입생을 모집하여 교육에 들어갔다. 그러나 북로군정서에는 생도 교육을 담당할 자격을 갖춘 군사 경력자가 없었다.

이 문제를 타개하기 위해 김좌진 사령관은 신흥무관학교 교관으로 있던 이범석과 신흥무관학교 교관과 교장을 지내고 서로군정서 간부로 있던 이장녕을 비롯하여 신흥무관학교 졸업생 가운데 우수 자원을 교관 요원으로 초빙하였다. 이때 초빙되어간 신흥무관학교 졸업생은 김훈, 박영희, 오상세, 이운강, 최해, 강화린, 백종렬, 이민화 등 8명이다.

이장녕은 나중소 후임으로 총재부 참모부장에 임명되었고, 나머지는 모두 사관연성소에 배치되었다. 이범석은 교관, 박영희는 학도단장 겸 사령관 부관, 나머지는 구대장에 임명되었다. 김좌진 사령관은 서울에 사람을 보내 대한제국 장교 출신의 김규식·홍충희·김찬수 등을 초빙해 왔다. 김규식은 대한제국 정위 출신으로 의병활동을 한 경력의 소유자였고, 홍충희·김찬수는 대한제국 무관학교 졸업생이다.

북로군정서가 해결해야 할 또 하나의 과제는 무기를 확보하는 일이었다. 무기는 돈을 주고 사는 방법밖에 다른 수가 없었다. 다행히 관할지역 주민들이 대종교 신도가 많았고, 독립군에 대한 기대가 컸기 때문에 군자금 모금은 비교적 원활하게 이루어졌다. 국내에도 파견대를 보내 군자금을 모집했다.

무기 매입은 1920년 7월부터 본격적으로 추진되었다. 조성환이 직접 러시아에 들어가서 교섭을 벌여 블라디보스토크에 머물고 있던 체코 군대로부터 저렴한 가격에 다량의 무기를 살 수 있었다.[70]

매입한 무기는 무기 운반대를 통해 가져왔다. 무기 운반대는 무기와 탄약을 짊어지고 산속을 걸어서 국경을 넘어야 했다. 체력적인 문제뿐만 아니라 일본군과 러시아군의 감시와 중국 마적의 습격을 피해야 했기 때문에 낮에는 은신하고, 밤에만 움직였다. 이렇게 험난한 과정을 거쳐 마지막 무기 운반대가 돌아온 시기는 사관연성소 졸업식이 있기 직전이었다.

---

70 이범석,《철기 이범석 자전》(외길사, 1991), 190쪽.

1920년 9월 6일 맹부덕 부대 200여 명이 북로군정서 사령부에 도착하여 북로군정서 독립군을 해산하거나 아니면 다른 곳으로 떠나 달라고 제촉했다. 중국 측의 체면을 생각해서라도 이들의 요구를 거절할 수 없게 된 북로군정서는 9월 9일 사관연성소 졸업식을 서둘러 거행해 298명을 졸업시켰다.

북로군정서는 신흥무관학교 교성대가 도착해 있는 안도현을 향한 이동에 대비해 부대를 보병대와 연성대로 편성했다. 보병대는 기존의 경비대를 주축으로 편성하고, 연성대는 사관연성소 졸업생을 위주로 편성했다.

부대편성이 끝나자 1920년 9월 17일과 18일 양일에 걸쳐 안도현을 향해 출발했다. 이때 서일 총재, 현천묵 부총재, 이장녕 참모부장 등을 비롯한 본부 요원들과 그 가족들은 북만주 국경도시 밀산(密山)을 향해 떠났다.

청산리 전투

일본의 압력에 못 이겨 독립군 '토벌'에 나선 중국군은 독립군을 '토벌'할 의사가 없었을 뿐만 아니라 설령 의사가 있었다고 할지라도 이미 무장을 갖춘 독립군을 상대로 무력을 행사할 형편이 되지 못하였다. 따라서 중국군을 동원하여 독립군을 '토벌'해 보려던 일본군의 시도는 실패하였다.

그 결과 일본군은 직접 간도에 출병하여 독립군을 토벌하기로 하고, 간도 출병 명분을 만들기 위해 중국 마적을 사주하여 1920년 10월 2일 만주와 러시아 국경지대에 있는 훈춘(琿春)의 일본영사관을 일부러 습격하도록 하였다(훈춘사건). 이 사건을 빌미로 일본은 만주 군벌에 출병을 일방적으로 통보하고, 10월 17일 간도의 독립군 '토벌'을 위한 군사행동을 개시하였다.

일본군은 3개 토벌부대 약 1만 2,000명과 외곽 포위부대 약 1만 3,000명 등 모두 2만 5,000명의 병력을 투입해 간도 지역을 동서남북에서 에워싸고 독립군에 대한 대대적인 '토벌' 작전을 전개했다. 간도 출병 일본군 가운데 만주 독립군과 교전을 벌인 일본군은 이즈마지대(東支隊, 동지대) 5,000명이었다.

안도현을 향해 이동하던 북로군정서 독립군이 1920년 10월 21일 화룡현 삼도구 백운평(和龍顯 三道溝 白雲坪) 계곡에서 일본군 토벌대의 공격을 받아 치열한 공방전을 전개했다. 이것이 청산리 독립전쟁의 서막이 된 '백운평 전투'인 것이다. 이 전투에서 북로군정서 독립군은 유리한 지형지물을 이용해 매복 작전을 펼쳐 일본군에게 큰 타격을 가했다.

백운평 전투를 시발로 10월 26일까지 6일 동안 화룡현 삼도구와 이도구(二道溝) 지역에서 북로군정서 독립군과 홍범도 연합부대가 일본군을 상대로 전개한 10여 차례의 크고 작은 전투를 '청산리 전투'라고 일컫는다.

이 가운데 백운평·천수평·맹개골·만기구·쉬구 전투 등은 북로군정서 독립군이, 완릉구 전투와 고동하 전투는 홍범도 연합부대가 치렀다. 어랑촌 전투와 천보산 전투는 북로군정서 부대와 홍범도 부대가 공동으로 싸운 전투였다.

청산리 전투의 최대 격전인 어랑촌 전투에서 일본군은 연대장이 전사하는 등 막대한 피해를 보았고, 그만큼 우리 독립군도 많은 희생자를 냈다.

청산리 전투에 참전한 독립군 병력은 북로군정서 독립군 600명, 최진동(최명록) 부대 700명, 홍범도 부대 300명, 안무 부대 200명 등 모두

1,800명이었다.[71] 이들 부대 가운데 청산리 전투에서 일본군과 교전한 독립군은 김좌진 부대와 홍범도 부대의 병력 900명이었다.

김좌진의 북로군정서 독립군 600명은 보병대 400과 연성대 200명으로 구성된 것으로 판단된다. 보병대는 4개 중대와 2개 기관총 소대로 편성되었고, 연성대는 사관연성소 졸업생 298명 가운데 가족이 만주에 거주하고 있던 자들에게는 휴가를 주어 청산리 전투에 참전한 인원은 200명을 넘지 않았을 것이다.

그렇다면 청산리 전투에서 만주 독립군이 거둔 전과와 입은 손실은 과연 얼마나 되었을까?

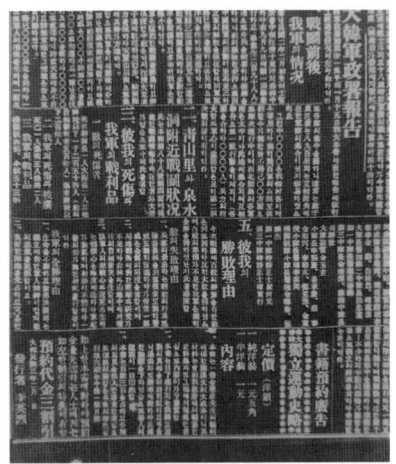

독립신문, 1921년 1월 18일(음력)

청산리 전투 직후 대한군정서(북로군정서)가 상하이 임시 정부에 제출한 보고에 따르면 일본군 연대장 1명, 대대장 2명을 포함해 모두 1,257명(이 가운데 적이 오인 사격으로 사살된 자 500명 포함)을 사살하고, 일본군 부상자는 200명이라고 하였다. 그리고 기관총 4정, 소총 53정, 기병총 31정, 탄약 5,000발 등을 빼앗았다고 보고하였다.[72]

일본군 측은 자기들의 피해에 대한 공식 발표는 하지 않고 다만 '기대

---

71 상하이판 《독립신문》, 1921.1.21(음력 1920년 12월 13일), <아군대의 활동>.
72 상하이판 《독립신문》, 1921.1.18일(음력)

에 반하여 성적이 좋지 않아서 다소 실패로 종결되었다는 비난을 면하기 어렵다'라는 식으로 작전 실패를 추상적으로 표현했다. 일본 측이 작성한 다른 자료에 의하면, 일본군은 연대장 1명, 대대장 2명, 소대장 9명, 병사 800여 명의 사상자를 낸 것으로 나왔다.[73]

일본군의 피해에 비해 우리 독립군은 전사 130여 명, 부상 220여 명으로 모두 350여 명의 사상자가 발생했다는 것이 상하이 임시 정부의 추산이었다.[74]

청산리 전투에서 독립군의 전과는 과장되고, 피해는 축소되었다는 주장도 있으나, 무기와 훈련이 부족한 900명의 독립군이 일본 정규군 5,000명을 상대로 싸웠다는 사실만으로도 청산리 전투는 큰 의미를 지닌다고 할 수 있다.

청산리 전투의 영웅들

청산리 전투의 주력군인 북로군정서 독립군의 전투 개시 직전의 편성은 다음과 같다.

- 사령부
  사령관 김좌진 참모장 나중소 부관 박영희
- 보병대

---

73 신용하, <독립군의 봉오동 전투와 청산리독립전쟁>, 《한국근대민족운동사연구》(일조각, 2017), 323-428쪽, 363쪽.

74 신용하, 앞의 책, 364쪽.

대대장(서리) 홍충희(제2중대장 겸임) 부관 김옥현
　　　제1중재장 강화린(제1소대장 신희경 제2소대장 강승경)
　　　제2중대장 홍충희(제1소대장 채춘 제2소대장 김명하)
　　　제3중대장 김찬수(제1소대장 이익구 제2소대장 정면수)
　　　제4중대장 오상세(제1소대장 김명섭 제2소대장 이운강)
　　　기관총대 제1소대장 김덕선 제2소대장 최인걸
　　　제1중대 특무정교 나상원 제2중대 특무정교 권중행
　- 연성대
　　연성대장 이범석
　　종군장교 이민화·김훈·백종열·한건원

　청산리 전투에서 북로군정서 독립군을 이끈 이들 간부진은 대한제국 무관학교 졸업생, 신흥무관학교 교관과 졸업생, 그리고 북로군정서 사관연성소 졸업생들로 구성되었다.
　보병대 대대장 서리 겸 제2중대장 홍충희, 제3중대장 김찬수는 대한제국 무관학교 출신이다. 원래 보병대 대대장은 해산군인으로 의병활동을 전개한 김규식이었으나, 행군 도중 불의의 사고로 부상해 제2중대장 홍충희가 대대장 서리로 임명되었다.
　사령관 부관 박영희, 보병대 제1중대장 강화린, 제4중대장 오상세, 제4중대 제2소대장 이운강, 연성대 종군장교 이민화·김훈·백종열 등은 모두 신흥무관학교 졸업생이고, 연성대장 이범석은 신흥무관학교 교관 출신이다.
　보병대 대대 부관 김옥현(연성소 수석 졸업)을 비롯해 보병대 소대장과 기관총 소대장 등 10명 가운데 신흥무관학교 졸업생 이운강을 제외한 나머지 9명은 모두 북로군정서 사관연성소 졸업생들이다.

이들은 전투를 이끌어 대첩을 거두었다는 점에서 청산리 전투의 영웅들이었다고 할 수 있다. 그러나 청산리 전투를 승리로 이끈 진짜 영웅은 죽음을 무릅쓰고 용전분투한 무명의 독립군 병사들이라 할 수 있다. 그러나 이들의 이름은 독립유공자 명단에서 찾아볼 수 없다. 독립군 용사들은 대부분 '만주벌의 이름 없는 전사들'이 되었다.

청산리 전투의 또 다른 영웅은 작전지역에 거주하고 있던 동포들이었다. 이들은 일본군에 관한 정보를 독립군에 제공하는 반면 일본군에는 독립군에 관한 역정보를 제공해 독립군의 작전을 도왔다. 치열한 싸움터에까지 주먹밥을 만들어 가져다주었다. 그야말로 피눈물 나는 성원이었다. 그러나 이들은 곧 일본군의 보복 만행으로 희생되는 비운을 겪었다. 이들도 이름 없는 독립투사들이다.

그나마 이름이 남겨진 청산리 전투의 영웅은 독립군을 이끌고 작전을 지휘한 간부들이다. 이들은 모두 독립유공자로 추서되었다.

청산리 전투 참전자 가운데는 해산군인들이 적지 않았을 것으로 보인다. 앞에서 든 청산리 전투 참전 간부진을 포함해 참모장 나중소와 원래 보병대 대대장에 임명되었던 김규식은 대한제국 장교 출신이다.

이들 이외에도 청산리 전투에서 전사한 이교성과 실종된 한근원(한건원) 등이 해산군인들이다. 이범석은 이교성을 대한제국 특무정교(오늘날 원사) 출신이라 하고, 한근원은 대한제국 군인 출신이라 증언하고 있다. 유독 계급이 붙은 보병대 제1중대 특무정교 나상원, 제2중대 특무정교 권중행도 대한제국 해산군인으로 추정된다.

이범석의 《우둥불》(1971)에는 대한제국 상등병이었음을 자랑하여 '한 상등'이라는 별명을 지닌 43세의 병사가 용감히 싸우다 실종된 이야기도 실려 있다. 따라서 청산리 전투는 일제에 강제 해산된 대한제국 군인들이 일본군을 상대로 한 설욕전이었다고 말할 수 있을 것 같다.

신흥무관학교 교성대의 청산리 전투 참전

이제 남은 문제는 안도현에 비무장 상태로 있던 신흥무관학교 교성대가 어떻게 해서 청산리 전투에 참전했는가 하는 의문이다. 신흥무관학교나 청산리 전투 연구자들은 일반적으로 신흥무관학교 교성대의 청산리 전투 참전 사실을 아예 언급하지 않거나 지나가는 이야기 정도로 간략하게 다루고 있다.

신흥무관학교 연구의 권위자라 할 수 있는 서중석 교수도 그의 저서 《신흥무관학교와 망명자들》에서, 서로군정서 교성대가 "미약하게나마 청산리 전투에 참전한 것으로 보인다."라고 서술하고 있다.[75]

이들에 비해 지복영은 그의 저서에서 구체적인 증거자료를 들어 교성대의 청산리 전투 참전을 논증하고 있다.[76] 필자는 지복영의 서술을 중심으로 신흥무관학교 교성대가 청산리 전투에 참전하게 된 경위를 다음과 같이 재구성해 보았다.

청산리 전투가 막바지에 이르렀을 때 홍범도 부대가 신흥무관학교 교

---

75 서중석, 《신흥무관학교와 망명자들》, 203쪽.
76 지복영, 《역사의 수레를 끌고 밀며: 항일 무장 독립 운동과 백산 지청천 장군》 (문학과지성사, 1995), 81-90쪽.

성대가 주둔하고 있던 삼인반에 도착하였다. 여기서 홍범도 부대원들 가운데 부상자들을 제대시키고, 이들이 가지고 있던 무기를 신흥무관학교 교성대에 제공해 주었다. 이로써 신흥무관학교 교성대가 비로소 무장을 갖추게 되었다.

이때 북로군정서의 함휘 소대가 일본군의 포위망을 뚫고 지청천·홍범도 부대가 주둔하고 있는 곳에 도착했다. 함휘는 지청천·홍범도에게 일본군 포위망에 갇혀 있는 북로군정서 본대를 구출해주도록 요청하였다. 당시 북로군정서 독립군은 어랑촌 전투에서 일본군과 격전을 벌인 후 주력부대가 흩어지면서 일본군 포위망을 뚫지 못하고 있었다.

북로군정서 독립군이 처한 위급한 상황을 알게 된 홍범도 부대는 북로군정서 독립군이 일본군에 포위되어 있다는 곳을 향해 출동하였다. 이때 무장을 갖춘 신흥무관학교 교성대가 홍범도 부대에 합류해 출동하였다.

이 부대가 이동 중 1920년 10월 26일 고동하 계곡에서 일본군을 만나 교전하였다. 이것이 홍범도 부대가 치른 청산리 전투의 마지막인 고동하 전투였다.

이 전투가 끝난 뒤 신흥무관학교 교성대는 홍범도 부대와 함께 북만주 밀산으로 이동한 후 러시아로 들어갔다.

04

자유시참변과
만주 독립군

만주 독립군부대의 자유시 이동

청산리 전투를 치른 간도 독립군부대들은 탄약이 바닥이 나고 병사들도 지쳐 있었다. 여기에 일본군의 대대적인 공세작전을 감당하기에는 역부족인데다가 중국 측에서는 일본군에게 출병 구실을 준 간도 독립군의 존재를 달갑지 않게 여겼다. 이런 여러 이유가 겹쳐 청산리 전투에 참전했던 독립군부대들은 일단 간도를 떠나 밀산(지금의 흑룡강성 밀산시, 黑龍江省 密山市)으로 이동하기로 하였다.

밀산은 일찍이 이상설이 독립운동기지로 한흥동(韓興洞)을 건설한 곳이고, 신민회 회원들이 독립군 기지와 무관학교를 건설하기로 계획했으나 자금이 없어 실현하지 못한 곳이기도 하다. 게다가 밀산은 러시아 접경에 있어 러시아 지역으로 들어가기에 유리한 곳이기도 하였다.

청산리 전투가 끝난 후 신흥무관학교 교성대, 홍범도 부대, 조동식의 광복단이 대한의용군으로 통합되었다. 홍범도가 총사령관, 지청천이 부사령관을 맡았다.

병력은 약 400명으로 홍범도 부대 200여 명, 신흥무관학교 교성대 140여 명, 나머지는 광복단이었다.[77] 안도현을 향해 출발할 때 400명이었던 신흥무관학교 교성대가 140명으로 줄어든 데는 이동 중 탈락했거나 간도에 가족이 거주하고 있는 자들을 귀향시켰기 때문이었을 것으로 판단된다.

홍범도가 이끄는 대한의용군은 1920년 11월 중순 안도현을 떠나 북만주 밀산을 향해 이동을 개시하였다. 이때 김좌진의 북로군정서 독립군도 안도현 황구령촌(黃口嶺村)에서 밀산을 향해 출발하였다.

대한의용군과 북로군정서 독립군이 밀산에 도착하기 보름 전인 1920년 12월 중순 김좌진과 홍범도 명의의 '해산했던 우리 군사에게 고함'이라는 권고문이 발표되었다.

내용은, 러시아 공산 정부와 협의하여 군수품은 물론 무기와 탄약을 제한 없이 무료로 공급을 받을 수 있게 되었다는 것이었다. 이는, 상하이 임시정부와 러시아 공산혁명 정권 사이에 만주 독립군이 러시아 공산혁명을 지원하는 대가로 러시아 공산혁명 정권은 만주 독립군을 지원하기로 이미 약속이 이루어졌음을 의미한다.

북로군정서 독립군과 홍범도의 대한의용군이 눈보라가 치는 영하 40도의 추위에 식량도 떨어진 상태에서 굶주림을 참으며 험한 고갯길을 지

---

77 반병률, 《홍범도 장군》(한울, 2014), 170-171쪽.

나 천 리 길을 행군해 밀산에 도착한 시기는 1920년 12월 말이었다. 이들은 1921년 2월 초 우수리강을 건너 러시아의 이만(Iman)으로 들어갔다. 이만은 지금의 달네레첸스크(Dalenerechensk)다.

이들이 이만에 도착했을 때는 청산리 전투에서 일본군과 교전하지 않은 최진동의 군무도독부, 안무의 국민회군, 허재욱(허근)의 의군부 등 만주 독립군부대가 이미 이만을 거쳐 자유시로 이동한 후였다.

1917년 러시아 공산혁명은 러시아 지역 한인들에게도 영향을 미쳐 한인사회당이 조직되고, 전로한족회중앙총회(全露韓族會中央總會)가 발기되었다. 한인사회당은 이동휘가 1918년 5월 하바롭스크(Khabarovsk)에서 조직한 한인 최초의 사회주의 정당이다. 1918년 6월 니콜리스크(Nikolisk)에서 발기된 전로한족회중앙총회는 1919년 2월 블라디보스토크에서 대한국민의회로 개편되었다.

이후 한인사회당의 이동휘가 상하이 임시정부 국무총리에 취임했으나, 임시정부 교통총장에 추대된 대한국민의회 문창범은 취임하지 않고 임시정부와 결별하면서 대한국민의회와 한인사회당은 대립 관계가 되었다.

이후 대한국민의회는 '이르쿠츠크파 고려공산당'으로, 한인사회당은 '상하이파 고려공산당'으로 발전하였다. 자유시참변은 결과적으로 자유시에 집결한 한인 무장부대의 군권 장악을 둘러싼 상하이파와 이르쿠츠크파 고려공산당 간의 쟁탈전으로 인하여 발생했다고 할 수 있다.

만주 독립군이 이만으로 들어갈 당시 극동 시베리아에서는 러시아 공산혁명군(적군)과 반혁명군(백군) 사이는 내전 상태에 있었고, 여기에 시베리아에 출병한 일본군 7만여 명이 반혁명군인 백군을 지원하고 있었다.

러시아 공산혁명 정부는 시베리아에 출병한 일본군과의 직접 전쟁을 피하려고 1920년 4월 러시아 극동 영토에 완충국가로 '극동공화국(치타공화국)'을 세웠다. 극동공화국은 명목상의 독립 국가일 뿐 실제로는 러시아 공산정권의 지배를 받고 있었다. 만주 독립군이 들어간 이만은 극동공화국 지배하에 있었다.

만주 독립군부대들이 도착한 이만은 일본군 점령 지역과 가까이 있어서, 극동공화국 군대는 만주 독립군부대에 무장을 일시 해제하고 이만에서 북쪽으로 멀리 떨어진 자유시로 이동할 것을 요구하였다. 자유시는 '스보보드니(Svobodny)'로 불리는데, 러시아어로 'svoboda'는 '자유'를 뜻하기 때문에 붙여진 이름이다.

만주 독립군부대들은 대부분 극동공화국 군대의 명령에 따라 무기를 반납하고 자유시로 이동했으나, 김좌진을 비롯한 북로군정서 독립군 지도부는 이에 불응하고 만주로 복귀했다. 그러나 북로군정서 독립군 가운데 일부는 신흥무관학교 졸업생으로 청산리 전투에 참전했던 박영희(박두희)의 인솔로 자유시로 이동하였다. 신흥무관학교 졸업생으로 청산리 전투에 함께 참전했던 오상세·이민화·백종렬·강화린 등도 자유시로 갔다.

1921년 3월 중순까지 자유시로 이동한 만주 독립군부대는 최진동의 군무도독군, 허재욱의 의군부, 안무의 국민회군, 홍범도의 대한의용군, 북로군정서 독립군 일부 병력 등이었다. 정확한 병력 규모는 알 수 없지만 대략 1,000명이 넘지 않는 것으로 보인다.[78]

이들 만주 독립군부대보다 앞서 러시아 지역의 한인 무장부대인 이만

---

78 반병률의 《홍범도 장군》, 186쪽에는 자유시에 집결한 만주 독립군은 홍범도 부대 440명, 최진동·허재욱의 총군부 및 안무의 국민회군 400명으로 서술되어 있다.

군대, 다반군대, 독립단군대, 니항군대, 자유대대 등도 이미 1920년 1월 초부터 자유시에 집결했다. 이렇게 하여 1921년 3월 중순까지 자유시에 집결한 만주 독립군과 러시아 한인 무장부대를 합한 총병력은 대략 2,000명 또는 2,200명에 이른다.[79]

지도 2: 청산리대첩 후 만주 독립군 부대와 홍범도 장군 이동 경로

자유시참변

만주 독립군부대가 도착하기에 앞서 자유시 일대에 집결해 있던 러시아 지역 한인 무장부대들에 대한 통합이 추진되었다. 통합 작업은 극동공화국 수도인 치타에 있는 러시아 공산당 극동사무국 한인부와 니항군대

---

79 윤상원, <러시아 지역 한인의 항일무장투쟁 연구 1918-1922>(고려대학교 대학원, 2010), 173-174쪽.

지도자 박 일리아가 주도하였다. 러시아 공산당 한인부는 이동휘의 한인사회당 계열의 인사들이 장악하고 있었다.

박 일리아와 한인부 인사들은 극동공화국 정부와 교섭을 벌인 결과, 1921년 1월 모든 한인부대를 '특립사할린빨치산부대'로 재조직하라는 극동공화국 인민혁명군 총사령관의 명령을 받아냈다. 이 부대를 '사할린부대' '사특의용군' 혹은 '대한의용군' 등으로 부른다. 통합 사할린부대는 주둔지를 자유시로부터 약 70Km 떨어진 마자노프로 정하고, 러시아 한인 무장부대와 뒤늦게 자유시에 도착한 만주 독립군부대들을 이곳으로 집결시켰다.

그러나 한인사회당과 대립 관계에 있던 대한국민의회 측의 자유대대(지도자 오하묵)가 통합에 반발함으로써 한인 무장부대의 분열을 초래하였다. 이후 한인 무장부대 통합은 한인사회당과 치타의 러시아 공산당 지지를 받고 있던 니항군대와 대한국민의회와 이르쿠츠크 국제공산당의 지지를 받고 있던 자유대대 간의 주도권 다툼으로 변하였다.

원래 치타의 러시아 공산당 극동사무국은 극동에서의 러시아 공산당 사업과 극동공화국 정책을 집행하고 있었다. 그런데 1921년 1월 이르쿠츠크에 국제공산당 극동비서부가 설치되면서 극동의 모든 공산혁명 사업은 극동비서부의 책임 아래 진행하게 되었다. 극동비서부는 이르쿠츠크 그룹의 한인 사회주의자들을 옹호하고 지원하였다.

그 결과 이르쿠츠크 한인 사회주의자들은 국제공산당 극동비서부의 지원을 받아 대한국민의회와 연합하였는데, 이들을 한인사회당이 주도한 상하이파 고려공산당과 구분하여 이르쿠츠크파 고려공산당이라 부른다.

국제공산당 극동비서부의 설립으로 자유시의 한인 무장부대 통합운동도 직접적인 영향을 받았다. 극동비서부는 1921년 3월 중순 한인 무장부대 통합 준비기관으로 임시고려혁명군정의회를 조직하고, 러시아 빨치산의 영웅 네스토르 카란다라쉬빌리(Nestro Kalandarishvili)를 위원장으로 임명하여 이를 극동공화국 정부에 통보하였다. 결국 극동공화국 정부도 이를 수용하고, 지금까지 사할린부대를 지원하던 입장을 철회하였다. 이로써 한인사회당 계열(상하이파 고려공산당)의 한인부와 니항군대는 후원자를 잃게 되었고, 한인 무장부대 통합 주도권은 이르크츠크파 고려공산당의 지원을 받는 자유대대로 넘어갔다.

1921년 5월, 자유대대의 오하묵을 사령관으로 하는 임시고려혁명군정의회가 자유시에 도착함으로써 사할린부대는 극동공화국 총사령부에 도움을 요청하였다. 그러나 극동공화국 임시총사령관 라삔은 오하묵의 임시고려혁명군정의회에 따르라고 명령하였다. 이때는 러시아 공산당 극동사무국의 한인부가 해체되고, 한인부 간부들은 반혁명 혐의로 이미 체포된 후였다.

1921년 5월 19일, 이르쿠츠크의 합동민족연대 600여 명이 자유시에 도착한 데 이어 6월 6일 카란다리쉬빌리가 까자크 기병 120명을 이끌고 자유시에 도착하였다. 상황이 이렇게 전개되자 만주에서 온 독립군부대들은 이루쿠츠파의 고려혁명군정의회를 중심으로 통합하기로 방향을 전환하였다. 그 결과 홍범도 부대를 포함한 만주 독립군부대 대부분이 고려혁명군정의회의 명령에 순응해 마자노프에서 자유시로 이동했다.

고려혁명군정의회의 통합 명령에 불복종한 나머지 사할린부대원들은 자유시에서 약 3Km 떨어진 소도시 수라세프까로 이동하여 주둔하였다. 이후에도 고려혁명군정의회 측은 통합에 불응하고 있던 사할린부대와 협상에 나섰으나 끝내 결렬되고 말았다.

1921년 6월 28일 오후 3시경, 고려혁명군정의회로부터 요청을 받은 극동공화국 자유시 수비대 제29연대 병력 1,000명과 군정의회 소속 한인 병력 300명이 기관총과 대포를 쏘며 통합에 불응한 사할린부대가 주둔하고 있던 수라세프까 들판으로 돌진하였다. 수라세프까 들판의 사할린부대원들은 무장 해제되어 포로가 되었다.

그러나 제방 쪽에서는 전투가 끝나지 않았다. 공동묘지와 섬에 사할린부대 일부가 남아 있었고, 2개 중대 병력은 도망쳤다. 섬에 있던 300명은 포위되어 항복했다. 안무(安武)의 국민회군이 여기에 포함되었다.[80] 공동묘지에는 300명 정도의 병력이 있었는데 백병전 끝에 포로로 잡혔다. 자유시참변으로 인한 사망자의 대부분은 여기서 발생하였다. 여기에 허재욱의 의군부 군대가 있었을 것으로 추정된다.[81] 그리고 도망친 자들은 강에 빠져 죽거나 도망에 성공했거나 행방불명이 되었다.

이렇게 해서 상황은 저녁 7시 30분에 종료되었고, 자유시 수비대 제29연대는 무장 해제된 포로들을 고려혁명군정의회에 인도하였다. 이것이 바로 자유시참변이다.

자유시참변 피해 규모는 피해자 측과 가해자 측 사이에 많은 차이가 난다. 피해자 측의 보고서에 따르면, 사할린부대 가운데 400여 명이 죽거나 부상하거나 행방불명되고, 900명이 포로로 잡혔다고 하였다. 그러나 가해자 측의 보고서에 따르면 가해자인 진압군 측 피해는 사망 1명, 부상 9명인데 비해 사할린부대 측 피해는 사망 36명, 익사 60명, 행방불명 60명,

---

80 윤상원의 앞의 논문 214쪽.
81 윤상현의 앞의 논문 215쪽.

포로 860명이라고 했다.[82] 희생자는 주로 자유시 수비대 제29연대에 의해 발생하였고, 대부분이 허재욱의 의군부 소속 군인들이었다.

자유시 사건은 '사변' 또는 '참변'이라고 한다. 그 용어가 어찌 되었건 러시아 공산정권의 지원을 기대하고 러시아에 들어간 만주 독립군이 이 사건으로 심각한 타격을 입었다는 사실을 고려할 때 우리 독립운동사에서 있어서 매우 비극적인 사건이었음은 틀림없다.

고려혁명군 편성과 해산

자유시참변 직후 고려혁명군정의회는 포로로 잡은 864명 가운데 죄질이 무겁다고 인정되는 500명 중 428명을 극동공화국 제2군단에 인계하였다. 이들은 이후 '죄수 부대'로 편성되어 벌목장에 끌려가 강제 노동에 시달렸다. 나머지 72명은 중대 범죄자로 분류되어 이르쿠츠크로 압송되어 1921년 11월 27일부터 30일까지 재판을 받았다.

재판위원장은 채동순이었고, 홍범도와 박승만이 위원이었다. 재판 결과 유죄판결을 받은 자는 대부분 장교였다. 이들 가운데 3명은 징역 2년, 5명은 징역 1년, 24명은 집행유예 1년이었고, 17명은 무죄로 풀려나 고려혁명군에 입대하였다. '반란죄'라는 무시무시한 죄명에도 불구하고 형량이 비교적 가볍게 나왔다. 러시아 혁명정부가 이르쿠츠크 국제공산당 극동비서부에도 자유시참변에 대한 책임이 있었음을 인정한 결과였다.

한편, 사할린부대를 진압한 고려혁명군정의회는 그들의 명령에 따른

---

82 국사편찬위원회 한국사데이터베이스, 《한국독립운동자료집》 34권, 러시아편I, 자료 62와 64.

사할린부대원들과 이르쿠츠크에서 온 합동민족연대 병력을 중심으로 고려혁명군을 편성하였다.

고려혁명군정의회는 고려혁명군을 만주 방면으로 출동시킬 계획이었다. 그런데 국제공산당 극동비서부로부터 고려혁명군을 속히 이르쿠츠크로 이송하라는 명령을 받았다. 그 이유는, 극동공화국과 일본이 시베리아에 출병한 일본군의 철수 문제를 논의하기 위한 회담을 앞두고 한인 무장부대를 극동공화국 영내에 주둔할 수 없도록 협정을 맺었기 때문이다. 이에 따라 고려혁명군은 1921년 8월 5일 이르쿠츠크를 향해 출발하였다.

8월 말 이르쿠츠크에 도착한 고려혁명군은 1개 여단으로 재편성되어 러시아 적군 제5군단에 예속되었다. 고려혁명군 여단장은 카란다리쉬빌리가 맡았다. 여단의 병력은 모두 2,400명이었고, 이 가운데 1,745명이 한인이었다. 홍범도는 고려혁명군 제1대대장, 지청천은 고려혁명군 사관학교 교장에 임명되었다.

국제공산당 극동비서부는 고려혁명군으로 전투부대가 아닌 공산주의자를 양성하기 위한 학교를 만들고자 했다. 이는 고려혁명군이 일본군을 상대로 한 무장투쟁을 포기한다는 것을 의미한다. 이에 반발해 카란다리쉬빌리 여단장이 고려혁명군을 떠났고, 오하묵이 새로 여단장에 임명되었다.

고려혁명군은 공산주의를 지도이념으로 삼았고, 교육과 훈련도 항일투쟁이 아닌 사회주의 건설을 위한 것이었다. 이런 상황에서 1921년 12월 이동휘가 고려혁명군을 방문해 상하이파 장교들과 접촉하면서 고려혁명군을 만주 방면으로 이동시키고자 하였다. 그러나 이동휘가 떠난 후 이들 상하이파 장교들은 모두 체포되었다. 이는 고려혁명군이 극동으로 진출해

일본군과 전투를 벌일 의사가 없음을 공식적으로 표현한 것이다.[83]

이후에도 이동휘 등은 러시아 공산당 중앙위원회에 이르쿠츠크 고려혁명군을 전투 수행을 위해 이만으로 보내달라고 거듭 요청하였다. 그러나 이 요구는 오히려 고려혁명군 해산 이유로 작용하였다.

고려혁명군 해산에 앞서 여단은 연대로 축소 개편되었다. 그 결과 1922년 6월 말 병력은 1,202명이었다. 처음보다 절반이 줄어든 셈이다. 그리고 2개월 후 고려혁명군은 해산되었다.

장교와 병사들 가운데 선발된 70여 명은 러시아 사관학교에 진학하기 위해 오하묵의 인솔하에 모스크바로 떠났고, 노약자로 제대한 군인 500여 명은 각자 제 갈 길을 찾아 떠났다. 나머지 600명은 지청천의 인솔 아래 치타 북쪽의 우루강 금광으로 이동하였다.[84]

1922년 10월, 일본군과 극동공화국 인민혁명군 대표 간에 일본군 철병에 관한 조약이 체결되어 일본군이 시베리아 지역에서 철수하기 시작하였다. 이로써 장장 5년간에 걸친 러시아 내전이 끝나게 되었다.

우루강 금광에 있던 고려혁명군도 1923년 3월 해산되어 흩어졌다. 이로써 고려혁명군은 단일한 무장부대를 조직하여 일본군을 상대로 싸운다는 애당초 목적을 달성하지 못한 채 해산됨으로써 무력을 통한 민족해방운동과의 연관성을 완전히 잃어버리고 말았다.[85]

---

83 윤상현의 앞의 논문 236쪽.
84 김재승, 《만주벌의 이름없는 전사들》, 192-197쪽과 이현주, 《한국광복군 총사령 지청천》, 65쪽.
85 윤상현의 앞의 논문 239쪽.

조선군 대장 홍범도

1922년 1월, 홍범도는 국제공산당이 주최하는 극동민족혁명단체대표회에 참석하기 위해 다른 52명의 한인 무장세력 대표들과 함께 모스크바를 방문하였다. 이때 레닌을 만나 레닌으로부터 권총과 상금 100루블, 러시아 적군 모자, 그리고 레닌이 친필 서명한 '조선군 대장' 증서를 선물로 받았다. 이후 홍범도는 이르쿠츠크로 돌아왔다.

1922년 4월, 레닌이 은퇴하고 스탈린이 러시아 공산당 서기장에 취임하였다. 스탈린 정부는 이해 말 소련을 출범시키고 극동공화국도 소련에 편입시켰다. 그리고 철수한 일본군이 다시 출병할 구실을 주지 않기 위해 고려혁명군을 해산시켰다.

그동안 홍범도는 동지들과 함께 농사에 종사하면서 1926년 재혼하였다. 아내를 잃은 지 18년 만이었다. 그리고 1927년 소련공산당에 가입했다. 그는 공산주의 사상이나 이론은 잘 알지 못했으나 그 취지는 공감할 수 있었다. 또한 그간 일제와 싸웠던 동지들을 데리고 집단농장을 경영하자면 당원 자격이 필요하기도 하였다. 나아가 연해주 한인들을 보호하고 그들의 의사를 대변하기 위해서는 홍범도 같은 유명인사가 당원이 되어 활동하는 일도 중요했다.[86]

이후 홍범도는 집단농장과 농업협동조합 지도자로 일하다가 1937년 가을 연해주 지역의 20만에 달하는 동포들과 함께 중앙아시아 카자흐스탄으로 강제 이주 되었다. 소련 공산정권은 연해주 동포들이 일본의 첩자 노릇을 할 우려가 있다고 보았기 때문이었다.

---

86 장세윤, 《봉오동·청산리 전투의 영웅 홍범도》(역사공간, 2006), 226-228쪽.

홍범도는 카자흐스탄의 크즐오르다에 정착해 연금과 고려극장 수위로 받은 급료로 비교적 여유로운 말년을 보낼 수 있었다. 홍범도는 카자흐스탄 고려인사회의 영웅이 되었고, 자신이 주연인 연극 '홍범도'를 관람하기도 하였다.

1943년 10월 25일, 홍범도는 75세의 나이로 세상을 떠났다. 그가 사망한 후 그를 기리기 위한 사업이 추진되었다. 집 근처에 임시로 조성했던 묘소를 중앙공동묘지로 이장하고, 홍범도 장군이 살던 거리를 '홍범도 거리'라고 명명했다. 크즐오르다 중앙공원에 홍범도 장군 흉상이 설치되고, 크즐오르다의 한글신문 <레닌기치>에 장편소설 《홍범도》가 연재되었다.

대한민국 정부는 1962년 홍범도 장군에게 건국훈장 대통령장을 추서하였다. 반공을 국시로 내세웠던 5·16군사혁명 정부에서 수여한 것이다.

1994년부터 홍범도 장군의 유해 이전 문제가 논의되면서 먼저 평양에서 유해를 모셔갈 것처럼 소문이 났다. 그러나 그들은 끝내 나타나지 않았다. 그런데 남한에서 모셔가려고 하니 북한이 방해하였다. 여기에 평양과 서울의 눈치를 보아야 했던 카자흐스탄 정부도 결정을 내리지 못하고 있었다.

우여곡절 끝에 대한민국과 카자흐스탄 양국 정상의 결단으로 2021년 8월 15일 홍범도 장군의 유해는 서울로 봉환되었다. 서거 후 78년 만에 고국에 돌아온 것이다. 유해는 국립대전현충원에 안장되고, 홍범도 장군에게는 최고 훈격인 건국훈장 대한민국장이 추서되었다.

'불패의 전설 남긴 항일 투사'

홍범도 장군 흉상 (육군사관학교 소재)

홍범도는 1868년 평양에서 가난한 농부의 아들로 태어났다. 15세 때 나이를 두 살 올려 평양 감영의 나팔수로 입대하여 3년간 복무한 후 제지공장에서 3년간 일하다가 주인이 임금을 주지 않아 주인과 싸우고 공장을 그만두었다. 이후 금강산 신계사에서 지담 대사의 상좌승으로 수도 생활을 하였다. 이때 단양 이씨를 만나게 되어 결혼한 후 처가가 있는 함경남도 북청으로 갔다.

군대해산 후인 1907년 11월, 홍범도는 북청에서 주로 사냥꾼으로 구성된 의병부대를 조직하여 본격적으로 항일투쟁에 나섰다. 이후 그는 북청과 갑산 등지를 무대로 활발한 무장투쟁을 전개하여 일본 군경에게 타격을 가하였다. 이때부터 '나르는 홍범도'라는 별명이 붙었다.

1908년 아내와 아들을 잃었다. 아내는 일제 앞잡이의 고문 끝에 죽었고, 아들은 일본 군경 토벌대와 싸우다 전사하였다.

1909년 연해주로 들어가 연해주 지역 의병조직과 독립운동단체에서 활동했고, 노동과 군자금 모집에 종사하며 국내 진출 기회를 엿보았다.

1920년 국내로 진입, 연합 독립군부대를 지휘하여 봉오동 전투와 청산리 전투에서 대첩을 거두었다. 봉오동 전투와 청산리 전투는, 열세한 독립군이 막강한 전투력을 지닌 일본 정규군을 상대로 대승을 거둠으로써 우리 민족의 항일무장 투쟁사를 빛낸 상징적인 독립전쟁이었다고 할 수 있다. 홍범도 장군을 빼놓고는 봉오동대첩과 청산리대첩은 존재할 수도 말할 수도 없다.

홍범도 연구가들은 홍범도를 영웅적 항일 투사로 평가한다. 서울대 신용하 교수는 홍범도 장군을 "한국독립운동사와 한국근대사에서 찬란하게 빛나는 영원불멸의 큰 별"이라고 평가한다.[87] 《홍범도 장군》의 저자 반병률 교수는, 홍범도를 "불패의 전설을 남긴" 항일투사로 높이 본다.

《봉오동·청산리 전투의 영웅 홍범도》의 저자 장세윤은, 홍범도 장군은 의병과 독립군 계열의 항일무장투쟁사를 대표하는 인물임에는 분명하나, 그의 생애와 항일무장투쟁에 대한 평가가 지역에 따라 차이가 있고, 특히 그의 사상과 특정 시기의 행각을 놓고 일부 견해차를 드러낸다고 말한다.

"예를 들면 남한 학계에서는 대체로 홍범도를 투철한 민족주의자로 인식하고 있는 실정이다. 반면에 북한과 중국 연변 그리고 구소련의 한인 학자들은 그를 민족주의자에서 사회주의자로 전향·발전한 대표적인 사례 및 영웅적 인물로서 파악하는 경향이 있다. 출신 성분과 성품, 행적을 미루어 추측해 볼 때 그가 체계적으로 완비된 사회주의 이론이나 사상에 입각하여 행동하지는 않았다고 해도 그러한 이념에 동조할 가능성은 충분히 있으리라고 본다.

하지만 더 중요한 문제는, 그의 이념이 무엇인가를 무리하게 재단하기보다는 그의 철저한 항쟁과 투철한 애국심이 어디에서 연유하고 무엇을 위한 것인지를 규명하는 일일 것이다. 왜냐하면 홍범도는 이론이나 사상을 앞세우고 행동한 사람이 아니라, 철두철미하게 실천적 투쟁으로서 구

---

87 신용하, 《한국근대민족운동사연구》, 428쪽.

국항쟁 대열에 앞장선 사람이었기 때문이다."[88]

고려혁명군 사관학교장 지청천과 교관들

홍범도와 함께 이르쿠츠크로 압송된 지청천은, 고려혁명군이 간부 양성을 위해 설립한 사관학교 교장에 임명되었다. 고려혁명군 사관학교는 6개월 과정의 200명을 선발하여 교육에 들어갔다. 신흥무관학교 교성대를 인솔하고 지청천과 함께 이곳까지 온 신흥무관학교 졸업생들이 교관과 중대장을 맡았다.

교육은 군사교련과 정치교육으로 이루어졌는데, 군사교련은 매일 2시간씩 시행되었다. 나머지 시간은 대부분 강연과 토론, 정치담화, 그리고 공산주의 이론 교육이 차지하였다. 고려혁명군과 마찬가지로 사관학교의 임무도 무장투쟁을 위한 장교를 양성하기보다는 견고한 공산주의자를 양성하는 데 두고 있었다.

이동휘를 따르던 상하이파 장교들이 체포될 때 고려혁명 사관학교 교관들과 지청천 교장도 체포되었으나, 지청천 교장은 이동휘의 포섭 대상이 아니어서 곧 풀려났다.

1922년 8월, 고려혁명군이 해산된 후 지청천은 600명을 인솔하여 우루강 폐금광으로 이동하였다. 이곳에서 금을 채굴하여 고려혁명군 사관학교를 유지하겠다는 생각이었다.[89] 그러나 채굴한 금으로는 중국인 상점에서 외상으로 가져다 먹은 식료품 비용도 갚을 수 없었다. 결국 이들도 1923년

88　장세윤, 《봉오동·청산리 전투의 영웅 홍범도》, 12-14쪽.

89　윤상현의 앞의 논문 238쪽.

3월 해산하여 뿔뿔이 흩어졌다.

지청천은, 1923년 2월부터 상하이에서 열린 국민대표회의에 고려혁명군 대표 자격으로 참석하면서 다시 모습을 나타냈다. 국민대표회의는 상하이 임시정부를 폐지하고 새로 설립하자는 창조파와 임시정부를 보완하여 유지하자는 개조파로 분열되어 격론을 벌였으나 합의에 이르지 못하고 결렬되었다. 이 회의에는 김경천도 참석하였다.

국민대표회의에 실망하고 러시아로 돌아온 지청천은 러시아에서의 활동 또한 어렵게 되자 만주로 돌아와 1924년 11월에 결성된 정의부 군사위원장에 취임했다. 그리고 만주사변 이후 한국독립군 총사령관으로 1933년 대전자령 전투를 승리로 이끌었다.

지청천과 함께 고려혁명군 사관학교에서 근무한 신흥무관학교 출신 가운데 오광선은 수감 중 탈출에 성공해 만주로 복귀, 지청천의 한국독립군에 참여하여 대전자령 전투에 참전하였다. 해방 후 육군사관학교를 거쳐 대한민국 장교가 되었다.

김승빈은 러시아에 남아 1927년 소련공산당에 가입하고, 러시아와 한국의 국경지대인 핫산 지역의 국경부대에서 소련군 장교로 근무하였다. 1945년 8월 소련군의 대일항전에도 참가해 공을 세웠다. 소련 정부로부터 '붉은 별' 훈장 및 '일본 타승' 훈장 등 모두 6차례의 훈장을 받았다.

강화린은 1923년 3월 만주 연길로 돌아와 '강화인'으로 이름을 바꾸고, 좌파 성향의 독립운동 단체에 가입하여 활동하였다. 그러나 김좌진 장군이 공산주의자에게 암살당하자 환멸을 느껴 은거와 유랑을 되풀이하였다. 해방 후 육군사관학교를 거쳐 대한민국 장교가 되었다.

고려혁명군 사관학교에서 지청천 교장에게서 배운 장두관(장두권)은 고국에 돌아와 만주 독립군에 제공할 군자금 모금 활동 중 일제에 체포되어 징역형을 받았고, 해방 후 육군사관학교 제3기로 임관하여 대령으로 전역하였다. 이상 열거한 이들은 모두 독립유공자로 인정되어 대한민국 정부로부터 건국훈장을 추서 받았다.

05 만주 독립군 재편성과 신흥무관학교 출신들

신흥무관학교 졸업생 채찬이 설립한 참의부

신흥무관학교 교성대가 안도현으로 떠난 이후 서간도 지역에 남았던 서로군정서 의용군은, 만주 독립군을 '토벌'하기 위해 출병한 일본군이 '간도 대학살'(경신참변)의 만행을 자행하자 각지로 흩어져 은신하였다. 이후 일본군이 모두 철수하자 서로군정서 의용군은 다시 집결하여 신흥무관학교 졸업생 신광제와 채찬을 중심으로 의용군 제1중대를 조직하였다.

서로군정서 의용군 제1중대 조직을 계기로 남만주 독립운동 단체들이 1922년 6월 통군부(총장 김동삼)를 결성했다. 그리고 2개월 후 통군부는 다시 통의부로 확대·개편되었다. 채찬(蔡燦, 일명 백광운 白狂雲)이 통의부 의용군 제1중대장으로 활동했다.

통의부 의용군은 5개 중대와 유격대 및 헌병대 등 7개 중대로 편성되었다. 이 가운데 무장 활동을 가장 활발하게 전개한 것은 채찬이 지휘하던 제1중대였다. 통의부 의용군의 활동 무대는 남만주 지역은 물론 압록강 맞은편 평안북도에까지 미쳤다.

국내로 진입한 의용군은 군자금 모집과 일제 경찰주재소를 습격하여 건물을 파괴하고 경찰을 사살한 후 무기를 노획했다. 만주의 친일 단체에서 활동하는 자는 물론이고 일제의 앞잡이 노릇을 하는 자는 한인과 중국인을 막론하고 처단했다. 1922년 6월 친일 단체 보민회의 주도 인물인 중국인 길은국을 처형한 것이 대표적 사례가 된다.

통의부는 설립 후 1년도 채 되기 전에 간부들 사이에 지도이념의 차이와 인선 문제로 갈등을 겪다가 1923년 2월 의병계열 간부들이 통의부를 탈퇴해 의군부를 조직하면서 분열되었다.

이렇게 되자 그동안 관망 자세를 취하고 있던 통의부 의용군 제1·2·3·5중대 중대장들이 통의부와의 관계를 끊고 새로운 독립군부대를 조직하고자 하였다. 이에 제1중대장 채찬을 비롯한 일행이 상하이로 가서 임시정부와 교섭한 결과 1924년 임시정부 직할의 참의부(육군주만참의부)를 설립하였다. 채찬이 참의장에 취임했다.

이 무렵 신흥무관학교 교관을 지낸 신팔균이 군사위원장 겸 의용군 사령관에 취임하여 의용군을 재건 강화하기 위해 노력하던 가운데, 1924년 7월 2일 밀림 속에서 군사훈련 중 일본의 사주를 받은 중국 마적의 습격을 받아 순국하였다.

참의부는 압록강에 가까운 곳에 있다는 지리적 이점으로 3부(참의부·정의부·신민부) 가운데 군사 활동을 가장 활발하게 수행하였다. 대표적인 예로 1924년 5월 19일, 참의부(당시 통의부) 의용군이 경비선을 타고 압록강을 순시하던 사이토 마코토(齊藤實, 제등실) 총독 일행에게 사격을 가한 사건이다. 사이토 일행이 탄 경비선이 전속력으로 도주하여 저격에는 실패했다. 하지만 이 소식을 전해들은 만주의 동포사회와 상하이 독립운동 진영은 크게 고무되었다.

참의부 의용군(우리역사넷)

이처럼 빛나는 무장 활동에도 불구하고 참의부는 모체인 통의부와의 갈등과 반목을 해소하지 못하고 양측 간에 유혈사태까지 발생했다. 그 결과 참의장 채찬이 1924년 12월 통의부 유격대장 문학빈의 부하에 의해 살해되는 불행한 사건이 발생했다.

채찬이 사망한 이후 제2중대장 최석순이 참의장을 맡았으나, 1925년 고마령에서 간부회의 중 일본 군경의 기습을 받아 간부 29명이 전사하는 사건이 발생했다.

이후 일본군 중위 출신의 이종혁(李種赫)이 합류해 군사위원장에 취임했다. 이종혁은 대한제국 '마지막 무관생도'로 일본육사에 진학하여 제27

기로 졸업, 일본군 장교로 임관하였다. 일본군 소대장으로 시베리아에 파병되어 한국인 독립군 빨치산을 사살한 데 민족적 양심의 가책을 느끼고 일본군 군복을 벗고 만주로 망명하여 참의부에 합류했다. 이때 그의 이름은 '마창덕(馬德昌)'이었다.

이종혁은 1928년 남만주에서 활동하던 중 일본 경찰에 체포되어 5년 징역형을 받아 형기를 마치고 출옥하였으나, 수감 중에 얻은 지병으로 1941년 병사하였다. 건국훈장이 추서되었다.

정의부와 신흥무관학교 출신들

남만주에서 통의부가 조직되어 김동삼이 총장으로 활동하고 있던 무렵인 1923년, 상하이에서는 임시 정부 발전 방안을 논의하기 위한 국민대표회의가 개최되었다. 여기에 서간도 독립운동단체 대표로 김동삼을 비롯한 4명이 참석했고, 김동삼이 국민대표회의 의장에 선출되었다.

이 시기에 상하이 임시정부는 혼란 속에 무기력 상태에 처해 있었다. 일제의 탄압으로 국내에서 독립 자금을 모으기 어렵게 되어 운영난을 겪고 있는 데다가 독립운동 진영이 투쟁노선을 두고 독립 전쟁론, 외교론, 실력양성론 등으로 갈려 있었다. 여기에 사회주의와 민족주의 계열 간의 갈등도 나타났다. 이에 일부 진영에서는 임시정부 해산과 독립운동 전선의 통일과 방향 전환을 논의하기 위한 국민대표회의 소집을 요구하고 나섰다.

회의는 처음 시작부터 임시정부를 그대로 유지하면서 실정에 맞게 개편·보완하여 독립운동의 구심점으로 삼자는 개조파와, 임시 정부를 완전히 해체하고 새로운 독립운동기구를 조직하자는 창조파 간의 주장이 대립했다. 회의가 개조파와 창조파로 갈려 지루한 논쟁이 이어지자 김동삼은 국민회의 탈퇴를 선언하고 일행과 함께 만주로 복귀했다.

상하이에서 독립운동 진영의 분열을 통감하고 돌아온 김동삼은 만주에서도 똑같은 분열 현상을 겪었다. 통위부에서 의군부와 참의부가 이탈해 나갔기 때문이다. 이에 김동삼을 비롯한 통의부 중진들은 독립운동단체 재통합에 나섰다. 그 결과 1924년 12월 정의부(正義府)를 탄생시켰다.

정의부에 참여한 신흥무관학교 출신으로는 김동삼·이장녕·김창환·지청천 등이 있다. 김동삼은 교민들의 자치와 교육을 맡았고, 이장녕은 군사위원, 김창환은 재무위원, 지청천은 군사위원장 겸 의용군사령관에 임명되었다.

정의부 의용군은 통의부 의용군을 기간으로 우선 5개 중대로 출발했다. 이후 의무병제를 시행하여 상비군 8개 중대와 민경대(民警隊)를 두었다. 그 결과 1927년에는 700명 이상의 병력을 보유하게 되었다.

정의부 의용군의 군사 활동 또한 미쓰야협정(三矢協定, 삼시협정)[90] 이후 위축되었다. 만주에서 조선인 독립운동가를 체포하면 무조건 일본에 넘길 것과 조선인을 체포한 관리에게 상금을 지급한다는 것이 협정의 핵심 내용이었다. 이에 만주의 관리들은 조선인을 찾으려고 혈안이 되었고, 무고한 조선인들을 독립운동가로 둔갑시켜 체포하는 등 큰 피해가 발생했다.

따라서 정의부는 무장투쟁을 삼가고 대신 동포사회의 산업발전과 교

---

90 만주에서 활동하는 한인 독립운동을 단속하기 위해 1925년 조선총독부 경무국장 미쓰야 미야마쓰(三矢宮松)와 중국 봉천성 경무처장 우진(于珍) 사이에 맺은 협약.

육으로 운동 방향을 전환했다. 이런 가운데 1926년 중반 이후 상하이를 비롯한 중국의 각지에서 민족유일당운동이 일어났다. 이에 따라 만주에서는 정의부를 중심으로 유일당운동을 전개했으나 통합에 실패했고, 정의부는 국민부와 한국독립당으로 분열되었다.

신민부의 무관학교 출신들

1924년 12월 남만주 지역을 통괄하는 정의부가 성립된 지 얼마 지나지 않은 1925년 3월 북만주 지역에서 신민부가 발족했다. 신민부는 자유시참변으로 흩어졌던 북로군정서 인사들이 주도해 조직했다. 중앙집행위원장 김혁, 군사부위원장 겸 총사령관 김좌진, 외교부위원장 조성환, 참모부위원장 나중소, 보안사령관 박영희(박두희), 제1대대장 백종열, 제2대대장 오상세 등은 김혁을 제외하고 모두 북로군정서 출신들이다.

여기에 김혁의 대한제국 무관학교 동기생인 황학수가 합류해 참모부위원장을 맡았다. 중앙집행위원장 김혁, 외교부위원장 조성환, 참모부위원장 황학수는 대한제국 무관학교 졸업생이고, 박두희·백종열·오상세 3인은 신흥무관학교 졸업생으로 청산리 전투에 참전한 역전의 용사들이다.

신민부는 일제와의 무장투쟁을 위한 군사 인재를 양성할 목적으로 성동사관학교를 개설하여 500여 졸업생을 배출하였다. 교장 김혁, 부교장 김좌진, 교관 박두희·오상세·백종열, 고문 이범윤·조성환 등이었다.

청산리 전투를 승리로 이끈 북로군정서 출신들이 주도권을 장악하고 있던 신민부의 독립운동 노선은 무장투쟁을 우선하였다. 그런데 무장투쟁에는 무기를 구입하고, 독립군을 양성하기 위한 군자금이 필요했다. 대부분의 군자금은 관할지역에 거주하는 동포들의 의무금에 의존했다.

그러나 동포들이 대부분 소작농으로 경제 사정이 열악한데다가, 공산주의자들의 조직적인 반대 공작으로 군자금 모집이 여의치 않았다. 이를 타개하기 위해 관할 구역 이외의 만주 지역과 국내에 모금 요원을 파견해 군자금을 마련하고자 하였다.

군자금 문제 이외에도 신민부 또한 미쓰야협정으로 활동에 제약을 받아 대대적인 무장투쟁을 전개할 형편이 되지 못했다. 비록 실패로 끝났지만 조선 총독 암살을 기도한 것과 북만주 지역의 친일파 제거 활동을 전개한 것 등은 특기할만하다.

신민부가 북만주를 근거로 한창 세력을 확대하며 발전하고 있던 1928년 1월, 김혁을 비롯한 신민부 간부 10명이 회의 중 하얼빈 주재 일본 경찰의 습격을 받아 체포되었다. 김좌진은 마침 마을 시찰에 나서 체포를 면했다. 김혁의 대한제국 무관학교 동기생 황학수도 지방에서 활동하느라 체포를 면했다.

김혁이 체포된 이후 신민부는 군사부위원장 김좌진이 이끄는 군정파와 민사부위원장 김호가 이끄는 민정파로 갈려 대립했다. 결국 군정파가 주도권을 장악함으로써 김좌진이 중앙집행위원장에 선출되어 신민부를 이끌었다.

황학수는 여전히 참모부위원장으로 있다가 김좌진이 피살된 이후 한국독립당에 참여하였다. 이후 한국독립당이 한국독립군을 창설하자 총사령관 지청천 밑에서 부사령관을 맡았다.

한국독립군의 대전자령대첩

　국민당과 공산당 간의 통합을 추진한 중국의 제1차 국공합작(國共合作, 1924-1927)에 영향을 받은 우리 독립운동 진영에서도 1926년 후반부터 베이징과 상하이를 중심으로 민족유일당운동을 전개하였다. 이 운동은 만주 지역에도 영향을 미쳤다. 당시 만주 지역은 미쓰야협정 체결을 계기로 독립운동 진영이 중국과 일본 군경의 철저한 탄압을 받는 가운데 공산주의 세력이 급속히 팽창하면서 독자적인 기반을 확충하는 상황에 있었다.

　1927년 4월 김동삼을 비롯한 정의부 간부를 중심으로 좌우 대표들이 민족유일당 조직을 위한 대표자회의를 가졌다. 그러나 회의는 민족주의 진영과 사회주의 진영 사이의 이념 차이를 극복하지 못하고 결렬되고 말았다.

　통합 논의가 잠시 소강상태에 빠진 사이에 정의부 군사위원장 오동진과 신민부 중앙집행위원장 김혁이 일제 경찰에 체포되는 사건이 발생했다. 이를 계기로 만주에서 활동 중이던 독립운동단체들은 통합의 필요성을 더욱 절실히 느꼈다. 그 결과 1928년 5월 정의부와 18개 단체 대표들이 모여 민족유일당 조직을 위한 회의를 개최하였다. 그러나 유일당 결성을 위한 방법론을 둘러싸고 의견이 일치하지 않아 회의는 또다시 결렬되고 말았다. 이 시기 중국의 제1차 국공합작도 결렬되었다.

　이렇게 되자 민족주의 계열 인사들은 만주의 유력 단체인 참의부·정의부·신민부 3부 통합을 위한 회의를 열었으나 결론을 내지 못한 채 결렬되고 말았다. 우여곡절을 겪고 나서 만주 민족주의 독립운동 단체는 남만주의 조선혁명당과 북만주의 한국독립당으로 통합되었다.

1931년 9월, 일본군이 만주사변을 일으켜 만주를 침략해 오자 한국독립당 지도부는 일본의 만주 침략에 반대하는 중국 구국군과 공동작전을 펼치기로 방침을 정하고 한국독립군을 편성하였다. 한국독립군 간부진은 신흥무관학교 출신과 대한제국 무관학교 출신들이 포진했다. 총사령 지청천, 부사령관 김창환, 참모장 이장녕 등은 대한제국 무관학교 출신으로 신흥무관학교 교관을 지냈고, 제1대대장 오광선은 신흥무관학교 졸업 후 교관으로 재직하였다.

한국독립군은 중국 항일 구국군으로부터 무기를 지원받아 한중 연합작전을 전개하였으나, 항공기와 장갑차까지 동원한 일본군을 당해 낼 수 없었다. 한중연합군의 연이은 참패로 중국 구국군 사령관 이두(李杜)와 정초(丁超)는 국경을 넘어 소련으로 망명하고 말았다. 한국독립군도 소수의 간부 요원만 대동하고 흑룡강성으로 일시 퇴각하였고 병력은 각지로 분산되었다.

이 무렵 중국군 패잔병의 횡포가 극심해 신흥무관학교 교장과 서로군정서 부독판을 역임하고 한국독립당 고문으로 있던 여준과 북로군정서 참모부장을 거쳐 한국독립군 참모장으로 있던 이장녕이 중국군 패잔병에 의해 희생당했다.

한국독립군은 다시 전열을 가다듬어 1932년 9월 중국 고봉림(考鳳林) 부대와 연합하여 쌍성(雙城, 장춘-하얼빈 철도 중간의 교통 요지)을 공격하여 큰 성과를 거두었다. 그러나 일본군과 만주군이 대대적으로 공격해 와 쌍성을 다시 빼앗겼고 이후 여러 차례의 공방전 끝에 쌍성을 내주고 말았다.

쌍성전투 이후 한국독립군은 동만주로 이동했다. 여기서 길림구국군(

吉林救國軍) 시세영(柴世榮) 부대와 합류하였다. 한국독립군이 도착했다는 소문이 나자 이 지역 동포 청년들이 한국독립군에 들어와 한중연합군의 군세가 크게 진작되었다.

1933년 6월 한중연합군은 영안현(永安縣) 서부의 교통 요지로 적의 보급 기지가 있는 동경성(東京城)을 공격해 적에 치명적 타격을 가했다.

이때 길림성 왕청현 나자구 대전자(汪淸縣 羅子溝 大甸子)에 주둔하고 있던 일본군 제19사단 소속의 간도 파견대가 철수한다는 첩보가 들어왔다. 일본군은 그동안 주둔했던 대전자를 출발해 행군을 시작했다. 수많은 소달구지와 차량이 동원된 일본군 행군부대의 규모는 1,600여 명이었다.

이들이 지나가는 대전자령(일명 태평령)은 계곡 양쪽이 절벽이고, 일렬종대로만 행군이 가능한 약 40리 되는 꼬불꼬불한 길이었다. 매복 작전에 알맞은 지형 조건을 갖춘 곳으로, 한중연합군은 바로 이 길목에 매복하고 있었다.

1933년 6월 30일, 드디어 한중연합군이 매복하고 있는 대전자령 협곡에 일본군이 진입하였다. 후미가 산 중턱에 이르렀을 때 한중연합군은 일제히 사격을 가했다. 주공을 담당한 한국독립군 500명은 중국 시세영 부대 2천여 명과 연합하여 절대적으로 유리한 지형에서 조직적인 공격을 가해 일본군에게 치명적 타격을 가하였다.

이 전투에서 노획한 전리품은, 군복 3천 벌, 대포 3문, 산포·박격포 10여 문, 소총 1천 500정, 담요 3천 장, 군량·문서·기타 군용물 200 마차 등이었다. 군수물자 노획 면이나 적에 대한 타격 규모 면에서 볼 때 대전자령 전투는 봉오동·청산리대첩과 나란히 독립군 3대첩으로 기록되기에 손색이 없다.

이후 한중연합군은 노획품 분배 문제로 불화가 발생한 데다가 중국군 내 공산주의자들의 흉계로 한국독립군 총사령 지청천을 비롯한 간부들이 무장해제당하는 일까지 발생했다. 곧 화해하였으나 중국군과의 연합작전은 불가능해졌다.

이 무렵 지청천은 상하이 임시정부 김구로부터 중국 본토로 들어오라는 연락을 받았다. 김구는 윤봉길 의거 이후 장제스로부터 낙양 군관학교에 한인특설반을 설치하기로 약속을 받은 바 있어 한인들을 입학시킬 계획이니 중국 본토로 이동해 달라는 요청이었다.

이에 따라 지청천 총사령을 비롯한 39명이 1933년 11월 민간인 복장으로 2~3명씩 조를 이루어 산해관을 넘어 중국 관내로 이동하였다. 중국 관내로 이동해 간 한국독립군은 후일 한국광복군 창설의 주역이 되었다.

06

대한민국임시정부와 광복군의 신흥인들

대한민국임시정부의 신흥인들

신흥무관학교 설립자와 신흥무관학교 지원단체, 교직원과 교관, 그리고 졸업생들은 독립군 지도자뿐 아니라 독립운동 지도자로서 활발한 활동을 전개하였다. 1919년 2월 지린에서 대한독립선언서(무오독립선언서)가 선포되었는데 이에 서명한 민족대표 39인 가운데 신흥무관학교 설립자와 교육자, 신흥무관학교 후원단체 인사들이 10명이나 된다. 김동삼, 이시영, 이상룡, 이동녕, 여준, 이광, 이세영, 박찬익, 이탁, 허혁 등이 그들이다.

상하이 대한민국임시정부를 출범시킨 초대 임시의정원 의원 29명 가운데 이회영을 비롯한 이시영·이동녕·김동삼·이광 등 5명은 신흥무관학교 설립자들이다. 신흥강습소 초대 교장을 지낸 이동녕이 임시의정원 의장을 맡았다. 1919년 4월 11일, 이동녕이 주관한 임시의정원 첫 회의에서 국호를 '대한민국'으로 결정하고, 국무총리를 비롯한 국무위원을 선출했으며 대한민국 임시헌장을 제정·통과시켰다. 4월 13일 임시의정원은 대한민국임시정부 수립을 내외에 선포하게 된다.

대한민국임시정부에는 신흥무관학교 출신들이 다수 참여해 활동했는데 이들은 크게 신흥무관학교 설립 참여자, 교육자, 그리고 신흥무관학교 졸업생으로 구별해 볼 수 있다.

이동녕·이시영·이상룡·윤기섭·박찬익·이광·이탁·지청천 등이 전자에 속하며, 김원봉·권준·성주식 등은 후자에 속한다. 김원봉은 중퇴했다.

이동녕은 대한민국임시정부 설립 때부터 1940년 3월 임시정부 피난지 치장에서 72세를 일기로 타계할 때까지 임시의정원 의장으로 또한 임시정부 국무총리와 내무·군무·법무총장, 주석 등을 역임하면서 이시영과 함께 가장 어렵고 힘든 시기에 임시정부를 지켜냈다.

이시영은 임시정부 수립에 참여하여 77세로 광복을 맞아 환국할 때까지 주로 법무와 재무 국무위원을 지냈다. 임시정부가 27년 동안 유지될 수 있었던 데는 이시영·이동녕과 같은 원로들이 커다란 버팀목이 되어 주었기에 가능했다고 할 수 있다.

1925년, 임시정부 대통령 이승만이 탄핵으로 물러나고 박은식이 후임 대통령에 취임했다. 박은식은 짧은 재임 기간을 마치면서 대통령제를 국무령제로 바꾸고, 경학사와 신흥무관학교 설립을 주도한 이상룡을 국무령으로 추대했다. 이상룡은 만주의 독립운동 지도자들을 대거 국무위원으로 천거했으나, 이들은 상하이 임시정부를 불신해 취임하지 않음으로써 이상룡도 국무령을 사직하고 만주로 돌아왔다.

신흥무관학교 학감을 지낸 윤기섭은 서간도 지역 대표로 임시의정원

의원에 선출되어 '군사에 대한 건의안'을 마련하여 의정원에 제출했다. 윤기섭이 제안한 내용의 핵심은 임시정부 군무부를 만주로 이전하여 만주 지역에서 활동하고 있는 독립군을 재편성하고, 이들을 기반으로 즉각 독립전쟁을 개시하자는 것이었다. 윤기섭의 제안에 따라 임시정부는 만주 지역 독립군단체들과의 협의를 위해 윤기섭 등 5명을 만주에 파견하였다. 윤기섭 일행이 상하이를 떠난 것은 1920년 6월 중순이었다. 이 무렵 봉오동 전투가 있었고, 이후 10월에는 청산리 전투가 벌어졌다.

1921년 2월 초, 윤기섭은 청산리 전투에 참전했던 신흥무관학교 졸업생 김훈(김춘식)과 함께 상하이로 돌아왔다. 이들은 상하이 교민단 환영회에서 청산리 전투에서 독립군의 승리와 경신참변(庚申慘變)에서 일본군에 의해 자행된 만행을 보고하였다. 이후 윤기섭은 해방 때까지 임시의정원 의장, 임시정부 내무·군무부장 등을 역임하였다.

신흥무관학교에서 중국어와 국사를 가르쳤던 박찬익은 1921년 상하이 임시정부에 합류하여, 쑨원의 혁명정부가 있는 광둥에서 임시정부 대표로 외교 활동을 전개하였다. 이후 중국국민당 정부가 난징으로 수도를 옮기자 난징에서 국민당에 들어가 임시정부와 국민당 정부와의 연결고리 역할을 하였다.

윤봉길 의거 이후 박찬익은 김구와 장제스의 회담을 성사시켜 한인 청년들이 중국 군관학교에서 군사훈련을 받을 수 있게 하고, 중국 정부로부터 독립 지원금을 받아내는 등 외교적 성과를 거두었다. 그리고 의열단을 포함한 좌익 계열 독립운동단체들을 임시정부에 통합하는 데도 역량을 발휘했다.

신흥무관학교 교장을 지낸 이광은 1912년 베이징으로 가서 신규식이 운영하는 동제사에 가입하여 활동하다가 중국의 대학에서 학업을 계속하였고 1919년 2월 1일 대한독립선언서 민족대표 39명 중 1인으로 참가하였다. 이후 임시의정원 의원으로 선출되자 임시정부 설립에 공헌하였다. 1921년 12월 임시정부 외무부 외교위원으로 베이징 주재 특파원의 임무를 맡아 교민들의 생계를 보호하였다.

이탁은 평양 대성학교에서 교장 안창호로부터 민족교육을 받고, 재학 중 신민회에 가입하여 구국운동에 참가하였다. 강제 합방 후 남만주로 망명, 여준과 함께 신흥학교유지회를 조직해 후원금 모금 활동을 전개했다. 1920년 임시정부 동삼성외교위원 부위원장에 임명되었으며, 1929년에는 임시의정원 만주·간도 지방 대표 의원에 선출되었다. 1930년 5월 상하이에서 조국의 광복을 보지 못한 채 영면하였다.

지청천이 임시정부와 관계를 맺고 본격적인 활동을 하기 시작한 것은 1937년 중일전쟁이 발발한 직후 임시정부가 독립전쟁을 수행하기 위해 편성한 군사위원회 위원으로 임명된 때부터라 할 수 있다. 이로부터 2년 후 그는 조성환의 후임으로 임시정부 군무부장에 임명되었다. 이후 광복군이 창설되자 조성환에게 다시 군무부장을 물려주고, 8·15해방 때까지 광복군 총사령으로 재직하였다.

김원봉이 임시정부 군무부장에 임명된 것은 그가 이끌던 민족혁명당이 임시정부에 합류한 1944년이다. 그 이전에 그는 조선의용대를 이끌고 광복군에 합류, 광복군 부사령 및 제1지대장을 지냈다. 군무부장으로 해방을 맞아 귀국했다.

신흥무관학교 졸업생으로 김원봉의 의열단 창단 요원이기도 한 권준은 의열투쟁을 전개하기 위해 국내로 잠입했다가 체포되어 투옥되었다. 출옥

후 다시 중국으로 망명하여 1926년 김원봉과 함께 황푸군관학교 제4기로 입학하여 졸업 후 중국군 장교가 되어, 대다수 동기생처럼 장개석의 국민혁명군에 배치되어 북벌전에 참전했다.

권준은 1932년부터 2년간 김원봉이 설립한 조선혁명군사정치간부학교 교관으로 근무하였다. 이 무렵 그는 김원봉이 주도해 만든 조선민족혁명당에 가입하고, 조선의용대가 조직되자 여기에 참가하였다. 1942년 조선의용대가 광복군에 통합될 때 임시정부 내무차장에 임명된 후 해방을 맞았다.

신흥무관학교 졸업생이자 교관을 지낸 성주식(성준용)은 1944년 민족혁명당이 임시정부에 참여하면서 김원봉과 함께 국무위원에 선출되었다.

광복군의 신흥인들

신흥무관학교 출신으로 광복군에 투신한 사람들 가운데 이름이 알려진 인사들의 명단은 다음과 같다.

지청천(교관) 총사령부 총사령
이범석(교관) 총사령부 참모장, 제2지대장겸 국내정진군 지휘관
김학규(졸업) 서안 총사령부 참모장 대리, 제3지대장
김원봉(중퇴) 제1지대장 겸 총사령부 부사령
권준(졸업) 한구잠편지대장
송호성(졸업) 총사령부 편련처장, 제1지대장, 총사령부 고급참모
오광선(졸업, 교관) 광복군 국내지대장

지청천과 이범석은 신흥무관학교 교관 출신이고, 김원봉은 중퇴자이며, 나머지는 졸업생이다.

김학규는 남만주에서 결성된 조선민족혁명당 산하의 조선민족혁명군 참모장으로 활동했다. 총사령은 양세봉(일명 양서봉)이었다. 만주사변을 일으킨 일제가 일본의 괴뢰정부 만주국을 수립하자 조선민족혁명군은 당취오(唐聚五)가 지휘하는 중국군 부대와 연합하였다.

조선혁명군 참모장 김학규는 당취오군 사령부에 가서 당취오 총사령과 한중연합 작전에 관한 협의에 들어갔다. 두 사람이 대담을 진행할 때 윤봉길 의사의 의거 소식이 라디오 방송을 통해 전해졌다. 이로 인해 협의가 순조롭게 진행되어 조선혁명군은 남만주 일대에서의 활동을 승인받고, 군량과 장비를 중국 측으로부터 지원받는다는 약속을 얻어냈다.

이후 한중연합군은 흥경현 영릉가(興京縣 永陵佳) 전투와 신개령(新開嶺) 전투 등에서 일·만군에게 큰 타격을 가했고, 이를 계기로 조선혁명군은 남만주에서 명성을 떨쳤다.

그러나 그동안 자금과 무기를 제공해주던 당취오군이 일본군과의 전투에 패배함으로써 조선혁명군도 크게 위축되었다. 이를 타개하기 위해 조선혁명당과 조선혁명군에서는 김학규를 대표로 선임하여 임시정부에 파견했다. 그는 부인 오광심과 농부로 변장하고 1934년 5월 임시정부가 있는 난징에 도착, 임시정부에 합류했다.

1940년 9월 17일 한국광복군 총사령부가 설립되자, 김학규는 광복군 선전 활동을 담당했다. 이후 광복군 총사령부가 시안으로 이동하자 참모장 대리로 임명되었다. 이후 김학규는 8·15 광복까지 광복군 제3지대장으로 활동하였다.

김원봉은 광복군 창설 당시 조선의용대를 이끌고 있었다. 광복군 창설 이듬해인 1941년 조선의용대 주력(主力)이 중국공산당 점령 지역으로 탈출하는 사건이 발생하자, 충칭에 남아 있던 김원봉과 대원들은 중국 국민당 군사위원회의 명령으로 광복군에 편입되었다. 이때 김원봉은 광복군 부사령 겸 제1지대장으로 임명되었다. 그리고 권준은 임시정부 내무차장에 임명되었다.

임시정부 내무차장으로 일제의 패망을 맞은 권준은 일본군에 있는 한인 사병들과 기타 중국 내 한인 청년들을 광복군에 편입시키기 위해 설치된 광복군 한구잠편지대 지대장을 맡았다. 해방 후 육군사관학교를 거쳐 대령으로 임관, 소장으로 전역하였다.

송호성은 신흥무관학교를 졸업한 다음 중국 하남성의 한단(邯鄲)군사강습소를 수료, 중국군 장교로 있다가 광복군 총사령부 편련처장(編鍊處長)에 부임했다. 편련처장은 오늘날로 말하자면 '작전참모'에 해당한다고 할 수 있다. 해방 후 육사 제2기에 편입하여 임관 후 경비대 총사령관과 육군총사령관을 역임하였다.

오광선(본명 오하묵)은 중국 하북성의 바오딩군관학교에 재학 중 중국 내전으로 중퇴하고 신흥무관학교에 입학, 졸업 후 교관으로 남았다. 신흥무관학교가 문을 닫고 백두산 부근으로 이동할 때 지청천이 이끄는 신흥무관학교 교성대와 함께 행동했다. 이후 러시아 자유시와 이르쿠츠크까지 지청천과 함께하고, 만주로 돌아온 이후 지청천이 이끈 한국독립군 대대장으로 활약하였다.

이후 중국 본토로 이동해서도 뤄양군관학교 한인특별반에서 지청천·이범석과 함께 교관으로 활동했다. 뤄양군관학교 한인특별반이 제1기생 교육을 끝으로 폐지되자, 그는 베이징에 파견되어 비밀 공작대를 조직하여 활동하던 중 1937년 일제에 체포되어 옥고를 치르고 1940년 11월 출옥하였다. 광복군 총사령부 창설 당시 그는 옥중에 있었다.

결국 광복군에 합류하지 못하고 해방을 맞아 광복군 국내지대장에 임명되었는데 이후 육군사관학교를 거쳐 장교로 임관, 준장으로 전역했다.

07

남겨진 이야기들

고난과 희생의 애국자 길

빼앗긴 조국을 되찾겠다고 압록강을 건너 서간도에 신흥무관학교를 세워 독립군 인재들을 양성했던 애국지사의 삶은 그야말로 고난과 희생의 길이었다. 이들을 따라 만주로 이주한 가족들 또한 마찬가지였다. 그 많은 재산을 지키고 그냥 고국에 머물러 있었으면 편히 살 수 있는 사람들이었다. 그때 친일한 사람들은 호의호식하며 영달을 누렸고, 그들의 자손들도 좋은 교육을 받아 득세하였다.

만주로 망명한 독립지사 가운데 제일 먼저 타계한 인사는 66세의 노구를 이끌고 서간도로 망명해 신흥무관학교 설립에 공헌한 안동 개화 유림 김대락이다. 서간도로 망명한 지 3년 반 만인 1914년 삼원포에서 고령과 열악한 생활환경으로 타계했다. 향년 69세. 고향에 있었으면 고생하지 않고 넉넉한 살림에 여생을 보냈을 그였다.

'만주벌의 호랑이' 일송 김동삼은 조상으로부터 물려받은 상당한 재산을 처분해 독립운동 자금으로 사용해 버렸다. 따라서 함께 만주로 망명해 온 가족들의 생활은 궁핍하였다. 그가 가장 사랑하던 하나뿐인 아우 김동만은 경신참변 때 일본군에 의해 살해되는 고통을 겪었다.

김동삼이 1931년 10월 일본 경찰에 체포될 때 그의 맏며느리 이해동의 친정아버지 이원일도 함께 체포되었다. 아들의 체포로 상심한 이원일의 어머니는 병으로 세상을 떠났다. 이해동의 친정은 서간도로 망명 후 숙부와 고모 삼 남매가 풍토병으로 사망했다. 이해동의 할아버지는 어머니와 두 여동생을 데리고 고향 안동으로 돌아가는 도중에 실종되고 말았다. 친정아버지 이원일은 3년의 형기를 마치고 고향으로 돌아갔으나, 일제 경찰의 감시 속에 쓸쓸하게 여생을 보내다가 세상을 떠났다.

김동삼이 체포된 이후 김동삼의 가족을 돌보던 4촌 동생 김장식은 마적이 쏜 총에 왼쪽 다리를 맞아 불구가 되었다. 김동삼의 둘째 아들 김용묵은 해방 직전 가족과 함께 귀국했으나, 김동삼의 큰아들 김정묵은 북만주에 남아 해방 이후 공산정권이 들어선 중국에서 심한 핍박을 받았다. 가게를 운영해 얼마 되지 않는 농토를 고용 일꾼을 구해 경작하였다고 하여 반동으로 몰려 불려가 심한 구타를 당했다. 이로 인해 김정묵은 만주에서 1950년 4월 세상을 뜨고 말았다. 큰아들과 함께 만주에 남아 있던 김동삼의 부인도 아들의 죽음에 충격을 받아 그해 10월 숨을 거두었다.

김동삼은 1937년 4월 13일 60세의 나이로 서대문형무소에서 순국했다 장례는 평소 김동삼을 존경하던 만해 한용운 스님이 고인의 유해를 자신이 거처하는 성북동 심우장으로 옮겨 5일장으로 치렀다. 고인의 유언에 따라 시신은 화장되어 유골은 한강에 뿌려졌다.

"나라 잃은 몸이 무덤은 있어 무엇 하느냐. 나 죽거든 불살라 강물에 띄워라. 혼이라도 바다를 떠돌면서 왜적이 망하고 조국이 광복되는 날을 지켜보리라."

김동삼의 큰 며느리 이해동은 아들 내외와 함께 1989년 영구 귀국했다. 고국을 떠난 지 77년 만에 돌아온 것이다. 이해동은 만주 망명 생활을 담은 회고록 《만주생활 77년》(1990)을 남겼다.

김동삼이 하얼빈에서 일본 경찰에 체포되었다는 소식에 이상룡의 노환은 더욱 나빠졌다. 고향 안동에서 그리고 망명지 서간도에서 독립운동을 함께한 후배이자 동지인 김동삼의 죽음에 충격을 받은 이상룡이 병들어 자리에 누웠다. 이 소식을 듣고 고향 안동에서 큰동생 이상동과 하얼빈에 사는 막내아우 이봉희가 달려왔다.

이들이 귀국을 권유하였으나, 이상룡은 단호히 거절하였다. "인생은 다할 때가 있는 것이니 개의할 일이 있겠는가. 다만 피에 맺힌 한을 풀지 못하였으니 장차 어떻게 선조의 영혼에 사죄할 수 있겠느냐?"

이상룡은 1932년 6월 15일 지린성 서란현 소과전자(舒蘭縣 燒鍋甸子)에서 망국의 한을 풀지 못한 채 눈을 감았다. 향년 74세. 아들 이준형은 아버지의 유언에 따라 그곳에 임시 묘를 썼다. 그 후 막내아우 이봉희의 아들 이광민이 하얼빈 부근 안동사람들이 모여 사는 취원창으로 이장해 갔다.

이상룡의 유해는 해방이 되고도 45년이 지난 1990년 고국에 돌아와 대전현충원에 안치되었다가 서울현충원 임시정부 요인 묘역으로 이장되었다. 1962년 대한민국 정부는 그에게 건국훈장을 추서하였다.

대한제국 무관학교 출신으로 신흥무관학교 교관을 거쳐 통위부 의용군사령관으로 활약하던 신팔균의 죽음과 그 가족사도 비극적이었다.

신팔균이 일본의 사주를 받은 마적의 기습공격으로 순국하자 동지들은 임신 중이던 부인 임수명에게 남편의 전사 사실을 숨기고 설득하여 귀국하도록 하였다.

임수명은 서울의 한 병원에서 간호사로 있을 때 입원하고 있던 신팔균과 알게 되어 결혼하였는데 베이징으로 망명한 남편의 독립운동을 도왔으며, 이후 남편이 있는 만주로 건너온 후 독립군 뒷바라지에 헌신했다.

고국에 돌아온 부인은 극심한 생활고 속에서 유복녀가 출생하자, 세 아들을 친척 집으로 보내고, 막내아들과 유복녀만 데리고 살다가 뒤늦게 남편의 전사 소식을 듣게 되었다. 여기에 막내아들마저 병으로 죽자 그녀는 유복녀와 함께 스스로 목숨을 거두었다.

신팔균의 장남 신현충은 부친의 유지를 계승하기 위해 중국으로 건너가 중국 군관학교에 입학하였다. 그러나 불행하게도 불치의 병을 얻자 아버지의 뜻을 계승하지 못함을 비관하여 자결하였다.

신팔균은 조부가 높은 관직을 두루 지내고, 아버지가 포도대장과 한성부윤을 지낼 정도로 명문 세도가 출신이었으나, 그의 미망인이 고국에 돌아와 생활고를 겪었다가 죽었다니 일제강점기 독립운동가들과 그 가족들이 겪었던 고난이 어떠했는지 짐작할 만하다. 대한민국 정부에서는 신팔균과 그의 부인 임수명 여사에게 건국훈장을 추서하였다.

신흥무관학교 설립자의 한 사람인 이동녕에게는 원래 이의직이라는 큰아들이 있었는데, 신흥무관학교를 졸업하고 초등학교 교사로 부임하던 중 불의의 사고로 숨졌다. 남은 두 아들과 부인은 이동녕이 1913년 일제 경찰의 추적을 피해 삼원포에서 블라디보스토크로 떠날 때 귀국했다.

이동녕은 1940년 3월 13일 중국 사천성 기강(泗川省 綦江)의 임시정부 청사 2층 방에서 72세의 나이로 쓸쓸히 순국했다. 대한민국임시정부를 탄생시키고 지켜온 '나라의 큰 별'이 진 것이다. 임시정부 요인 부인들이 눈물을 흘리며 그의 임종을 지켜봤다.

이동녕이 세상을 떠난 이후 그간 그가 뿌려놓았던 씨앗들이 열매를 맺기 시작했다. 그가 영면한 1940년 임시정부는 충칭으로 이동한 다음 한국국민당·조선혁명당·한국독립당 3당이 한국독립당으로 합당하여 통합정부가 구성되고, 광복군이 창설되었다. 이어서 임시정부 지도체제가 집단지도체제에서 주석 단일지도체제로 바뀌고, 김구가 주석에 취임하였다.

해방된 지 3년이 되는 1948년 이동녕의 유해는 중국에서 돌아왔고 장례위원장 김구의 지휘 아래 사회장으로 봉환식을 거행한 뒤 효창공원에 안장되었다. 그가 태어난 충남 목천에는 그를 기리는 기념관이 세워졌다.

1913년 귀국 이후 교회 일에 헌신하면서 자식들 교육에 열중한 미망인 김경선 여사는 1964년 작고했다. 장남 이의직이 죽은 후 장남이 된 이의식은 경성제국대학 의학부를 제1회로 졸업해 의학박사가 되었다. 그는 미군정 하에서 민주의원으로 활동했고, 이후 서울대학교 이사, 반민특위 감찰관을 역임하였다. 반민특위는 친일 분자들을 조사하기 위해 1948년 9월 제헌국회에서 설치한 '반민족행위특별조사위원회'의 약칭이다.

이의식은 두 아들을 두었는데 장남 이철희는 미국에 유학하고 돌아와 대통령비서관과 서울교육대학장을 역임했다. 차남 이석희는 서울대 철학과를 졸업하고 경기고등학교 교사, 중앙대학교 철학과 교수와 문리대학장을 거쳐 총장을 지냈다. 독립운동자 후손이라면 못 배우고 못 산다는 통념과 달리 이동녕 후손들은 성공을 이룬 대표적인 경우가 아닌가 싶다.

이회영 6형제의 그 후

자기 재산을 정리해 서간도에 신흥무관학교를 세운 이회영 형제들 가운데 살아서 해방을 맞는 사람은 이시영뿐이다. 나머지는 국내에서 또는 중국에서 타계하였다. 이들 형제는 모두 대한민국 정부로부터 건국훈장을 받았다.

맏형 이건영은 1914년 귀국하여 이회영의 장남 이규룡을 양자로 입적하여 경기도 장단에서 함께 살다가 1940년에 사망했다. 신흥무관학교를 졸업한 차남 이규훈은 해방 후 육군사관학교 제8기 특별반을 거쳐 임관, 1950년 6·25전쟁 초기에 실종되었다.

둘째 형 이석영은 재산을 처분한 막대한 자금을 신흥무관학교를 건설하고 유지하며 독립지사들의 생활을 지원하는 데 모두 사용하여 수중에 남은 재산이 없이 여생을 궁핍하게 지냈다. 1920년 경신참변을 피해 그는 서간도를 떠나 정처 없이 떠돌아다녔지만 돌보는 이가 없었다. 친일파와 밀정을 처단하기 위해 조직한 다물단(多勿團)을 이끌었던 장남 이규준이 북경 부근의 스자좡(石家莊, 석가장)에서 요절하여 그는 한층 더 외로워졌다.

고령에다 가난으로 고통을 겪고 있던 그가 중병에 걸리자 막내 동생 이호영이 선양으로 달려와 그를 모시고 국내 병원에 입원시켰다. 병을 치료하고 아우 집에서 휴양하고 있던 이석영은 금강산 구경 간다고 하여 아우에게서 여비를 받아 기차로 선양을 거쳐 상하이로 갔다. 그곳에서 그는 떠돌이 생활을 하였다. 초췌하고 늙은 모습은 차마 볼 수 없을 지경이었다. 기아선상에서 두부 비지를 끼니로 연명하다가 1934년 세상을 떠났다.

셋째 형 이철영은 환갑 이듬해인 1924년 세 아들을 데리고 귀국, 큰형이 있는 장단에서 살다가 이듬해인 1925년에 타계하였다.

이회영은 3·1운동이 일어나기 직전 베이징에서 동생 이시영과 재회했다. 두 사람은 곧 상하이로 가서 임시의정원 의원에 선출되었다. 그러나 이회영은 정부를 조직하면 지위와 권력을 놓고 분규가 끊이지 않을 것이라는 이유로 정부 조직에 반대하고 베이징으로 되돌아갔다. 이후 이회영은 무정부주의자들과 접촉하기 시작했다.

만주사변(1931)이 일어나자 중국·한국·일본의 무정부주의자들은 이회영을 의장으로 모시고 항일구국연맹을 조직하였다. 항일구국연맹은 행동대(行動隊)로 '흑색공포단(黑色恐怖團)'을 결성하여 일본 군경 및 요인 암살, 수송 기관 파괴, 중국인 친일 분자 숙청, 항일 선전 활동을 위한 문화기관 동원계획 등을 세웠다.

이회영은 행동대를 지휘했고, 중국인 무정부주의자들은 재정과 무기 공급을 책임 맡았다. 그런데 중국인 무정부주의자들이 장제스를 암살하려다 실패해 도피하는 신세가 되고 말았다. 이에 따라 자연히 항일구국연맹도 무력해지게 되자, 이회영은 김좌진이 무정부주의자들과 한족총연합회를 운용하고 있는 만주로 갈 결심을 했다.

1932년 11월 초 아들 이규창의 전송을 받으며 다롄(大連, 대련)행 영국배에 올랐다. 그가 다롄에 도착하자 일본 경찰이 배에 올라 이회영을 체포했다. 일본 경찰은 이회영이 그곳에 도착한다는 정보를 이미 알고 있었다. 이곳에서 이회영은 극심한 고문을 받다 순국했다.

아버지가 사망했으니 시신을 수습해 가라는 연락을 받은 큰딸 이규숙이 다롄 수상경찰서에 도착하자, 일본 경찰은 다짜고짜로 자결하였으니 유해를 가져가라고 위협하고, 강제로 시체를 대강 보이며, 이회영이 입었던 중국옷과 모자 신발만을 가져가도록 하고 얼굴을 확인시킨 후 화장해 버렸다. 얼굴을 확인할 때 선혈이 낭자하였고, 옷에도 피가 많이 묻어 있었다. 왜놈들이 노인을 고문으로 죽이고 자살했다고 속인 것이다. 이규숙은 아버지의 유골을 이회영의 큰형 이건영이 살던 경기도 장단으로 모시고 갔다. 유해는 개풍군 선영에 안치되었다.

막내인 이호영은 자기 집에서 정양하던 둘째 형이 중국으로 떠나자 자신도 중국으로 갔다. 그러한 그가 1933년 베이징에서 두 아들 규황·규준과 함께 아무런 자취도 남기지 않고 행방불명이 되었다.

우당 이회영 6형제 가운데 광복 후 유일하게 살아서 귀국한 이시영은 민족교육을 위해 1947년 신흥전문학원을 설립했다. 이는 2년 후 '신흥대학'으로 승격했으나 곧 전쟁으로 재정난에 빠져 1951년 재단의 부채를 떠안는다는 조건으로 조영식에게 인계하였다. 이 학교는 1960년 경희대학교로 교명이 바뀌어 오늘에 이르고 있다.

이시영은 대한민국 초대 부통령에 선출되었다. 한국전쟁이 한창일 때 국민방위군 사건과 거창 양민학살 사건이라는 초대형 사건이 터졌으나 대통령을 비롯한 정부 각료들 가운데 누구 하나 책임지는 사람이 없었다. 결국 이시영이 책임을 통감하고 1951년 5월 9일 '국민에게 고함'이라는 성명을 발표하고 부통령직을 사퇴했다.

이회영 6형제의 2세들 가운데 신흥무관학교를 졸업한 사람은 큰형 이건영의 장남 이규룡(친부 이회영)과 차남 이규훈, 둘째형 이석영의 장남 이규준, 이회영의 차남 이규학, 첫째 동생 이시영의 장남 이규봉(이규창으로 개명) 등 모두 5명이다. 이 가운데 큰형의 차남 이규훈을 제외한 4명은 모두 건국 유공자로 포상을 받았다.

이회영의 손자 가운데 이종찬(친부 이규학)은 육사 제16기로 졸업, 전역 후 정계로 진출하여 국회의원과 국가정보원장을 역임했다. 이종찬이 정치 활동을 통해 이룬 가장 큰 업적은 대한민국임시정부의 법통을 헌법 전문에 담도록 하여 1987년 개헌에 이를 반영시킨 것이라 할 수 있다. 정계를 떠난 후 그는 신흥무관학교기념사업회를 설립해 신흥무관학교 역사 지키기에 매진했고, 현재 광복회장을 맡고 있다.

살아남은 자들의 수난

청산리 전투, 경신참변, 자유시참변 등에서 살아남은 만주 독립군들은 무장투쟁을 계속하거나 농촌에 들어가 은거하였다. 그렇지 않으면 일제에 투항하여 변절하거나 대세에 순응하여 공산당에 가입하는 길을 택했다. 신흥무관학교 졸업생 원병상과 강화린도 예외가 아니었다.[91]

원병상은 1913년 합니하 신흥무관학교 본과 제3기생으로 입학하여 1916년 졸업하였다. 이후 고산자 본교가 설립되자 그곳 교관으로 발령받았다. 그는 신흥무관학교가 문을 닫자 만주에 거주하고 있던 부인을 포함한 가족과 함께 농사를 지으며 어렵게 생활하였다.

1920년대 중반에 들어서면서 독립운동가들은 공산당, 일본 영사, 일제 앞잡이, 만주 군경, 마적단에 시달렸다. 산간 농촌에서는 도둑 때문에, 도

---

[91] 신흥무관학교 폐교 이후 원병상의 행적은 신흥무관학교기념사업회가 2023년에 펴낸 《신흥무관학교 교관 원병상회고록》을 참고하였다. 강화린에 관한 행적은 김재승의 《만주벌의 이름없는 전사들》(혜안, 2002)에 실려 있다.

신흥무관학교 증언록, 원병상 회고록

시에서는 일제의 감시 때문에 살 수가 없었다.

이를 타개하려고 원병상은 도시로 나와 정미소를 운영해보기도 하였으나 실패한 후 해방이 될 때까지 농사에 종사하였다. 그러나 농사도 쉽지 않아 실패를 거듭하였다. 중일전쟁과 태평양전쟁 이후에는 강제징용·징병·공출로 생활은 한층 어렵게 되었다.

1945년 8월 15일, 일제가 항복을 선언하자 만주는 무법천지가 되었다. 만주 주민들은 일본 군수물자와 일본 기관의 기물, 그리고 일본 거류민 사유재산 등을 닥치는 대로 약탈하고 폭행 타살 총상 등이 난무하였다. 우리 동포들의 재산도 약탈당했다.

만주에 중공군이 들어오자, 중공군은 토지를 무상 분배해준다고 민심을 현혹하는 한편 인민재판으로 친일분자들을 처형함으로써 공포 분위기를 조성하였다.

중공군을 뒤따라 조선의용군이 들어왔다. 이들은 철저하게 공산군으로 변했다. 이들은 원병상에게 농민위원회를 만들고 위원장에 취임하라고 요구하였다. 공산당이 되라는 것이었다.

원병상은 민족주의자요 토지소유자라는 이유로 중국공산당 기관에 구속되었다. 그간 마련한 상당한 규모의 토지 소유권을 넘겨주고 풀려나자 곧 귀국길에 올랐다.

그러나 귀국길도 순탄하지 않았다. 천신만고 끝에 1946년 5월 말경 서울에 도착하였다. 1911년 함께 만주로 이주했던 할머니와 부모님, 부인을 비롯한 일가친척들 대부분이 만주에서 사망하였다.

아무 연고가 없는 서울에서 원병상은 신흥무관학교 동창인 오광선이 이끄는 광복청년회에 들어가 정훈 업무를 담당하였다. 이후 지청천이 환국하여 대동청년단을 창단하자 광복청년회는 여기에 통합되었다. 원병상은 대동청년단 총무부장으로 활동하였다.

지청천이 제헌 국회의원에 당선되어 정계로 진출하자, 원병상은 정부 수립 후인 1948년 12월 7일 육사 제8기 특별 2반에 '원의상'이라는 본명으로 입교, 1949년 1월 14일 소위로 임관하여 제17연대에 배치되었다.

제17연대가 주둔하고 있던 웅진반도에서 6·25전쟁을 맞았다. 6·25전쟁에서 세 차례 무공훈장을 받았고, 1957년 대령으로 전역하였다.

청산리 전투에서 북로군정서 보병대 제1중대장으로 참전한 신흥무관학교 졸업생 강화린은 청산리 전투 후 러시아로 들어갔다가 자유시참변 후 이르쿠츠크로 이송되어 고려혁명군에 편입되었다. 그러나 그는 곧 러시아 공산혁명군 제5군단에 의해 체포 구금되었다가 풀려나 1922년 3월 고려혁명군이 해산되자 만주로 돌아왔다.

만주로 돌아온 직후 이름을 '강화인'으로 바꾸고 사회주의 성향의 화요회에 가입하였다. 그가 화요회에 가입하게 된 계기는 이르쿠츠크에서 알게 된 김철훈의 권유에 따른 것이다. 김철훈은 이르추크츠파 고려공산당의 중심인물로 이르쿠츠크에서 "일본 군국주의를 타도하려면 러시아 혁명세력의 후원을 얻어야 한다"라고 연설하고 다녀 동포 청중들로부터 큰 호응을 받았던 인물이다.

강화린이 사회주의자들과 결별하게 된 결정적인 계기가 된 것은 신민부를 영도하던 김좌진 장군이 1930년 1월 한 공산주의자에 의해 암살당한 사건이었다. 암살범의 배후에는 강화린이 몸담았던 화요회의 간부가 있었다.

청산리 전투에서 상관이었던 김좌진 장군의 피살에 강화린은 충격을 받았다. 여기에 많은 동지가 좌·우파로 갈려 갈등하고 희생되는 상황을 목격하고는 환멸을 느껴 시베리아와 북만주에서 은거와 유랑생활을 이어갔다.

1931년 만주사변에 이어 1932년 일제의 괴뢰정부인 만주국이 설립되면서 만주의 독립운동가들과 독립군들은, 끝까지 싸우다 순국하는 길, 중국 본토로 탈출하여 후일에 대비하는 길, 공산주의자가 되는 길, 농촌에 은거하는 길, 귀순하거나 변절하는 길 가운데 하나를 선택할 수밖에 없었다.

지청천의 한국독립군은 장기전에 대비해 중국 본토로 들어갔으나, 대부분의 독립군 출신들은 농촌에 은거하는 길을 택하였다. 1931년 이후 강화린도 은거의 길을 택했다.

그가 다시 모습을 나타낸 것은 해방 직후 1945년 9월 옌지(延吉, 연길)에서 애국동지회가 설립한 청년군사훈련소 교관으로 활동할 때였다.

만주가 공산화되자 강화린은 귀국길에 올라 고향인 북한을 버리고 남한을 선택하였다. 남한에 도착한 후 이름을 '강근호'로 바꾸고, 북로군정서 사관연성소에서 함께 교관으로 근무한 바 있는 이범석 장군이 창단한 민족청년단의 중앙훈련소 교관으로 활동하였다.

정부수립 이후 육군사관학교에 제8기 특별4반으로 입교하여 1949년 3월 29일 소위로 임관하였다.

6·25전쟁에 참전했고, 1956년 중령으로 전역한 지 4년 만인 1960년 향년 63세를 일기로 세상을 떠났다. 미망인 이정희 여사의 피눈물 나는 노력 끝에 1977년 건국포장이 추서되었고, 1990년 국립 대전현충원 애국지사 묘역에 이장되고 난 뒤 훈격이 승격되어 건국훈장 애국장이 추서되었다.

김산, 민족주의에서 무정부주의로, 다시 공산주의로

김산(金山, 본명 장지락 張志樂, 1905-1938)은 신흥무관학교 출신 가운데 아주 특이한 인물이다. '김산'이라는 이름은, <어느 한국인 혁명가의 이야기>라는 부제가 붙은 책《아리랑》을 집필한 미국 작가 님 웨일스(Nym Wales)가 공동 저자인 장지락에게 '김산(Kim San)'이라는 필명을 제안해 사용한 데서 비롯된다. 장지락이 1937년 옌안에서 님 웨일스와 대담할 당시에는 '장명(張明)', 그 이전에는 '한산(寒山)'이라는 가명을 사용했다. 이밖에도 가명이 더 있었다.

김산은 독립운동 여정에서 민족주의자로부터 시작하여 무정부주의자로 그리고 결국 공산주의자로 전향했다. 따라서 그를 통해 당시 독립운동가들이 어떻게 그리고 왜 공산주의자로 전향하게 되었는지, 그 시대적 배경과 이유를 살펴보기 위해《아리랑》의 내용을 요약해 소개하고자 한다.

김산은 러일전쟁이 막바지에 이르던 1905년 3월 평양 근교에서 가난한 농부의 셋째 아들로 태어났다. 일곱 살 때 일제 순사 두 명이 집에 와서 어머니에게 마구 주먹질을 해 어머니 입술에서 피가 흐르는 것을 직접 눈으로 보았다. 어머니가 바쁜 일로 인해 정해진 날짜에 예방주사를 맞지 않았다는 것이 구타 이유였다.

중학생 때 3·1만세 시위로 동료 학생들과 3일간 구류되었다. 만세운동의 열기가 가라앉을 무렵 그는 일본으로 건너갔다. 그리고 여비를 마련해준 작은형이 당부한 도쿄제대 의과대학에 진학하기 위해 고학하였다. 당시 일본에서는 무정부주의가 한풀 꺾이고 공산주의가 바람을 일으키고 있었으며, 한국인 유학생의 70%가량이 공산주의에 동조적이었다.

그는 모스크바에서 공산주의라는 새로운 사상을 배우기 위해 일본을 떠났다. 압록강을 건너 하얼빈행 열차를 탔으나 전란 상태로 열차 운행이 불가능하게 되자 신흥무관학교로 발길을 돌렸다. 7백 리 길을 한 달간 걸어서 신흥무관학교에 도착, 1920년 6월 신흥무관학교 3개월 코스를 마치고 상하이로 떠났다.

상하이에 도착해 이광수가 편집인으로 있는 《독립신문》의 교정 담당 겸 식자공(植字工)으로 일했다. 이때 그는 단지 약간의 무정부주의적 경향을 가진 한 명의 민족주의자였다.

김산은 안창호가 이끄는 흥사단(興士團)에도 가입하였다. 당시 안창호는 흑인 노래를 좋아했는데 '올드 블랙 조', '켄터키 옛집' 등을 함께 부르곤 했다. 안창호는 다른 한국인 청년 5명과 함께 김산을 톈진에 있는 난카이대학(南開大學, 남개대학)에 장학생으로 다닐 수 있게 해주었다.

그러나 학교 운동회 달리기경기에서 한국인 학생이 중국인 학생을 앞지르자 구경하던 중국인 학생이 한국인 학생에게 야유를 보냈다. 이에 그 한국인 학생이 중국인 학생을 구타한 사건이 발생했다. 이로 인해 한국인 학생이 처벌받자, 김산은 난카이대학을 자퇴한 뒤 의과대학 진학에 필요한 돈을 마련하기 위해 다시 고향으로 갔고, 구두 가게를 하는 둘째 형이 준 학비로 베이징의 한 의과대학에 진학했다.

당시 베이징의 한국인 학생들은 민족주의 계열과 공산주의 계열로 나뉘어 있었다. "비록 달성하려는 방법은 달랐지만, 모든 한국인이 단 두 가지만을 열망하였다. 독립과 민주주의. 실제로는 오직 한 가지만을 원했다. 자유. 일제의 압제로부터 자유, 결혼과 연애의 자유, 정상적이고 행복한 삶을 살아갈 자유, 자기 삶을 스스로 규정할 자유. 무정부주의가 그토록 호소력을 가질 수 있었던 것은 이 때문이다"라고 김산은 님 웨일스에게 말했다.

김산은 1921년 마르크스 문헌을 읽기 시작하였고, 1922년 중국 국적을 취득해 1923년 공산청년동맹에 가입하였다. 다른 모든 한국 청년들과 마찬가지로 그 역시 일제 침략자에게 직접적인 폭력을 가하는 테러리스트의 활동에 매료되어 무정부주의자가 되었다.

그는, 한국인 테러리스트로 가장 많이 알려진 김원봉·오성륜과 아주 친해졌다. 오성륜은 1922년 상하이 황포탄 부두에서 일본 육군 대장 다나카 가이치 암살에 가담한 인물이다. 암살에 실패한 오성륜은 일본 경찰의 추적을 피해 모스크바로 건너가 공산주의자가 되었다.

1924년. 중국은 새로이 소련에 접근하고 있던 쑨원의 지도로 좌익으로 급선회하였다. 한국과 중국뿐만 아니라 일본도 또한 소련의 영향을 받기 시작했다. 쑨원은 국민당을 개조하고 소련과 협약을 맺었다. 좌익이건 우익이건 모든 한국인은 중국에서 일어난 이 새로운 공산주의 물결을 목격하고, 그것이 조국 해방의 첫걸음이라고 기뻐하였다.

1927년 12월, 김산은 오성륜과 함께 공산 봉기군에 가담하기 위해 광둥으로 갔다. 이 두 사람을 포함해 한국인 67명이 광둥봉기에 참가했다. 봉기는 삼일천하로 끝나고, 광둥에 남아 있던 한국인들은 대부분 중국 국민당 군대에 의해 살해되었다.

김산과 오성륜은 탈출하여 다시 홍콩을 거쳐 1928년 9월 상하이로 갔다. 1929년 봄, 김산은 중국공산당 베이징지구당 조직부장에 임명되어 베이징으로 갔다. 그리고 만주로 가서 조선공산당 만주분국을 해체하고, 그 당원을 중국공산당으로 흡수하라는 임무를 부여받았다.

이 무렵 공산혁명 활동으로 애인이 처형된 한 중국인 여인으로부터 구애를 받았다. 그는 여자 문제로 혁명 활동에 방해받지 않겠다고 맹세해 왔으며, 곧 위험한 사명을 띠고 만주로 가게 될 것이라고 말했다.

"혁명가도 역시 사람입니다. 기계가 아니어요. 당신만 좋다면 나도 함께 가겠어요."

김산은 그녀를 뿌리치고 만주로 갔다. 1929년 8월 지린에서 소집된 혁명청년연맹대회에 중국공산당 대표로 참석하였으며, 여기서 한중농민동맹을 조직하자는 안건이 만장일치로 채택되었다.

만주에서 임무를 마치고 베이징으로 돌아온 그는 다시 그녀를 만나 사랑에 빠졌고 동거에 들어가 행복한 생활을 누렸으나, 1930년 11월 베이징 경찰에 체포되어 일본영사관에 넘겨졌다. 일본영사관은 그를 즉시 한국으로 보냈다. 그는 일제 형사로부터 의식을 잃을 때까지 물고문을 당하면서도 끝까지 공산당원이 아니라고 버틴 끝에 풀려났다.

1931년 6월, 베이징에 도착한 그를 기다린 것은, 김산이 한국으로 이송되자 실의에 빠진 애인이 어디론가 떠났으며, 아마도 살아 있지 못할 것이라는 불길한 소식이었다. 그런데 이보다 더한 일이 그를 기다리고 있었다. 김산이 일본인 첩자라서 쉽게 풀려났다는 모함이었다. 김산은 누명을 벗기 위해 공개재판을 요구했고, 그 결과 당원으로 복권되었다.

그런데 이번에는 중국공산당에서 그를 극좌 분자로 몰아 강제노동 명령이 떨어졌다. 스파이라고 비난받고, 극좌주의라고 재훈련을 받은 후 그는 마음의 갈피를 잡지 못하였다. 그는 자살하려고 음식을 끊었으나 하숙집 주인이 그를 살려냈고 다시는 자살하지 않겠다고 결심하게 되었다. 그는 마음을 안정시키기 위해 종일 침상에 조용히 누워서 마음이 흔들리지 않도록 하였다. 없는 돈으로 시집을 사고 종종 시를 써서 신문사나 잡지사에 보냈다. 그중 몇 편은 채택되어 얼마의 돈을 받았다.

그러던 어느 날 한 여성 동지가 찾아왔다. 그녀 또한 전 애인처럼 애인이 처형되어 불행한 처지였다.

1932년, 중국공산당 허베이성위원회에서 무장봉기를 조직하도록 요구했다. 이에 김산이 반대하자 그들은 김산을 "비겁자요 반혁명분자"라고 비난했다. 그는 상황을 설명하기 위해 베이징으로 갔고 그들에게 봉기가 실패하리라는 이야기를 했다. 그러나 베이징위원회는 그의 말을 듣지 않았다. 결국 중국공산당이 허베이지역에서 일으킨 봉기는 김산의 예상처럼 모두 실패하고, 당 조직은 파괴되었다.

1933년 4월, 그는 다시 체포되어 한국으로 압송되었으나, 이번에도 끝까지 공산당원이 아니라고 버텨 풀려나 1934년 1월 베이징으로 다시 돌아갔다. 베이징으로 돌아온 김산은 자신과 함께 체포되었던 연인 조아평(趙阿平)과 결혼하였다.

김산은 중국공산당의 권유에 따라 중국 홍군 대장정의 마지막 도착지 옌안(延安, 연안)으로 이동했다. 1937년 초, 김산은 아내 조아평이 아들을 낳았다는 소식을 들었다. 이 무렵 님 웨일스를 만났다. 당시 김산은 옌안의 항일군정대학에서 물리학·수학·일본어·한국어 등을 가르치고 있었다.

1937년 초여름부터 초가을까지 님 웨일스와 김산이 영어로 진행한 22회의 대담은 여기서 끝났다. 김산은 이야기를 마치면서 앞으로 2년간 출판을 미뤄달라고 부탁했다.

님 웨일스는 그 후 김산이 허베이의 위험한 전선을 뚫고 만주로 갔다는 소식을 간접적으로 들었다. 하지만 살았는지 죽었는지 알 수 없었다.

김산과 님 웨일스의 대화는 1941년 미국에서 《*Song of Ariran: The Life Story of A Korean Rebel*》이라는 제목으로 출판되었다. 초판이 나온 이후 일본에서 번역되어 인기를 끌었다. 우리나라에서는 1984년《아리랑》이라는 제목으로 번역 출판되었다.

김산은, 님 웨일스가 옌안을 떠난 1년 후인 1938년 중국공산당에 의해 처형되었다. 김산이 중국공산당에 의해 처형된 사실을 님 웨일스가 인지한 시기는 미중 국교 정상화 이후였다. 그녀는 1981년 김산의 아들 고영광에게 편지를 보내 중국공산당이 김산을 부당하게 처형했다고 알려주었다.

고영광은 중국공산당에 재심을 청구했고, 1983년 중국공산당은 과거의 잘못을 인정하고 김산을 복권 시켰다. 덩샤오핑(鄧小平, 등소평) 집권 시기였다.

2005년, 대한민국 정부는 그에게 장지락이라는 이름으로 건국훈장을 추서하였다. 서훈 이유는 그가 독립운동단체에 가입해 활동한 사실이 입증되었다는 것이다.

제 4부

대한민국임시정부(1919)

육군무관학교(1920)와 한국광복군(1940-1946)

01 대한민국임시정부 육군무관학교

외교에서 독립전쟁으로

3·1운동을 계기로 수립된 대한민국임시정부는 출범 초기 간판을 유지하기도 어려운 상황이었다. 정부 수반인 국무총리 이승만을 비롯한 국무위원들이 대부분 부임하지 않아 정부가 제대로 운영될 수 없을 뿐만 아니라 러시아의 대한국민의회와 국내의 한성임시정부가 수립되어 임시정부가 크게 3개로 분립 되어 있었다.

통합 임시정부 추진은 도산 안창호가 상하이에 도착한 이후 탄력을 받았다. 안창호의 중재 노력으로 러시아 한인사회의 실력자 이동휘가 상하이 임시정부에 합류함으로써 러시아의 대한국민의회와 통합이 이루어졌다. 한성임시정부와의 통합은 상하이 임시정부의 헌법 개정과 한성임시정부의 각료 조직을 상하이 임시정부가 계승함으로써 성사되었다.

이렇게 해서 1919년 9월 3개 임시정부가 상하이의 대한민국임시정부로 통합되고, 국무총리제가 대통령제로 바뀌어 제2기 내각이 출범하였다.

제2기 내각은 대통령 이승만, 국무총리 이동휘, 내무총장 이동녕, 외무총장 박용만, 군무총장 노백린, 재무총장 이시영, 법무총장 신규식, 학무총장 김규식, 교통총장 문창범, 노동국총판 안창호, 참모총장 유동열 등으로 구성되었다. 제2기 내각에는 무관학교 출신들이 다수 포진된 점으로 미루어 보아 전시내각의 성격을 지닌 것으로 보인다.

국무총리 이동휘는 건양 무관학교 졸업생이다. 군무총장 노백린과 참모총장 유동열은 일본육사 출신으로 대한제국 무관학교 교관을 지냈고, 법무총장 신규식은 대한제국 무관학교 제2회 졸업생이다. 내무총장 이동녕과 재무총장 이시영은 신흥무관학교 설립자다.

이들 이외에도 일본육사 출신으로 대한제국 무관학교 교관을 지낸 김희선이 군무차장에 임명되었고, 대한제국 무관학교 제1회 졸업생 황학수가 뒤늦게 군무부 참사 겸 육군무관학교 교관으로 부임했다.

제2기 내각이 출범한 시기는 대한민국임시정부에서 파리평화회의에 대표단을 파견하여 조국의 독립을 보장받으려던 외교적 노력이 수포가 되고, 만주에서는 독립군단체들의 결성이 활발히 진행돼 그중 일부는 상당한 성과를 거두고 있던 시기와 일치한다.

이런 상황에서 임시정부는 투쟁전략을 '외교'에서 '독립전쟁'으로 전환하고, 이를 구현할 방안으로 육군임시군구제(陸軍臨時軍區制), 육군임시군제(陸軍臨時軍制), 임시육군무관학교조례를 공포하였다.

육군임시군구제는 병력을 모집하기 위해 만주와 러시아를 3개 구역으로 나누고, 각 구역에 거주하는 일정한 나이의 남성을 병역에 소집하는 것을 그 내용으로 하였다. 육군임시군제는 오늘날 국군조직법에 해당하는 것으로 군대의 편성과 조직에서부터 계급 호칭, 복장, 복무 자세에 이르기까지 매우 포괄적인 내용으로 되어 있다. 임시육군무관학교조례는 편성될 군대를 훈련하고 지휘할 장교를 양성하기 위한 사관학교 설립에 관한 규정이다.[92]

이 가운데 후일 광복군 편성의 기본 지침이 된 육군임시군제의 내용 중 중요한 부분을 소개하면 다음과 같다.

군대의 편성은 분대-소대-중대-대대-연대-여단-군단으로 하고, 1개 연대 2,239명, 1개 여단 6,189명으로 한다.

병역은 상비병과 국민병으로 구분하고, 상비병은 20세 이상 40세 미만의 건장한 남자로 징병령에 의해 소집된 자, 그리고 18세 이상 50세 이하의 건장한 남녀로 지원하여 응모한 자를 대상으로 한다. 상비병은 다시 현역과 예비역으로 구분하고, 예비역은 현역을 마친 자로, 국민병은 예비역을 마친 자로 한다.

군복의 색깔은 담황색으로 하고, 모표는 태극 주위에 화살을 교차하는 모양으로 한다. 군복은 계급에 따라 부착물을 달리한다. 군인의 계급 호칭은 다음과 같이 한다.

장관: 정장 부장 참장
영관: 정령 부령 참령
위관: 정위 부위 참위

---

[92] 국사편찬위원회 한국사데이터베이스,《대한민국 임시 정부자료집 제9권, 군무부》참조.

광복군 정복(출처: 《육군복제사》)
광복군 전투복(출처: 《육군복제사》)

하사: 정사 부사 참사
병원: 1등병 2등병 3등병

이 시기 계급 호칭을 살펴보면, 대한제국 계급 호칭을 사용하되 중국군과의 혼동을 피하고자 기존 하사관(부사관) 계급에 들어 있는 '교(校)' 자 대신 '사(士)' 자를 사용했는데 이것이 오늘에 이르고 있다. 중국군은 영관 계급 호칭에 '교' 자를 붙여 혼동을 피하기 위해서였다.

군인은 계급, 관등 또는 등급에 따라 군사상 지휘명령을 절대로 복종 또는 강제한다. 군인으로서의 책무와 군대 규정을 위반하거나 군율을 침해한 자는 육군형법 또는 육군징벌령에 의하여 처벌한다. 전쟁의 필요가 있는 경우 작전계획에 따라 대통령은 일부 또는 전체의 동원령을 발한다.

참모부, 총사령부, 지방사령부, 육군무관학교를 설치한다. 참모본부는 대본영의 직할 하에서 국방 및 용병에 관한 일체 계획을 관장한다. 참모총장은 대통령에게 직접 예속하여 일체의 군무를 총독하고, 부하 직원을 지휘감독하며 일정 계급 이상의 인사를 관장한다. 참모회의는 참모총장을 장으로 하고 참모위원으로 조직된 합의체로 3분의 2 이상의 찬성으로 의결한다.

총사령부는 대본영의 직할 하에서 예하 부대를 통솔하며 각 지방사령부를 통할한다. 총사령관은 대본영의 직할 하에 예하 군대를 통솔하되, 군정 및 인사에 관하여는 군무총장, 작전계획에 관하여는 참모총장의 지휘를 받아야 한다.

육군 초급장교를 양성하기 위하여 군무부 직할로 육군무관학교를 설치한다. 육군무관학교 직원은 교장 1인, 부관 1인, 교관 약간인, 학도대장 1인, 학도대부관 1인, 학도대 중대장 약간인, 학도대부 부·참위 약간인, 주계(경리) 약간인, 군의 약간인, 서기 약간인으로 한다. 육군무관학교의 교칙은 군무총장의 재가를 받아 교장이 정한다.

임시정부 육군무관학교

임시육군무관학교조례가 발표됨에 따라 1919년 12월 28일 육군사학(陸軍士學) 학칙이 발표되었다. 그러나 1920년 3월 16일에 임시육군무관학교조례가 공포되고, 1920년 3월 20일에 개교식이 있었기 때문에 육군사학 학칙은 별 의미가 없게 되어 여기서는 이를 생략한다.

모두 27개 조와 부칙 2개 조로 구성된 임시육군무관학교조례의 주요 내용은 다음과 같다.

- 육군무관학교는 중학 이상의 학력이 있는 만 19세 이상 만 30세 이하인 대한민국 남자로 입학케 하여 초급장교가 되기에 필요한 교육을 하는 것을 목적으로 한다. 단, 교장이 특히 수학 능력이 있다고 인정하는 자는 나이에 무관하게 입학을 허가한다.
- 학도의 교육은 교수와 훈육으로 구분하고, 그 교육강령은 교장이 기안하여 군무총장의 인가를 받아 정한다.
- 육군무관학교에는 교장 1인, 부관 1인, 교관 약간인, 학도대장 1인, 학도

대 부관 1인, 학도대 중대장 약간인, 주계(경리) 약간인, 군의 약간인, 서기 약간인 등을 둔다. 교장은 군무총장의 지휘통제를 받되, 참모본부가 설립되면 참모총장의 지휘통제를 받는다.
- 군사학 교관은 군사학 각 과의 교육을 담당하고, 기술 교관은 마술·검술·유도 등을 담당한다. 군사학 및 술과 교관 이외의 교관은 각기 정해진 교육을 담당한다.
- 학도대장은 학도대를 통솔하고, 학도의 훈육을 감독하며, 학도대 중대장으로 하여금 훈육을 담당케 한다. 학도대장은 교장 유고 시 이를 대리한다.
- 학도의 수학 기간은 20개월로 한다.
- 학도는 자퇴하지 못한다. 학업성적이 불량한 자, 군기를 문란케 하고 법규를 위반한 자. 품행이 부정한 자, 부상과 질병으로 수학이 불가능한 자, 졸업시험에 낙제한 자에 대해서는 퇴학을 명한다. 단, 학업성적, 질병, 졸업시험 불합격으로 퇴교 명령을 받은 자 가운데 희망이 있는 자는 재입학을 허가하거나 유급을 명할 수 있다.
- 질병 기타 부득이한 사정으로 인하여 수업 기간 내에 소정의 교육을 받지 못하거나 혹은 졸업시험을 보지 못한 자는 휴학 후 계속 수학을 명받을 수 있다.
- 졸업시험을 마치면 교장은 각 교관, 학도대장 및 중대장을 집합하여 회의를 열고 성적을 사정한 후 합격자의 서열을 정하고 군무총장의 인가를 받아 졸업증서를 수여한다.
- 졸업생은 참위로 임명하여 대부(隊附) 혹은 기타 근무를 명한다.
- 내지 및 외국 거류지에서 육군초급장교 양성을 목적으로 하는 학교는 모두 본 조례를 적용한다.

임시정부 육군무관학교의 초창기 운영과 교육은 교장 김희선과 교관 도인권·황학수가 담당했다. 김희선은 일본육사 출신으로 대한제국 참령 출신이고, 황학수는 대한제국 무관학교 제1회 졸업생이다. 도인권은 대한제국 특무정교(오늘날 원사) 출신으로 임시정부 군무부 군무국장 겸 육군무관학교 학도대장이었다.

1920년 6월 10일 자 상하이판《독립신문》에는 육군무관학교 제1회 졸업식 장면에 관한 기사가 나와 있다. 그 내용은 대체로 6개월 과정을 마친 졸업생들에게 황학수 교관의 호명에 따라 졸업증서가 수여되고, 장승조·박승근·황훈·강영한에게는 최우등상이, 황훈에게는 개근상이 수여되었다. 이어서 김희선 교장의 식사가 있었다.

"세상이 아무리 인도니 정의니 하더라도 최후의 권위 있는 판결은 위력(힘)이다. 일본이 강하다 할지라도 한국이나 중국의 세력이 이와 균형을 갖추면 동양은 평화를 얻을지니, 힘을 앞세우며 뒷세우며 하고서야 평화도 말하며 도덕도 말할 것이다. 그러므로 우리는 물질상으로 위력을 길러야 한다. 이에 졸업생들은 학교를 떠난 다음 깊이 연구하며 서로 사랑하고 한 데 뭉쳐 우리의 목표 조국광복을 보고 전진하기를 희망하노라."

이어서 이동휘 국무총리가 졸업생들에게 오직 조국광복을 위해 학업에 매진한 만큼 국가를 위하여 헌신할 것과 국민의 기대와 희망에 부응하기를 바란다는 내용의 축사를 하였다. 이어서 졸업생 대표 이현수의 답사가 있었다.

"오늘은 우리에게 가장 영광스러운 날이요, 오늘이 우리에게 영광스러운 날일수록 우리의 책임이 더욱 중대함을 깨닫습니다. (중략) 작년 3월 1일에 독립운동이 시작됨으로부터 우리는 우리에게 당한 이 책임을 다하지 아니하면 천만 대 후손에게 죄를 짓는 것으로 생각하였습니다. 그리고 조국을 광복하는 사업은 우리에게 희생을 요구하는 줄을, 피를 요구하는 줄을 깨달았습니다. 이에 우리는 결심하고 본교에 들어왔습니다. 학교에 들어온 후 교장 이하 여러 교관의 힘쓰심으로 '앞으로 갓'에 발을 드는 데까지 이르렀습니다. 이로부터 우리는 포연탄우(砲煙彈雨) 중에 서서 팔이 끊어지고 다리가 잘릴지라도 주저하지 아니하고 앞으로 나가서 우리의 국민성을 세계에 나타내며, 또한 이로써 교장 이하 여러 선생님의 높은 은혜에 보답하는 길을 삼으려 합니다."

졸업생 답사는 오늘날 사관학교 졸업식에서는 없지만, 나름대로 의미 있는 졸업식의 한 장면으로 보인다. 이어서 졸업생과 재학생 일동이 독립군가를 합창하고, 김희선 교장의 선창으로 만세삼창을 제창하는 것으로 식이 끝났다.

이날 졸업생과 재학생 일동이 독립군가를 불렀다는 기사 내용으로 볼 때 제1회가 졸업하기 전에 이미 제2회 신입생이 입학했음을 알 수 있다.

제2회 졸업을 끝으로

1921년 1월 1일자 상하이판 《독립신문》에는 육군무관학교 제2회 졸업식에 관한 기사가 나와 있다. 이에 따르면 1920년 12월 24일 내빈 300여 명이 참석한 가운데 육군무관학교 제2회 졸업식이 성대히 개최되었다고 한다.

무관학교장 대리 도인권의 사회로 시작하여 국기에 대한 경례, 애국가 제창, 도인권 교장 대리의 간단한 식사에 이어 졸업생 24명에게 종업증서를 수여하였다. 이어서 김철 교관의 학교역사 보고, 이승만 대통령과 이동휘 군무총장 겸 국무총리, 그리고 손정도 의정원의장의 훈시, 각 단체에서 보내온 축하장 낭독 후 졸업생 대표 이충실의 답사가 있었다. 그리고 군가 제창과 이동휘 국무총리의 선창으로 만세삼창을 끝으로 식을 마쳤다.

이승만 대통령의 훈시 요지는, 국민개병주의가 필요하다는 것과 철혈주의(鐵血主義)로 정신 무장하여 기회를 기다려야 한다는 것, 그리고 졸업생들은 목표를 완수할 때까지 희생정신으로 끝까지 분투할 것 등을 당부하는 내용이었다.

군무총장 겸 국무총리 이동휘는, 졸업생들이 모범적 군인이 되어 민족적 치욕을 씻기를 바란다는 것과 오늘부터 전쟁에 임하고 적을 대적하는 마음으로 용감하게 혈전에 대비할 것을 당부했다. 손정도 의장은 우리가 실력도 없고 군인도 부족하나 정의로써 적을 멸할 수 있으니, 정의에 헌신하여 군사 지식을 더 연구하라고 당부했다.

임시정부 육군무관학교는 제2회 졸업식을 끝으로 개교한 지 1년 만에 문을 닫고 말았다. 가장 큰 요인은 재정문제였다. 이미 제1회 졸업식 때 김희선 교장은, 정부 예산 지원 없이 상하이 거주 동포들의 성금으로 학교가 유지되었음을 시인하는 발언을 한 바 있다. 그런데 무슨 연유인지 상하이 교민의 성금이 중단되어 학교를 더는 운영할 수 없게 된 것이다.

임시정부 육군무관학교는 1회 18명, 2회 24명 등 모두 42명의 졸업생을 배출했다. 이들의 졸업 후 행적에 대해 확실하게 알려진 것은, 1921년 1월 7일 자로 군무총장 겸 국무총리 이동휘가 미국에 있는 이승만 대통령에게 보낸 비밀 보고서 <군무부의 역사보고 봉정(奉呈)의 건>의 별책 중 '군무부 직원 증감 보고서'에 나오는 제1회 졸업생 명단이다.

여기에는 제1회 졸업생 18명 가운데 6명이 무관학교 직원과 교관 또는 군무부 직원으로 임명된 명단이 나와 있다.

임시정부 육군무관학교 졸업생들의 졸업 후 행적을 알 수 있게 해주는 또 다른 근거는 무관학교 교관과 학도대장을 지낸 도인권의 다음과 같은 증언이라 하겠다. 도인권은 해방 후 귀국하여 1969년 타계했다.

"졸업생들은 신한국의 간성(干城)이 될 청년을 모집하여 군사교육을 실시하였다. 졸업생들은 중국 각 성(省)의 군관학교에 들어가 연성(硏成)하여 중국군대에서 복무하면서 대기케 하고, 그중에 열렬한 용사들로 공격대를 조직하여 압록강 변에 배치되어 있던 왜놈의 기관들을 습격하여 파괴하였다."[93]

이에 따르면 육군무관학교 졸업생들은 국민군 모집과 훈련을 담당하거나, 중국의 여러 군관학교에 입학해 졸업 후 중국군 장교로 복무했으며, 그리고 일부는 만주로 건너가 독립군으로 활약했다는 사실을 알 수 있다

임시정부 육군무관학교는 비록 수명은 짧았지만, 조국의 자주독립을 지키기 위해 설립된 대한제국 무관학교의 정신을 계승하여, 일제에 빼앗긴 조국의 자주독립을 쟁취하고자 대한민국임시정부가 새운 무관학교였다는 점에서 그 역사적 의미를 찾을 수 있다 하겠다.

중국 군관학교를 통한 군사 인재 양성

임시정부 육군무관학교가 문을 닫은 이후 한인 청년들은 중국의 여러 군관학교와 중국의 군관학교에 편성된 한인특별반, 그리고 김원봉이 개설한 조선혁명정치군사간부학교(이하 조선혁명간부학교로 약칭) 등을 통해 군사교육을 받았다. 이들은 졸업 후 중국군에 복무하거나 김원봉의 조

---

[93] 임시 정부 육군무관학교 졸업생들의 진출 현황에 대해서는 2017년 육군사관학교 특별학술대회에서 박일송(육사 전사과 교수)이 발표한 <대한민국 육군사관학교의 효시에 대한 연구>를 참조했다.

선의용대와 임시정부의 광복군에 합류하여 활동했다.

임시정부 육군무관학교가 개설되기 이전에도 한국인 청년들은 중국 군관학교에 진학하여 군사교육을 받았다. 중국 군관학교를 졸업했거나 재학한 사람들 가운데 광복군에 합류한 인원은 대략 40여 명에 이른다. 이들은 광복군 핵심 간부로 활약했다.

일제강점기 한인 청년들이 진학한 중국 군관학교로는 바오딩(保定 보정)군관학교, 윈난(雲南, 운남)육군강무학교, 황푸(黃浦, 황포)군관학교를 비롯하여 구이저우(貴州, 귀주)광무학교, 한단군사강습소 등이 있다. 바오딩군관학교는 1885년 이홍장이 중국 최초로 세운 톈진무비학당(武備學堂)을 계승하여 1902년에 위안스카이가 세운 사관학교였다.

바오딩군관학교에 입학한 한국인 가운데 이름이 알려진 인물로는 오광선·조개옥·김무정 등이 있다. 오광선은 중국 군벌 간의 내전으로 바오딩군관학교를 마치지 못하고 신흥무관학교에 다시 입학해 졸업했다. 해방 후 광복군 국내지대장을 역임하고 태릉 육사를 거쳐 대령으로 임관, 준장으로 전역했다. 조개옥은 해방 후 태릉 육사를 거쳐 임관, 6·25전쟁 초기 중령으로 전사하였다. 6·25전쟁 초기 인민군 제2군단장으로 춘천 방면 공격을 담당했다가 실패해 교체된 김무정(통산 '무정'으로 호칭)은 이 학교 포병과를 이수했다.

윈난강무학교에 최초로 입학한 한국인은 이범석을 비롯한 5인이다. 이들은 대한민국임시정부가 수립되기 이전인 1916년에 입학하였다. 대한제국 무관학교 출신 신규식이 당시 윈난성 실권자인 탕지야오(唐繼堯, 당계요)에게 부탁하여 성사된 것이다. 탕지야오는 일본육사를 졸업하고 귀국길에 한국을 들른 일이 있어 한국에 대해 동정적이었다. 그는 후일 대한민국 정부로부터 건국훈장을 받았다.

대한민국임시정부 수립 이후에도 한인 청년들의 윈난강무학교 입학은 계속되었다. 이들이 모두 신규식의 주선으로 입학한 것은 아니다. 신규식은 1922년에 타계했기 때문이다. 신규식은 윈난강무학교 이외에도 바오딩군관학교와 구이저우강무학교 등에도 한국 젊은이들의 입학을 주선해주었다.

윈난강무학교를 졸업한 한국인이 정확히 얼마나 되는지는 알 수 없다. 대부분 중국인으로 위장해 입학했기 때문이다. 대략 50여 명이 넘을 것으로 추산된다고 한다.

이들 가운데 이름이 알려진 인물은 이범석(광복군 참모장, 대한민국 초대 국방부장관)을 비롯하여 이준식(광복군 제1지대장, 육군사관학교 교장, 중장), 김관호(광복군총사령부 참모처장. 육사 제7기 특기, 소장), 신흥무관학교 졸업생 김훈 등이 있다. 북한 정권의 초대 민족보위상(국방부장관) 겸 인민군총사령 최용건(최추해)도 이 학교를 졸업했다.

김훈(본명 김춘식)은 청산리 전투 이후 임시정부가 있는 상하이로 파견되어 청산리 전투에서 독립군의 활약상을 소개하여 청산리 전투가 세상에 널리 알려지게 하였다. 이후 그는 만주로 귀환하지 않고 윈난강무학교 포병과에 '양림(양주평)'이라는 이름으로 입학, 1923년 졸업하였다.

권기옥, 한국 최초의 여성 비행사
(출처: 우리역사넷)

이들 이외에 윈난육군항공학교 출신으로 우리나라 최초의 여성 비행사이자 대한민국 '공군의 어머니'라고 불리는 권기옥(임국영) 여사가 있다. 권귀옥 여사는 임시정부의 추천과 탕지야오의 배려로 1924년 윈난육군항공학교에 입학해 이듬해 제1회로 졸업했다. 중국 공군 장교로 1932년 일본군이 상하이를 침공해 오자 출격하여 세운 공으로 중국 정부로부터 훈장을 받았다. 대한민국 정부로부터는 건국훈장을 받았고, 사후 국립현충원 애국지사 묘역에 안장되었다.

구이저우강무학교에는 김홍일이 입학했다. 김홍일은 후일 광복군 참모장을 지냈고, 해방 후 육사 교장, 군단장 등을 역임했다.

한국노병회(韓國勞兵會)에서 주관하여 중국 허난(河南, 하남)성 한단군사강습소에 10여 명의 청년이 입학한 사례도 있다. 노병회는 조국광복에 공헌할 군인 양성과 군자금 모집을 목표로 만든 임시정부 외곽단체였다.

한단강습소 졸업자 가운데 잘 알려진 인물은 광복 후 육군사관학교 교장과 경비대총사령관을 지낸 송호성이 있다. 송호성은 신흥무관학교 졸업 후 한단강습소에 진학해 졸업 후 중국군 장교로 복무하다가 광복군이 창설되자 여기에 합류했다.

이밖에 뤄양(洛陽, 낙양)강무학교를 졸업한 한국인으로는 채원개가 있다. 그는 중국군 장교로 임관, 1927년 황푸군관학교에 파견되어 한인 학생을 지도하였다. 1930년 이후 중국군의 작전참모, 참모장 등 요직을 두루 거쳤다. 1942년에는 한국광복군 총사령부 총무처장에 취임하였다. 해방 후 태릉 육군사관학교 제3기로 임관, 여단장(대령)을 역임했다.

황푸군관학교 출신들

임시정부 육군무관학교가 문을 닫은 이후 한국인 청년들이 군사교육을 받은 중국 군관학교 가운데 가장 많이 입학한 곳이 황푸군관학교였다. 이 학교는 쑨원이 국민혁명에 필요한 간부를 양성하기 위해 레닌의 지원을 받아 1924년에 설립했다.

1925년 쑨원이 사망한 데 이어 제1차 국공합작이 결렬됨에 따라 황푸군관학교는 제7기를 끝으로 폐교되고, 장제스의 국민당 정부가 1928년 난징에 설립한 중앙육군군관학교로 계승되었다.

황푸군관학교에 한인 청년들이 입학한 것은 1924년에 입학한 제3기부터다. 이때 차정신 등 4명이 입학했다. 차정신은 임시정부 육군무관학교 졸업생이다.

이어서 1926년 3월 제4기에 24명이 입학했다. 이들은 김원봉이 이끌던 의열단원들이었다. 그간 전개한 의열 투쟁으로 인해 투쟁 역량의 소모와 한계를 자각한 김원봉이 군대조직을 통한 무장투쟁으로 노선을 전환하고, 황푸군관학교 교장 장제스를 직접 만나 의열단 입학을 요청하여 승인을 받았다.

이후에도 한국인 입학생들이 이어져 제3기부터 제7기까지 황푸군관학교 본교와 분교에 입교한 한국인은 적어도 200여 명에 달한다.[94]

이들은 졸업 후 대부분 장제스의 국민혁명군에 가담하여 중국 군벌을 타도하기 위한 북벌(北伐)에 참전하였고, 일부는 1927년 12월 광둥 공산봉기(광둥 코뮨)에 참가하여 많이 희생되었다.

---

94 한시준, 《한국광복군연구》(일조각, 1993), 26쪽.

김원봉을 중심으로 하는 제4기 졸업생은 김원봉이 설립한 조선혁명간부학교, 조선민족혁명당, 조선의용대 등에 참여하면서 독립운동의 주요 세력으로 떠올랐다.

황푸군관학교에는 한국인 교관들도 있었다. 러시아어 교관 오성륜, 한국인 학생 지도관 채원개, 구대장 최추해(최용건), 기술주임 양림(김훈), 기술조교 오명 등이 그들이다. 황푸군관학교를 졸업하고 동교 교관을 지낸 인사로는 권준과 박시창이 있다.

오성륜은 의열단원으로 1922년 3월 상하이 황포탄 부두에서 일본군 다나카 대장을 저격했으나 실패, 일본영사관에 구속 중 탈출에 성공했다. 이후 공산주의로 전향 모스크바 공산대학을 졸업하고 1926년 황푸군관학교 러시아어 교관에 부임했다. 이 무렵 중국공산당에 가입하고 1927년 김산(본명 장지락)과 함께 광둥 공산봉기에 참가했으나 실패로 끝난 후 상하이로 탈출하였다. 이후 만주로 파견되어 공산혁명 활동을 계속하였다.

윈난강무학교를 졸업한 최용건(최추해)은 제1차 국공합작이 결렬되자 광둥 공산봉기에 참가해 한인들을 지휘했으나 많은 희생을 치렀다. 간신히 살아남은 최용건은 만주로 건너가 중국공산당이 주도해 조직한 동북항일연군에서 활동했다.

1940년 11월부터 일본 관동군이 만주에 있는 항일무장세력에 대해 대대적인 토벌 작전을 벌이자, 최용건은 부대를 이끌고 소련 극동군 제88국제여단에 참가해 김일성·김책과 더불어 트로이카를 이루었다. 김일성과의 이런 인연으로 최용건은 해방 후 북한 정권의 초대 인민군총사령관 겸 민족보위상에 올랐다.

신흥무관학교를 졸업하고 청산리 전투에 참전한 바 있는 김훈은 윈난강무학교를 우수한 성적으로 졸업하고 중국군 장교로 임관, 황푸군관학교 기술주임으로 부임했다. 여기서 정치주임 저우언라이(周恩來, 주은래, 중화인민공화국 초대 수상)의 총애를 받아 중국공산당에 가입, 중국공산당 홍군의 대장정에 참여하여 1936년 2월 황하 도하작전 중 국민당군의 공격을 받아 전사했다. 그에게는 뒤늦게 건국훈장이 추서되었다.

황푸군관학교 출신으로 광복군에 합류한 인원은 24명이며, 이 가운데 해방 후 국군 장교가 된 사람은 14명이다.

권준(제4기, 잠편지대장) 육사 제8기 특기, 수도경비사령관(소장)
박시창(제5기, 총사령부 고급참모) 육사 제3기, 부군단장(소장)
장흥(제5기, 중국군 상교) 육사 제7기 특기, 관구사령관(소장)
고시복(제10기, 총사령부 부관) 육사 제2기, 병사구사령관(준장)
최덕신(제10기, 잠편지대장) 육사 제3기, 육사 교장, 군단장(중장)
김동수(제10기, 지대 간부) 특별임관, 사단장(준장)
안춘생(제10기, 구대장) 육사 제8기 특기, 육사교장, 부군사령관(중장)
나태섭(제10기, 총사령부 주계) 육사 제7기 특기, 대령 전역
박기성(제11기, 제5지대 및 총사령부) 육사 제3기, 육본 군사감(준장)
유해준(제15기, 제2지대 창설 요원) 군사영어학교, 군부사령관(소장)
박영준(제17기, 총사령부 서무과) 육사 제8기 특기, 사단장(소장)
강홍모(제20기, 제1지대) 육사 제4기, 대령 전역
이건국(제20기, 제3지대) 육사 제4기, 대령 전역
장철부(제20기, 제1지대) 육사 제5기, 전사(중령·태극무공훈장 추서)

제5기까지 3명은 황푸군관학교 졸업생이고, 제10기생 이하는 중앙육군군관학교 졸업생이다.

제5기생 장흥은 광복군에 참여하지 않고 중국군 대령으로 해방을 맞았다. 제10기 4명은 다음 절에 설명할 뤄양군관학교 한인특설반 출신들이다. 제20기생 3명은 학병으로 중국 전선에 출전한 후 일본군을 탈출해 광복군에 합류, 김홍일 참모장의 추천으로 청두(成都, 성도) 중앙육군군관학교에 입학해 졸업했다. 이들 14명 가운데 최덕신을 제외한 나머지 13명은 모두 독립유공자로 건국훈장을 받았다.

조선혁명간부학교, 뤄양군관학교 한인특별반, 중앙육군군관학교 성자분교

중국 군관학교와는 별도로, 중국 국민당정부의 협조를 받아 중국 군관학교에 설치된 '한인특별반' 또는 '별도의 한국인 군관학교'에서 군사교육을 받은 한국인들이 있다.

별도의 한국인 군관학교로는 조선혁명간부학교가 있다. 이 학교는, 김원봉이 만주사변을 계기로 의열단의 새로운 활로를 개척하기 위해 1932년 난징에 세운 정치군사학교다. 그는 황푸군관학교 중국인 동창들의 인맥을 이용해 한중합작과 반만항일(反滿抗日)의 기치를 내세워 이 학교를 설립했다. 일제 당국에 알려지면 외교적 분쟁을 우려한 중국 측은, 이 학교 이름을 '국민정부 군사위원회 간부훈련반 제6대'로 위장했다.

교장은 김원봉이고, 의열단 출신 황푸군관학교 졸업생들이 학교 운영과 교육을 담당했다. 이 학교를 통해 1932년부터 1935년까지 3개 기에 걸쳐 모두 125명의 졸업생을 배출했다. 이들은 대부분 김원봉의 조선민족혁명당에 가담함으로써 김원봉의 세력 기반이 되어, 김원봉이 김구·지청천과 같은 지도자의 반열에 오르는데 인적 자산이 되었다.

졸업생들은 1940년대 조선의용군과 한국광복군의 중견 간부 또는 전위 투사로 활동하였다. '청포도'와 '광야'를 지은 민족시인 이육사가 이 학교 출신이다.

이육사는 1932년 난징에 있는 김원봉의 조선혁명간부학교 제1회로 입학, 이듬해 졸업하고 귀국해서 영천의 백학학원 후배 이원대와 이진영을 조선혁명간부학교 입교를 권유해 이 두 사람은 간부학교 제2기생으로 졸업했다.

이원대는 졸업 후 중국 국민당 군대에 배속되어 활동하다가 일본군에 체포되어 모진 고문 끝에 총살당했다. 이진영은 광복군 총사령부 참모처에서 활동했고, 해방 후 귀국하여 국군 장교가 되었으나, 6·25전쟁 때 북한군과 교전 중 전사하였다. 이육사·이원대·이진영 3인에게는 건국훈장이 추서되었다.

김원봉의 조선혁명간부학교와는 별도로 김구가 장제스의 지원을 받아 1934년 뤄양군관학교에 한인특별반을 설치해 한인들에 대한 군사교육을 실시했다. 김구가 장제스의 지원을 받게 된 데는 윤봉길 의사의 의거가 계기가 되었다.

한인특별반의 정식 명칭은 '중앙육군군관학교 제2총대 제4대대 육군군관훈련반 제17대'다. 제16대까지는 중국인으로 편성되었고, 제17대는 한인 청년들을 위해 특별히 편성된 것이었다.

김구는 만주에서 한국독립군 총사령으로 활동한 지청천을 총교도관으로, 중국군 장교로 있던 이범석을 교관 겸 학생대장으로, 만주 한국독립군 출신의 오광선·조경한·윤경천 등을 교관으로 임명하였다. 이렇게 하여 교육과 훈련은 만주 독립군 출신들이 담당하였다.

학교의 운영은 김구의 측근인 안정근과 안공근 등이 담당하였다. 안정근은 안중근 의사의 첫째 동생으로 해방 1년 전 상하이에서 병사했고, 둘째 동생 안공근은 1939년 행방불명되었다. 두 사람 다 독립유공자로 건국훈장을 추서 받았다.

1934년 2월 뤄양군관학교 한인특설반에 92명이 입학하였다. 입학생들은 김구·지청천·김원봉 계열로 구성되었다. 이들 세 지도자 사이의 투쟁 노선 차이와 계보가 다른 학생들 간의 감정 대립 등으로 한인특설반 운영이 순탄하지 못했다.

이로 인해 김구는 1934년 8월 자신의 계열 학생 38명 가운데 25명을 난징으로 철수시켰고, 이범석 등 교관들도 사직했다. 이후 나머지 학생들은 중국인 대대에 분산 배치되어 교육을 받고, 1935년 4월 62명이 졸업했다. 이들을 끝으로 뤄양분교 한인특별반은 폐쇄되었다.

김구는 뤄양군관학교에서 철수시킨 학생들 가운데 김인·노태준·안춘생·고시복·최덕신·김동수 등을 중국 중앙육군군관학교 제10기에 입학시켰다. 김인은 김구의 장남으로 광복군 제5지대에서 활동했다. 그는 안중근 의사의 첫째 동생인 안정근의 딸 안미생과 결혼하였으나, 해방 직전인 1945년 3월 충칭에서 폐결핵으로 병사하였다. 김인과 안미생에게 건국훈장이 추서되었다.

노태준은 임시정부 군무총장과 국무총리를 지낸 노백린의 차남으로 이범석이 이끈 광복군 제2지대 간부로 활약했고, 해방 후 이범석이 조직한

민족청년단 조직부장으로 활동했다. 이범석이 국무총리 겸 국방부장관에 오르자 국무총리 비서실장에 기용되었다.

안춘생은 안중근 의사의 5촌 조카로 광복군 제2지대의 국내정진군에 편성되어 활동 중 해방을 맞았다. 귀국 후 태릉 육사를 거쳐 임관했다. 진해에서 재개교한 4년제 육군사관학교 초대 교장을 역임하고 중장으로 전역했다. 초대 독립기념관장을 지냈다.

고시복은 중국군 장교로 복무하다가 광복군 창설에 참여하고 광복군과 임시정부에서 활동했다. 해방 후 태릉 육사 제2기로 졸업, 6·25전쟁 때는 연대장으로 활약하였다.

김동수는 광복군 제5지대와 제2지대에서 활동했다. 해방 후 특별 임관, 사단장(준장)을 역임했다.

뤄양군관학교 한국인특별반의 김원봉 계열 학생들도 중국 중앙육군군관학교에 입학하였다. 특히 제11기에는 21명의 입교자 가운데 김원봉의 의열단 계열이 14명을 차지했다.

중앙육군군관학교 본교 이외에 각지에 설치된 분교에도 한인 학생들이 입교하였다. 이렇게 해서 뤄양군관학교를 비롯한 난징의 중앙육군군관학교와 그 분교를 졸업한 한국인은 1934년부터 1937년 사이에 대략 200명 정도로 파악된다.

이들은 김구·지청천·김원봉 계열들로 졸업 후 이들이 주도하는 독립운동 단체에서 활동하였다. 김구 계열은 중일전쟁 이후 지청천 계열과 연합하여 광복군 창설에 기초적 역할을 하였다. 이들 졸업생 가운데는 중국군에 복무한 자도 적지 않다. 그러나 이들도 광복군이 창설되면서, 대부분 광복군으로 합류하여 활동했다.

이 밖에도 한국인 청년들이 집단으로 군사교육을 받은 중국 군관학교로는 중앙육군군관학교 성자(星子)분교가 있다. 성자분교 입학은 주로 김원봉이 이끌고 있던 조선민족혁명당이 주도하였다. 모집된 83명은 1937년 12월 성자분교 특별훈련반 제4중대에 편입하여 훈련을 받았다.

훈련이 시작된 지 얼마 되지 않아 난징이 일본군에 점령당하자, 학생들은 후베이성(湖北省, 호북성) 강릉(江陵)으로 교육 장소를 이동하였다.

1938년 5월, 6개월 과정의 교육을 마친 이들은 민족혁명당 본부가 있는 한커우(漢口)에 도착, 민족혁명당에 가입하고, 조선의용대 창설 요원이 되었다.

조선의용대는 이후 중국공산당이 장악하고 있는 지역으로 주력이 탈출해 조선의용군으로 발전했고, 충칭에 남아 있던 김원봉 이하 잔류인원은 광복군에 편입되었다.

02
한국광복군, 대한민국임시정부 국군

군사위원회 설치와 군사특파단 파견

중일전쟁(1937.7.7)이 발발하자 임시정부는 전시체제에 들어가 곧바로 군무부에 군사위원회를 설치했다. 이 위원회는 독립전쟁 계획 수립과 군사간부 양성, 그리고 군사 서적 연구·편찬을 목적으로 설치되었다.

위원 선발 방침은 군관학교 졸업자를 원칙으로 하되, 전투 경험이 많은 자로 하였다. 이에 따라 유동열·지청천·이원복·현익철·김학규·안공근 등 6명을 위원으로 선임했다.[95]

유동열과 지청천은 일본육사 출신이고, 이원복은 지청천과 함께 만주에서 한국독립군으로 활약했다. 이원복은 당시 미 육사 출신으로 알려진

---

95   국사편찬위원회 한국사데이터베이스 9, <군사위원회 설치에 관한 기사>(1937.7.16).

인물인데, 그 여부는 알 수 없다. 김학규는 신흥무관학교 출신으로 남만주의 조선혁명군 참모장을 지냈다. 안공근은 안중근 의사의 둘째 동생으로 1931년 조직된 한인애국단 창단에도 참여하여 이봉창 윤봉길 의거를 기획하였으며, 김구가 개설한 뤄양군관학교 한인특설반에서 근무한 바 있다. 현익철은 만주에서 독립운동을 전개한 인물이다.

군사위원회 설치 후 임시정부의 군사 정책은 초급장교 양성과 1개 연대 편성을 제1차 목표로 삼고 세출 총액 58만 원 가운데 64%인 37만 원을 군사비로 책정했다. 군사비 37만 원은 부대 편성비에 30만 원, 장교 양성비에 7만 원을 책정하였다.

그러나 일본군의 점령지역이 확대됨에 따라 임시정부가 계속 옮겨 다니느라 군사비는 임시정부 운용을 위한 긴급경비로 사용되고 말았다. 그 결과 군사위원회가 계획했던 군대 편성과 간부 양성 사업은 추진되지 못하였다.

임시정부가 1939년 5월 치장에 도착한 이후 군대 창설을 위한 작업에 착수했다. 치장은 중국국민당 정부가 임시수도로 정하고 있던 충칭의 남쪽 소도시로 비교적 전란으로부터 안전한 지역이었다. 여기서 임시 정부는 일본군 점령지역에 거주하는 한인 청년들을 대상으로 병력을 모집한다는 계획에서 군사특파단을 구성하여 그 지역에 파견하기로 하였다.

이에 따라 조성환을 단장으로 황학수·이준식·나태섭·노복선·서파 등으로 구성된 군사특파단이 1939년 11월 시안으로 출발했다. 조성환·황학수는 대한제국 무관학교 졸업생이고, 이준식은 윈난강무학교 졸업생이다. 나태섭과 노복선은 중국 중앙육군군관학교 졸업생이다.

군사특파단의 주요 임무는 시안에 군사 거점을 확보하는 일과 함께 화베이(華北, 화북) 지역의 한인 동포들을 대상으로 선전 및 모병 활동을 전개하는 일이었다.

당시 시안은 일본군이 점령한 화베이 지역과 최전선을 이루고 있는 곳으로, 화베이 지역에 이주해 있는 20여만 명의 한인 동포들을 대상으로 모병 활동을 전개할 수 있는 요충지였으며, 2백만 한인들이 거주하고 있는 만주 지방으로 나아가는 전진기지이기도 하였다.

군사특파단이 시안에 도착한 후 중국 중앙육군군관학교를 졸업하고 중국군에 복무하고 있던 안춘생·노태준·조인제를 비롯하여 전·현직 중국군 장교와 그 지역 거주 동포 등이 합류해 왔다.

시안에 파견된 군사특파단은 1940년 11월 광복군 총사령부가 이곳으로 이전함과 동시에 해체되었다. 조성환 단장은 광복군 총사령이 된 지청천의 후임으로 군무부장에 선임되어 충칭으로 복귀하였다. 나머지 단원들은 시안총사령부 간부로 활동을 계속하였다. 군사특파단은 광복군 지대 편성에 있어서 중요한 역할을 했다.

광복군 창설 교섭

광복군 창설은 우선 중국 정부로부터 승인을 받아야만 병력도 모집하고 자금 지원을 요구할 수 있었다. 따라서 임시정부는 군사특파단을 파견하여 병력 모집에 착수하는 한편, 중국정부를 대상으로 광복군 창설에 대한 협조와 지원을 요청하는 교섭에 나섰다.

교섭은 주로 김구가 담당했다. 김구는 중국국민당의 한국 담당자들에게 화베이 지역을 점령한 일본군 중에 한인 사병들이 있고, 이들 가운데 일본군을 탈출하여 독립운동에 참여하려는 청년들이 많다고 하면서, 이들을 일본군에서 빼내면 중국의 항일전에 유익할 것이라는 논리로 중국 측에 광복군 편성에 협조하도록 요청했다.

김구의 광복군 창설 제안은 중국국민당 한국 담당자들에게 상당한 공감을 불러일으켰고, 국민당 조직부장 주자화(朱家驊, 주가화)는 1940년 3월 장제스에게 광복군 창설을 원조해 주도록 요청하였다. 이에 장제스는 김구가 비준을 희망하는 사항을 하잉칭(何應欽, 하응흠) 군사위원회 참모총장과 협의해 처리하라는 답신을 주자화에게 보냈다. 광복군 창설에 가장 우호적으로 협조했던 주자화는 후일 대한민국 정부로부터 건국훈장을 받았다.

장제스의 긍정적인 반응이 있게 되자, 김구는 1940년 5월 한국독립당 중앙집행위원장 명의로 '한국광복군편성계획대강'을 작성하여 중국 측에 제출했다. 당시 김구가 임시정부 주석이 아닌 한국독립당 중앙집행위원장 명의로 광복군편성계획안을 제출한 것은 중국 측 협상 대상이 중국 국민당이었기 때문에 취한 조치로 보인다.

김구가 중국 측에 제출한 광복군편성계획안은 모두 11개 항으로 되어 있는데 그 가운데 중요 사항은 다음과 같다.

- 한국광복군은 중국 항일군과 동일 보조를 취하여 중한 연합작전의 의의를 내외에 과시한다.
- 한국광복군 편성 규모는 잠정적으로 1개 사단을 기준으로 한다.
- 한국광복군은 한국광복군총사령부에서 관할하고, 중국군사최고영수가 중한연합군 총사령의 자격으로 통솔·지휘한다.
- 먼저 현재 인원으로 총사령부를 조직한다.

- 만주 지역에서 활동한 한국독립군, 일본군 점령지역 내의 한인 장정, 국내와 만주 지역의 지원자. 일본군 탈출 한인 장병, 중국군이 억류하고 있는 한인 일본군 포로 등으로 광복군을 편성한다.
- 중국 각 기관에 복무하고 있는 한인 군관들을 소집하여 기본으로 삼고, 중국인과 한인 사병을 소집하여 부대를 편성한다.
- 총사령부에 특무부를 설치하여 선전·조직·모집·정찰·선동·파괴 등 공작을 전개한다.
- 광복군을 속히 인준하고, 준비 자금 50만원과 경상비와 무기를 지급해 줄 것을 중국정부에 요구한다.

이상과 같은 김구의 광복군편성계획안은 중국군사위원회의 실무 검토 결과 다음과 같은 몇 가지 문제점이 지적되었다.

- 한국 측의 현재 가용한 인원은 60여 명에 지나지 않는데 1개 사단으로 규모를 정한 것은 지나치다.
- "중국군사최고영수를 중한연합군 총사령 자격으로 통솔·지휘한다"라는 조항은 삭제되어야 한다. 우리나라(중국) 영수는 이러한 시간도 없고 또 중국과 한국의 지위는 같지 않아 아울러 논할 수 없다.
- 한국광복군은 현재 인원수가 많지 않아 일반 군대의 편제로 한다면 배치하기 어려운 형편이다. 따라서 총사령부와 3개 종대(縱隊)로 편성하고, 연락 참모 또는 정치국원을 두어 중국 중앙군 파견원과 연락하도록 할 것을 권고한다.
- 한인 포로를 광복군에 편성한다는 계획은, 장제스 위원장이 이미 조선

의용대에 한인 포로를 보내기로 했기 때문에 시행이 어렵다.
- 중국인을 광복군에 편성하는 방법은 폐단이 있을 수 있다.
- 요구한 경비는 지나치게 많다. 중국 정부의 지원 방법은 조선의용대의 경우처럼 현재 인원수에 따라 생활비 및 활동비를 지급한다.

중국군사위원회가 지적한 문제점 가운데 가장 핵심적인 부분은 중국과 한국은 지위가 같지 않으므로 광복군과 중국군이 연합군일 수 없다는 것이다. 이는 광복군을 광복군총사령부가 통솔하는 것에 반대해 조선의용대처럼 광복군도 중국 군사위원회에 예속되어야 한다는 것을 의미한다.

이에 김구는 광복군이 군사 활동 면에서는 중국 군사 당국의 통제에 따라야 하지만, 광복군에 대한 통수권은 대한민국임시정부에 두어야 한다고 주장했다. 광복군 통솔 문제를 놓고 양측의 입장이 팽팽하게 맞서 광복군 창설을 위한 협상은 난항에 빠졌다.

한국광복군 창설, 대한제국 국군 계승

중국 군사위원회가 광복군 창설에 대한 승인도, 지원도 해주지 않고 있을 뿐만 아니라, 광복군을 조선의용대처럼 중국 군사위원회에 예속시키려고 하는 상황에서, 대한민국임시정부는 중국의 원조를 받아 광복군을 창설하려던 당초의 계획을 바꾸어, 자력으로 광복군을 창설해 놓은 다음 중국 측의 승인과 원조 문제를 교섭하기로 방향을 전환하였다. 그리하여 재정을 확보하기 위해 미국과 하와이에 거주하는 동포들에게 지원을 요청하였고, 이들 동포가 보내 준 후원금으로 한국광복군총사령부 창설식을 거행할 수 있게 되었다.

1940년 9월 15일, 김구는 대한민국임시정부 주석 겸 한국광복군창설위원회 위원장 자격으로 한국광복군선언문을 발표했다. 그 요지는, 조국의 독립을 위하여 광복군을 창설한다는 것과 "중화민국 국민과 합작하여 두 나라의 공동의 적인 일본 제국주의자들을 타도하기 위하여 연합군의 일원으로 항전을 계속한다."라는 것이었다. 이 선언문은 대한민국임시정부 주석 명의로 발표했다는 점에서 광복군은 대한민국임시정부 국군이며, 또한 중국의 동맹군임을 천명한 것이다.

한국광복군총사령부 창설식 끝난 후(출처: 우리역사넷)

선언문 발표 이틀 후인 1940년 9월 17일, 충칭에서 역사적인 한국광복군 총사령부 창설식이 거행되었다. 이날이 바로 광복군 창설일이다.

이날 식전에서 조소앙 외무부장이 낭독한 광복군총사령부성립보고서를 통해 "한국광복군은 일찍 1907년 8월 1일 군대해산에 이어 성립된 것이다. 바꾸어 말하면, 왜적이 우리 국군을 해산하던 날이 곧 우리 광복군 창설 때인 것이다."라고 하여 광복군이 대한제국 국군의 항일 투쟁 정신과 이를 이어받은 의병-독립군으로 이어진 맥을 계승하고 있음을 천명하였다.

광복군 총사령부 창설 당시 간부들의 인적 구성을 보면 광복군은 대한제국 국군, 만주 독립군을 계승하고 있음을 알 수 있다. 일반적으로 알려진 창설 당시 총사령부 간부진은 다음과 같다.

총사령 지청천

참모장 이범석

참모 이복원 김학규 공진원(고운기) 유해준 이준식

부관장 황학수

부관 조시원 조인제 노복선 고일명(고시복)

주계장 조경한

주계 지달수 나태섭(왕중량) 민영구 김의한 전태산

　광복군은 대한제국 국군의 항일투쟁 정신을 계승하고 있을 뿐만 아니라 인적 맥락에서도 대한제국 국군을 계승하고 있다. 총사령 지청천, 부관장 황학수, 군사특파단장 조성환, 참모총장 유동열 등은 모두 대한제국 무관학교 출신이거나 대한제국 장교 출신이다.

　광복군은 인적 맥락에서도 독립군을 계승하였다. 총사령부 출범 당시 인적 구성을 보면 만주 독립군 출신들이 주류를 형성하고 있음을 알 수 있다. 총사령 지청천과 참모장 이범석을 비롯하여 참모 이복원·김학규·고운기(공진원)·이준식, 부관장 황학수, 주계장 조경한, 주계 지달수·전태산 등은 모두 만주 독립군 출신들이다.

　총사령부 간부진의 또 다른 특징으로 대한제국 무관학교를 비롯해 일본육사, 신흥무관학교, 그리고 황푸군관학교를 비롯한 중국의 여러 군관학교 등에서 정식 군사교육을 받은 자들이라는 점을 들 수 있다.

　총사령부 설립 당시 지청천은 대한제국 무관학교를 거쳐 일본육사를 졸업했고, 부관장 황학수는 대한제국 무관학교, 이범석·이준식은 윈난육군강무학교, 김학규는 신흥무관학교, 고운기·조경한·전태산·지달수 등은 뤄양군관학교, 나태섭은 뤄양군관학교와 중앙육군군관학교, 그리고 유해준은 청두 육군중앙군관학교 출신이다.

이들 가운데 해방 후 국군 장교가 된 사람으로는 유해준(군사영어학교, 소장), 이준식(육사 제8기 특별1반, 중장), 고시복(고일명, 육사 제2기, 준장), 나태섭(왕중량, 육사 제5기, 대령) 등이 있다.

통수체제 확립과 시안총사령부 설치

광복군 훈련 장면(독립기념관 소장)

광복군 총사령부 설립 20일 만인 1940년 10월 9일 임시 정부는 개헌을 단행, 집단지도체제를 주석 단일지도체제로 전환하고 김구를 주석으로 선임하였다. 그리고 같은 날 광복군총사령부조직조례를 공포하였다.

주요 내용은, 광복군총사령부는 대한민국임시정부 주석의 직할 아래 둔다는 것, 총사령은 동원 및 작전계획에 관하여는 참모총장의 지시를 받고 예산과 인사 등 군정에 관하여는 군무부장의 지시를 받는다는 것, 총사령부에는 참모장 1인을 두고 비서처·참모처·부관처·정훈처·관리처·편련처·포공처·경리처·군법처·위생처 등 10개 처와 특무대와 헌병대를 설치한다는 것 등이었다.

총사령부조직조례에 따라 비서처장 최용덕(대한민국 초대 국방부 차관, 제2대 공군참모총장·중장), 참모처장 채원개(육사 제3기, 대령), 부관처장 황학수, 정훈처장 겸 경리처장 조경한, 편련처장 송호성(육사 제2기, 경비대총사령관·준장), 위생처장 유진동 등 6개 처장을 임명하고 나머지 4개 처는 공석으로 두었다.

임시정부 지도체제를 주석 단일지도체제로 개편한 후 통수부를 설치했다. 통수부는 주석 김구 밑에 참모총장 유동열, 군무부장 조성환, 내무부장 조완구 등을 참모로 구성했다. 이로써 주석이 최고통수권자로 위상을 확보함으로써 주석에서 총사령으로 이어지는 광복군의 통수체계가 확립되어 광복군은 편제상으로도 임시정부의 직할군대가 된 것이다.

이제 남은 과제는 병력을 모집하여 하부 조직인 지대를 편성하는 것이었다. 이를 위해 병력 모집에 유리한 시안에 총사령부를 설치하기로 하였다. 이에 따라 총사령 지청천과 참모장 이범석 외에 필요한 간부 약간 명을 충칭에 남겨 중국 군사 당국과의 협정 문제 등을 마무리하도록 하고, 나머지 요원들은 1940년 11월 시안으로 이동하였다.

시안총사령부는 황학수를 총사령 대리, 김학규를 참모장 대리로 하고, 참모조, 부관조, 경제조, 선전조 등으로 기구를 편성하였다.[96]

시안에 총사령부가 설치됨으로써 그간 시안에서 활동하고 있던 군사특파단은 해체되고, 특파단장 조성환은 광복군 총사령으로 취임한 지청천 후임으로 군무부장에 부임하기 위해 충칭으로 복귀했다. 특파단원 황학수는 시안총사령부 총사령 대리로 취임하고, 이준식은 참모조 조원으로 임명되었다.

시안총사령부 경제조의 지달수와 선전조의 지복영은 총사령 지청천의

---

96 《한국광복군연구》, 143쪽.

아들과 딸이고, 선전조의 조순옥은 부관조 조시원의 딸이며, 선전조의 오광심은 참모장 대리 김학규의 부인이다. 이들은 모두 해방 후 대한민국 정부로부터 건국훈장을 수여 받았다.

지대 편성과 모병활동 전개

광복군 제3지대(독립기념관 소장)

총사령부가 시안에 설치되면서 군사특파단과 총사령부 인원을 중심으로 3개 지대(支隊) 편성에 들어갔다. 지대는 여단 또는 사단을 목표로 편성된 기간조직이다.

제1지대는 지대장 이준식을 비롯해 노태준·안춘생·노복선 등 군사특파단 출신들을 중심으로 조직되었다. 이들은 대부분이 중국 군관학교에서 군사교육을 받았고, 중국군 장교로 복무한 경험을 가진 자들이었다. 제1지대 근거지는 산시성 린펀(臨汾, 임분), 활동 구역은 산시성 및 허난성(河南省, 하남성)이었다.

제2지대는 시안 총사령부 인원을 중심으로 편성되었다. 간부진은 지대장 고운기(공진원)를 비롯하여 나태섭(육사 제7기 특별반, 대령), 고시복(육사 제2기, 준장), 지달수, 유해준(군사영어학교, 소장), 이해평 등이었다. 근거지는 쑤이위안성 포두(綏遠省 包頭, 수원성 포두), 활동 구역은 허베이성으로 정했다.

제3지대는 시안 총사령부 참모장 대리 김학규가 지대장을 겸임하고 있었다. 편성 당시 제3지대는 지대장 김학규만 있었다. 그 후 제3지대가 징모 제6분처라는 이름으로 안후이성 뿌양(安徽省 阜陽, 안휘성 부양)으로 떠날 때 간부진은 지대장 김학규를 비롯하여 신송식·서파·신규섭·김광산·오광심·지복영이었고, 근거지는 뿌양, 활동 구역은 안후이성, 장쑤성(江蘇省, 강소성), 산둥성(山東省, 산동성) 일부였다.

광복군 총사령부가 시안으로 이동한 후 무정부주의 계열의 한국청년전지공작대가 광복군 제5지대로 편입됨으로써 광복군은 창설 초기 제1·2·3·5지대 등 4개 지대를 갖추게 되었다.

지대 편성에 이어 모병 활동을 담당할 징모분처(徵募分處)가 각 지대에 설치되었다. 이는 각 지대로 하여금 모병활동을 전개해 스스로 병력을 확보하여 단위부대로 발전해 가도록 하려는 조치였다. 이에 따라 모두 5개 징모분처가 설치되었다.

제1지대는 제1징모분처가 되었고, 분처주임도 지대장인 이준석이 맡았다. 제1지대는 중국군 제2전구 관할지역인 산시성 다퉁(大同, 대동)에 거점을 정하고, 일본군 점령지역을 대상으로 모병과 선전 활동을 전개했다.

제2지대는 제2징모분처가 되었고, 지대장 고운기가 분처주임을 맡았다. 제2지대는 쑤이위안성 포두를 근거지로 모병활동을 전개하던 중 현지에서 포섭한 동포가 일본 헌병대에 자수함으로써 대원 유해준이 체포되고, 거점과 조직망이 파괴되어 시안으로 이동하였다.

제3징모분처는 김문호를 주임으로 편성되었다. 분처주임 김문호는 일본 대학 출신으로 중국군 제3전구사령부에서 복무한 경력이 있어 제3징모분처는 중국군 제3전구사령부가 있는 장시성 상라오(江西省 上饒, 강서성 상요)로 파견되었다. 이곳에서는 중국군과 일본군이 치열한 교전을 벌이고 있었다.

상라오에 도착한 제3징모분처는 선전·초모 활동과 함께 중국군에 수용된 일본군 포로들을 심문하여 적정을 수집하는 활동을 전개했다. 이런 활동을 전개해 가는 중에 중국군에서 활동하던 동포 6명과 한국인 포로 5명이 편입됨으로써 단시일에 대원이 20여 명으로 늘어났다. 이 밖에도 중국군 제3전구에서 일본군 부대를 탈출한 한국인 병사들을 확보해 대원을 확충했다.

징모제5분처는 제5지대가 맡았고, 광복군에 편성되기 이전부터 해오던 모병 활동을 계속했다.

제6징모분처는 제3지대장 김학규를 중심으로 편성되어 중국군 제5전구 지역의 안후이성 뿌양에 활동 거점을 마련하고 모병 활동을 전개했다.

5개 징모분처를 통해 모병 활동을 전개한 결과 처음 30여 명으로 출발한 광복군은 8·15 해방 무렵 무려 700여 명 이상의 병력을 확보할 수 있었다.[97] 그야말로 무에서 유를 창조한 것이다. 물론 이들 병력이 모두 모병 활동을 통해 확보된 것만은 아니다. 일본군으로 출전한 한인 탈출병·투항병·포로 등도 포함되었다. 이들 한인 일본군 출신이 얼마나 되는지 정확히 알 수 없으나, 이들 가운데 광복군에 편입된 인원은 80여 명에 이르는 것으로 파악된다.[98]

---

97 《한국광복군연구》, 241쪽.

98 《한국광복군연구》 부록에 실려 있는 광복군 491명의 명단을 분석해보면 학병 출신이 45명, 기타 일본군 출신이 30여 명으로 파악된다.

조선의용대 광복군 편입

　한국광복군이 창설됨으로써 중국 관내 한인 무장 세력은 조선의용대, 한국청년전지공작대(이하 전지공작대), 한국광복군의 세 갈래로 분립되었다. 조선의용대는 중국 관내에서 한국독립운동 진영에서 조직된 최초의 군사단체로 김원봉의 조선민족혁명당을 중심으로 무정부주의 단체인 조선혁명자연맹과 공산주의 성향의 조선민족해방동맹 등 3개 단체가 연합하여 광복군보다 2년 앞선 1938년 10월 창설되었다.

　조선의용대 대원들은 대부분 황푸군관학교·조선혁명간부학교·뤄양군관학교 한인특설반, 그리고 성자분교 등에서 군사훈련을 받았거나 의열단원으로 활동한 경력의 소유자들로 자질이 우수하였다. 대장은 김원봉이었고, 창설 당시 병력 규모는 100여 명이었다.

　전지공작대는, 중일전쟁 직후 임시정부를 옹호하는 민족주의 계열의 한국국민당·한국독립당·조선혁명당의 구성원들이 주축이 되어 결성한 한국광복진선청년공작대(이하 청년공작대)의 김인(김구의 장남)·이하유·이재현·김동수 등이 중국 헌병 상위(대위)로 복무하고 있던 나월환(중앙육군군관학교 제8기) 및 무정부주의자연맹에서 활동하고 있던 박기성 등과 접촉하여 1939년 11월 충칭에서 조직한 군사단체였다.

　전지공작대 간부진은 대장 나월환, 부대장 김동수, 정치조장 이유하, 군사조장 박기성, 선전조장 이해평 등이었다. 이들은 무정부주의 계열의 인사들이었다.

　전지공작대는 결성 직후 시안으로 이동했다. 이때 임시정부에서 파견한 군사특파단도 시안에 도착했다. 전지공작대와 군사특파단은 화베이

지역의 적 점령지에 거주하는 동포들을 대상으로 모병 활동을 전개했다.

전지공작대는 중국군의 협조를 받아 28명으로 시작한 대원이 1년 후 100여 명에 가깝게 증가했다. 전지공작대가 모병 활동을 통해 세력을 확대하고 있을 무렵 광복군총사령부가 창설된데 이어 시안에 총사령부가 설치되었다.

총사령부가 시안에 설치된 지 1개월 정도 지난 1941년 1월 1일, 전지공작대가 광복군 제5지대로 편입되었다. 광복군 편입 당시 제5지대의 간부진은 지대장 나월환, 부지대장 김동수, 정훈조장 이하유, 훈련조장 박기성, 공작조장 이해평(이재현) 등이었다. 병력은 약 100여 명에 이르렀는데 이들 가운데 부지대장 김동수와 공작조장 박기성은 해방 후 국군 장교가 되어 준장으로 전역했다. 김동수는 특별임관을 통해, 박기성은 육사 제3기로 임관했다.

전지공작대에 이어 1942년 5월 조선의용대가 광복군에 편입되었다. 이로써 중국 관내의 한인 무장세력은 마침내 광복군으로 단일화되었다. 조선의용대가 광복군에 편입된 경위는 다음과 같다.

조선의용대는 중국의 항일전에 참가한다는 명분으로 중국군사위원회의 인준을 받아 창설되었다. 이 때문에 창설 직후부터 중국 각 전투지구(전구, 戰區)에 파견되어 대적 선전 활동, 정보 수집 및 분석, 포로 심문 등을 담당했고, 직접 전투에 참가하기도 하였다. 포로 심문 과정에서 한인 포로를 조선의용대에 편입시켰다.

조선의용대는 중국군사위원회 정치부에 예속되어 있어서 어디까지나 중국군에 대한 지원군의 지위를 벗어날 수 없었고, 중국 전구에 분산 배치되어 있었기에 역량을 집중해 발휘할 수 없었다. 이로 인해 새로운 활로를 모색한 결과 조선의용대 내에서는 동포들이 많이 거주하고 있는 화베이 지역으로 진출하자는 의견이 제기되었다. 여기에 화베이 지역에 있는 한인 공산주의자들과 중국공산당 측의 유인 공작도 작용했다.

1941년 봄, 조선의용대 주력이 중국공산당 팔로군(八路軍)이 장악하는 화베이 지역으로 탈출하는 일이 벌어졌다. 당시 조선의용대 병력은 330여 명이었고, 화베이로 탈출하지 않은 김원봉 대장을 비롯한 본부 인원과 일선 공작대는 50여 명이었다. 따라서 조선의용대의 85%인 280명이 화베이 지역으로 탈출한 것이다.

화베이 지역으로 탈출한 조선의용대는 조선의용대 화북지대로 개편하고, 타이항산(太行山) 일대에서 항일무장투쟁을 전개했다. 이후 중국공산당의 명령에 따라 옌안(延安, 연안)으로 이동하여 조선의용군으로 개편되었다. 총사령은 중국공산당 8로군 포병사령관 무정(武亭), 부사령 겸 참모장은 조선의용대 출신의 박효삼이 맡았다.

무정은 1924년 바오딩군관학교 포병과를 졸업하고 중국공산당에 입당한 후 중국 공산군에 입대, 중국 공산군의 대장정에 참가하여 끝까지 살아남은 유일한 한국인이다. 해방 후 무정은 북한에 들어가 인민군총사령부 포병사령관을 거쳐 6·25전쟁 초기 인민군 제2군단장으로 춘천 방면 공격에 출전했으나 국군 제6사단의 저항으로 작전에 실패하여 경질되었다. 박효삼은 북한 정권 초기 중앙훈련소 소장, 인민군 제1군단 사령관을 지냈다.

해방 후 북한으로 들어간 조선의용군은 북한 인민군에 편입되고, 6·25 남침 전쟁에 가담했다. 화베이에서 결성된 조선의용군과 조선독립동맹 출신 인사들을 '연안파'라 부른다. 김일성 일당의 '빨치산파'에는 경쟁의 대상이었고, 결국 김일성 일당의 빨치산파에 의해 숙청되었다.

충칭에 남아 있던 김원봉과 본부 인원, 그리고 화베이 행에서 이탈한 조선의용대 잔류인원은 1942년 5월 한국광복군으로 편입되어 제1지대로 편성되고, 김원봉은 총사령부 부사령관 겸 제1지대장에 임명되었다.

일본군 탈출 학병들의 광복군 합류

1941년 12월 8일, 진주만 기습공격으로 태평양전쟁을 일으켜 초전에 연승을 거둔 일본은, 1942년 6월 미드웨이해전에서 일본해군 연합함대가 궤멸 당함으로써 전세가 역전되었다. 중국에서도 전선이 교착되어 중국의 장기항전 전략에 빠져들었다.

이런 상황에서 절대적으로 부족한 인적자원을 보충하기 위해 일본은 1943년 10월 '학도특별지원령'을 발표하고 2년제 전문대학 이상의 재학생과 졸업생의 입대를 독려했다.

학도특별지원령이 공포되었을 때는 일본인 학생들만 해당하는 줄 알았는데, 내선일체(內鮮一體) 원칙을 내세워 한인 학생들에게도 적용하였다. 그 결과 전문대와 대학교의 한인 재학생과 졸업생은 1943년 11월 20일까지 지원서를 제출하고, 1944년 1월 20일 일본군 부대에 입영하라는 명령이 내려졌다.

특별지원이라는 허울을 쓴 학도동원령이 내려지자 국내에서는 신문들이 일제히 "학도여 성전에 나서라"라는 취지의 사설이나 유명 인사의 글을 싣는 한편 각종 궐기대회·강연회·좌담회 등을 통해 분위기를 조성했다. 만일 지원하지 않으면 징용에 끌려가 탄광 같은 곳에서 중노동을 하면서 죄수처럼 살아야 한다고 협박하기도 하였다.

학병(학도병) 대상자들이 많이 있는 일본에는 이광수나 최남선 같은 영향력 있는 인사들이 건너가 지원 입대를 권유하는 연설을 하는가 하면, 일본 경찰을 통해 본인은 물론 본국에 있는 가족들에게까지 협박하였다.

일본군에 입대만 하면 일본 학생과 동등한 대우를 받고, 소정의 시험을 통과하면 간부후보생이 되어 하사관이나 장교가 될 수 있다는 감언에 속아 자원입대한 학병들도 없지 않았지만 대부분 강제로 일본군에 끌려갔다.

학병동원 대상이 된 사람들은 당시 최고 지성인들이었기 때문에 일본의 패망이 멀지 않았으며, 일본군에 끌려가면 총알받이가 되어 '개죽음' 당한다고 생각하고 있었다. 그러나 자신이 입대를 기피하면 가족들이 당할 고초를 생각해서 결국 '자원 아닌 자원입대'를 하게 되었다.

결국 1944년 1월 20일 모두 4,385명의 한국인 학병이 국내에서는 평양과 대구의 일본군 부대에, 일본과 만주에서는 학교 소재지에 가까운 부대에 입영했다. 학병 출신들은 해방 후 이 불운의 입대 날짜를 따서 '1·20동지회'를 만들었다.

학병들은 비판적 지성을 지닌 젊은이들인지라 입대 이후 일본군에 저항하거나 일본군을 탈출하는 자가 속출했다. 평양학병의거사건은 학병들이 집단으로 일본군에 저항한 대표적인 사례라 하겠다.

일본군 평양사단에 입대해 신병훈련을 마친 학병들 가운데 일부가 "기왕 죽을 바에야 우리 민족과 국가를 위해 떳떳이 명분 있게 죽자"라는 결의를 다지고 일본군을 탈출해 한만국경지대로 이동하여 그곳을 거점으로 게릴라전을 전개할 계획을 세웠다. 그런데 거사 직전 한국인 일본 보조헌병에 기밀이 새어나가 전원 체포되고 말았다.

이들은 수사 과정에서 혹독한 고문을 받고 '국가반란죄'로 기소되어, 26명이 2년 이상의 징역형을 선고받았다. 불기소 처분이나 무죄로 풀려난 사람들까지 합하면 평양사단 학병들이 대거 이 거사에 가담했던 것으로 추정된다.

거사의 총책을 맡은 김완룡과 보급책임을 맡은 최홍희는 해방 후 군사영어학교를 거쳐 임관, 국군 소장까지 진출했다. 최홍희 장군은 한국군에 태권도를 보급한 장본인이다. 작전 책임을 맡은 전상엽은 해방 후 육군사관학교 지학과 교수(중령)로 근무했다.

한인 학병들은 일본 본토는 물론 한국·중국·만주·대만·오키나와·사이판·필리핀·버마 등으로 배치되었다. 이들 학병은 곳곳에서 일본군을 탈출하였다. 중국지역에서만 일본군을 탈출한 학병은 대략 70명 정도로 파악되고 있다. 중국 공산군 지역으로 탈출하거나 해방 후 북한으로 간 학병들 또한 적지 않을 것으로 본다면 실제 탈출자 수는 이보다 훨씬 많았을 것이다. 중국 이외의 전선에 배치된 학병들 가운데서도 탈출자가 적지 않았다.

중국지역에서 일본군을 탈출한 70여 명 가운데 44명이 광복군에 합류한 것으로 파악되고 있다. 이들 가운데 33명이 안우히성 뿌양의 린촨(臨川, 임천)에 있는 광복군 제3지대(지대장 김학규)에 탈출해 왔다. 이들은 중국중앙육군군관학교 린촨분교 한국광복군 간부훈련반에 입소하여 3개월간 훈련을 받고 중국군 소위 임명장을 받았다. 이들 중 25명은 충칭의 대한민국임시정부에 도착해 광복군에 합류하였다. 광복군에 합류한 학병 출신들은 대부분 독립유공자로 표창을 받았다.[99]

---

99 《한국광복군연구》, 부록: 한국광복군 명단 참조.

'일본군 탈출 학병 1호' 김준엽

학병들의 일본군 탈출은 일제 측에서 보면 '탈영'이 되겠지만 우리 민족의 입장에서 보면 '영광의 탈출'인 것이다. 단순히 일본군을 도망쳐 나온 것이 아니라, 광복군에 합류하기 위하여 일본군을 탈출했기 때문이다.

고려대학교 총장으로 잘 알려진 김준엽 박사가 영광의 '일본군 탈출 학병 제1호'로 손꼽힌다. 김준엽이 스스로 붙인 것이 아니라 김준엽보다 뒤늦게 일본군을 탈출한 같은 학병 출신 장준하가 그의 저서 《돌베개》에서 김준엽을 "쯔까다 부대의 한국학병 탈출병 제1호"라고 부른데 기인한다.

김준엽은 동경의 게이오대학에 재학 중 평양부대에 입대해 다른 동료 학병들과 함께 1945년 2월 평양을 떠나 장쑤성(江蘇省, 강소성) 북부의 쉬저우(徐州, 서주)에 있는 일본군 사단에 배치되었다. 여기서 다른 한국인 학병 3명과 함께 동쪽으로 60킬로미터 떨어진 한 일본군 경비중대에 배치되었다.

김준엽은 1944년 3월 29일 빵 세 개와 자살용 수류탄 하나를 지니고 일본군 병영을 탈출하였다. 이렇게 해서 그는 학병탈출 제1호가 되었다.

일본군을 탈출한 그는 중국 중앙군 계열의 유격대를 만나 구출되었다. 여기서 김준엽은 임시정부 주석이 김구라는 것, 우리 독립군을 광복군이라고 부른다는 것을 처음 알게 되었다. 그리고 김준엽보다 늦게 일본군 부대를 탈출한 장준하·윤경빈·홍석훈·김영록 등 4명의 학도병을 만났다. 중국유격대에서 김준엽은 일본군에 보내는 전단을 만들거나, 중국유격대 사령관과 일본군 지휘관이 회담할 때 중국유격대 사령관의 통역으로 활동하기도 하였다.

김준엽을 비롯한 일본군 탈출 학도병 5명은 1944년 7월 말경 중국유격대와 작별하고 임시정부와 광복군 총사령부가 있는 충칭을 향해 장정을 떠났다. 그리고 9월 10일 그 중간 기착지가 된 안후이성 뿌양의 린촨에 도착하였다. 그곳에는 광복군 징모제6분처가 있는 곳이다. 그들 일행은 드디어 꿈에 그리던 광복군의 품안으로 들어간 것이다.

탈출 학병 5명은 징모제6분처 주임 김학규가 중국군의 협조를 받아 중국중앙육군군관학교 제10분교에 특설한 '한국광복군훈련반'('한광반'으로 약칭)에 들어갔다. 김준엽이 일본군을 탈출한 지 5개월 후의 일이다.

한광반에 모인 한국인은 70여 명이었다. 이들 가운데 일본군 탈출 학도병들이 33명이나 되었다. 이들은 4개월 과정의 한광반 교육을 마치고 졸업장과 중국군 육군소위 임명장을 받았다.

이들 학도병 가운데 25명은 다시 충칭행을 결심하고, 린촨을 떠났다. 일행은 모두 53명이었다. 학병 출신 김준엽·장준하·노능서 등이 이 일행에 끼어 있었다.

이들은 사방에 득실거리는 일본군과 일본의 괴뢰군인 왕정위군(汪精衛軍)[100]을 피해야 하고, 추위와 기아 그리고 각종 질병에 시달리는 등 천신만고 끝에 린촨을 떠난 지 73일 만에 임시정부가 있는 충칭에 도착하였다. 그들이 충칭에 가는 데 어려움도 많았지만, 그래도 한광반 졸업식 때 받은 중국군 소위 임명장이 큰 도움이 되었다.

일행은 대문 위에 '대한민국임시정부'라는 간판이 붙어 있고, 꼭대기에

---

100 왕정위군은 중국 국민당 정부의 행정원장 등 요직을 역임한 바 있는 왕정위(汪精衛)가 피난 수도 충칭을 탈출하여 일본군 점령지인 난징에 세운 친일 괴뢰정부의 군대를 말한다.

태극기가 펄펄 날리는 건물 앞에 섰다. 일행은 청사 안으로 들어가 지청천 총사령에게 경례를 올렸다. 일종의 신고식이었다. 지청천 총사령의 환영과 격려의 말씀이 끝나자 김구 주석이 나와 이들을 맞아 주었다. 그리고 임시정부 각료들을 소개해 주었다.

학병 출신들은 임시정부 청사에 마련된 숙소에서 잠시 머문 후 광복군 신병훈련소 겸 보충대인 토교대(土橋隊)로 이동하였다. 이곳에서 2개월 정도 지난 1945년 4월 이범석 제2지대장이 도착하여 학병 출신들에게 시안으로 함께 가자고 권유하였다. 시안에 가면 미군의 특수 훈련을 받은 다음 국내로 잠입하여 지하공작을 전개하다가 광복군과 미군이 상륙할 적에 항일 세력들을 총궐기시키고, 상륙군에 호응하여 일본군을 섬멸시키는 비밀 계획이 있다는 것이다.

린촨에서 충칭으로 온 사람들 가운데 학병 출신 10명과 학병 출신이 아닌 9명 등 모두 19명이 이범석 지대장을 따라 시안으로 가 광복군 제2지대에 편입되었다.

시안에 도착하자 19명 모두 중위로 승진되고, 이범석 지대장의 부관이 될 김준엽에게는 6연발 권총이 나머지 사람들에게는 미제 칼빈 소총이 지급되었다. 무기를 지급 받은 일행은 모두 기뻐하고 사기충천하였다. 그동안 날개 없는 새처럼 총이 없는 군인의 서러움을 절실히 느껴왔기 때문이었다.

이들은 국내 진격작전을 수행하기 위한 OSS(미국 전략첩보기관으로 CIA중앙정보부 전신) 특수공작요원으로 선발되어 유격훈련을 수료할 무렵 일제의 항복으로 그 계획이 무산되었다.

03 연합군과의 군사합작

한영(韓英) 군사합작, 인도·미얀마전구공작대 파견

광복군 창설에 즈음하여 김구 주석은 "연합군의 일원으로" 항전을 계속하기 위해 광복군을 창설한다고 선언한 바 있다. 광복군이 연합군의 일원으로 항일전쟁을 계속한다는 선언은 두 가지 목적을 달성하기 위한 전략으로 해석된다. 그 하나의 목적은, 광복군이 독자적으로 일본군을 상대로 전쟁을 수행할 수 없다는 현실적인 제약을 고려하여 연합군과 함께 대일전쟁을 전개하여 일본을 패망시킴으로써 결국 조국의 광복을 달성하고자 한 것이었다. 다른 하나는 광복군이 연합군의 일원으로 참전함으로써 임시정부가 국제적 승인을 얻도록 하겠다는 것이었다.

쑨원의 광둥 정부가 임시정부 외무총장 신규식의 요청으로 대한민국임시정부를 인정했을 뿐이고, 중국국민당 정부는 대한민국임시정부를 공식적으로 승인하지 않고 있었다. 따라서 광복군이 연합군과 합작하는 문제는 그만큼 절박한 과제였다 그런데 기회가 왔다. 영국군과의 군사합작이 성사되었다.

일제는 1941년 12월 진주만 기습과 동시에 말레이시아 반도와 필리핀, 그리고 미얀마에 대한 공격을 개시하였다. 말레이시아와 필리핀 침공은 진주만 기습과 같은 날짜인 1941년 12월 8일에, 그리고 미얀마 침공은 이보다 늦은 1942년 1월 16일에 시작되었다.

야마시다 도모유키(山下奉文, 산하봉문, 종전 후 마닐라 전범재판에서 사형) 중장이 지휘하는 일본군 제25군은, 아서 퍼시발(Arthur Percival) 중장이 지휘하는 영국군을 격파함으로써 공격 개시 2개월 만에 말레이시아를 점령했다. 이로써 일본은 세계 생산량의 42%에 달하는 고무와 27%의 주석, 그리고 인도양으로의 출구를 획득하게 되었다.

홈마 마사하루(本間雅晴, 본간아청, 종전 후 마닐라 전범재판에서 사형) 중장이 지휘하는 일본군 제14군은 맥아더 장군이 지휘하는 미 극동지상군을 상대로 공격을 개시, 5개월 만에 필리핀을 점령하는 데 성공했다.

이이다 쇼지로(飯田祥二郎, 반전상이랑) 중장이 지휘하는 일본군 제15군은 태국 쪽에서 미얀마에 침공하여 토마스 허튼(Thomas J. Hutton) 중장이 지휘하는 영연방군(英聯邦軍)을 쉽사리 물리쳐 연합군의 대중국 육로 병참선인 미얀마 남부의 랑군(양곤)에서 만달레이-라시오-쿤밍으로 연결되는 '미얀마 공로(公路)'를 완전히 두절시켰다.

일본군이 미얀마를 침공한 주된 목적은 바로 이 미얀마 공로를 차단하는 데 있었다. 그리고 부차적으로는 상황이 순조롭게 진행되면 인도(印度) 방면으로의 진출을 시도하기 위한 목적도 있었다.

1942년 5월 일본군이 미얀마의 대부분 지역을 장악함으로써 초기 전투는 끝났다. 그런데 일본군은 남방작전에 골몰하느라고 더는 전선을 확대할 겨를이 없었다. 한편, 연합군은 1943년 1월 대중국 병참선의 재개와 미얀마 탈환을 결정했다.

　동남아시아 전선에서 일본군에 맞서 전투를 치르고 있던 영국군은 일본군에 대한 선전, 포로 심문 등을 위해 일본어를 유창하게 구사하는 요원이 필요했다. 이에 따라 1943년 5월 조선민족혁명당 총서기 김원봉과 인도 주둔 영군군 총사령부 대표 콜린 맥켄지(Colin H. Mackenzie) 사이에 영국의 대일작전을 협조하기 위해 조선민족혁명당에서 선전연락대를 파견하기로 협정을 맺었다.[101] 이 선전연락대를 '인면전구공작대'라 부른다. 즉 '인도·미얀마 전선에 파견된 광복군 공작대'란 뜻이다.

　"조선민족의 독립을 쟁취하고, 영국군의 완전 승리를 촉진하기 위하여 조선민족혁명당은 인도 주둔 영국군의 대일작전에 협조하고, 영국군은 조선민족혁명당의 대일투쟁을 원조한다."라는 원칙에 다음과 같은 사항을 협정했다.

- 조선민족혁명당은 영국군의 대일작전에 협조하기 위하여 '조선민족군(선전)연락대'를 파견한다.
- 연락대의 규모는 10인에서 25인으로 하며, 영국군과 동일한 복장을 착용하되 조선민족혁명당의 연락대임을 나타내는 휘장을 부착한다.
- 연락대의 주요 임무는 대적 선전, 조선 독립에 필요한 선전, 적문서 번

101　맥켄지는 영국 중앙정보기관인 특수작전본부 OSE(Special Operation Executive) 동남아지부 총책임자였으며, 주요 임무는 일본군 점령지역 내 원주민의 대일 저항운동과 비밀 전복 작전 지원이었다.

역으로 한다.

- 연락대 대장은 영국군 대위, 대원은 영국군 중위와 동등한 대우를 한다.
- 연락대 파견에 필요한 모든 비용은 영국이 부담한다.
- 영국군이 획득한 조선인 포로는 연락대가 훈련하여 활용할 수 있다.[102]

협정을 맺을 당시 조선의용대는 이미 광복군에 편입된 상태였고, 김원봉은 총사령부 부사령으로 있었으며, 조선민족혁명당은 임시 정부에 참여하고 있을 때였다.

인도·미얀마전구 공작대(출처: 우리역사넷)

그렇다면 왜 영국 측이 임시 정부나 임시 정부의 여당인 한국독립당을 제쳐 놓고 민족혁명당과 협정을 추진했을까 하는 의문이 제기될 수 있다. 이런 의문에 대해서는 영국의 임정 불승인 정책이 영향을 미쳤을 것이라는 설명이 설득력이 있어 보인다. 왜냐하면 영국 측에서 임정이나 한국독립당과 합작을 하게 되면 임정 승인이라고 하는 민감한 정치적 문제에 연루될 수 있으며, 임정 또한 이를 계기로 임정의 승인을 요청할 가능성이 있기에 영국 측은 임정 승인이라는 정치적 문제를 피해 가려고 민족혁명당과 제휴했으리라는 것이다.

그런데 인도·미얀마 전선에 파견할 대상을 광복군으로 변경시킨 것은

---

102 국사편찬위원회 한국사데이터베이스《대한민국임시 정부 자료집》, 광복군III, 인면전구공작대, 1.국한문 및 영문자료, 1) <조선민족혁명당에서 파견하는 조선민족군선전연락단위에 관한 협정의 계획>.

중국군사위원회의 결정에 따른 것이었다. 결국 인도·미얀마전구공작대 파견은 조선민족혁명당이 영국군과 협정을 맺었으나, 실행은 광복군이 맡게 되었다. 이에 따라 광복군 총사령부는 9명을 선발해 다음과 같이 인도·미얀마전구공작대를 편성하였다.

대장 한지성
부대장 문응국
대원 최봉진 김상준 나동규 박영진 송철 김성호 이영수

1943년 8월 말 이들 9명의 광복군 공작대는 비밀을 유지하기 위해 민간인 복장을 하고 민간항공편을 이용하여 충칭을 출발, 같은 날 인도 콜카타(Kolkata)에 도착하였다. 그곳에서 영국군 복장으로 갈아입고 바로 인도의 수도인 델리(Delhi)로 이동하였다. 복장에는 'KNALU(Korean National Army Liaison Unit)'라는 표식을 달았다.

광복군 공작대의 활약과 성과

델리에 도착한 광복군 공작대는 약 3개월간 영어와 방송 기술에 관한 교육을 받은 다음 콜카타에 복귀하여 다시 방송 연습과 영어 학습을 계속했다. 델리에서는 한국에서 35년간 선교사로 있어 한국어에도 능통한 영국인 인도학교 교장으로부터 영어 교육을 받았다.

영어 교육을 마친 광복군 공작대는 콜카타 부근에 있는 영국군 전지선전대 본부에서 영국군 대원들과 함께 대적선전의 원칙과 기술 및 경험, 적의 정세, 미얀마 상황 등을 놓고 토론을 하고 토론이 끝나면 연습을 하였다. 이렇게 하여 준비과정을 모두 마치고 1944년 2월 전선을 향해 출발했다.

1944년 3월, 광복군 공작대는 영국군 전지선전대와 함께 인도 동북부에 있는 임팔(Imphal)에 도착하였다. 임팔은 일본군이 점령하고 있던 미얀마 접경지역으로 영국군 제15군단 사령부가 주둔하고 있었다. 미얀마는 이미 일본군이 점령하고 있어 중국의 육로 병참선인 미얀마 루트가 차단된 상태였다. 따라서 이 병참선을 회복하기 위해 연합군은 미얀마를 탈환하지 않으면 안 되었다.

광복군 공작대가 임팔에 도착했을 때 일본군이 임팔 지역을 공격해 오면서 영국군과 일본군 사이에 치열한 공방전이 벌어지고 있었다. 이에 광복군 공작대는 임팔 지역에서 영국군 전투부대와 함께 최전방에서 적군을 향한 선전 활동을 전개하였다.

영국군이 일본군을 공격해 가면 광복군 공작대는 일본어로 "너희는 지금 포위되었다. 갈 곳이 없으니 순순히 투항하라!"라는 내용의 육성 방송을 하였다. 이 과정에서 적에 가까이 접근하여 선전 활동을 전개했기 때문에 일선 전투원 못지않게 위험에 노출되었다. 실제로 함께 활동하던 캐나다 장교가 일본군의 저격을 받아 전사하는 일도 있었다.

대적 선전 활동 이외에도 일본어 전단 살포, 포로 심문, 일본군 문서 번역, 무전 청취 등을 통해 일본군에 관한 정보를 파악하고 분석하여 영국군에 제공하는 임무도 수행하였다.

이런 활동은 일본군에게 심리적으로 큰 타격을 주었음은 물론 영국군이 대일작전을 수행하는 데도 커다란 도움을 주었다. 이들의 대적 선전으로 투항해 오는 일본군이 있는가 하면, 일본군에 통역관으로 근무하던 한국인이 탈출해 오기도 하였다. 그리고 적 문서 분석과 적의 무선통신 감청을 통해 일본군의 작전계획을 알아내기도 했다.

부대장 문응국은 영국군이 노획한 일본군 문서를 분석하여 일본군의 배치 상황을 영국군에 알려줌으로써 일본군에 포위되어 위기에 처해 있던 영국군이 탈출하는 데 결정적 도움을 주었기에 영국군 사단장으로부터 찬사를 받았다.

임팔 지역에서 일본군을 격퇴한 연합군은 전열을 정비해 미얀마로 퇴각한 일본군에 대해 총반격작전을 개시하였다. 미중(美中) 연합군과 영인(英印) 연합군이 참가한 이 작전은 1945년 5월 랑군(Rangoon, 지금의 양곤 Yangon)을 탈환하였고, 7월에는 일본군을 완전히 패퇴시켰다. 이때 광복군 공작대도 영국군 전투부대에 배속, 랑군 상륙작전과 만달레이 작전, 그리고 북부 작전에 참전하였다.

이미 승산을 바라볼 수 없음을 깨달은 일본군 미얀마 방면군 총사령관은 대본영의 허가를 받아 총퇴각 명령을 내렸으며, 후퇴하는 일본군은 공중과 지상에서 공습과 추격을 받아 '죽음의 행진'을 거쳐 간신히 살아남은 패잔병이 미얀마 국경을 넘어 철수했다.

이 전투에서 일본군 제15군은 병력이 10만 명에서 2만 명 미만으로 줄어든 큰 패전을 맛보았고, 이로 인해 일본군 제15군 사령관을 비롯하여 각 사단장 등 많은 지휘관과 참모들이 패전의 책임을 지고 파면·교체되었다.

미얀마 탈환 작전이 완료된 후 광복군 공작대는 일단 콜카타로 철수하였다. 여기서 새로운 임무를 대기하던 중 일본이 항복을 선언했다. 이들 일행은 1945년 9월 충칭의 광복군 총사령부로 복귀하였다.

광복군 공작대를 영국군에 파견하여 한영 군사합작을 전개한 일은, 무엇보다도 그동안 중국군에 예속되어 국제적 지위를 박탈당하고 있던 광복군이 그 국제적 지위를 사실상 인정받게 되었다는 점과 태평양전쟁 발발을 계기로 연합군과 배합하여 대일작전을 수행하겠다는 광복군의 전략이 나름의 가능성을 보이기 시작했다는 점에서 그 의미를 찾을 수 있을 것이다.

광복군 인도·미얀마전구공작대 대원 9명 가운데 부대장 문응국과 대원 최봉진·박영진은 해방 후 육군사관학교에 입학해 졸업했다. 문응국은 제5기로 임관하여 대령으로 전역하고, 최봉진은 제3기로 임관하여 역시 대령으로 전역했다. 박영진은 제7기 특별반으로 임관, 6·25전쟁이 일어난 1950년 6월 25일 전사하였다.

한미(韓美) 군사합작, 독수리작전

한영 군사합작이 광복군의 인도·미얀마전구공작대 파견을 매개로 이루어졌다면, 한미 군사합작은 미국 OSS(Office of Strategic Services)의 독수리작전(Eagle Project)을 매개로 추진되었다.

OSS는 1942년 7월 기존의 정보조정국(COI, Office of the Coordinator of Information)을 개편해 만든 전략첩보국으로, 총책임자는 윌리엄 도노반(William J. Donovan) 대령이었다.[103]

---

103 도노반(1883-1959)은 정보조정국(COI) 창시자이자 OSS 국장을 역임해 'CIA의 아버지'라고 불린다. 제1차 세계대전에 참전해 대대장으로 부상하고도 부대를 진두지휘해 혁혁한 전공을 세워 미국 최고 무공훈장인 명예 훈장을 받았다. 1차 대전 후 대령으로 전역한 후 변호사로 활약했고, 증권으로 백만장자가 되었다. 이후 루즈벨트(FDR) 대통령의 요청으로 COI를 창설하여 총책임자로

독수리작전은 OSS 전신인 COI가 1942년 1월 중국을 통한 대일(對日) 비밀첩보와 특수공작 계획을 개발하는 과정에서 한국인을 광범위하게 활용한다는 방안을 수립했던 데서 비롯되었다. 그러나 여러 사정으로 중국을 통한 대일 비밀첩보와 특수공작 추진 계획은 중단되었다.

1944년 10월, 알버트 웨드마이어(Albert C. Wedemeyer) 중장이 중국전구 미군사령관에 부임하면서 OSS가 중국에서 본격적으로 활동을 전개하게 되었다. OSS에 우호적이던 웨드마이어는 도노반의 전폭적인 지원을 받아 중국 내 OSS활동을 강화했다.

대한민국임시정부로서는 한국의 독립을 결의한 카이로 선언(1943.12) 이후 임시정부의 국제적 위상을 확보하기 위해서는 연합군과의 군사합작 문제가 절실한 과제가 되었다. 이런 차에 이범석 제2지대장이 1944년 10월 중국 주재 OSS 대표인 리처드 헤프너(Richard Heppner) 대령에게 광복군을 미군 내에 근무하도록 할 것과 미군을 위한 전략첩보 수집과 미군과의 연합작전을 위해 미군이 광복군을 훈련하여 한국에 침투시킬 것을 제안했다.

이로부터 약 3개월 후 OSS 워싱턴 본부에서는 '일본 점령지에 대한 비밀정보 수집을 위한 특수요원 침투계획'(1945.1.23)이 작성되었고, 이 계획을 OSS 중국전구 전략첩보과에서는 '한국에 대한 비밀 첩보원 침투를 위한 독수리작전 보고서.'(1945.2.24)로 구체화했다.[104] 이 보고서의

취임했다. 이때 대령으로 복귀했다. 1년 후 COI가 OSS로 개편되고 그는 다시 OSS 총책임자가 되었다. 1943년 3월 육군 준장으로, 1944년 11월 육군 소장으로 승진했다.

104 《대한민국임시정부 자료집》12, 한국광복군 Ⅲ, 한미공동작전의 배경, <독수리작전의 승인과 관련된 전문(1급 비밀)>.

주요 내용을 요약하면 다음과 같다.

- 한국은 일본 본토 밖에서 가장 중요한 전략 지역이다. 한국은 많은 전략적 군수산업을 보유하고 있다. 이 지역은 만주, 화베이(華北, 화북), 동남아시아에서의 일본의 군사작전을 위한 발판이며, 대륙 내 일본 점령 지역과 연결된 가장 안전한 교통로이다. 따라서 연합국이 일본을 패망시키기 위한 전략을 세우는 데는 한국에 대한 정보가 필수 불가결하다.
- 한국에 대한 우리의 정보는 단편적이고, 불확실하고, 그리고 불충분하다. 한국으로부터 전략정보를 수집하는 작전은 극히 중요하며, 일본을 패망시키는 시간과 경비를 줄이는 데 중요한 공헌을 할 것이다.
- 한국광복군 제2지대 120명 가운데 1차로 60명이 3개월간의 훈련과정을 마치면 이 가운데 45명의 요원을 선발하여 1945년 이른 여름 이들을 한국으로 침투시킨다.
- 침투 방법은, 잠수함이나 해상비행기에 의해 목포에서 신의주까지 서해안을 따라 야간에 침투하는 방법, 산둥반도에 공중투하 또는 상륙 후 소형 함정으로 황해를 횡단하는 방법, 장비는 공중 또는 해상 투하하고 병력은 만주를 경유 육로로 침투하는 방법 등 세 가지가 있다.
- 침투지역과 침투조 편성은 청진·신의주·평양·서울·부산 등 5개 광역 지역에 지역본부를 편성하여 무전기사와 암호기술자를 배치하고, 청진·웅기·신의주·다사도·부산·목포·해주·원산·서울·인천·진해 등 11개 지역에는 각각 2, 3명의 첩보원으로 구성된 1개 조를 침투시킨다.
- 첩보원들은 군사·경제·정치·사회적 정보를 보고할 것이며, 전략산업 생산능력, 폭격목표 제원 특히 군사 및 산업시설, 해군기지, 병참선, 비행장 등에 중점을 두게 될 것이다. 그리고 연합국이 한국에 상륙할 때

OSS 미군과 광복군 제2지대 간부들(독립기념관 소장)

필요한 정보에 특별한 관심을 두게 될 것이다.

이후 독수리작전을 수행하기 위한 광복군 제2지대의 잠재적 가능성을 평가하고자 중국 전구 OSS 장교가 1945년 1월 시안 부근의 두취(杜曲, 두곡)에 있는 제2지대 본부를 방문하여,[105] 이범석 장군 휘하 제2지대의 전반적인 사기, 개개인의 능력, 단결심은 이 지대가 OSS 훈련과 작전을 위하여 전적으로 적합하다는 결론을 내렸다.

OSS 독수리작전계획이 수립된 후인 1945년 4월 1일, 광복군 측의 지청천 총사령, 이범석 제2지대장, 민석린 김구 주석 비서, 정환범 통역[106] 등이 주중 OSS 비밀첩보과의 클라이드 싸전트(Clyde B, Sargent) 대위와 회동하여 OSS가 작성한 독수리작전계획에 대한 합의가 이루어졌고, 다음날

---

105 광복군 제2지대를 방문한 미군 장교는 OSS 중국전구 비밀첩보과의 싸전트 대위와 쿤밍의 미 제14항공대에 근무하고 있던 한국계 미 항공 소위 정운수였다. 정운수(1903-1986)는 경북 의성 출신으로 연희전문학교 재학 중 6·10 만세운동에 가담하여 시위에 앞장섰다. 그 후 미국에 유학하여 프린스튼대학에서 신학 석사학위를 받고, 주미외교위원부 위원장 이승만 박사의 보좌관으로 활동했다. 1943년 미 항공간부후보생으로 비행훈련을 받고 1944년 소위로 임관하였다. 일본이 항복을 선언한 3일 후 OSS선발대의 일원으로 서울 여의도 비행장에 착륙했다. 대한민국 정부로부터 건국훈장을 받았다.

106 정환범(1903-1977) 청주 출신, 영국 캠브리지 대학 경제학 박사, 임시 정부 외무부 차관 직함을 가지고 실제로는 김구 주석 고문 겸 통역으로 활동했다. 독립유공자로 건국훈장을 받았다.

싸전트가 김구 주석을 방문하여 최종 승인을 받았다.

4월 17일, 김구 주석과 조소앙 외무부장 그리고 정환범 고문 일행이 중국전구 미군사령관 웨드마이어 중장을 방문하였다. 이는 독수리작전에 관한 최종 확인 과정에서 이루어졌다. 이 자리에서 임시정부 측에서 한국인 게릴라부대에 필요한 장비와 훈련은 물론 미군 부대와 함께 한국과 일본에 상륙할 정규군에 대한 장비와 훈련을 미군이 제공해 줄 것을 제안했다.

이는 첩보수집 공작에 치중된 독수리작전에 병행하여 게릴라부대를 침투시켜 특수공작을 수행하고, 미군이 일본과 한국에 대한 상륙작전을 전개할 때 광복군을 여기에 참가시키기 위한 취지에서 한 제안으로 보인다.

미군 측은, 임시정부 측의 제안이 "대단히 합리적이고, 만약 그 제안들이 실현 가능하다면" 대한민국임시정부는 일본에 대한 전쟁에서 충분하고 가치 있는 영향력을 갖게 될 것이라고 평가하고, 중국에 제공되는 "병참 물자와 장비들이 풍부하게 이용할 수 있게 되면"이라는 조건에 임시정부에도 지원될 것이라고 시사했다.[107]

OSS 훈련과 국내정진군 편성

독수리작전이 확정됨에 따라 광복군 제2지대(지대장 이범석)와 제3지대(지대장 김학규)에서 OSS 훈련에 들어갔다. 제2지대 OSS 훈련은 1차로 1945년 5월 21일부터 주둔지 두취에서 미군과 미국인 민간 통신기술자를 교관으로 하여 시작되었다.

---

107 《대한민국임시정부 자료집》 12, 한국광복군 Ⅲ, 한미공동작전의 배경, 51) <대한민국 임시 정부 대표단의 방문>.

OSS 무선 교육 장면(독립기념관 소장)

교육은 첩보공작원으로 활동하는데 필요한 학과교육과 야전훈련으로 구성되었다. 학과교육은 무선통신과 독도법으로부터 첩보보고 양식과 유형, 폭격목표와 피해보고, 심리 전술, 비행장 정보, 정보원 모집과 훈련, 지하조직 및 게릴라 작전 등이고, 야전훈련은 유격훈련과 무전통신 현장 훈련이었다.

교육은 매우 엄격해 단계마다 시험을 거쳐 통과해야 했다. 이런 과정을 거쳐 1945년 8월 4일(토) 제1기 훈련생 38명이 훈련을 마쳤다. 처음 시작할 때 50명의 훈련생 가운데 12명이 탈락한 것이다. 이들 38명은 8월 6일부터 2일간 훈련 평가를 받아 이 가운데 11명이 부적격 판정을 받았다. 제1기 훈련에 이어 제2기 훈련이 시행될 예정이었으나, 일본의 항복으로 중단되었다.

광복군 제2지대의 1차 OSS 훈련이 끝난 3일 후인 1945년 8월 7일 두취의 광복군 제2지대 본부에서 한국 측에서는 김구 주석, 지청천 총사령, 이범석 제2지대장이, 미국 측에서는 OSS 총책임자인 도노반 소장, 중국전구 OSS 중국전구 비밀첩보과장 폴 헬리웰(Paul Holliwell) 중령, 싸전트 대위 등이 참가한 가운데 작전회의를 개최하였다. 이 자리에서 도노반 소장은 "오늘부터 '미국과 대한민국임시정부의 적(敵)' 일본에 항거하는 비밀공작을 시작한다!"라고 선언하였다. 이로써 광복군은 연합군의 일원으로 대일전쟁에 참전하게 되었다.

도노반 장군과 이범석 장군의 작전회의
(독립기념관 소장)

이후 김구 주석은 산시성 주석 주샤오저우(祝紹周, 축소주)로부터 만찬 초대를 받아 참석하였다가 뜻밖에 일본의 항복 소식을 들었다. 일본의 항복으로 "천신만고로 수년간 애를 써서 참전할 준비를 한 것도 다 허사다."라고 백범은 한탄했다.

일본의 항복 소식을 전해들은 미군들은 환호성을 지르며 기뻐했으나, 광복군은 기뻐 날뛸 수가 없었다. 당시 광복군의 심정은 "환희와 실망을 동시에 느꼈다"라고 김준엽은 회고하고 있다. 광복군들은 서로 얼싸안고 울음을 터뜨렸고, 누가 선창했는지 모르지만 힘차게 애국가를 불렀다.

김구 주석은 즉시 시안으로부터 제2지대 본부가 있는 두취로 돌아와 지청천 총사령, 이범석 제2지대장과 함께 앞으로의 대책을 논의한 결과 OSS 훈련을 받은 제2지대 대원들로 '국내정진군'을 편성하여 되도록 빨리 국내로 들어가도록 하였다. 이에 따라 이범석은 싸전트에게 광복군 국내정진군이 속히 국내에 들어가야 한다고 설득했다. 싸전트는 이를 OSS 중국전구 본부에 알렸다.

국내정진군은 이범석 제2지대장을 총지휘관으로 모두 90명으로 구성되었다. 그리고 한반도를 3개 지구로 나누어 지구대장을 임명하였다. 또한 각 도 단위로 활동 구역을 정하여 공작반을 편성하였다. 각 지구대와 공작반 간부 편성은 다음과 같다.

제1지구 대장 안춘생
> 평안도반 반장 강정선
> 황해도반 반장 송면수
> 경기도반 반장 장준하

제2지구 대장 노태준
> 충청도반 반장 정일명
> 전라도반 반장 박훈

제3지구 대장 노복선
> 함경도반 반장 김용주
> 강원도반 반장 김준엽
> 경상도반 반장 허영일

그러나 이들 국내정진군의 국내 진입은 무산되고, 일부가 선발대로 미국 측 OSS 요원들과 함께 미군 비행기 편으로 1945년 8월 18일 여의도 비행장에 착륙하였다.

광복군이 OSS 독수리작전을 통해 국내 진입작전을 추진했으나 일본의 갑작스런 항복으로 이를 실행하지 못한 아쉬움이 남지만, 그 실행 여부를 떠나 우리 민족의 무장력으로 조국의 해방을 쟁취하려 했다는 점은 우리 독립운동사에서 높이 평가되어야 할 것이다.

OSS 훈련을 받은 광복군 가운데 해방 후 육군사관학교에 입학해 졸업한 인원은 모두 13명으로 파악되고 있다. 이 가운데 6명은 국내정진군으로 편성되었다. 제1지구 대장 안춘생, 제1지구대 평안도반 장덕기·선우기, 제2지구대 충청도반 박영섭·윤태현, 전라도반 노능서, 제3지구대 경상도반 구자민 등이 그들이다.

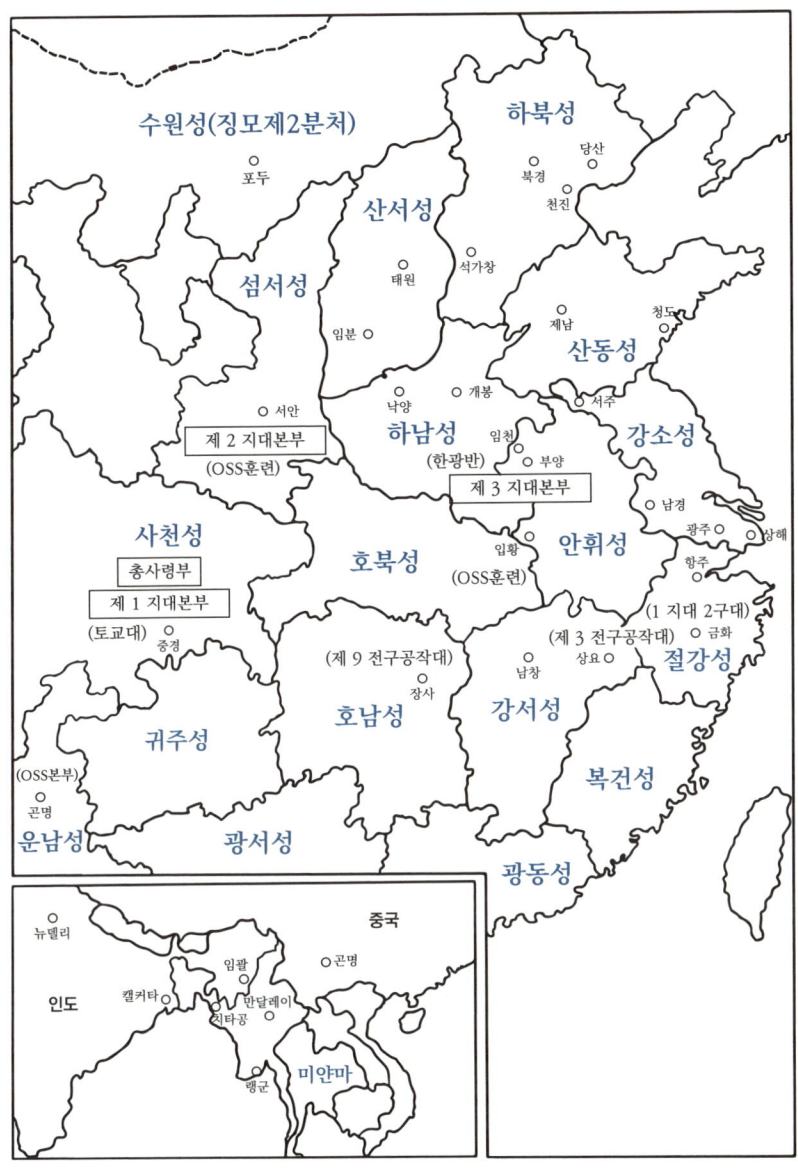

지도3: 광복군 활동지역

여의도 비행장에 착륙한 광복군 선발대

시안으로 복귀 중 중간 기착지 산동성 비행장에서
(출처: 우리역사넷)

싸전트로부터 광복군 국내정진군의 한국 진입을 제안받은 OSS 중국 전구 책임자 헤프너 대령은 OSS 동북야전사령부 윌리스 버드(Willis H. Bird) 중령에게 독수리 요원들을 즉시 한국으로 이동해 한국 내 수용소에 있는 전쟁포로들과 접촉하고, 이들의 후송에 대한 지원과 후송계획을 수립하라는 임무를 부여했다.

1945년 8월 16일 새벽 4시 30분, 버드 중령을 책임자로 한 OSS 선발대가 미군 C-47 수송기를 타고 시안 비행장을 떠났다. 일행은 미군 OSS 요원 10명, 비행기 승무원 6명, 기타 2명을 포함해 미국 측은 모두 18명이고, 여기에 광복군 국내정진군 대표 4명(이범석·장준하·김준엽·노능서)를 포함해 모두 22명이었다.[108] 미군 가운데는 한국계 미국인 함용준(Lyong Hahm) 대위와 정운수(Woons Jung) 소위가 통역을 위해 포함되어 있었다.

비행기가 산둥반도에 다가갔을 때 비행기 수신기로부터 일본 가미카제 전투기가 미국 항공모함에 공격을 가하는 등 여러 지역에서의 전투에 관

---

108 《대한민국임시정부 자료집》 13, 한국광복군Ⅳ, 110 <버드 지휘 하의 경성 출발과 관련한 전문(2급비밀)>.

한 소식이 들려왔다. 이에 책임자 버드는 시안으로 돌아갈 것을 명령했다.

시안에 도착한 다음 날 비행기를 수리하다가 한쪽 날개가 파손되어 대체 비행기를 준비하느라 18일 05시 45분에 시안 공항을 다시 출발해 11시 56분에 여의도 공항에 착륙했다.

OSS 선발대가 무장을 갖추고 비행기 밖으로 나가자 일본군 장군들이 기다리고 있었다. 먼저 버드 중령이 함용준 대위의 일본어 통역을 통해 말했다.

"우리는 중국전구 미군사령관 웨드마이어 중장의 지시로 연합군 포로들을 돕고 장차 이들의 후송을 사전 준비하기 위하여 연합군 점령 예비 대표로서 여기에 왔다."

"그렇다면 귀측은 항복 조건을 협상하기 위해 여기에 온 것이 아닌가?"

"아니다. 우리의 임무는 포로들이 안전한가를 확인하고 그들이 필요로 하는 도움을 제공하기 위한 순수한 인도주의적인 것이다."

"포로들은 안전하다. 우리는 정부로부터의 명령을 기다려야 한다. 귀관들의 신변의 안전을 보장할 수 없으니 즉시 여기를 떠나야 한다."

그리고 OSS 선발대 주위에는 일본군의 탱크와 박격포 그리고 기관총이 배치되어 겨누고 있었다.

한국에 주둔하고 있던 일본군이 미군에 정식 항복하고 무장해제 된 것은 이로부터 20여 일이나 지난 9월 9일이었다. 따라서 이 시기는 일본군과 일본인 관리들이 한국을 지배하고 있었다. 그러니 OSS 선발대 일행은 하는 수 없이 일본군으로부터 휘발유를 공급받은 다음 19일 오후 4시경

여의도 비행장을 이륙할 수밖에 없었다.[109]

OSS 선발대가 중국에 복귀한 이후 독수리작전은 종결 수순을 밟았고, 결국 1945년 10월 1일 종결되었다. 이날은 OSS가 해리 트루먼(Harry S. Truman) 대통령의 명령으로 공식 해체된 날이기도 했다. 이로써 광복군과 OSS의 공식적인 합작은 끝났다.

독수리작전의 공식 종결 선언을 앞둔 1945년 9월 28일자 OSS중국 전구 비밀첩보과장 헬리웰 대령이 이범석 장군에 보낸 서신으로부터 우리는 독수리작전의 의미를 읽을 수 있다.

"만일 전쟁이 몇 년 더 지속되었더라면 본인(헬리웰)은 우리의 공동 노력이 실제로 공동의 적을 무너뜨리고 한국의 해방을 가져오는데 기여했을 것이라 확신합니다. 물론 우리는 이 결과가 우리가 기대했던 것보다 더 일찍 일어난 것에 대해 매우 행복하고 감사하게 생각합니다. (생략) 본인은 최근 몇 달 동안의 협력, 그리고 그 협력으로 인한 상호존중은 우리 두 위대한 나라의 계속된 우호와 협력을 보장하는 데 많은 도움을 줄 것으로 기대합니다. 귀하의 안녕 및 행운과 자유민주주의 한국의 조속한 재건을 진심으로 바라며(생략)"[110]

8·15 해방 3일 후인 8월 18일, 미군 OSS요원들과 함께 광복군 선발대로 여의도 비행장을 통해 해방된 조국의 땅을 맨 먼저 밟은 제2지대장 이범석과 학병 출신 노능서·장준하·김준엽의 귀국 후 그 행보가 나뉘었다.

---

109 《대한민국임시정부 자료집》 13, 한국광복군Ⅳ, 1. 영문자료, 125) <한반도 특수임무에 관한 보고>.

110 《대한민국임시정부 자료집》 13, 한국광복군Ⅳ, 1. 132) 이범석 장군의 서신에 대한 헬리웰의 답장.

이범석은 민족청년단을 창설하여 청년운동 활동을 전개하다가 대한민국 정부 수립 후 초대 국무총리 겸 국방부장관에 취임하였다.

노능서(서준철)는 태릉 육군사관학교 제8기 특별 4차를 거쳐 소위로 임관했으나, 여순반란 사건 진압 차 출동한 이후 행방불명이 되었다.

한편 장준하는 김구의 비서로 있다가 이범석의 민족청년단에서 활동했는데 이후 종합교양지 《사상계》를 창간했다. 《사상계》는 자유당 정권을 규탄하여 4·19 혁명의 기폭제가 되었다. 5·16군사정변 이후 그는 재야 정치인이 되어 한일회담과 월남파병 반대운동을 전개했다.

그는 1963년 제6대 대통령선거에서 윤보선 후보 지지 유세 중 박정희 후보의 친일 행적과 남로당 경력을 문제 삼았다가 선거법 위반으로 옥고를 치렀다. 1967년 7대 국회의원 선거에 당선, 국방위에서 활동하였다.

《사상계》는 1970년 5월호에 실린 김지하 시인의 '오적(五賊)' 필화사건을 계기로 폐간되었다. 이 시는 재벌·국회의원·고급 공무원·장성·장차관 등 사회 지도층의 부정부패를 노골적으로 꼬집은 판소리 형식의 풍자시로, 당시 집권 세력의 심기를 건드리기에 충분했다. 김지하는 반공법 위반으로 실형을 받았다.

1972년 10월 유신이 선포되자 장준하는 유신체제 철폐를 위한 국민서명운동에 나섰다가 징역 15년형을 선고받고 수감되었으나, 형 집행 정지로 풀려났다.

유신체제가 시퍼렇던 1975년 8월 17일 경기도 포천군 이동면 약사봉에 단독 등반하였다가 바위 절벽에서 추락하여 사망하였다. 박정희 대통령에 대한 그의 신랄한 비판이 그의 죽음과 어떤 연관이 있으리라고 사람들은 짐작했으나 의혹은 끝내 풀리지 않았다.

그는 1962년 한국인으로는 최초로 막사이사이상(언론부문상)을 수상했다. 이 상은 필리핀에 민주주의를 토착화시킨 라몬 막사이사이(Ramon Magsaysay) 대통령을 기리기 위해 그의 사후 제정된 상이다. 대한민국 정부에서는 장준하에게 사후 건국훈장과 금관문화훈장을 추서했다.

장준하는 일본군 탈출에서부터 광복군에 합류하는 고난의 과정을 담은 그의 저서 《돌베개》 끝부분에서, "광복 조국의 하늘 밑에는 적반하장의 세상이 왔다. 펼쳐진 현대사는 독립을 위해 이름 없이 피 뿜고 쓰러진 주검 위에서 칼을 든 자들을 군림시켰다."라고 했다.

그는 일본군에 들어가 일본군에 성실히 복무하다가 해방 후 국군에 들어가 높은 자리에 오른 사람들을 별로 좋아하지 않았다. 후일 육군참모총장 자리에까지 오른 사람이 일본인 고참병들이 먹다 남긴 잔밥을 자존심도 없이 받아먹는 추태를 부리는가 하면, "일본군을 탈출하는 자는 칼로 찔러 죽이겠다!"라고 동료 학병들을 협박하던 것을 두 눈으로 똑똑히 보았다.

김준엽은 장준하와 다른 길을 택했다. 그는 해방 후 바로 귀국하지 않고 난징의 한 전문학교에서 한국어 강사로 근무하면서 난징의 중앙대 대학원에서 중국사 공부를 하였고, 국공내전이 발발하자 1949년 귀국하여 고려대학교 사학과 교수로 부임했다. 그는 후학 양성에 힘쓰는 한편 아세아문제연구소를 세웠다. 이후 아세아문제연구소 내에 공산권 연구실을 설치함으로써 아세아문제연구소는 세계적으로도 손꼽히는 공산권 연구기관으로 성장할 수 있었다. 특히 김준엽은 중국을 깊이 연구했는데 중국에서도 그를 우리나라의 대표적인 중국통으로 손꼽을 정도였고, 중국은 한중 관계에 대한 그의 공로를 인정해 훈장을 수여했다.

그는 대외활동에도 적극적이어서 1961년, 1962년, 1974년 세 차례 유엔 총회에 한국 대표로 참석했고, 5·16 이후에는 국가재건최고회의의 고문 자격으로 외교사절단의 일원으로 인도를 방문하여 자와할랄 네루(Javaharlal Neru) 수상을 만나기도 했다. 또한 그는 광복군 시절의 동지 장준하가 창간한 《사상계》의 주간을 맡기도 했다.

1982년 김상협의 뒤를 이어 고려대 총장이 되었으나, 신군부의 압력에 굴복하지 않고 사사건건 맞서다 결국 1985년 강제로 사임하였다. 학생들은 총장 퇴진 반대운동을 펼쳤다. 훗날 김준엽은 이를 자신의 최고 자랑스러운 일로 꼽았다. "총장 물러가라!"는 데모는 많았어도 "물러나지 말라!"는 데모는 자신밖에 없었기 때문이다. 고려대 총장직에서 물러난 이후에는 회고록 《장정》을 집필했다. 《장정》은 모두 5권인데, 1, 2권은 일본군 탈출 및 광복군 시절을 다루고 있다.

제 5부

대한민국 육군사관학교(1946)

37년 만에 다시 세운 사관학교

01

해방과 귀환

일본군 출신들의 귀향

1945년 8월 15일 일본의 항복으로 해방을 맞자 일본군·만주군·광복군·중국군 등에서 복무하던 이들이 가깝게는 국내에서, 멀리는 남태평양과 동남아 등지에서 귀향 또는 귀국하였다. 이들 가운데 그 인원이 가장 많은 것은 일본군 출신이었다. 일본군 출신들은 일본육사·지원병·학병·징병과 군속(군무원)들로 구분된다.

일제강점기 일본육사를 졸업하고 일본군 장교로 임관한 인원은 모두 74명이고, 일본육사 재학 중 해방을 맞은 인원은 15명이다. 여기에 만주 군관학교를 거쳐 일본육사에 진학하여 졸업한 13명과 일본육사 재학 중 해방을 맞은 12명 등 만주 군관학교 출신 25명까지 합치면 모두 114명이 일제강점기 일본육사를 졸업했거나 재학했다.

일본육사를 졸업하고 일본군 장교로 임관한 74명 가운데 32명, 일본육사 재학 중 해방을 맞은 15명 가운데 5명 등 모두 37명이 국군 장교가 되었다. 국군 장교가 된 37명 가운데 12명이 군사영어학교, 10명이 육군사관학교, 10명이 특별임관을 통해 임관했고, 나머지 6명은 공군으로 갔다.

37명 가운데 26명은 장군이 되었고, 6명은 6·25전쟁에서 전사했다. 3명은 좌익으로 처형되거나 파면되었다. 육군참모총장 5명, 공군참모총장 4명, 국방부장관 5명, 합참의장 3명이 나왔다.

일본군 장교로 임관된 일본육사 졸업생 74명 가운데 독립운동에 투신한 인사는 5명(김광서·지청천·조철호·이종혁·이동훈), 일본의 침략전쟁에 출전하여 전사한 사람은 10명(원폭으로 전사한 1명 포함)이다. 이 밖에도 해방 후 일본에 귀화하거나 체류한 자, 일본 패망 후 연합국전범재판에서 사형을 받은 홍사익 중장, 소련군에 납치된 김인욱 중좌, 일본 패망 직후 일본군 구대장에 사살된 김재곤 소위, 기타 행적 불명자 등이 있다.

일본육사 출신 이외에 일제강점기 우리나라 젊은이들이 일본의 침략전쟁에 동원된 인원은 모두 39만여 명에 이른다.[111]

중일전쟁을 계기로 일제는 '특별지원'이라는 명목으로 1938년부터 1943년까지 6년 동안 육군 1만 8천여 명과 해군 3,000명 등 모두 2만 1,000여명을 지원병으로 일본군에 입대시켰다. 말이 지원이지 회유와 협박을 통해 반강제적으로 입대시켰다.

육군 지원병 훈련을 위해 1939년 9월 오늘날 육군사관학교가 있는 자리에 지원병 훈련소가 세워졌다. 지원병 입대자 수가 늘어남에 따라 오

---

111 한용원,《창군》(박영사, 1984), 37쪽에서 재인용.

늘날 공릉동 서울과학기술대학교가 있는 자리에도 훈련소를 추가로 설치했다.

일본군 지원병들은 말단 사병으로부터 군대 생활을 했기 때문에 명령에 대한 절대복종, 임무 완수의 강한 책임감과 상관에 대한 충성심 등이 강했고 소부대 지휘 경험이 있었다. 이들은 6·25전쟁에서 용감히 싸웠고, 유능한 일선 지휘관으로 활약했다는 평가를 받고 있다. 그러나 이들은 일본군에서 몸에 밴 일본 제국주의 군대의 비민주적 관행을 한국군에 전파했다는 비판을 받기도 한다. 국군 장군까지 진출한 지원병 출신은 105명에 이른다. 이들 가운데는 2명의 참모총장도 나왔다.

1942년 6월 미드웨이 해전을 계기로 전세가 역전되고, 중국에서도 전선이 교착되자, 일제는 인적 자원을 보충하기 위해 징집령을 공포했다. 이에 따라 일본군에 강제 입대한 한국인은 육군 18만7,000여 명, 해군 2만 2,000여명 등 모두 21만여 명에 이른다. 여기에 일본군 군속으로 복무한 15만 5천여 명과 지원병 2만 1,000여 명을 합치면 39만여 명의 우리나라 젊은이들이 일제의 침략전쟁에 동원된 것이다.

이들 39만여 명 가운데 15만여 명이 전사 또는 실종되고, 살아남은 24만여 명 가운데 해방 후 남한으로 귀환한 자는 10여만 명으로 추산된다.

마지막으로 전문대학 이상의 학력 소지자를 대상으로 하는 학도동원령이 내려져 모두 4,385명이 일본군에 반강제로 입대했다. 이들을 학병 또는 학도병이라 한다. 학병 출신들은 군사 지식이나 군대 경험은 부족했지만, 당시 최고의 학력을 가진 젊은 지성인 집단이라는 점과 반강제로 일본군에 입대했기 때문에 친일 프레임을 벗어날 수 있다는 점에서 장점이 있다. 장창국 장군은 《육사 졸업생》에서, 학병 출신들을 가리켜 '국군의 스타 박스'라고 부른다. 신생 조국의 엘리트 집단으로 그만큼 장군이 많이 나왔다는 말이다.

군사영어학교 출신 110명 가운데 학병 출신이 61명으로 절대다수를 차지한다. 장군까지 진출한 학병 출신들은 모두 87명에 이른다. 이 가운데 대장이 10명, 육군참모총장 9명, 해병대 사령관 1명, 합참의장 5명, 국방부장관 6명이 나왔다. 장창국 장군이 결코 과장해서 한 말이 아니다. 학병 출신으로 육사를 졸업해 장군까지 진출한 인원은 31명이다.

남한으로 귀환한 만주군 출신들

해방 후 남한으로 귀환한 만주군 출신이 정확히 얼마나 되는지 알 수 없다. 다만 장창국 장군은 《육사졸업생》에서 "1백 20명쯤 되는데 대부분이 국군의 장교가 됐고, 그중 41명은 장성으로 진급했다."리고 증언하고 있다.[112]

국군 장교가 된 만주군 출신들은 크게 만주 군관학교 출신과 간도특설대 출신으로 구분된다. 극히 일부는 군의관 또는 군무원으로 근무한 자들도 있다. 만주 군관학교 출신들은 봉천군관학교와 신경군관학교를 비롯해 군수학교·경리학교·군의학교·항공학교 출신들로 구분된다.

일본은 1931년 만주를 침략 점령하고 이듬해에 괴뢰국인 만주국을 수립하고 동시에 장교양성소로 봉천군관학교를 설립했다. 봉천군관학교의 정식 명칭은 '중앙육군훈련처'인데, 봉천(奉天, 지금의 선양, 瀋陽 심양)에 있어서 '봉천군관학교'라 부른다. 1939년 2년제 봉천군관학교를 폐지하고

---

112 장창국, 《육사졸업생》(중앙일보사, 1984), 25쪽.

만주국의 수도 신경(新京, 지금의 창춘, 長春 장춘)에 일본육사를 모방해 군관학교를 세웠다. 이것을 '신경군관학교'라고 부른다.

봉천군관학교에 입학한 한국인들은 제4기부터 제9기까지 모두 38명에 이른다. 이들 가운데 국군 장교가 된 사람으로 명단이 파악된 인원은 17명에 이른다. 정일권·김백일·백선엽 장군 등이 이 학교 출신이다. 정일권은 봉천군관학교 제5기 졸업 후 만주군 장교로 재직 중 일본육사 본과에 진학하여 제55기로 졸업했다. 백선엽이 졸업한 제9기를 끝으로 봉천군관학교는 문을 닫았다.

신경군관학교에 입학한 한국인은 모두 48명이다. 신경군관학교 출신 가운데 해방 후 국군 장교가 된 사람은 모두 24명이다. 이들 중 14명은 신경군관학교 예과를 마치고 일본 육사 본과에 진학했다. 박정희·이한림이 여기에 속한다. 이 두 사람은 신경군관학교 제2기, 일본육사 제57기 동기생이다.

만주에서 민족주의 계열의 무장투쟁이 퇴조한 이후 중국 공산당 주도로 동북항일연군이 결성되었고, 여기에 조선인 동북인민혁명군이 편입되었다. 동북항일연군은 주로 게릴라 전술로 일본군과 만주군을 괴롭혔다.

동북항일연군의 활동에 위협을 느낀 일본 관동군은 강력한 토벌작전과 고립정책을 펼쳤다. 이런 배경에서 1938년 간도특설대가 탄생하였다. 간도특설대는 대대 규모의 특수부대로 부대장은 일본인 출신 만주군 소교(소령)나 중교(중령)가 맡았고, 그 밑의 장교는 한국인과 일본인이 반반이었다. 부사관을 포함한 사병은 전원 한국인이었다.

창설 때부터 일본 패망으로 해산되기까지 특설대에 입대한 한국인은 대략 2,100명에 이른다고 한다.[113] 특설대의 조선인 장교는 크게 봉천군관학교 출신, 신경군관학교 출신, 그리고 간도특설대에 사병이나 하사관으로 근무하다가 육군훈련학교에서 단기 교육을 마치고 장교가 된 자들로 구분된다.

1943년 러허성(熱河省, 열하성)으로 이동할 때까지 특설대의 주요 타격 대상은 동북항일연군을 포함한 항일무장 세력이었다. 동북항일연군에는 많은 한국인이 포함되어 있어서 결과적으로 한국인이 한국인 항일무장 세력을 토벌한 격이 되었다. 그래서 간도특설대에 복무했다는 것만으로도 반민족 프레임에 씌워지기 쉽다.

백선엽 장군의 경우 동북항일연군이 궤멸 상태에 빠진 이후인 1943년 2월 간도특설대에 부임했다. 따라서 그가 동포 독립운동자들을 대상으로 하는 '소탕작전'에 직접 참가했다고 할 수 없다. 그러나 간도특설대에 복무했다는 사실은 그에게 흠결이 되는 것만은 사실이다.

광복군 해산과 뒤늦은 귀국

이범석 장군의 회고에 따르면, 광복군 창설의 1차 목표는 항일전쟁을 수행할 군사력을 갖추는 것이었고, 2차 목표는 해방 후 광복군을 신생 조국의 국군으로 전환한다는 것이었다고 한다. 일본이 항복함으로써 광복군의 목표는 이제 해방된 조국으로 돌아가 국군이 되는 것이었다.

이를 위해 중국 각지에 있는 한인 청년들과 일본군에 징집된 동포 장병들을 편입시켜 광복군을 확대 편성하는 작업에 착수, 1945년 10월까지 중

---

113 김효순, 《간도특설대》(서해문집, 2014), 147-148쪽.

국의 6개 주요 지역에 잠편지대(暫編支隊)를 설치하였다. 6개 잠편지대와 책임자는 다음과 같다.

상해잠편지대 지대장 박시창, 부지대장 이하유

항주잠편지대 지대장 김관오

한구잠편지대 지대장 권준, 부지대장 장흥

남경잠편지대 지대장 안춘생, 부지대장 지달수

북경잠편지대 지대장 최용덕

광주잠편지대 지대장 최덕신

잠편지대 편성 작업이 마무리되어갈 무렵 지청천 총사령은 중국주둔 미군 당국을 상대로 광복군 귀국을 위한 교섭에 나섰지만, 광복군을 해산하고 개인 자격으로 귀국하라는 답변만 돌아왔다. 이때 국내에서는 미군정이 이미 모든 사설 군사단체에 대한 해산을 명령해 광복군 국내지대도 광복청년회로 바꾸었다.

이런 판국에 중국 국민당 정부는, 중국 공산당이 활동 영역을 넓히자 한국인 무장단체를 위험 요소로 여겨 광복군 확대 편성 작업에 제동을 걸고, 빨리 귀국할 것을 종용하였다. 여기에 확대 편성으로 확보된 인원의 숙식 문제를 해결하기도 쉽지 않았다.

이런 상황에서 지청천 총사령은 1946년 5월 16일 '광복군 복원 선언'을 통해, 일본의 항복으로 중국에서의 광복군 임무는 일차적으로 완료되었으니 해방된 조국에 돌아가 새로운 국가 건설에 이바지하기 위해 광복군을 해산하고 개인 자격으로 귀국한다는 것을 밝혔다.

광복군 해산 선언에 따라 광복군 주력이 이범석 장군의 인솔 아래 미군 수송선을 타고 인천항에 도착한 것은 1946년 6월 2일이었다. 이들이 해방

임시정부 개선환영식(출처: 우리역사넷)

된 조국에 도착했을 때는 군사영어학교는 이미 문을 닫았고, 육군사관학교 제1기생 교육이 끝나갈 무렵이었다. 경비대와 육군사관학교는 이미 일본군 출신들이 주도하고 있었다.

해방된 조국에 돌아온 이범석 장군은 군대보다도 먼저 국가를 건설해야 한다는 생각으로 '민족지상, 국가지상(民族至上 國家至上)'이라는 슬로건을 내걸고 '민족청년단(民族靑年團)'을 창단하였다.

이범석보다 10여 개월 늦은 1947년 4월 귀국한 지청천 광복군총사령도 '대동청년단(大同靑年團)'을 조직했다. 대동청년단의 인기도 민족청년단 못지않게 대단해 창단 3개월 만에 전국적 조직을 완료했다. 오광선이 회장으로 있던 광복청년회도 대동청년단에 합류했다.

민족청년단과 대동청년단에 가입해 활동한 광복군 출신들은, 대한민국 정부가 정식으로 출범하면 자신들이 국군으로 전환된다고 생각하여 미군정이 추진하는 경비대에 입대하지 않았다. 여기에 임시정부 요인들은 미군정이 창설하고 있는 경비대를 '미군의 용병'으로 간주함으로써 광복군 출신들이 경비대에 입대하기를 주저하거나 회피하는 결과를 초래했다.

광복군 출신들이 창군(創軍)에 참여하게 된 것은 임시정부 참모총장과 군무부장을 역임한 유동열이 미군정 통위부장(국방부장관)에 취임하고, 광복군 출신의 송호성이 미군정 경비대총사령관(오늘날 육군참모총장)에 임명된 이후부터였다. 이범석 장군이 국방부장관에 취임한 이후에는 광복군 출신들이 대대적으로 국군에 들어왔다.

일반적으로 광복군은 그 규모가 작고, 인적 자원도 수준이 낮을 뿐 아니라 나이가 많다고 생각한다. 그러나 이는 광복군을 제대로 이해하지 못한 데서 나오는 오해와 편견이다. 광복군을 심층적으로 연구한 한시준은《한국광복군연구》에서 광복군의 규모를 700명 이상으로 보고 있으며, 500여 명의 명단을 부록에 수록해 놓고 있다.[114]

이들 가운데 학병 출신 45명, 중국 군관학교 졸업생 42명을 비롯하여 대한제국 무관학교와 신흥무관학교 출신, 만주 독립군 출신들은 충분히 장교가 될 자격을 갖춘 자들이었다. 나이도 20대가 적지 않았으나, 대한제국 무관학교, 신흥무관학교, 중국 군관학교 출신들과 만주 독립군 출신들은 나이가 비교적 많은 편이었다. 광복군 출신들이 나이가 많다고 생각하는 것은 바로 이들 때문이 아닐까 생각된다.

광복군 출신 가운데 국군이 된 인원이 얼마나 되는지는 알 수 없다. 다만 육군사관학교를 거쳐 국군 장교가 된 사람은 최소한 80여 명이 된다는 사실은 확인되고 있다. 육사를 거치지 않고 특별 임관한 사람들을 포함해 광복군 출신으로 국군 장군에 오른 인사는 모두 21명이다. 이 가운데는 공군 참모총장 1명(최용덕 중장)이 포함되어 있다. 광복군 출신으로 태릉 육사를 거쳐 임관해 장군이 된 사람은 15명이다.[115] 태릉 육사를 거치지 않고 바로 장군으로 특별 임관한 인물로는 김홍일 장군을 들 수 있다.

광복군 참모장을 지낸 김홍일 장군은 8·15광복 후 중국군에 복귀해 중

---

114 한시준,《한국광복군연구》, 307쪽.
115 한용원,《장군》, 64-66쪽 참조.

광복군 참모장 시절의 김홍일 장군
(출처, 우리역사넷)

국 국민당군의 동북보안사령부 고급 참모로 부임하였다. 동북보안사령부는 소련군이 장악하고 있는 만주를 접수하기 위한 임무를 띠고 있었다.

여기서 김홍일(왕일서) 장군은 한교사무처장으로 동포들의 안전과 귀국을 위해 노력하였다. 이후 김홍일 장군은 중국군 중장(우리나라 소장에 해당)으로 국방부 정치부 전문위원으로 임명되어 난징으로 부임하였다. 이런 관계로 그는 대한민국 정부가 수립된 직후인 1948년 8월 28일에야 고국에 돌아왔다.

1948년 12월 22일 준장으로 특별 임관되었다. 이때 육군의 송호성·이응준·채병덕과 해군의 손원일이 함께 한국군 최초의 장군이 되었다. 김홍일은 곧 육사 교장으로 발령을 받았다. 6·25전쟁 초기 시흥지구전투사령관으로 한강 방어선에서 북한군을 저지, 미군의 참전 시간을 벌었다. 이로 인해 북한군은 그들의 전략·전술에 차질을 빚어 그들의 8·15 부산 점령 계획은 실패했다.

사설 군사단체의 설립과 해산

해방 후 광복군·중국군·일본군·만주군 등에서 복무하던 군사 경력자들이 귀환하여 과도기 사회질서와 치안을 유지하고, 정부수립과 군대 창설의 초석을 마련한다는 명분 아래 과거 군대 경력과 연고 관계를 중심으로 사설 군사단체를 조직했다.

이들 가운데 대표적인 단체로는 조선임시군사위원회, 학병동맹, 학병단, 조선국군준비대, 광복군국내지대, 육해공군출신동지회 등을 들 수 있다.

'조선임시군사위원회'는 일본군 출신들이 주도한 사설 군사단체였다. 일본군 대좌 출신의 이응준을 위원장, 김석원을 부위원장으로 선출했으나 이응준은 명의뿐이고, 젊은 학병 출신 간부들이 사실상 임시군사위원회를 주도했다. 부위원장 김석원 또한 시기상조라면서 참여하지 않고, 일본육사 동기생들을 중심으로 장교구락부를 만들어 군대 창설 문제를 논의하면서 시국의 추이를 관망하고 있었다.

학병 출신의 젊은 간부들이 중심이 되어 임시군사위원회에 치안대총사령부(治安隊總司令部)를 설치해 일본 경찰로부터 경찰서를 인수하는 등 활동을 전개하였으나, 그 과정에서 일본 경찰과 총격전이 벌어져 미군 헌병에 의해 무장 해제된 데 이어 학병 출신들이 대거 이탈해 별도로 학병동맹을 조직함으로써 임시군사위원회는 유명무실해졌다.

'학병동맹(學兵同盟)'은 일본군에 동원된 학병 출신들로 조직된 사설 군사단체로 일본군 상등병 출신 왕익권이 위원장, 일본군 오장 출신 이춘영이 부위원장을 맡았다. 왕익권은 도쿄제국대학 법학부 출신이고, 이춘영은 경성 법학전문 출신이다.

학병 출신들은 거의 이 단체에 가입해 그 규모가 컸다. 제국주의 세력 타도, 신조선 건설, 과도기 치안 유지, 국군 창건 노력 등을 강령으로 출범한 학병동맹은, 미군이 진주하기 전에 종로경찰서를 일본 경찰로부터 접수하여 죄수들을 석방하고 무기도 회수하였다.

이후 학병동맹 간부들이 노골적으로 좌익 성향으로 기울자 민족주의 성향의 학병들이 학병동맹을 탈퇴해 별도로 '학병단(學兵團)'을 조직했다. 학병단이 결성되자 학병동맹에 가입했던 학병들 대다수가 여기에 가입했다. 위원장 김완룡, 부위원장 김근배·박성화, 총무부장 안동준 등 간부진은 평양학병의거사건 주동자들이었다.

학병단원으로 열성적으로 활동한 사람들은 군사영어학교를 거쳐 장교로 임관하여 창군에 참여하였다. 창군에 참여하지 않은 인사들은 사회 각 계각층에서 지도자로 활동했다.

'조선국군준비대'는, 일본군에 복무하다 귀향한 장병들이 만든 '귀환장병대'와 '귀환군인동맹'이 통합하여 만든 조직이다. 여기에 일부 만주군 출신들이 합류했다. 총사령은 학병 상등병 출신 이혁기, 부사령은 만주군 항공 중위 출신 박승환이 맡았다. 총사령 이혁기는 경성제대 영문과 재학 중 학병으로 입대했고, 부사령 박승환은 만주 봉천군관학교 제7기로 입학하여 졸업 후 만주군 항공 장교로 전과하여 항공 교관으로 근무했다. 이혁기와 박승환은 이후 월북, 박승환은 북한군 창설에 참여했으나 숙청되었다.

국군준비대는 처음에는 정치색이 없었기 때문에 많은 귀환 장병들이 앞으로 국가의 간성이 되고자 여기에 모여들었다. 그 결과 전국에 6만여 명의 대원을 확보함으로써 사설 군사단체 가운데 가장 규모가 크고 강력한 조직체로 부상했다.

국군준비대는 김원봉의 '조선국군학교'를 흡수해 일제강점기 일본군 지원병 훈련소로 사용된 태릉에 훈련소를 설치하는 등 활발하게 활동했다. 이후 국군준비대 간부들이 좌익 성향을 드러내자 김두한(김좌진 장군의 아들, 제3대 및 제6대 국회위원 역임, 영화 '장군의 아들' 실제 인물)이 이끄는 우익청년단체가 명동의 국군준비대 총사령부와 태릉의 훈련소를 습격하여 무장 충돌이 발생했다.

'광복군국내지대'는, 신흥무관학교 출신으로 지청천과 함께 만주 독립군으로 활약한 바 있는 오광선에 의해 추진되었다. 오광선은 이기붕(국방부장관, 국회의장, 부통령 당선)을 통역관으로 주한미군 사령관 존 리드 하지(John Reed Hodge) 중장을 만나 교섭하여 미 군용기 편으로 중국으로 날아가 김구 주석과 지청천 총사령관을 만났다.

여기서 오광선은 김구 주석으로부터 광복군 국내지대장과 광복군 소장 계급을 받고 국내로 돌아와 광복군 국내지대를 설치해 사령관에 취임했다. 이에 일본군·만주군 장교 출신들이 지대장과 중대장을 맡았다.

군사 경력과 사상이 다른 이들 사설 군사단체들은, 모스크바 삼상회의에서 한국에 대한 신탁통치가 결정되자 신탁통치 반대와 찬성을 놓고 좌우로 갈라져 대립하였고, 결국 무력 출동에까지 이르렀다. 그 첫 충돌이 이른바 '학병동맹사건(學兵同盟事件)'이다. 1946년 1월 18일 반탁(反託) 전국학생총연맹이 신탁통치를 반대하는 시가행진 도중 무장한 학병동맹원들의 습격을 받고 27명이 부상하는 사건이 발생했다.

이에 장택상 수도경찰청장 지휘 아래 학병동맹 본부가 있는 삼청동의 삼청회관을 포위하고 있을 때 김두한이 이끄는 우익 청년단체가 건물 안으로 들어가 쌍방 간에 총격전이 벌어졌다. 총격전에서 학병동맹과 김두한 부대 양측에서 다수의 사상자가 발생하였다. 이 사건을 계기로 미군정은 1946년 1월 21일 모든 사설 군사단체에 대한 해산 명령을 내렸다.

미군정의 사설 군사단체 해산 명령에 따라 사설 군사단체들은 해산하고, 그 구성원들은 미군정이 추진하는 국방경비대에 입대하였다. 이 때 광복군국내지대 일부 대원들은 국방경비대와 해안경비대에 입대하고, 일부는 오광선이 주도하는 광복청년회에 들어가 청년운동으로 방향을 전환하였다.

　육해공군출신동지회는 사설 군사단체 해산 이후에 조직된 단체로서 광복군총사령을 지낸 지청천을 고문으로 추대하고, 일본육사출신 김석원과 안병범을 회장과 부회장에, 광복군국내지대 사령관을 지낸 오광선을 훈련부장에 선임했다.

　동지회는 미군정이 추진하는 경비대는 잠정적인 임시조직인 경찰예비대이기 때문에 우리 정부가 수립되면 정식으로 국군이 창설될 것이므로 이에 대비해서 조직하고 훈련하자는 취지에서 발족해 전국적으로 15,000명에 달하는 회원을 확보했다.

　그러나 경비대가 대한민국 정부수립 후 바로 국군이 된다는 사실을 확인한 이후 일부 회원들은 경비대에 입대하고, 김석원 회장을 비롯한 간부들은 육군사관학교를 통해 임관했다.

02 군사영어학교

미군정 시행과 국방사령부 설치

일본의 항복 의사를 통보받은 1945년 8월 10일, 미국은 한반도에서 일본군의 항복을 어디에서 누가 받을 것인지를 주요 내용으로 하는 '일반명령 제1호' 초안을 황급히 작성하였다. 초안에는 북위 38도선 이남은 미군이, 그 이북은 소련군이 일본으로부터 항복을 받는다는 내용이 들어 있었다.

소련군은 일본 관동군을 궤멸시키고 8월 12일 만주를 석권한 데 이어, 13일 청진에 상륙한 이후 8월 28일까지 38도선 이북 지역을 거의 점령했다. 소련의 빠른 행보에 비해 더글러스 맥아더(Douglas MacArthur, 1880-1964) 사령관은 8월 27일에야 오키나와에 있는 미 제24군단장 존 리드 하지(John Reed Hodge) 중장을 남한에 진주할 사령관으로 임명했다. 그리고 9월 7일 자로 북위 38도선 이남의 지역과 주민에 대하여 미군정을 시행한다는 내용의 '포고문 제1호'를 공포했다.

1945년 9월 9일, 미 제24군단(제6·제7·제40사단) 주력인 제7보병사단이 서울에 진주한 가운데 조선총독부 청사에서 주한 미군사령관 하지 중장과 미 제7함대사령관 토머스 킨케이드(Thomas C. Kinkaid) 해군중장이 아베 노부유키(阿倍信行, 아배신행) 총독으로부터 정식으로 항복문서를 받았다.

일본의 항복문서에 서명하는 아베 노부유키 조선 총독 (출처: 우리역사넷)

이날 하지 사령관은 조선총독부의 통치기구를 그대로 인수하고 일본인 관리를 당분간 그대로 유임시킨다고 발표하였다. 이렇게 되자, 일본의 항복으로 일제 식민 통치에서 벗어난 줄 알았던 한국인들은 크게 실망했다.

결국, 하지 사령관은 아베 총독과 경찰 총수인 경무국장 엔도 류사쿠(遠藤柳作, 원등류작)를 비롯한 일본인 국장(장관)을 해임했다. 그리고 미 제7사단장 아치볼드 아널드(Archibald V. Arnold) 소장을 군정장관에, 미 제24군단 헌병사령관 로렌스 쉬크(Lawrene E. Schick) 준장을 경무국장에 각각 임명하였다.

경무국장에 취임한 쉬크 준장은, 일제가 한국인들의 정치 활동을 금지하기 위해 만들었던 각종 법령을 폐지함과 동시에 "누구도 정치사상을 이유로 처벌받지 않는다"라는 내용의 법령을 공포하였다. 이로 인해 좌익 세력의 활동을 합법적으로 보장함으로써 훗날 엄청난 대가를 치르게 되었다.

미군정이 가장 우선을 두고 추진한 사업은, 남한의 치안을 담당할 경찰을 재조직하는 일이었다. 그 결과 1945년 10월 21일, 2만 5,000명 규모의 국립경찰을 발족시켰다. 이날이 바로 오늘날까지 '경찰의 날'로 기념되고 있다.

국립경찰이 발족하였으나, 2만 5,000명 정도의 경찰력과 7만여 여 명의 주한 미군 병력으로는 남한 지역의 치안과 38선 경비 등을 담당하기에 역부족이었다. 이 문제를 타개하기 위해 경무국장 쉬크 준장은 아널드 군정장관에게 남한의 국방군(National Defense Forces) 창설과 국방부 설치를 건의하였다. 원래 조선 주둔 일본군은 조선 주둔 일본군 사령관의 지휘와 통제를 받고 있었기 때문에 조선총독부에는 군사 분야를 담당하는 국방부 같은 기구가 없었다. 따라서 조선총독부 기구를 인수한 미군정 조직에도 국방부가 없었다.

쉬크 준장으로부터 국방군 창설과 국방부 설치에 관한 건의를 받은 아널드 장관은 1945년 11월 10일 국방군창설연구위원회를 구성하고, 11월 13일 '국방사령부(Office of the Director of National Defence)' 설치에 관한 군정법령 제28호를 공포하였다.

이 법령에 따라 국방사령부에는 군사국와 경무국을 두고, 군사국 예하에 육군부와 해군부를 두도록 하였다. 지금까지 정부의 독립부서로 있던 경무국이 국방사령부 예하로 들어온 것이다. 그리고 모든 사설 군사단체는 국방사령관의 서면 허가를 받도록 하였다.

국방사령부가 설치됨에 따라 경무국장 쉬크 준장이 초대 국방사령관에 임명되었고, 군사국장에는 아서 챔퍼니(Arthur S. Champeny) 대령, 군사국 차장에는 리머 아고(Reomer W. Ago) 대령이 각각 임명되었다.

한편, 남한의 국방군 창설 문제를 연구하던 위원회에서는 육군과 공군 4만 5,000명, 해군 5,000명 규모의 국방군 창설계획안을 쉬크 국방사령관에게 보고했고, 쉬크 준장은 이를 하지 사령관에게 보고하여 11월 20일 승인을 얻었다. 하지 중장은 이를 도쿄의 맥아더 극동군사령관에게 보고했다. 이에 맥아더 사령관은 남한에 군대를 창설하는 문제는 자신의 소관 밖의 사항이라며, 이를 본국 정책당국에 검토를 요청하였다(1945.11.28).

맥아더 사령관으로부터 미군정의 국방군 창설계획안에 대한 승인 여부를 검토해 줄 것을 요청받은 워싱턴의 국무·육군·해군 3부 합동조정위원회(SWNCC, State-War-Navy Coordinating Committee)에서는 논의 끝에 모스크바 3상회의가 한국 문제에 관한 결정을 내릴 때까지 국방군 창설 문제는 논의하지 않기로 하였다.[116]

워싱턴의 SWNCC에서 모스크바 3상회의 결과를 기다리고 있는 동안 서울의 국방사령부에서는 남한의 국방군 창설계획이 워싱턴에서 승인

---

116 모스크바 3상회의란 1945년 12월 16일부터 25일까지 미·영·소 3국의 외상(외무부장관)이 제2차 세계대전 전후 처리 문제를 협의하기 위해 개최한 회의로 이 회의에서 결정된 한국 관련 사항은 크게 세 가지로 요약된다. 한국을 독립 국가로 재건설하기 위해 임시민주정부를 수립한다. 한국임시민주정부 수립을 위한 방안은 한국의 민주적 정당·사회단체와의 협의를 통해 미·소공동위원회가 마련한다. 5년 이내를 기한으로 미국·영국·소련·중국 등 4대 국가에 의한 한국에 대한 신탁통치를 시행한다.

이 날 경우와 승인이 나지 않을 경우를 대비하여 두 개의 시나리오를 마련하였다.

그 하나는, 국방군 창설 계획이 워싱턴에서 승인 날 것에 대비해 국방군 창설에 장애 요소가 되는 언어소통 문제를 해결하기 위하여 '군사영어학교'를 설립하는 것이고, 다른 하나는, 국방군 창설계획이 워싱턴에서 승인이 나지 않을 것에 대비해서 경찰력을 보완하기 위해 경찰예비대 창설을 추진하는 것이었다.

군사영어학교 설립

하지 사령관이 쉬크 국방사령관의 국방군 창설계획을 승인한 날인 1945년 11월 20일, 아널드 군정장관은 군정청 회의실에 사설 군사단체 간부 120여 명을 초청하여 국방군 창설에 관한 설명회를 열었다. 여기서 아널드 군정장관은 남한에 군대를 만들려면 미군이 미국 군대식으로 편성하고 훈련하여야 하므로 단기 군사 영어 교육기관을 만들 계획이며, 군사 경력이 있는 사람 가운데 희망자를 입교시킬 것이니 각 단체에서는 유능한 인재를 추천해 달라고 당부하였다. 이어서 군사국장 챔퍼니 대령이, 모집 정원은 60명 정도가 될 것이며, 자격은 장교 출신이어야 한다고 말하고, 모집 인원 구성은 광복군 출신 20명, 일본군 출신 20명, 만주군 출신 20명으로 할당하는 것이 어떻겠냐고 제안하자 참석자들은 아무도 이의를 달지 않았다.[117]

군사영어 교육기관 입학생 추천은 일본군 출신 이응준, 만주군 출신 원용덕, 경무국장 조병옥, 그리고 중국군 출신 조개옥이 맡았다.

---

117   육군본부,《창군전사》(1980), 304-305쪽.

조병옥 경무국장은 경찰 간부로 있는 장교 출신들을 몇 명 추천했고, 조개옥은 광복군 출신 유해준과 중국군 출신 이성가 이외에 추천한 사람이 없었다. 따라서 이응준과 원용덕이 추천한 일본군과 만주군 출신들이 주로 입교자로 선발되었다.

이렇게 해서 1945년 12월 5일 군사영어학교(The Language School)가 문을 열고 1차로 60명이 입학하였다. 별도의 건물이 없어 서대문구 냉천동 언덕바지에 미국 선교사들이 지은 감리교신학교 건물을 교사로 사용했다. 학교 간판도 없었다. 교장은 군정청 법무장교로 있던 리스(L. W. Reese) 소령, 통역관 겸 부교장은 만주군 군의관 출신 원용덕이 임명되었다. 이밖에 3명의 미군 장교와 3명의 한국인 교사가 교육을 담당하였다.

군사영어학교가 개교한 이후 워싱턴 정책당국에 의해 국방군 창설계획이 연기되자, 군사영어학교는 군사 분야 통역관을 양성한다는 것 말고는 뚜렷한 목표가 없었다.

학생들은 영어 실력에 따라 A·B·C·D 등 4개 등급으로 나뉘어 교반이 편성되었다. 1주일에 세 번 정도 영어 시험을 치러 그 결과에 따라서 B·C·D반 학생이 A반으로 올라가고 반대로 A반 학생이 하급반으로 내려가기도 하였다. 영어 실력이 뛰어난 학생은 도중에 군정청에 발탁되어 기용되기도 하였는데, 그 대표적인 사례가 학병 출신 임선하였다.[118]

임선하는 리스 교장의 추천으로 군사국 부관 장교인 미군 대위의 보좌관으로 기용되어 통역관 역할과 인사행정 업무를 담당하였다. 학병 출신

---

118 임선하 중앙고보(지금의 중앙고등학교) 재학 시절부터 영어 실력이 뛰어나 영어 교사인 변영태(초대 외무부장관)로부터 사랑을 받았다. 이후 일본으로 유학, 메이지 대학 재학 중 학병으로 징집되어 일본군 소위로 해방을 맞았다. 6·25전쟁 때 휴전을 앞둔 고지 쟁탈전에서 제3사단장으로 전공을 세워 태극무공훈장을 받았고, 소장으로 전역하였다.

들이 군사영어학교에 가장 많이 입학한 데는 임선하의 영향도 적지 않았을 것이다.

군사영어학교는 정해진 교육 기간이 없었고 졸업식도 없었다. 미군정 당국의 요구에 따라 수시로 A반 학생부터 임관하였다. 군사영어학교를 거치지 않고 경비대에 입대했다가 추천을 받고 현지 임관한 사람도 있었다.

복장 규정도 없었다. 미군정 당국은 학생들에게 교육 기간 중 평복을 착용하도록 권유했지만, 마땅한 복장이 없어 과거 일본군 또는 만주군에서 입었던 장교복을 그대로 입은 학생들이 태반이었다. 신사복에다 하의는 승마복형 장교복을 입고 가죽 장화를 신은 학생도 있었고, 계급장을 떼어버린 일본 해군 장교복을 입은 학생도 있었다.

군사영어학교는 1946년 2월 27일 냉천동에서 오늘날 육군사관학교가 위치한 태릉의 국방경비대 제1연대 서쪽 건물로 이전하면서 개별 통학에서 단체합숙 생활로 전환했다. 이때 20여 명이 경찰과 군정 기관 통역관으로 갔다.

군사영어학교는, 1946년 5월 1일 육군사관학교가 개교하게 되자 문을 닫았다.

국방경비대 창설과 임관

워싱턴의 3부합동조정위원회에서 모스크바 3상회의 결과를 기다리는 동안 주한 미군사령관 하지 중장은 쉬크 준장 후임으로 국방사령관에 임명된 챔퍼니 대령을 불러, 국방군 창설계획은 워싱턴에서 승인될 가능성이 없어 보이니, 보다 현실성 있고 규모가 작은 조직을 구상해 보라는 지침을 내렸다. 이 지침에 따라 만들어진 것이 '뱀부계획(Bamboo)'이다.

뱀부계획이란, 일정한 지역에 주둔하면서 경찰을 지원하고, 국가 비상시에 출동하는 경찰예비대(constabulary, police reserve)를 설치하는 계획을 말한다. 이 '경찰예비대'를 우리 측 인사들은 군대의 성격을 나타내도록 '국방경비대'라고 호칭했다. 그 규모는 대략 2만 5,000명으로 하였다.

하지 사령관의 예상대로 워싱턴의 합동조정위원회에서는 모스크바 3상회의에서 합의된 미소공동위원회가 협상할 때까지 남한의 정규군 창설계획은 연기하도록 합동참모본부에 통보하였다. 이에 합동참모본부는 1946년 1월 9일 주한 미군사령관 하지 중장이 제안한 경찰예비대 창설계획(뱀부)을 승인하고, 이를 맥아더 극동군사령관에게 통보하였다.

경찰예비대(국방경비대) 창설계획이 승인되자, 미군정은 우선 제주를 제외한 남한의 8개 도(道)에 장교 6명 사병 225명 규모의 중대를 1개씩 편성하되, 장교는 '중앙 장교학교(cetralized officer's school)'를 통해 충원하도록 하였다.[119] 주둔지 결정과 창설 부대 장교 인선 등 국방경비대 창설에 관한 문제는 이응준 국방사령부 군사국 고문의 자문을 받았다.

1946년 1월 15일, 오늘날 육사가 있는 태릉의 옛 일본군 지원병 훈련소에서 남조선국방경비대 제1연대 제1대대 A중대(중대장 채병덕 정위)가 창설되었다. 국군의 날이 10월 1일로 제정되기 이전에는 이날을 대한민국 육군창설일로 기념하였다.

2월 7일, 제1연대 본부 2층에 남조선국방경비대총사령부를 설치하여 국방사령부 군사국이 담당하고 있던 신병 모집과 훈련 업무 등을 담당하도록 하였다. 총사령관은 존 마샬(John T. Marshall) 중령이 임명되었

---

119   여기서 말하는 '중앙 장교학교'는 '서울 군사영어학교'를 지칭한다. Robert K. Sawyer, *Military Advisors in Korea: KMAG in Peace and War*(Center of Military History U.S. Army, 1988). p.13.

다. 이후 총사령부는 육군사관학교가 개교하자 서울 중구 예장동으로 이전하였다.

국방경비대 제1연대가 창설된 날 군사영어학교에 적을 두고 있던 21명을 장교로 임관시켜 창설 연대에 배치했다.

임관 시 계급은 과거 군사 경력을 고려하여 정위, 부위, 또는 참위를 부여하였다. 군번 1번 이형근(일본군 대위), 2번 채병덕(일본군 소좌), 3번 유재홍(일본군 대위), 4번 장석륜(일본군 중위, 만주군 중교), 5번 정일권 (만주군 상위) 등 5명은 정위로 임관했고, 나머지 16명은 부위 또는 참위로 임관했다.

정위로 임관한 이들 5명은 모두 일본육사 출신이다(정일권은 만주군관학교와 일본육사 졸업). 후일 군번 4번 장석륜을 제외하고는 모두 참모총장, 합참의장 또는 국방부장관을 역임하였다.

이때 부여된 군번이 대한민국 육군 장교 군번이 되었다. 대한민국 육군 장교 군번 1번이 된다는 것은 그 자체로 명예스러운 일이 아닐 수 없다. 이형근 장군이 자신의 자서전 제목을《군번 1번의 외길인생》으로 붙인 것만 봐도 그런데, 이 일에 얽힌 웃지 못할 사연도 있다.

대한민국 육군 장교 군번 1번 이형근
(출처:《군번 1번의 외길인생》)

이형근은 군번 1번을 차지한 한편, 군번 1번을 이형근에 빼앗긴(?) 채병덕은 울화통이 터졌다. 이형근은 일본군 대위 출신이고, 자신은 소좌 출신인데다, 이형근은 일본 육사 56기이고, 자신은 49기로 7년이나 선배이기 때문에 무엇으로 보나 자신이 군번 1번을 받아야 한다고 생각하니 분통이 터지지 않을 수 없었다. 채병덕이 인사 실무자인 임선하에게 화풀이를 한 것은 말할 것도 없고, 군번 문제로 인해 이형근과 채병덕은 만나도 서로 인사를 나누지 않을 정도로 불편한 관계를 유지했다고 한다.

계급 호칭은 경비대 창설 준비과정에서 대한제국 군대 계급 호칭을 계승하자는 의견, 새로 만들자는 의견, 일본군 계급 호칭을 사용하자는 의견 등이 나왔으나 논의 끝에 대한제국 군대 계급 호칭을 계승하기로 하였다.

장관: 정장 부장 참장

영관: 정령 부령 참령

위관: 정위 부위 참위

하사: 대특무정교 특무정교 정교 특무부교 부교 참교

병졸: 일등병 이등병

이 계급 호칭은 대한제국 계급 호칭과 약간 다른 부분이 있으나 대체로 일치한다.

그런데 막상 시행하고 보니 일본군 계급 호칭에 습관화되어 있던 일본군 출신 장교들이 개정을 주장하여 시행 1년도 되지 않은 1946년 12월 1일 계급 호칭을 새로 만들었다.[120]

계급 호칭과 함께 계급장도 새로 만들었다. 그러나 준비할 시간도 없었고, 좋은 아이디어도 없어 우선 임시로 경찰이 착용하는 모자의 턱걸이 귀 단추의 무궁화 모양을 장교 계급장으로 사용하기로 하였다. 오늘날 경찰 간부 계급장 모양이었다. 그래서 무궁화 하나는 참위, 둘은 부위, 셋은 정

---

120 새로 제정한 계급 호칭은 병(2등병, 일등병), 부사관(하사, 2등중사, 1등중사, 2등상사, 1등상사, 특무상사), 위관(준위, 소위, 중위, 대위). 영관(소령, 중령, 대령), 장관(준장, 소장, 중장, 대장) 등이다. 육군본부, 《창군전사》(1980), 322-323쪽 참조.

위, 넷은 참령으로 정하였다. 이후 하사관과 병의 계급장은 미 육군 계급장을 거꾸로 하고, 곡선을 직선으로 바꾸어 V자형으로 하였다.

복장은 처음 일본군 복장에 모표만 무궁화 모형을 달아 사용하다가 장교는 상의에 잠바, 하의는 승마복형으로 개조했고, 가죽 장화와 미군 정모 모양의 모자로 바꾸고 모표는 무궁화 속에 태극 문양을 넣어 자수로 만들었다.

사병은 장교와 같은 군복에 가죽 장화 대신 반각반을 하고, 반장화를 신었다. 모표는 장교와 같았으나 자수가 아닌 금속제로 한 것만 달랐다. 1946년 9월 1일 그동안의 일본식 병기와 복장을 전면 폐지하고, 미국식 병기와 복장으로 개정하여 미군 복장을 그대로 착용하였다.

국방경비대 확대 편성

제1연대를 시작으로 1차로 창설된 8개 연대에 이어 제주가 전남에서 분리되어 '도(道)'로 승격함으로써 제9연대가 제주도에 창설될 때까지 모두 9개 연대가 창설되었다. 이들 9개 연대의 창설 현황은 다음과 같다.

《경비대 창설 현황》

연대(주둔지)	창설일	창설지휘관(최종 경력과 계급)
제1연대(서울)	1946.1.15	채병덕 정위(육군참모총장·소장, 전사)
제2연대(대전)	1946.2.28	이형근 정위(육군참모총장, 합참의장·대장)
제3연대(이리)	1946.2.26	김백일 부위(군단장, 전사, 중장 추서)
제4연대(광주)	1946.2.15	김홍준 부위(대위 때 사고로 사망)
제5연대(부산)	1946.1.29	박병권 참위(군사령관·중장, 국방부장관)
제6연대(대구)	1946.2.1	김영환 참위(공군비행단장, 전사, 준장)
제7연대(청주)	1946.2.7	민기식 참위(육군참모총장·대장)
제8연대(춘천)	1946.4.1	김종갑 참위(중장, 국방부차관)
제9연대(제주)	1946.11.16	장창국 부위(합참의장·대장)

연대 편성은 예를 들자면 먼저 1개의 A중대를 20% 초과 편성한 다음, 초과 인원과 새로 모집한 인원으로 B중대를 20% 초과 편성하고, B중대 초과 인원과 새로 모집한 인원으로 C중대를 편성하는 방식이었다. 3개 중대 편성이 완료되면 근무중대와 대대본부를 편성해 1개 대대를 만들고, 3개 대대를 1개 연대로 편성했다. A, B, C 3개 중대의 편제는 중화기가 없는 미군 보병중대에 준하여 장교 6명, 사병 187명으로 하였다.

제1연대 제1대대에는 군사영어학교 출신 24명이 배치되어 편성을 완료했다. 1개 대대 편성에 24명의 장교가 소요되었으니, 3개 대대로 구성되는 1개 연대 창설에는 최소한 80여 명의 장교가 소요된다는 계산이 나온다. 따라서 군사영어학교 출신 110명으로는 1개 연대 창설밖에 할 수 없게 되었다.

경비대 창설이 본격적으로 추진되면서 장교 수요가 계속 늘어났다. 게다가 군사영어학교는 통역관 양성을 목적으로 한 임시 교육기관이었기 때문에 정식 장교 양성기관이 필요했다. 결국, 1946년 5월 1일 육군사관학교가 설립됨으로써 군사영어학교는 문을 닫게 되었다.

창군의 시련과 도전들

미군정의 뱀부계획에 따라 1차로 8개 연대를 창설할 때 창설 지휘관을 포함한 창설 간부들은 모두 군사영어학교 출신들이었다. 나중 제주가 도로 승격(1946. 8. 12)함으로써 뒤늦게 제주도에 제9연대가 창설될 때는 육사 제1기가 졸업하고 제2기가 졸업을 목전에 두고 있을 때였다.

이후에도 두 차례 더 연대를 창설해 6·25전쟁 이전까지 모두 25개 연대를 창설했는데, 이 가운데 1개 연대를 제외하고 24개 연대의 창설지휘관은 모두 군사영어학교 출신들이다. 이들의 경비대 창설은 힘들고 어려운 일이 많았다.

경비대는 군대도 아니고 경찰도 아닌 경찰 보조기관으로 출발함으로써 태생적으로 정체성 문제를 안고 있었고, 이로 인하여 경찰과의 충돌이 자주 발생했다. 경찰은 경비대를 경찰의 보조기관 정도로 생각해 얕잡아 보았다. 그러나 경비대원들은 경비대를 군대로 생각해서 입대한데다, 특히 일제 치하 군인 우위 풍조를 겪은 일본군 출신들에게는 군이 경찰 밑으로 들어간다는 것은 도저히 받아들일 수 없었다.

이런 분위기에서 치안 유지가 우선인 미군정은 경찰에게는 새로운 제복과 미제 소총을 지급한 데 반해 경비대에는 일본군으로부터 압수한 일본 군복과 일본 소총을 지급했다. 경비대와 경찰 간의 사이가 나빠졌고, 결국 적대적인 관계까지 이르렀다. 그 결과 경비대와 경찰이 유혈 충돌하는 사건까지. 발생했다. 그 대표적인 사례가 1947년 6월에 발생한 영암경찰서 총격 사건이다.

이 사건은 외박 나간 경비대원과 영암경찰서 소속 경찰 사이에 사소한 시비 끝에 경비대원이 경찰에 폭행을 가하자 경찰이 경비대원을 구속해 버렸다. 이에 분개한 경비대원들이 무장을 하고 영암경찰서로 쳐들어가 쌍방 간에 총격전이 벌어졌다. 경찰은 관망대에 기관총까지 거치하여 사격을 가함으로써 경비대원 6명이 죽고, 10여 명의 부상자가 발생하였다.

경비대원이 외출해 위법행위라도 저지르게 되면 경찰의 단속을 받아야 했다. 물론 경비대원들의 치외법권적 의식도 문제여서 위법 행의를 저지르고도 경찰이 단속하면 응하지 않고 반발함으로써 경찰과 충돌이 일어났고, 수적으로 불리한 경비대원들이 경찰에 얻어맞고 오는 일이 자주 일어났다.

경비대의 체통은 말이 아니게 되었다. 이때 "군인은 전투에서나 개인 싸움에서도 이겨야 한다. 지면 군인으로서 자격이 없다!"라고 하면서 태권도를 가르치기 시작했다. 그 주인공은 학병 출신 최홍희(군사영어학교, 군단장·소장 역임)였다. 최홍희는 일본에서 대학을 다닐 때 '가라데'를 배워 2단을 받았다. 그는 한국에 태권도를 최초로 보급한 인물이라 할 수 있다. 경비대에 태권도 교육이 시행된 이후 경비대원이 경찰에 얻어맞고 오는 일은 거의 없어졌고, 경비대의 사기도 많이 올라갔다.

병력 모집에도 문제가 있었다. 경비대가 잘 알려지지 않은데다가 "경비대는 경찰의 보조기관이며, 정식군대가 아니다. 정식군대는 추후 모집한다."라는 좋지 못한 소문이 나돌았다. 그러니 쓸 만한 사람들이 이런 경비대에 들어올 리 없었다. 그래서 누구나 지원만 하면 입대가 가능했다. 그러다 보니 할 일 없는 사람들이나, 좌익으로 경찰의 수배 대상이 된 사람들, 또는 범법자들에게는 경비대가 좋은 도피처가 되었다.

경비대는 이처럼 입대하기도 수월했지만, 그만두고 싶으면 언제든지 외출 나갔다가 돌아오지 않으면 그만이다. 그렇다고 경비대에서 고발하거나 경찰이나 헌병대에서 탈영병으로 체포하려고도 하지 않았다. 그래서 한쪽에서는 입영하고 또 다른 한쪽에서는 병력을 보충하는데 무척 애를 먹었다.

이런 판에 안에서는 상관 폭행 사건, 지휘관 배척 사건 등 각종 소요 사건과 부정부패 사건이 빈발했다.

경비대 장교와 미군과의 갈등도 문제였다. 경비대에 대한 지휘권이 한국인 장교에 이양된 것은 미군정 실시 1주년을 맞는 1946년 9월이었다. 이때 미군 지휘관들은 고문관 위치로 자리를 바꾸었다. 이렇게 되기까지 한국인 지휘관과 미군 지휘관 사이에 "누가 지휘관이냐?"를 놓고 시비가 벌어졌다.

지휘권이 한국인 장교에게 이양된 후에도 미군 장교들은 한국인 장교를 통제하려고 하여 충돌이 발생했다. 심지어 훈련 조교로 파견되어 나온 미군 부사관이 경비대 장교들이 하는 훈련에 사사건건 간섭하자, 이를 장교에 대한 모욕이라고 생각해 미군 부사관을 구타한 일도 있었다.

가장 심각한 문제는 경비대의 이념과 사상을 올바로 정립하지 못함으로써 경비대에 좌익 세력이 침투해 들어와 사상적으로 오염시킨 점이다.

그 결과 이들에 의한 각종 소요사태가 발생했고, 드디어 여수 제14연대와 대구 제6연대의 반란 사건까지 발생하게 됐다.

"빨갱이, 노랭이 같은 놈 몰아내라!"[121]

1946년 5월 25일 점심을 마친 경비대 제1연대 제1대대 대원들이 연병장에 집합해 시위에 들어갔다. 갑작스러운 사태에 대대 주번사령인 B중대장 정일권 정위가 시위를 진정시키고자 대원들 앞에 나아가 불평불만이 있으면 정당하게 상관에게 건의하라고 말했으나, 흥분한 대원들은 "물러가라"고 소리쳤다. 몇몇 소대장들이 나와서 난동을 진압하려 애썼지만 대원들을 더욱 자극하는 결과가 되고 말았다. 마침 토요일이라 대대장 채병덕 참령을 비롯한 대대 장교들은 대부분 외출하고 영내에 없었다.

이날 저녁 야간 점호가 끝난 후 B중대 대표들이 장교 숙소에 있는 정일권 정위를 찾아가 건의 사항을 말했다. 정일권 중대장은, 자신은 문제를 해결할 위치에 있지 않기 때문에 건의 사항을 그대로 대대장에게 전하겠다고 말했다. 이때 과격한 대원들이 난입해 전등불을 끄고 다짜고짜 정일권 정위에게 폭행을 가했다. 정일권은 창문을 통해 도피하여 의무실에서 응급치료를 받은 다음 적십자병원에 입원했다. 미군 헌병대가 출동하여 난동을 진압하였다.

다음 날 아침부터 대원들은 다시 행동에 들어가 각 중대 대표 30여 명이 채병덕 대대장실에 몰려가 그들의 요구사항에 대한 확답을 요구하였다. 이때 근무중대장 대리 유해준 부위가 나타났으나 그들은 계속해서 불만을 분출했다.

---

121 《창군전사》, 441-456쪽, <제1연대 제1대대 소요사건>.

"이따위 경비대 해산시켜라."

"빨갱이, 노랭이 같은 놈 몰아내라."

"대대장부터 물러나라."

"보급품 팔아먹은 놈 잡아내라."

유해준 부위는 대원들에게 "차려!" 하고 "해산!" 구령을 내리자, 대원들은 대대장실에서 물러났다.

이 사건은, 난동을 주도한 5, 6명의 대표를 미군정재판에 넘겨 처벌하고, 대대장 채병덕 참령과 B중대장 정일권 정위를 다른 부대로 전출시키며, 보급품 부정처분과 관련된 장교 2명을 파면시킴으로서 일단락되었다.

경비대 제1연대 제1대대에 입대한 사람들은 이미 일본군 등에서 군대 경험을 쌓고 학력도 비교적 높은 우수자원이 많았을 뿐만 아니라 장교가 되는 줄 알고 경비대에 들어 온 자들이었다. 따라서 이들은 장교들을 매우 비판적인 눈으로 관찰하고 있었다.

그런데 당시 그들의 눈에는 줏대도 없이 미군의 방침만을 충실히 따르는 장교('노랭이 같은 놈'), 일본제국주의 지휘통솔을 일삼은 장교, 부정부패한 장교, 그리고 사상이 온건하지 못한 장교('빨갱이 같은 놈') 등의 모습이 보였다. 이런 장교들에게 경비대의 앞날을 맡길 수 없다는 판단에서 일으킨 것이 소위 '제1연대 제1대대 소요사건'이다.

그들은 일본군과 만주군 출신 장교들에 대해서 불만이 많았다. 특히 일본군에서 고참병의 모진 '기합'에 시달렸던 대원들은, 경비대에 입대해 일본군의 기합을 다시 받게 되니 울화통이 터졌다. 여기에다가 사용하는 언어만 우리 것일 뿐 소총으로부터 피복에 이르기까지 모든 것이 일본군 것이요, 장교도 일본군·만주군 출신인데다 내무생활도 일본군 방식이었다. 이렇게 해서는 앞으로 어떤 군대를 어떻게 만들겠다는 것인지 회의를 하게 되었다.

이들은 만주군 출신들을 특히 불신했다. 만주군 출신 가운데는 좌익 성향이 농후한 장교가 있는가 하면, 보급품을 횡령하는 파렴치한 장교가 있다고 보았기 때문이다. 이런 불신이 정일권 정위에 대한 폭행 사건으로 폭발한 것이다. 정일권 정위가 좌익이거나 부정을 저질렀기 때문이 아니라 만주군 출신 장교의 선임이었기 때문이었다.

대대장 채병덕 참령은 일본군 병기 소좌 출신으로 소총 기술자 정도에 불과한데다가 주체 의식이 없고, 미군정이 사상의 자유를 허용한 '불편부당'만 되풀이하고 있다고 보았다. 채병덕 장군이 참모총장으로 6·25전쟁 초기 보여준 무능으로 인한 작전 실패를 이들은 이미 예견했다고 할 수 있다.

일본군·만주군에 비해 광복군 출신 유해준 부위는 달리 보였다. 해방 전 우리나라 젊은이들은 독립군에 관한 이야기를 들으며 자랐다. 그래서 어떤 사람이 독립군이었다는 말만 들어도 가슴이 뛰었고 그를 위대한 인물로 생각하였다. 그러한 독립군은 도대체 어떻게 생겼는지 궁금하기도 하였다. 그런데 경비대원들 앞에 독립군의 후예인 광복군 출신이 나타났으니, 그의 말 한마디 한마디, 동작 하나하나가 대원들의 관심사가 되었다. 그래서 유해준 부위가 지휘하는 부대는 통솔에 잘 따르고 군기가 스스로 지켜졌으며, 비교적 단결된 분위기였다.

그런데 소요사건 때 대원들이 다른 출신 장교들 말은 듣지도 않았는데, 광복군 출신의 유해준 부위가 하는 말에 순순히 복종하자, 일본군·만주군 출신들은 유해준 부위가 배후에서 난동을 조종한 것으로 오해했다. 이 사건 이후 유해준은 소장으로 예편할 때까지 각종 모함과 음해에 시달려야 했다고 증언하고 있다.

제1연대 소요 사건을 통해 군사영어학교 출신들이 창군 과정에서 군대의 이념을 확립하지 못했다는 점, 미군정의 '불편부당'만 추종해 경비대에 좌익분자를 추출하지 못한 점, 일본식 통솔 방식을 탈피하지 못했다는 점을 들 수 있다. 그리고 무엇보다 신생 조국의 군대로서 정통성을 확립하지 못한 점이 가장 아쉬움으로 남는다.

제1연대 소요사건에 이어 태릉 육사에서는 제2기 생도들이 생도대장을 구타한 하극상 사건이 발생했다(1946. 12). 생도대장이 걸핏하면 생도들에게 체벌을 가한 데 대한 반발이었다. 일본군 출신 중대장은 "이놈, 이 새끼"라는 폭언은 물론 생도들을 구타하기까지 했다. 일본군대의 악습이 태릉에 전파된 것이다.

110명의 창군 원로 배출[122]

군사영어학교를 거쳐 장교로 임관된 인원은 모두 110명이다. 미군정은 군영 개설에 앞서 입학 인원 구성 비율을 광복군, 일본군, 만주군 출신 비율을 각각 20명씩 한다는 선발 원칙을 발표한 바 있다. 그러나 실제로 이 원칙은 무시되고 일본군·만주군 일색이 되고 말았다.

군영 출신 110명의 출신별 구성을 보면 일본군 출신 87명, 만주군 출신 21명, 광복군 출신 1명, 중국군 출신 1명으로 일본군 출신이 압도적으로 많다. 일본군 출신은 다시 일본육사 출신 13명, 학병 출신 65명, 지원병 출신 6명, 기타 3명으로 학병 출신이 일본군 출신의 거의 75%를 차지했다.

군영 출신 110명 가운데 준장으로 추서된 전사자 4명을 포함하여 모

---

[122] 군사영어학교 출신들의 인적 사항에 대해서는 육군본부의 《창군전사》(1980)와 한용원의 《창군》(1984)을 참조하였다.

두 78명이 장군이 되었다. 파면·순직·사망·전사 등 27명을 제외하면, 군대 생활을 정상적으로 한 사람 가운데 장군으로 진출하지 못한 사람은 단 5명에 불과했다. 장군으로 진급한 군영 출신의 계급별 직위별 분포는 다음과 같다.

- 최종계급: 대장 8명, 중장 26명, 소장 23명, 준장 21명
- 최고직위: 참모총장 13명, 합참의장 6명, 국방부장관 6명
- 참모총장: 일본군 출신 11명, 만주군 출신 2명
- 합참의장: 일본군 출신 4명, 만주군 출신 2명
- 국방부장관: 일본군 출신 6명(일본육사 2명, 학병 3명, 지원병 1명)

학병 출신 65명 가운데 47명이 장군으로 승진했다. 미군정 시절 학병 출신은 새로운 군의 엘리트 집단으로 부상하였다. 장창국 장군은 《육사졸업생》에서, "학병 출신들은 고등교육도 받았고 군사 경험도 이미 구비하고 있는데다가 영어에도 능숙하여 당시의 미군정 실무자들과 잘 어울리고 반죽도 잘 맞았다."라고 그 이유를 말한다.

학병 출신들은 일본군에 강제로 끌려갔고, 일본군으로 출전한 이후에도 광복군으로 탈출한 자들이 적지 않았다. 따라서 이들은 일본육사 출신과 달리 친일 프레임으로부터 자유롭다는 이점도 있다.

만주군 출신 21명 가운데 14명이 장군이 되었고, 이 가운데 2명(정일권·백선엽)이 육군참모총장·합참의장을 역임했다.

광복군 출신으로 유일하게 군영을 통해 임관한 유해준은 중국 청두육군중앙군관학교(황푸군관학교 후신) 15기 졸업생으로, 중국군 상위(대위)로 복무하다가 광복군 창설 때 총사령부 참모로 참여했다. 이후 제2지대

에 배치되어 초모활동을 전개하다가 동포의 밀고로 일본 헌병에 체포되어 징역 2년을 선고받고, 출옥하여 해방 후 광복군 북경잠편지대에 소속되어 있었다. 여기서 일본 괴뢰군인 중국 왕정위군 출신의 이성가를 만나 함께 귀국하여 군사영어학교에 같이 입교하여 1946년 2월 3일 부위(중위)로 임관했다.

유해준은 소장으로 전역했고, 독립유공자로 건국훈장을 받았다. 이성가는 6·25전쟁 때 제8사단장으로 안동 전투에서 용맹을 떨쳐 태극무공훈장을 받았고, 군단장을 역임하고 소장으로 전역했다.

군영 출신들의 공과(功過)

제3대 신태영 장군(일본육사 제26기)과 제6대 이종찬 장군(일본육사 제49기) 2대를 제외한다면, 초대 이응준 장군으로부터 제18대 김계원 장군에 이르기까지 총 16대의 육군참모총장이 모두 군사영어학교 출신들이다. 이들 가운데 채병덕·정일권·백선엽 세 사람은 한 번도 어려운 총장을 두 번씩이나 역임했다.

군사영어학교 출신들은 시운(時運)을 타고난 점도 있었지만, 출세한 만큼 국가와 군을 위해 많은 업적을 남겼다. 군사영어학교 출신들의 경비대 창설은 그야말로 무에서 유를 창조해 내는 작업이었다. 그만큼 힘들고 어려운 일이 많았다. 수많은 시련과 도전을 극복하고 창군을 주도한 군사영어학교 출신들을 '창군 원로'라고 부르는 이유다.

1946년 3월, 2,000명에 불과했던 경비대는 2년 반 후 대한민국 정부가 출범할 때까지 5만여 명으로 증가했고, 이를 바탕으로 육군은 6·25전쟁이 발발할 때까지 9만 5,000여 명의 병력을 확보함으로써 북한 공산군의 남침을 저지할 수 있었다.

군영 출신들은 창군뿐만 아니라 6·25전쟁에서도 육군참모총장으로부터 군단장·사단장·연대장 등 핵심 요직에서 전쟁을 지도하고 전투를 지휘해 나라를 위기에서 구해냈다. 군영 출신 가운데 6·25전쟁에서 세운 공로로 태극무공훈장을 받은 사람만 24명이나 된다. 백선엽·김종오·장도영·송요찬 등 6·25 전쟁영웅이 군사영어학교 출신들이다.

전쟁이 끝난 다음에도 군영 출신들은 육군은 물론 국방부와 합참의 최고위직에서 국군의 전후 정비와 발전에 심혈을 쏟아 오늘날 국군이 세계 최강의 군대로 자리매김하는 데 공헌했다.

군영 출신들은 육군사관학교 창설과 발전에도 크게 공헌했다. 초대 교장 이형근 참령, 제2대 원용덕 참령, 제3대 정일권 소령, 제5대 김백일 소령 등 초창기 육사 교장을 비롯하여 부교장, 교수부장, 생도대장은 물론 교관과 훈육관 그리고 학교 간부들을 모두 군사영어학교 출신이 맡았다. 4년제 육사 출범 이후에도 1960년대 후반까지 김종오·박병권·장창국·백남권·이한림·강영훈·김용배·정래혁 장군 등 군사영어학교 출신들이 육사 교장을 역임하였다.

공이 있으면 과도 있게 마련이다. 한용원 교수는 《창군》에서 군영 출신들의 공과를 다음과 같이 평가하고 있다.

"이들(군영 출신)은 1969년 8월까지 군의 수뇌부를 형성, 군의 발전에 공헌한 바도 컸지만, 창군이념을 창출하지 못했을 뿐만 아니라 사상이 불순한 자가 10%를 점하여 후진(後進)을 오염시켰고, 장기간 요직에 정체함으로써 후진들의 진출 기회를 열어주지 않음으로써 후견의식(後見意識)이 결여되었다는 평도 받고 있다."

군영 출신들이 창군이념을 제대로 설정하지 못함으로써 국군의 정통성 문제가 오늘날까지도 논란의 대상이 되고 있으며, 좌익 사상을 가진 군영 출신들이 군내 좌익 사상을 전파하여 국군이 엄청난 대가를 치렀다.

군영 출신으로 좌익으로 처형되거나 파면된 사람은 10명이다. 만주군 출신 최남근·이병주·이상진, 일본육사 출신 김종석·조병건·오일균, 학병 출신 하재팔·최상빈·나학선 등이 좌익으로 처형 또는 파면되고, 6·25 발발 당시 육사 생도대장이던 조암(학병, 중령)은 이적 행위로 처형되었다.

1946년 5월 1일, 어떤 사람은 군사영어학교를 거쳐 임관하고, 같은 날 어떤 사람은 육군사관학교 제1기로 입학했다. 그러나 육사 제1기생이 군영 출신의 뒤를 이어 참모총장에 오르는 데는 무려 20여 년이라는 긴 세월이 걸렸다. 이처럼 군영 출신들이 기득권을 너무 오래 누림으로써 장교 진급 적체 현상을 초래한 결과 5·16군사정변의 한 요인으로 작용했다는 지적도 있다.

"고문관은 통솔하지 않는다. 조언할 뿐이다."

1946년 3월 29일, 미군정은 법령 제64호를 공포해 새롭게 정부 기구를 개편했다. 이에 따라 국방사령부는 국방부로, 경무국은 독립 부서인 경무부로 변경되었다. 국방부에는 군사국을 설치하고, 육군부와 해군부를 그 예하에 두었다.

그런데 서울에서 개최된 미소공동위원회 회의에서 소련 대표단이, 남조선에 국방부를 설치하고 군대를 창설하는 것은, 남조선만의 정부를 수립하려는 것이며, 또한 이북을 무력 점령할 의도가 있는 것이 아니냐고 항의했다.

이에 하지 사령관은 아널드 후임으로 군정장관에 취임한 아서 러치

(Archer L. Lerch) 소장과 논의한 끝에 6월 15일 군정명령 제86호를 공포하여 국방부를 '국내치안부(Department of Internal Security)'로 그 이름을 바꾸고, 군사국을 폐지하고 육군부와 해군부를 조선경비국과 조선해안경비국으로 대치하였다. 미소공동위원회를 원만히 운영하기 위해 하지 사령관이 양보한 셈이다.

이 '국내치안부'를 한국 측에서는 어떻게든 군대 성격을 갖도록 하려고 구한말 군영 가운데 하나였던 통위영(統衛營)을 본떠 '통위부'로 호칭하였다. 이에 따라 국방부장관은 통위부장으로 바뀌었다. 이와 동시에 '국방경비대'는 '국방'이라는 명칭을 뺀 '경비대'로 이름을 변경했다.

1946년 9월 16일, 러치 군정장관은 미군정의 책임 있는 자리에 한국인을 앉히는 대신 미군은 한국인의 고문 자격으로 기능하도록 하는 조치를 단행했다. 지난 1년간 한국인들이 미군으로부터 배워 미군의 감독 없이도 직무를 수행할 능력을 갖추었을 뿐만 아니라 언젠가는 미군이 철수할 것에 대비한 조치였다.

이에 따라 통위부장으로 있던 터릴 프라이스(Terrill E. Price) 대령이 고문으로 물러나고, 대한민국 임시정부 참모총장과 군무부장(국방부장관)을 역임한 유동열이 통위부장에 취임하였다.

한편, 경비대총사령관(지금의 육군참모총장)에는 이형근 참령이 발령받았으나, 대리 자격으로 임명되었다. 원래 미군정은 이형근 참령을 총사령관에 임명하려고 하였으나, 그가 일본군 출신임을 들어 반대 여론이 일자 대리로 임명하였다. 이후 러셀 배로스((Russell D. Barros) 중령이 경비대총사령관에 임명되었다가 광복군 출신의 송호성(육사 제2기) 중령이 경비대총사령관에 임명되었다.

군정장관 러치 소장은 통위부장과 경비대총사령관에 한국인을 임명함과 동시에 지금까지 경비대를 통솔해 오던 미군 지휘관들을 고문의 지위로 물러나게 하는 대신 한국인 장교에게 경비대 지휘를 맡도록 하였다.

이때 미군 고문관에게는 "고문관은 통솔하지 않는다. 조언할 뿐이다."라는 훈령이 내려졌다. 이에 따라 이때까지 미군 지휘관과 한국인 지휘관과의 사이에 "누가 지휘관이냐?"는 시비가 사라지게 되었다.

임시정부 군무부장이 미군정 통위부장에

경비대 창설을 주도하고 있던 미군 고문관들은 일본육사와 일본군 학병 출신들을 선호하여 중용(重用)했다. 일본육사 출신은 군사 지식과 경험이 풍부하다고 보았고, 학병 출신은 젊고 학력 수준이 높은데다가 영어 실력이 있어 미군 고문관들과 잘 통했다.

그러나 이들을 군을 대표하는 통위부장과 경비대총사령 자리에 임명하기에는 정치적 부담이 적지 않았을 것이다. 한국은 얼마 전까지 일제의 가혹한 식민 통치를 받았기에 반일 감정이 남아 있었고, 일제 군대와 경찰에 대한 반감도 아직 생생하게 살아 있었다. 따라서 사회 여론은 물론 일본육사 출신 가운데 이응준·김석원·신태영같이 뜻있는 인사들도 광복군을 모체로 군대가 창설되어야 한다고 생각했다.

이들 일본육사 출신의 공통점은 대한제국 '마지막 무관생도'로 국망의 비운을 직접 겪어 다른 일본육사 출신보다 민족의식이 강했다는 점이다. 실제로 김석원과 신태영은 광복군을 중심으로 군대를 편성하는 계획을 작성해 김구에게 제출했고, 김구는 이를 하지 사령관에 건의하였으나 반영되지 못했다. 만일 미군정에서 이 창군안을 채택하여 광복군을 입국

시켜 새로운 군대를 편성하였다면 좀 더 새로운 국군이 탄생했을 것이다.[123]

이런 상황을 외면할 수 없었던 미군정은 통위부장에 임시정부 참모총장과 군무부장을 역임한 유동열을 임명하고, 경비대총사령관에 광복군 출신의 송호성을 임명하였다. 이는 신생 조국의 군대는 광복군을 모체로 편성되어야 한다는 당시 시대적 요청에 부응한 조치였다고 할 수 있다.

통위부장 선임에 있어서 주한 미군사령관 하지 중장은 먼저 이범석 장군을 염두에 두었다. 중국전구 미군사령관 웨드마이어 중장으로부터 이범석 장군이야말로 장차 한국의 국방부장관 감이라는 말을 들은 바 있었기 때문이다.

하지 중장은 그의 전용기 편으로 라일 버나드(Lyle W. Bernard) 대령을 중국으로 보내 이범석 장군에게 통위부장(당시는 국방사령관) 직을 제안했으나 거절당했다. 이 일이 있고 나서 통위부장 교섭 문제는 이응준 군사 고문에게 맡겼다.

이응준은 대한민국임시정부 참모총장과 군무부장을 지낸 유동열을 천거하기로 생각했다. 유동열은 이응준의 장인 이갑과 일본육사 동기생인 데다가 이응준이 이갑의 집에 기거할 때 유동열을 알고 지낸 사이였다.

유동열을 찾아간 이응준은 유동열에게 통위부장을 맡아달라고 간청했다.

"어르신네께서 앞으로 우리나라의 간성이 될 군대의 상징이 되어 주셔야만 군의 자세가 바로 설 것이라는 소견입니다. 임시 정부 요인 여러분들께서 말씀하시는 법통(法統)을 우리나라 군대로 하여금 계승케 하기 위해서 하실 수 있는 모든 일을 해주시는 것이 하나의 숭고한 사명이라고

---

123 육군본부,《창군전사》, 302쪽.

생각해 주셔야겠습니다. 어르신네께서 임시정부의 참모총장이시며 앞으로 이 나라에 세워질 군대의 지주 즉 정신이 되셔야 할 사명을 아울러 지니신 것입니다."[124]

이응준의 논리를 정리해 보자면, 경비대가 장차 국군이 될 것이기에 국군의 상징이자 정신으로 임시정부 참모총장과 군무부장을 역임한 유동열이 통위부장을 맡아 국군의 법통을 계승해야 한다는 것이었다.

통위부장 제의를 받은 유동열이 가장 고심했던 점은 임시정부 동지들을 설득하는 일이었다. 과연 예상했던 대로 그들의 반발은 대단했다. "우리들의 존재 가치를 부인한 미국 놈들의 앞잡이가 되겠단 말인가?" "경비대는 글자 그대로 미군의 용병인데, 그런 용병대장으로 갈 수 있단 말인가?"

유동열은 여러 동지의 말을 다 듣고 나서 자신의 견해를 피력하였다. "이 시점에서 굴욕감 같은 것이 있기는 하지만 명분론만 논의하다가는 광복군의 법통을 그나마 계승시킬 시기는 모두 놓치고 맙니다. 앞으로 어느 시기에는 우리의 정부가 세워질 것인데 경비대로서 터전을 닦는 것이 현명한 길이라고 생각되어 나는 그 길을 택하기로 하였습니다."

결국 김구 주석도 경비대에 많은 광복군 출신들을 심어두는 것이 현명하다는 의견을 밝힘으로써 유동열은 1946년 9월 그간 미군이 맡아오던 통위부장에 취임했다.

이로써 유동열이 미군정 통위부장(국방부장관)을 맡았고, 대한민국 정부 수립으로 통위부가 국방부로 개칭되자 광복군 출신의 이범석 장군이 초대 대한민국 국방부장관에 취임함으로써 광복군의 법통을 계승하고자 하였다.

---

124   고정훈, 《비록 군》상, 194-195쪽.

광복군 출신 경비대총사령관

유동열이 통위부장에 취임한 지 3개월 후인 1946년 12월, 광복군 출신의 송호성 중령이 경비대총사령관에 취임하였다. 송호성이 경비대총사령관으로 임명된 데는 유동열 통위부장의 결정에 따랐다는 것이 통설로 되어 왔으나, 당시 경비대총사령부 고문관으로 있던 제임스 하우스만(James H. Hausman)은 그의 회고록《한국 대통령을 움직인 미군 대위》에서 이는 사실이 아니라고 증언하고 있다.

하우스만에 따르면, 미군정 당국은 원래 당시 민간인 신분으로 있던 김석원을 경비대총사령관 후보로 선정해 면접하였다. 이 자리에서 미군정 측에서는 김석원에게 육사에 입교해 장교로 임관하도록 권유하자, 김석원이 이를 거절했다고 하우스만은 증언하고 있다.

그러나 송호성이 경비대총사령관으로 등용된 이면에는 당시 일본군 출신들이 경비대의 고위직에 진출하자 사회 일각에서 비판의 목소리가 거세졌고, 이를 의식한 미군정 측이 일본군 출신을 기용하려던 당초 방침을 바꿔 광복군 출신으로 선회했다는 설도 있다. 이는, 일본군 출신 김석원을 먼저 면담했으나 송호성으로 바꾼 사실과 맞아떨어진다.

당시 경비대총사령관은 일본육사 출신 이형근 참령이 총사령관 '대리'로 있었다. 그런데 여기에 다시 일본장교 출신 김석원을 임명할 때 미군정 측이 정치적 부담을 느끼지 않을 수 없었을 것이며, 이로 인해 일본군 출신 김석원을 총사령관에 임명하려던 당초 계획을 철회하고, 광복군 출신으로 선회했다는 것이다.

송호성은 배로스의 권유에 따라 육사 제2기에 편입, 도중에 참령으로 특별 임관하여, 전북 이리에 있던 제3연대장에 취임했다. 그리고 2개월 후 경비대총사령관(중령)에 임명되었다. 경비대총사령관은 지금의 육군참모총장에 해당한다.

송호성은 신흥무관학교를 졸업한 이후 한국노병회의 주선으로 중국 허베이성 한단강습소를 졸업, 중국군에 복무하여 상교(대령)까지 진출했다. 이후 광복군에 합류하여 총사령부 편련처장과 지대장을 지냈다.

송호성은 정일권 소령에 이어 제4대 육사 교장으로 재직했다. 이때 그는 중령으로 경비대총사령관과 육사 교장을 겸직하고 있었다. 육사 30년사나 50년사에는 교장 재직 당시 계급이 준장으로 되어 있는데, 이는 잘못된 것이다.

대한민국 정부수립 직후인 1948년 9월 5일 조선경비대가 대한민국 육군으로, 경비대총사령부가 육군총사령부로 명칭이 바뀜에 따라 송호성 대령은 육군총사령관이 되었다.

1948년 10월, 제14연대 반란 사건(여순반란사건)이 발생하자 반란군 진압을 위한 전투사령부 사령관으로 반란군 진압 작전 지휘 중 반란군으로부터 저격을 받아 부상당하기도 하였다. 그러나 반란 사건에 대한 책임을 지고 11월 20일 육군총사령관에서 해임되고, 이응준 대령이 그 뒤를 이었다.

1948년 11월 30일, 국군조직법이 제정되어 국방부에 참모총장, 육군본부에 총참모장 직제가 생김으로써 이응준 대령은 육군총사령관에서 육군총참모장이 되었다. 이응준 장군을 초대 육군참모총장으로 호칭하게 된 근거라 하겠다.

육군총참모장이 육군참모총장으로 명칭이 바뀐 것은 휴전 후인 1954년 2월 제8대 육군참모총장에 취임한 정일권 대장 때부터다. 국방부 참모총장 직제는 이미 1949년 5월에 없어졌다.

1948년 12월 10일 송호성은 김홍일·이응준·채병덕·손원일과 함께 준장에 진급했다. 1949년 2월 4일 육군의 김홍일·이응준·채병덕 준장과 해군의 손원일 준장이 소장으로 진급했으나, 송호성은 유일하게 소장 진급에서 탈락했다. 송호성 준장은 1949년 5월 신설되는 제5사단 초대 사단장에 취임했다.

6·25전쟁 발발 시 그는 지프차도 부관도 없는 예비군 성격의 청년방위대 고문단장을 맡고 있었다. 그는 철수하지 않고 서울에 머물고 있다가 북한군에 납치되었다. 북한군에 투항했다는 주장도 있다. 그가 철수하지 않았던 동기는 알 수 없다. 다만 그가 최후로 "이범석도 날 버렸고, 채병덕도 날 버렸는데 가면 어디로 가느냐?"라고 한 발언을 보면, 그가 인사에 불만을 품고 있었던 것은 아닌지 추측해 볼 수 있다.

북한군에 납치된 이후 송호성은 국군 장병들에게 투항하라는 방송을 했고, 북한군에 포로가 된 국군 장병들로 편성된 해방전사여단장을 맡은 것으로 알려져 있다. 그리고 1956년부터 재북평화통일촉진협회 상무위원으로 재직했으나 숙청되어 1959년 사망한 것으로 알려져 있다. 이런 친북행위로 인해 그는 대한민국 육군에서는 지워진 존재가 되었다.

참고로 경비대 창설 초기부터 35년간 한국군 고문관으로 근무해 한국군 내부 사정을 누구보다 잘 알고 있던 하우스만의 송호성에 대한 평가를 소개하면 다음과 같다.

"송이 공산주의자라는 증거는 없다. 그는 광복군 시절 송호라고 했던 이름을 광복된 조국에 돌아온 후 송호성으로 바꿨다. 그는 6·25 때 월북해 해방사단이라는 국군 포로들로 구성된 부대까지 지휘한 것으로 기록돼 있다. 그러나 나는 6·25 때 그가 북한에서 방송한 내용을 정보 분석가들과 검토해 본 결과 그것이 결코 자의에 의한 것이란 판단을 내릴 수 없었다. 그것은 구금된 상태에서 강제로 말한 것으로 판단된다. 해방사단을 이끌고 남한군과 싸웠다는 말은 그의 평소 인격으로 봐서 이해가 가지 않는다. 송은 매너가 다듬어지지는 않았지만 배짱이 있고 철학이 있었다. 그는 일본군 출신과는 달리 부하를 다루는 데나 업무를 수행하는 데 상당히 민주적 성향이 많았다."[125]

---

125 짐 하우스만·정일화,《한국 대통령을 움직인 미군 대위》(국문화원, 1995) 141쪽.

03

육군사관학교 개교

37년 만에 다시 세운 사관학교

1946년 4월 15일 자《동아일보》에는, <5월에 간부양성생 모집>이라는 제목의 기사에서 "애국심에 찬 청년들에 군사 지식을 보급하여 국가의 간성이 되게 하려고" "간부급의 청년들"을 모집할 계획이라는 이응준 미군정 군사고문의 발표가 실렸다. 이는 육군사관학교 설립을 예고한 발언이다. 그리고 그 발언은 곧 현실로 나타났다.

1946년 5월 1일, 태릉에서 남조선국방경비사관학교가 창설됐다. 이날이 바로 육군사관학교 개교일이다.

제1기 입학식을 겸한 개교식은 초대 교장 이형근 참령, 부교장 장창국 부위, 미군 고문관, 그리고 88명의 신입생이 참석한 가운데 열렸다. 비록 초라한 개교식이지만, 그 의미를 개교 당시 부교장이던 장창국 장군은 후일 그의 저서《육사 졸업생》에서 이렇게 말한다.

조선경비사관학교 정문 간판, '조선경비사관학교' 글씨 밑에 영어로 'KOREAN CONSTABULARY TRAINING CENTER'라고 쓰여 있다. 정문 우측 기둥에는 '조선경비제일연대'라는 한글 간판이 보인다.

"어쨌든 이날은 1909년 한국무관학교가 일제에 의해 강제로 폐쇄된 이후 37년 만에 우리나라가 정식 사관학교를 갖게 된 날이다."[126]

이는, 1909년 대한제국 무관학교가 일제의 강요로 문을 닫은 후 해방된 조국에 사관학교가 부활한 역사적 의미를 부여한 것이라 하겠다.

'남조선국방경비사관학교'는 당초 미군정이 '조선경비대 훈련소(Korean Constabulary Center)'로 창설하였는데,[127] 한국측에서는 사실상의 사관학교로 간주함으로써 '국방경비사관학교'로 불렸고, 영어로 'OTS, Officer Training School'로도 호칭하였다. 그런데 초대 교장 이형근 참령은 '국방경비사관학교'를 '육군사관학교'로 호칭하도록 하고, 교기에 한글로 '육군사관학교'라는 글자를 새겨 넣도록 하였다.

전통적으로 장교 양성 교육기관을 우리나라는 '무관학교', 중국은 '군관학교', 일본은 '사관학교'라고 불렀다. 대한제국 '무관학교'나 만주의 '신흥무관학교' 그리고 임시정부의 '육군무관학교'와 같은 이름을 고려한다면 '육군사관학교' 대신 '육군무관학교'라고 했더라면 하는 아쉬움이 남는다.

1946년 6월 16일, '남조선국방경비사관학교'는 '조선경비사관학교'로

---

126 장창국, 《육사졸업생》(중앙일보, 1984), 8쪽.

127 Robert K. Sawyer, *Military Advisors in Korea*, p.13, 각주 26.

그 이름이 바뀌었다. 교명이 바뀐 데는 미군정 법령 제86호(1946.6.15)에 따라 '국방부'가 '통위부(국내치안부)'로, '국방경비대'가 '경비대'로 그 명칭이 변경되었기 때문이었다.

'경비사관학교' 교명이 공식적으로 '육군사관학교'로 바뀐 시기는 정부 수립 직후인 1948년 9월 5일이다.

대한제국 '마지막 무관생도들'

일본군·만주군 일색의 군사영어학교에 비해 초창기 육군사관학교에는 실로 다양한 군사 경력을 가진 인재들이 입학했다. 일본군·만주군 출신은 물론 대한제국 무관학교, 신흥무관학교, 독립군, 광복군, 중국군 출신, 심지어 북한 인민군 출신과 러시아 사관학교 출신들까지 입학해 대한민국 장교로 다시 태어난 것이다.

특히 대한제국 무관학교, 신흥무관학교, 독립군, 광복군 출신들이 육군사관학교를 거쳐 대한민국 장교가 되었다는 사실은 육군사관학교가 국군의 정통성은 물론 민족사관학교로서의 정통성을 계승하고 있음을 의미한다고 하겠다.

국군 장교가 된 일본육사 출신 37명 가운데 10명은 대한제국 무관학교 출신이다. 10명 가운데 5명은 육군사관학교를 거쳐 국군 장교가 되고, 나머지 5명은 군영과 특별임관을 통해 임관하였다. 이들은 대한제국 무관학교에 재학 중 일제의 강요로 학교가 폐교되자 일본육사에 진학하여 졸업 후 일본군 장교로 복무한 '마지막 무관생도들'이다.

육군사관학교를 거쳐 국군 장교가 된 '마지막 무관생도들' 5명의 명단과 일본군 최종계급, 임관 구분, 국군 경력 등은 다음과 같다.

- 일본 육사 제26기

유승열(대좌) 육사 제8기 특별1반(대령 임관), 육본 민사감(소장)

안병범(대좌) 육사 제8기 특별1반(대령 임관), 청년방위군 고문(준장)

이대영(소좌) 육사 제8기 특별4반(대령 임관), 경기병사구사령관(준장)

- 일본 육사 제27기

김석원(대좌) 육사 제8기 특별1반(대령 임관), 사단장(소장)

백홍석(대좌) 육사 제8기 특별1반(대령 임관), 사단장(소장)

육군사관학교를 거치지 않고 국군 장교가 된 마지막 무관생도 5인의 명단과 이력은 다음과 같다.

- 일본 육사 제26기

이응준(대좌) 군영, 초대 육군참모총장(중장)

신태영(대좌) 특임, 육군참모총장(중장), 국방부장관

박승훈(소좌) 특임, 헌병사령관(소장)

김준원(대위) 특임, 호국군참모장(준장)

-일본 육사 제27기

장석륜(중위, 만주군 중교) 군영, 옹진지구사령관(대령)

이들이 장교로 임관할 때 나이는 당시로서는 노년 축에 드는 50대 중후반이었다. 유승열 대령이 제2사단장에 임명될 때 그의 아들 유재흥 대령(일본육사 제55기)도 제6사단장에 임명되어, 아버지와 아들이 동시에 사단장이 되었다. 그리고 백홍석이 대령으로 임관할 때 사위인 채병덕은 이미 장군으로 승진해 있었다. 유승열과 백홍석 이외에도 '마지막 무관생도들'의 아들과 딸들 가운데는 장교가 되거나 장교의 배우자가 된 사람들이 유독 많다.

독립군과 광복군 총사령을 지낸 지청천의 장남 지달수는 독립군과 광복군으로 복무했고, 차남 지정계는 육사 제7기 특별반을 거쳐 소위로 임관 후 여순반란사건 진압 차 출동했다가 전사했다. 초대 육군참모총장을 역임한 이응준은 일본육사 출신 이형근의 장인이 되었다. 이응준의 장남 이창성은 중령으로 전역하였다.

육군참모총장과 국방부장관을 역임한 신태영의 아들 신응균(일본육사 53기)은 국군 포병의 선구자로 중장으로 전역 후 국방부 차관을 지낸 다음 1970년 국방과학연구소를 설립해 초대 소장에 취임했다.

호국군 참모장(준장)을 지낸 김준원의 아들 김정렬(일본육사 54기)은 초대 및 제3대 공군참모총장(중장), 제7대 국방부장관, 제19대 국무총리서리를 역임했다. 김정렬의 동생 김영환(일본군 학병)은 군사영어학교를 거쳐 임관 후 공군으로 전환하여 6·25전쟁에서 전사, 공군 준장에 추서되었다. 공군 조종사의 상징인 '빨간 마후라'의 주인공이다.

안병범은 6·25전쟁 초기 북한군이 서울을 기습 점령하자 후퇴하지 못하고 인왕산으로 피신했다가 유서를 남기고 순국하여 준장으로 추서되었는데, 안병범의 집안은 온통 군인들이다. 두 동생은 6·25전쟁에서 전사했고, 장남 안광호는 일본군 학병 출신으로 태릉 육사 제8기 특별반을 거쳐 임관하여 소장으로 전역했다. 차남 안광수는 일본육사를 졸업하고 일본군 소위로 해방을 맞은 후 군사영어학교를 거쳐 임관, 대령으로 전역했다. 3남 안광석은 태릉 육사 생도2기로 입교하여 6·25전쟁 초기 사관생도 신분으로 출전하였고, 육사 뒤편에 있는 92고지 전투에서 전사했다.

비극의 군인 홍사익 장군의 장남 홍국선은 육군사관학교 제7기 특별반으로 임관, 제1군사령부 수송부장을 끝으로 대령으로 전역했다.

김석원의 차남 김영수는 일본육사를 졸업하고 일본군 소위로 임관, 태평양 전쟁에 참전하여 레이테섬에서 전사하였다. 3남 김영국은 육사 제11기로 임관, 육사 교관으로 재직하면서 군내 사조직 '하나회'에 대항해 청죽회(靑竹會) 결성을 주도했다. 이로 인해 하나회의 견제를 받아 소령으로 전역, 단국대학교 교수가 되었다.

신흥무관학교 출신 육사 졸업생

신흥무관학교는 1911년부터 1920년까지 모두 3,500여 명의 졸업생을 배출한 것으로 알려져 있으나, 이들의 명단을 확인하기는 거의 불가능하다. 이런 가운데 그동안 단편적으로 발표된 신흥무관학교 졸업생 명단을 취합해 작성한 김재승의 《만주벌의 이름 없는 전사들》 마지막 부분의 '신흥무관학교 출신자 명단' 328명이 가장 종합적인 기록이 아닐까 여겨진다.

이들 명단 가운데 육사 졸업생이라고 명시된 인원은 모두 31명이다. 이 가운데 서병희·이해명(이구연)·인건 등 3인은 국가보훈부 공훈록에는 광복군으로 활동한 것으로 기록되어 있어 신흥무관학교 졸업생이 아닌 것 같다. 대신 31명 명단에는 제8기 특별2반의 김련·원병상(원의상)·이덕수 등 3인이 빠져 있다. 따라서 신흥무관학교 출신으로 육군사관학교를 졸업한 인원은 31명이 된다.

그러나 이것도 확실하지 않다. 김재승의 《만주벌의 이름 없는 전사들》에 명시된 31명이 신흥무관학교 졸업생이라는 사실을 입증할 증거자료나 출처가 제시되어 있지 않았기 때문이다. 이를 확인하려고 김재승과 연락을 취해 보았으나 이미 작고한 후였다. 따라서 앞으로 이 부분은 더 연구되어야 할 것이다.

31명의 신흥무관학교 출신 육사 졸업생 명단은 아래와 같다. 이름 뒤에 붙은 ☆표는 건국훈장 수훈자임을 표시한 것이다.

- 제2기: 송호성(송호)
- 제3기: 장두관(장두권)☆
- 제8기특별1반: 권준☆ 오광선☆
- 제8기특별2반: 김련☆ 원병상 이덕수☆
- 제8기특별4반: 강태희 강근호(강화린)☆ 고원성 권태현 김기풍 김세락 김중환 김창도☆ 노선경☆ 문창호 박달준 박장희☆ 신동열 윤일파 이규훈 이붕해 이운강☆ 이정준 이팔주 장호문 조동화 조이섭 주대근 하종학

장두관·강근호·이운강 등 3인은 1920년 청산리 전투에 참전했고, 오광선은 1933년 대전자령 전투에 참전했다. 김련·이덕수·김중환·박장희·이규훈 등 5인은 6·25전쟁에서 전사 또는 실종되었다. 독립유공자로 건국훈장을 받은 사람은 10명이다. 송호성·권준·오광선 등 3인은 장군까지 승진하였다.

장두관(장두권)은 진주농업학교 재학 중 3·1운동에 참여했다가 일본 경찰에 체포되어 6개월간 옥고를 치렀다. 이후 그는 만주로 망명, 홍범도 부대에서 소대장으로 청산리 전투에 참전한 뒤 자유시로 이동하였고, 이르쿠츠크에서 고려혁명군 사관학교에서 지청천 교장으로부터 교육을 받았다. 1924년 국내에 잠입, 진주금융조합에 근무하고 있던 박춘성과 조합 돈을 빼돌려 함께 만주로 가져가던 중 서울에서 체포되어 옥고를 치렀다. 대령으로 전역했다.

원병상(원의상)은 1916년 신흥무관학교를 졸업, 1919년 신흥무관학교 교관으로 임명되었다. 신흥무관학교 폐교 이후 해방 때까지 만주에서 살았으며, 해방 후 고국으로 돌아와 광복청년회, 대동청년단에서 활동했다. 6·25전쟁에 참전해 화령장 전투 등에서 무공을 세웠다. 그가 남긴 2편의 수기와 회고록은 신흥무관학교의 귀중한 역사 자료가 되고 있다.

김련은 1911년 신흥강습소 제1기로 졸업했다. 1919년 3·1운동 직후 조직된 대한독립단에 가담하여 압록강 연변 5개 군의 동지들을 규합하여 독립단동지회를 조직하여 활동하던 중 일제 경찰에 체포되어 옥고를 겪었다. 출옥 후에는 평양신학교에 들어가 졸업하고 목사로 있으면서 독립운동 동지들을 돕다가 일제 경찰에 탐지되어 다시 구속되었다. 해방 후 신흥무관학교 출신 원병상과 함께 육사에 입교하였다. 당시 60세 고령임에도 불구하고 해방된 조국의 군복을 입어보겠다는 일념으로 육사에 지원했다. 그러나 애석하게도 6·25전쟁 초기에 행방불명되고 말았다. 당시 계급은 중위였다.

김중한은 안동의 독립지사 이상룡과 함께 만주로 건너가 1919년 신흥무관학교를 졸업했다. 청산리 전투에 참전한 후 만주 독립군부대와 함께 러시아에 들어갔다가 자유시참변을 겪은 다음 다시 만주로 돌아와 소학교를 설립해 동포 자녀를 위한 민족교육에 힘썼다. 6·25전쟁에 참전하여 싸웠다.

박장희는 1915년 신흥무관학교를 졸업하고 대한광복회에 가입하여 활동하였다. 1917년 대한광복회 단원 모집과 군자금 모금을 위해 국내로 들어와 활동하다가 일제 경찰에 붙잡혀 옥고를 치렀다. 1950년 6월 29일 전사하였다.

이덕수는 만주에서는 한족회와 서로군정서에서 활동하다가 독립운동

자금을 모금하기 위해 국내에 들어왔다가 한국인 일본군 헌병에게 붙잡혔다. 이에 모든 것을 사실대로 토로하자 그 헌병은 "내 비록 일본군 헌병에 종사하지만 당신 같은 애국자를 어찌 내 손으로 체포하겠소, 어서 몸을 피하시오!"라며 풀어주었다. 이를 계기로 두 사람은 막역한 사이가 되어 육사 제8기 특별2반에 함께 입학했다. 그 일본군 헌병은 노엽이다.

노선경은 임시정부 군무총장과 국무총리를 지낸 노백린의 장남이다. 평양 숭실학교 재학 중 독립운동단체에 가담해 활동하다가 일본 경찰에 체포되어 옥고를 치른 다음 만주로 망명하여 신흥무관학교를 졸업한 후 군사강습소를 운영하였다. 1920년, 동지 백은선과 군자금 조달을 위하여 국내로 들어오던 중 단둥에서 일제 경찰에 체포되어 신의주형무소에서 옥고를 치렀다고 한다. 1956년 대령으로 예편하였다. 그의 아우 노태준은 광복군으로 활약했다.

이운강은 신흥무관학교를 졸업한 후 김좌진 사령관의 초빙을 받아 북로군정서 사관연성소 교관으로 부임하였다. 청산리 전투에서는 북로군정서 보병대 소대장으로 참전하여 싸웠다. 해방 후 육사 제8기 특별4반을 거쳐 소위로 임관했으나 군에서 빛을 보지 못하고 전역하였다. 이규훈은 신흥무관학교 설립자 이회영의 큰형 이건영의 차남으로 6·25전쟁에서 실종되었다.

광복군 출신 육사 졸업생

광복군 출신으로 육사를 졸업한 인원이나 명단이 파악된 자료는 아직 없다. 일제강점기 독립운동에 투신했던 인사들은 대부분 일본 관헌이나 밀정의 추적을 피하려고 기록을 남기지 않았으며, 또한 하나 이상의 가명을 사용했다.

중국 군관학교에 진학하거나 중국군에 복무한 사람들은 중국식 이름을 사용하였다. 이범석은 '이건국'이라는 이름으로, 김훈(김춘식)은 '양주평'이라는 이름으로 윈난강무학교에 입학했고, 김홍일이 중국군 장교로 있을 때는 '왕웅' 또는 '왕일서'라는 이름을 사용했다.

이로 인해 전문가가 아니고서는 독립군이나 광복군 명단을 직접 파악하기는 힘들다. 국가보훈부의 독립유공자 공훈록에 수록된 광복군 명단이 가장 공신력 있는 자료이지만, 광복군에 몸은 담았으나 서훈 심사 기준에 미달하여 독립유공자로 등록되지 못한 사례도 없지 않을 것으로 생각된다.

따라서 필자는 광복군 연구의 권위자인 한시준 교수의 《한국광복군연구》 부록의 <한국광복군 명단>을 참고로 국가보훈부 홈페이지 독립유공자(공훈록) 명단, 그리고 육사 졸업생 명단, 육사 졸업생 기별 회고록 등을 대조하여 광복군 출신 육사 졸업생 명단을 작성했다. 그 결과 최소한 84명의 광복군 출신들이 육군사관학교를 졸업해 임관했음을 확인할 수 있었다.

그러나 한시준의 광복군 명단도 일제 패망 직전 광복군에 입대한 인원은 포함되지 않아 이 또한 한계가 있고, 동기회 회고록을 발간하지 않은 기(期)들도 있어 광복군 출신 육사 졸업생의 전체 규모와 명단을 파악하는 데는 여전히 한계가 있다. 앞으로 누군가 더 완전한 명단을 파악해 주기를 바라면서 필자 나름대로 파악한 광복군 출신 육사 졸업생들을 기별로 그 명단을 작성했다. 이름 뒤에 ☆표가 붙은 사람은 국가보훈부 독립유공자 공훈록에 수록된 건국훈장 수훈자이며, ★표가 붙은 사람은 전사자다.

- 제2기 : 고시복(고일명)☆ 송호성(송호)

- 제3기: 박기성☆ 박시창☆ 박승헌☆ 엄송여☆ 전이호☆ 채원개(채군선)☆ 최덕신 최봉진☆ 한성도☆[128]

- 제4기: 강홍모☆ 이건국☆

- 제5기: 김명탁☆ 김소☆ 김용관☆ 김윤택★ 문응국☆ 박용운☆ 박재곤☆ 박종길☆ 엄자명 왕세일(최세득)☆ 왕태일☆ 유영중☆★ 이병곤(뇌명)☆ 장철부(김병원)☆★ 차성훈☆ 차약도☆★ 최규련☆ 한철☆[129]

- 제7기: 박석권☆ 박효근 ☆이영길☆ 이창도☆ 황영식☆ 황규하☆[130]

- 제7기특별반: 김관오☆ 김국주☆ 김명천☆ 나태섭(왕중량)☆ 문상명☆ 박영섭☆ 박영진☆★ 백운용☆ 오성행☆ 윤태현☆★ 이원범☆ 이정계(지정계)★ 이신성☆ 이창범☆장덕기☆ 장철☆ 조동린☆ 조일윤★ 최진동☆ 허봉석☆ 허영일☆ 황의선☆[131]

---

[128] 육군사관학교 제3기동기회 편, ≪화랑의 꿈 선구의 길≫ 383쪽에는 제3기생 애국지사로 11명의 명단이 있다. 이 가운데 오동기·최석용·한용왕 3인은 중국군 출신으로 독립유공자 공훈록에 실려 있지 않고, 독립유공자로 건국훈장을 받은 엄송여는 뤄양군관학교 한인특설반 졸업 후 애국단에 가입하여 밀명을 띠고 국내에 들어왔다가 개성역에서 일제 경찰에 체포되어 징역 2년 형을 선고받고 옥고를 치렀다. 최덕신은 일본 패망 직후 광복군 확대 편성 때 북경 잠편지대 지대장에 임명되었다.

[129] 제5기 광복군 출신 18명 중 16명은 육군사관학교 제5기생회 편, ≪육사 제5기생≫ 853쪽에 수록된 명단이며, 나머지 2명(김명탁·유영중)은 보훈부 독립유공자 공훈록과 육사 졸업생 명단으로 확인했다. ≪육사 제5기생≫에 수록된 광복군 출신 가운데 엄자명과 김윤택은 독립유공자 명단에 빠져 있다. 김소는 중국군 장교 신분으로 광복군을 지원한 공로를 인정받아 광복군 계열로 건국훈장을 받았다. 한철은 독립유공자 공훈록에 만주 방면에서 활동한 것으로 기록되어 있다.

[130] 육사 졸업생 명단과 국가보훈부 독립유공자 명단 참고.

[131] 광복군 출신 육사 제7기 특별반 졸업생 명단은 육사 제7기 특별동기회 편, ≪노

- 제8기: 김성환★ 안병표☆★ 이홍근☆.

- 제8기특별1반: 권준(권중환)☆[132] 안춘생☆ 오관선☆ 이준식☆

- 제8기특별2반: 박영준☆

- 제8기특별3반: 구자민☆ 김일환☆★ 김현☆★ 이문화☆

- 제8기특별4반: 계의성☆ 노능서(서준철)☆★ 김영오☆ 김영일☆ 박노일☆ 서병희☆ 선우기☆★ 신동열☆ 인건☆ 장호강☆ 최응세☆ 최장학☆ 이해명☆★[133]

이상 광복군 출신 육사 졸업생 84명 가운데 75명이 독립유공자로 건국훈장을 받았고, 14명이 6·25전쟁 등에서 전사했다.

광복군 국내정진군 선발대로 이범석·장준하·김준엽과 함께 1948년 8월 18일 김포비행장에 착륙했던 노능서는 여순반란사건 진압 차 출동했다가 1948년 10월 행방불명되었고, 광복군총사령 지청천 장군의 차남 지정계도 여순반란사건 진압 차 출동했다가 1948년 11월 15일 전남 보성에서 전사하였다. 제8기 특별1반 이준식과 제5기 장철부는 한국전쟁에서 세운 전공으로 태극무공훈장을 받았다.

광복군 출신 육사 졸업생 가운데 장군까지 승진한 인사는 중장 3명, 소장 7명, 준장 6명 등 모두 16명이다. 이들의 계급별 명단은 아래와 같다.

병의 추억》(1989)과 보훈부 독립유공자 공훈록, 그리고 육사 졸업생 명단을 참조해 작성했다. 지정계는 보훈부의 독립유공자 명단에는 수록되어 있지 않지만, 광복군 출신의 동기생 황의선은 《노병의 추억》 212-213쪽에서 지정계가 광복군으로 활약했다고 증언하고 있다. 이창범은 《노병의 추억》 388쪽에 만주군 군조 출신으로 기록되어 있다.

132 권준은 일본 패망 직후 광복군 확대 편성 때 한구잠편지대 지대장에 임명되었다.

133 이해명은 제8기특별 4반 졸업생 명단에는 이름이 나오지 않는다.

중장: 이준식 안춘생 최덕신

소장: 박시창 김용관 김관오 김국주 권준 박영준 박영일

준장: 고시복 송호성 박기성 박영섭 오광선 장호강

송호성·이준식·안춘생·최덕신은 육군사관학교 교장을 지냈다.

송호성은 경비대 총사령관과 육사 교장을 겸직하였고, 이준식 교장은 부임 후 보름 만에 6·25전쟁을 맞았다. 안춘생 교장은 4년제 육사 초대 교장을 역임하였다.

광복군 출신 육사 졸업생들은 해방 전 신흥무관학교를 비롯하여 중국의 윈난강무학교, 한단군사강습소, 바오딩군관학교, 뤄양군관학교 한인특설반, 황푸군관학교, 중국 중앙육군군관학교 등에서 군사교육을 받았다.

육사 제3기생 박시창은 임시정부 대통령을 지낸 독립운동가 박은식의 양자로 황푸군관학교 우한(武漢, 무한)분교와 중국 육군대학을 졸업했고, 광복군 총사령부 고급참모를 지냈다. 국군 사단장(소장)을 역임하였다. 한국인으로 중국 육군대학교를 이수한 사람은 박시창·김홍일 장군과 최용덕 장군(초대 국방부 차관, 제2대 공군 참모총장) 등 모두 3명에 불과하다.

일본군을 탈출하여 광복군에 합류한 학병 출신 육사 졸업생은 장철부·노능서 등을 비롯해 모두 8명이다.

일본군 출신 육사 졸업생

태릉 육군사관학교를 거쳐 국군 장교가 된 일본군 출신은 일본육사·학병·지원병·징병·군무원 출신으로 구분된다. 이 가운데 일본육사 출신으로 국군 장교가 된 사람은 35명이고, 이 가운데 태릉 육사를 통해 국군 장

교가 된 사람은 앞에서 든 '마지막 무관생도' 5명 이외에 4명이 더 있다. 이들의 일본육사 졸업 기, 일본군 최종 계급, 태릉 육사 졸업 기, 주요 경력은 다음과 같다.

엄주명(30기, 중좌) 육사 제8기특별반, 병사구사령관(준장)

정래혁(58기, 소위) 군영, 제7기특별반, 군사령관(중장)

박원석(58기, 소위) 육사 제5기, 공군총장(중장)

장지량(60기, 후보생) 육사 제5기, 공군총장(중장)

학병 출신으로 국군 장교가 된 사람이 얼마나 되는지 알 수 없다. 다만 95명이 장군이 되었고, 이 가운데 37명이 육사를 졸업해 장군에 진출한 사실은 확인할 수 있다. 이들 37명 가운데 군의 최고위직에 오른 인사는 다음과 같다.[134]

서종철(육사 제1기) 육군참모총장(대장), 국방장관

한신(육사 제2기) 합참의장(대장)

이세호(육사 제2기) 육사 교장, 주월한국군사령관, 육군참모총장(대장)

심흥선(육사 제2기) 육사 교장, 합참의장(대장)

노재현(육사 제3기) 육군참모총장(대장), 국방장관

최세인(육사 제3기) 육사 교장, 제1군사령관(대장)

학병 출신 육사 졸업생 가운데 태극무공훈장을 받은 사람은 모두 5명

---

134 《창군》, 53-57쪽 참조.

이다. 4명은 한국전쟁에서 세운 공로로, 1명은 베트남전에서 세운 전공으로 받았다. 이들의 명단과 육사 졸업 기, 최종계급, 그리고 무공훈장 수훈 당시 직위 등은 다음과 같다.

　　김동빈(제1기, 중장) 제1사단 11연대장, 제7사단 포병단장
　　김점곤(제1기, 소장) 제1사단 12연대장, 제9사단장, 제6사단장
　　한신(제2기, 대장) 수도사단 제1연대장
　　조재미(제2기, 준장) 제1사단 15연대장, 제2사단 32연대장
　　이세호(제2기, 대장) 주월한국군사령관

　　김동빈·김점곤·조재미 장군은 모두 백선엽 장군이 지휘하던 제1사단의 다부동 전투와 평양 탈환전에서 연대장으로 혁혁한 전공을 세운 자들이다.
　　지원병 출신으로 국군 장군까지 진출한 인원은 모두 107명이다. 이들 가운데 89명이 육사를 거쳐 임관했다. 지원병 출신 육사 졸업생 가운데 6·25전쟁에서 특히 잘 싸워 태극무공훈장을 받은 사람은 4명이다. 지원병 출신들은 잘 싸운 만큼 손실도 컸다. 한국전쟁에서 지원병 출신 연대장 9명이 전사했다. 태극무공훈장을 받은 4명은 다음과 같다.

　　임부택(제1기, 소장) 제7연대장, 제11사단장, 제1군단장
　　박노규(제2기, 준장 추서) 제31연대장, 전사
　　권동찬(제2기, 준장 추서) 제32연대장, 전사
　　김용배(제5기, 준장 추서) 제5연대장, 전사

　　이들 가운데 3명은 연대장으로 전사해 준장으로 추서되었고, 유일한 생존자인 임부택은 후일 군단장(소장)까지 진출했다.

만주군 출신 육사 졸업생

국군 장교가 된 만주군 출신들은 봉천군관학교·신경군관학교·육군훈련학교·군수학교·경리학교·군의학교·항공학교 출신 장교들과 간도특설대와 일본군 관동군에 복무한 하사관 출신으로 구분될 수 있다. 극히 일부는 군의관으로 특채되거나 군무원으로 근무한 자들도 있다.

봉천군관학교를 졸업한 한국인들은 제4기부터 제9기까지 모두 38명에 이른다. 이들 가운데 국군 장교가 된 사람으로 명단이 파악된 인원은 17명에 이른다. 정일권, 김백일, 백선엽 장군이 이 학교 출신이다. 봉천군관학교 출신 가운데 태릉 육사를 졸업한 사람은 다음과 같다(괄호 안은 봉천군관학교 졸업기와 만주군 최종 계급).

송석하(제5기, 상위) 육사 제2기, 국방대학원장(소장)
윤춘근(제5기, 중위) 육사 제2기, 군부사령관(소장)
석주암(제8기, 상위) 육사 제2기, 관구사령관(소장)

봉천군관학교가 문을 닫은 다음 설립된 신경군관학교에 입학한 한국인은 모두 48명이다. 이들 중 14명은 신경군관학교 예과를 마치고 일본 육사 본과에 진학하였다.

신경군관학교 출신 48명 가운데 국군 장교가 된 사람은 모두 24명이며, 이 가운데 9명이 육사에 입학하여 임관했다. 이들의 명단은 다음과 같다(괄호 안은 신경군관학교 졸업기와 만주군 최종 계급).

방원철(제1기, 상위) 육사 제5기, 대령

이주일(제1기, 상위) 육사 제7기 특별반, 최고회의부의장(대장)

윤태일(제1기, 상위) 육사 제7기 특별반, 사단장(중장)

이기건(제1기, 상위) 육사 제7기 특별반, 사단장(준장)

김영택(제1기, 중위) 육사 제7기 특별반, 준장

박정희(제2기, 중위) 육사 제2기, 최고회의의장(대장), 대통령

김묵(제2기, 중위) 육사 제7기 특별반, 육군공병감(소장)

강태민(제3기, 중위) 육사 제8기 특별반, 군수사령관(소장)

황택림(제5기, 소위) 육사 제2기, 중령(숙군)

신경군관학교 출신들 가운데 이주일·박임항·김동하·최주종·윤태일·김윤근 등은 신경군관학교 동창인 박정희 장군이 주도한 5·16군사정변에 적극적으로 가담했다. 특히 해병대의 김윤근 준장은 거사가 성공하는 데 결정적 역할을 하였다. 육군 제30, 33사단과 공수단이 방첩대에 정보가 포착되어 움직이지 못하고 있을 때 김윤근 준장이 지휘하는 제1해병여단이 유일하게 거사 시간에 맞춰 한강 다리를 건넘으로써 거사가 성공할 수 있었다.

반면, 박정희 장군과 신경군관학교와 일본육사 동기생인 제1군사령관 이한림 중장은 5·16 군사정변에 정면으로 맞섰다. 이한림 장군은 서울로 압송되어 구속되고, 군사정변은 결국 성공했다. 그는 후일 박정희 대통령의 요청으로 건설부장관을 맡아 경부고속도로를 준공시켰다.

신경군관학교 출신 가운데 이병주·이상진·황택림·김학림 등 4명은 여순반란사건 직후 좌익 혐의로 파면 또는 처형됐다.

제4기 장은산(군영)은 포병사령관으로 포병 소위 안두희(육사 제8기 특별3반)에게 백범 암살을 직접 지령한 장본인으로 알려진 인물이나, 그

가 부산 육군교도소에서 돌연사하는 바람에 그 진상이 밝혀지지 않았다.

제5기 강문봉은 특무부대장 김창룡 살해 사건에 연루되어 사형 선고를 받았으나, 무기징역으로 감형된 후 4·19 이후 풀려나 국회의원과 외교관을 지냈다.

이 밖에 만주군 출신으로 태릉 육사를 졸업해 국군 장교가 된 사람들의 명단은 다음과 같다.

임충식(간도특설대, 준위) 육사 제1기, 합참의장(대장), 국방부장관
이규동(군무원) 육사 제2기, 경리감(준장)
김창룡(관동군 헌병 오장) 육사 제3기, 특무부대장(중장 추서)
박춘식(육군훈련학교, 중위) 육사 제5기, 군단장(소장)
이용(육군훈련학교, 소위) 육사 제5기(소장)
김용기(경리학교, 상위) 육사 제7기 특별반, 합참부장(준장)
이백일(간도특설대, 하사관) 육사 제8기 특별(준장)

임충식 장군은 6·25전쟁 기간 수도사단 제18연대 연대장, 제2사단 부사단장, 제7사단장으로 용감히 싸웠다. 임충식 연대장의 진두지휘 아래 제18연대는 낙동강 방어전의 기계-안강 전투에서 공세적 방어로 적을 물리쳤고, 북진 공격에서는 부령과 혜산진까지 진출하였다.

"공격은 임충식, 방어는 한신"이라는 말이 나올 정도로 임충식 장군은 공격전의 명수였다. 전쟁 시작부터 휴전 때까지 3년간 전장을 누비면서 그가 이룬 공적으로 태극무공훈장, 을지무공훈장, 충무무공훈장, 화랑무공훈장, 미 은성훈장 등 빛나는 무공훈장을 수상하였다. 그가 합참의장과 국방부장관에까지 오른 데는 이런 공적의 결과라 할 수 있다.

이규동은 전두환 전 대통령의 장인이고, 김창룡은 특무부대장으로 군내 좌익세력 축출에 지대한 공을 세웠으나 지나친 월권을 행사하다가 결국 암살되었다. 박춘식은 5·16군사정변 때 제12사단장으로 거사에 참여해 공을 세웠다.

북한 인민군 장교 출신 육사 졸업생

육군사관학교 초창기 졸업생 가운데는 이색적인 인물들이 적지 않다. 그 가운데는 북한 인민군 장교 출신과 러시아 사관학교 출신도 있다. 인민군 장교 출신 육사 졸업생 가운데 그 행적이 소상히 알려진 사람은 제7기 특별반의 이기건과 김중활이 있다.[135] 러시아 사관학교 출신으로는 제3기 김상겸이 있다.[136]

이기건은 1919년 평북 의주에서 태어나 압록강 맞은편 만주의 단둥에서 중학을 졸업하고 만주군 장교를 양성하는 신경군관학교 제1기생으로 입학하였다. 박정희·이한림의 1년 선배가 된다.

신경군관학교를 졸업하고 만주군 대위로 복무하던 중 해방을 맞아 고향인 북한 지역으로 들어갔다. 그러나 곧 남행을 단행, 1945년 10월 서울로 왔다. 이북이 고향인 만주군 장교 출신들이 그렇듯 북한 공산당의 행패와 탄압을 피하기 위해서였다.

서울에 온 이기건은 여운형(해방 직후 건국준비위원장)의 북한행을 안

---

135 이기건과 이중활은 육사 제7기 특별반 동기회에서 1989년에 펴낸 《노병의 추억》에 자세히 기술되어 있다. 이기건에 관한 이야기는 1989년 5월 10일 자 한국일보 로스엔젤레스 신문에 나온 기사를 옮겨 실었고, 이중활에 관한 행적은 동기생 유양수 장군의 <이중활 대위>에 나와 있다.

136 육군본부 편, 《창군전사》, 436-438쪽.

내하는 등 남북을 일곱 번이나 왕래했다. 1946년 마지막으로 북한으로 들어가 여운형의 밀서를 김일성에게 전달했고, 이 자리에서 김일성으로부터 인민군의 전신인 보안간부 제1훈련소 인사참모(소좌)로 발령을 받았다. 이를 계기로 인민군 창설에 참여하게 되었다. 그러나 곧 반동으로 몰려 집과 토지까지 뺏기자 1948년 4월 단신으로 월남했다.

육사 제7기 특별반으로 졸업, 소위로 임관했다. 처음 소대장으로 부임했을 때 신경군관학교 1년 후배인 박정희 대위가 중대장이었다.

제7기생 특별반 졸업 1주일 후인 1948년 10월 19일 여수 주둔 제14연대에서 반란이 일어났다. 이에 반란군 토벌을 위해 호남지구전투사령부가 설치되고, 이기건은 여기에 배치되어 박정희와 함께 전투정보과에서 근무하였다.

6·25전쟁 때는 안강전투에서 용맹을 떨쳤고, 북진 작전에서는 평양 탈환전의 선두부대에서 활동했다.

1959년 제26사단장을 마지막으로 준장으로 전역한 이기건은 5·16군사정변 후 한 때 혁명 반대세력으로 몰려 구속되었으나, 박정희 장군의 배려로 풀려나 내외문제연구소 소장으로 임명되어 남북문제에 관여하였다.

또 다른 인민군 장교 출신 이중활은 1921년 평북에서 태어나 어려서부터 압록강 맞은편의 만주 지안(輯安, 집안)에서 자랐다. 부친은 독립군에 투신하여 항일 게릴라전을 전개하다 전사하였다. 지안에서 중학교를 마친 이중활은 선친의 독립 유지를 받들기 위해 중국공산군 팔로군에 입대, 해방 때까지 팔로군에서 활동하였다.

해방 후 그가 태어난 평북으로 복귀한 김중활은 북한 인민군에 입대하여, 인민군 소좌에 진급하고 인민군 간호장교 소좌와 결혼하였다. 1948년 봄 인민군을 탈출하여 월남했다. 북한 공산체제와 소련파·연안파·국내파 간에 권력투쟁에 실망한데다가 월남한 동생이 부담이 되어 부인과 함께 월남을 단행했다.

서울에서 동생을 만나 함께 지내다가 육사 제7기 특별반에 입교하여 졸업 후 그의 과거 인민군 경력이 참작되어 육군첩보부대에 배치되었다.

1949년 봄부터 38선 부근에서 북한군의 활동이 활발해지자 이중활 대위는 휴일도 없이 첩보활동에 전념하였다. 4월 중순 북한 인민군은 옹진반도에 대한 대대적인 공격을 개시, 마치 아군을 바다로 밀어내려는 듯 격렬하고 집요한 공세를 취했다.

전투가 중요한 고비를 넘어서자 이 대위는 적진 깊숙이 잠입하여 적군을 사로잡기 위한 작전을 지휘하였다. 그 가운데 한 부하가 적의 사격으로 쓰러지자 그를 구출하려다가 집중사격을 받고 자신도 쓰러지고 말았다. 1949년 4월 30일이었다.

"생사를 건 항일구국과 반공투쟁의 삶을 살았다."라는 말로 동기생 유양수 장군은 이중활을 추모했다.

러시아 사관학교 출신 김상겸은 1898년 원산에서 출생, 만주 하얼빈 외국어학교를 졸업하고, 러시아 할곰 육군사관학교에 입학, 러시아군 소위로 임관하였다. 이후 러시아 경비군단에 배치되어 경비와 통관 사무를 보다가 제1차 세계대전이 일어나자 출정하여 러시아군 제4군단 포병연대에서 활약하였다. 이 전쟁에서 세운 전공으로 4등 훈장을 받고 1등 대위로 승진하였다.

그는 1921년 중령으로 승진하고, 이듬해에 튀르키예(터키) 주재 러시아 대사관 무관 보좌관으로 부임하였다. 그러나 1923년 제정러시아 군대에 대한 튀르키예 정부의 해산 명령에 따라 러시아 군대를 떠나, 1924년 폴란

드군 대령으로 입대, 1929년까지 5년간 재직하고 퇴직하였다.

그 후 독일에서 농사에 종사하다가 1939년 제2차 세계대전이 발발하자 고국에 돌아왔다. 귀국 후 축산회사의 기사를 거쳐 우유 농장을 경영하던 중 해방을 맞았다. 해방 후 오광선의 광복군 국내지대 사령부 고급 참모로 활동했다.

미군정에서는 김상겸을 군사고문으로 영입하려 하였으나, 일본군 대좌 출신 이응준으로 낙착되었다. 대신 그는 신설된 운수경찰학교장으로 취임(총경)하여 재직하다가 육사 제3기를 거쳐 대령으로 특별 임관했다.

임관 후 경비대 총참모장과 통위부 참모총장을 거쳐 1948년 4월 광주에서 신설된 제5여단장에 취임하였다. 이로부터 4개월 후 제5여단 예하의 제14연대에서 반란이 일어나 그 책임을 물어 1948년 10월 25일 파면되었다.

04

창군과 전쟁,
휴교와 재개교

창군과 육사 졸업생

초창기 육군사관학교 입학생의 인적 구성을 보면, 제1기로부터 제4기까지는 대체로 해방 전 광복군·중국군·일본군·만주군 등에서 군사 경력을 쌓은 자들이었고, 제5기는 과거 군사 경력자와 민간인이 대략 반반을 차지했다. 제6기는 해방 후 경비대에 입대한 자들 가운데 추천을 받아 입학했다. 따라서 6기생들은 자신들이야말로 순수한 국산인 'Made in Korea'라고 말한다.

제7기는 정기·특별반·후기로 구분된다. 정기는 민간인과 현역 사병 가운데서 선발했고, 특별반은 해방 전 군사 경력자들이 입학했다. 후기는 공병·통신 등 특과 부사관 출신들을 선발해 입교시켰다.

제8기도 정기와 특별반으로 구분된다. 정기는 민간인 출신이 대부분이고, 일부 현역 병사 중에서 선발되어 입교했다. 제8기 특별반은 해방 전 군사 경력자들이 마지막으로 구제된 경우로 초단기 과정을 거쳐 임관했다. 특별반은 제1반에서 제4반까지 611명이 졸업하였다.

제9기는 민간인을 대상으로 공개 모집했다. 이때 정규 2년 과정의 생도 1기 모집이 동시에 있었다. 생도 1기와 2기는 고등학교(5년제 중학교) 졸업 이상의 학력 소지자 가운데 전형을 통해 선발했다.

초창기 인적 구성의 또 다른 특징은 북한에서 월남한 이북 출신이 대략 절반가량 차지했다는 점이다. 이들 이북 출신들은 반공 의식이 강했고, 통일에 대한 열망도 컸다. 그만큼 6·25전쟁에서 용감히 싸웠다.

초창기 육사 출신들은 군영 출신들과 함께 신생 조국의 군대를 창설하는 데 주역으로 활약했다. 경비대 제1연대 창설의 경우 군영 출신 24명으로 제1대대 편성을 마쳤다. 이후 육사 제1기생들이 부임해 제2대대와 제3대대 편성을 완료함으로써 연대 편성을 끝냈다.

대전의 제2연대 창설은 군영 출신 7명이 제1대대를 편성하고, 육사 제1기생 5명이 부임하여 2개 대대를 편성했다. 그리고 제4기생 임관 이후인 1947년 12월 연대 편성을 완료했다.

전북 이리의 제3연대는 군영 출신 7명이 창설 요원으로 제1대대를 창설한 후 육사 제1기생과 제2기생이 합류해 나머지 2개 대대 편성을 마쳤다.

광주의 제4연대는 군영 출신 3명으로 3개 중대를 편성했고, 이후 군영 출신 2명과 육사 제1기생 3명이 부임하고 나서 D중대를 편성해 제1대대 창설을 마쳤다.

부산의 제5연대는 군영 출신 8명으로 A·B중대 편성을 마쳤고, 육사 제1기생 6명과 제2기생 6명이 부임하여 연대 편성을 완료했다.

대구의 제6연대는 군영 출신 13명이 제1대대 편성을 완료했고, 육사 제2기생 14명이 부임한 이후 연대 편성이 끝났다.

청주의 제7연대는 군영 출신 5명이 2개 중대를 편성한 후 육사 제1기생 2명과 제2기생 7명이 부임해 연대 편성을 완료했다.

춘천의 제8연대는 군영 출신 12명과 육사 제1기 1명, 제2기 12명이 부임해 연대 편성을 완료했다.

이렇게 해서 대구의 제6연대를 제외한 경비대 1차 연대 편성이 완료된 시기는 1947년 봄이었다. 따라서 이 기간 임관한 육사 제1기생부터 제3기생까지 이들 연대 창설 요원으로 활약한 것이다.

제주도의 제9연대는 1차 8개 연대 창설이 끝나갈 무렵인 1946년 11월에 창설에 들어갔다. 육사 부교장으로 있던 장창국 부위가 창설 부대장, 육사 제1기생 안영길 참위와 제2기생 김진태·김득룡·윤춘근 참위가 창설 요원으로 활약했다. 또한 제1기생 김창영·최창근 참위와 제2기생 하갑청·신연식·백천수·김웅태·박영·최재홍·최창선 참위가 보충됨으로써 연대 편성을 완료했다.

이후 1948년 5월부터 1949년 6월까지 추진된 16개 연대 창설에는 군영 출신들이 연대장과 대대장을 맡았고, 그 밑의 창설 요원들은 육사 제1기생부터 제9기생까지의 졸업생들이 차지하였다. 육사 졸업생이 연대장에 진출한 것은 6·25 직전이었다.

초창기 육사 졸업생들은 창군 활동과 동시에 대한민국 정부수립을 전후한 혼란기에 발생한 각종 소요사태 진압 작전과 무장공비 소탕전에서도 활약했다. 여기에 북한 인민유격대의 침투와 38선 지역에서의 북한군 무력 도발을 저지해냈다. 이 과정에서 140여 명의 졸업생이 희생됐다. 이렇게 하여 초창기 졸업생들은 대한민국 건국의 초석을 놓는 데 큰 역할을 해냈다.

전쟁과 휴교, 그리고 재개교

1950년 6월 25일 오전, 채병덕 육군참모총장으로부터 육사 생도들을 포천 방면으로 출동시키라는 명령이 육사에 떨어졌다. 당시 졸업이 얼마 남지 않은 생도 1기생들은 외박으로 밖에 나가 있어 이들이 학교에 복귀하자 생도 1, 2기생을 3개 중대로 하는 생도대대를 편성하였다. 이들은 오후 늦게 포천 방면을 향해 출동, 광릉 북방 내촌 지역에서 어둠이 깔릴 즈음 방어진지 편성을 완료했다.

26일 오전 10시, 북한군의 맹렬한 포격이 생도대대 방어진지에 떨어지기 시작했다. 이어서 적의 대병력이 육박해 왔다. 생도대대는 적의 공격에 맞섰으나 절대적으로 우세한 적의 화력과 병력을 당해낼 수 없어 결국 오후 7시경 후퇴하기 시작했다.

적과의 교전 그리고 후퇴 중에 많은 생도가 희생되었다. 내촌 전투에서 철수해 온 생도들은 27일 새벽부터 오늘날 생도 생활관 뒤에 있는 92고지 일대에 배치되어 오후 4시경이 되어서야 진지 구축과 위장을 마쳤다. 이 시각 적은 창동 저지선을 돌파하고, 미아리 방어선에 육박해 오고 있었다.

28일 새벽 5시부터 적의 포탄이 육사 교정 일대에 낙하하기 시작했다. 오전 8시부터 적과 교전이 시작되었으나 당해내지 못하고 다시 철수를 개시, 본대는 광나루에서 민간인 배를 타고 천호동 부근에 집결했다. 여기서 전열을 정비한 생도대는 다시 한강 방어전에 투입되어 7월 5일까지 적과 교전했다. 이 전투에서도 많은 생도가 또 희생되었다.

육사생도6·25참전기념비(육군사관학교 제공),
경기도 포천시 가산면 우금리 산89-1 소재

　7월 6일 오후, 생도대는 평택에서 대전행 화물 열차를 타고, 밤 7시가 넘어 대전역에 도착했다. 여기서 도보로 원동초등학교로 이동해 오랜만에 지붕이 있는 방에서 잠을 잤다.
　7월 10일, 생도 1기생들은 육군본부가 후퇴해 있는 대전에서 소위로 임관하고, 생도 2기생들은 대구를 거쳐 부산에 도착한 후 새로 창설된 육군종합학교에 입학했다. 후퇴 과정에서 육사는 휴교에 들어갔고, 장교 양성은 당분간 부산 동래에 개설된 육군종합학교가 맡게 되었다.
　1951년 9월, 육군본부에 '육사창설위원회'가 설치됐다. 이 무렵 전선에서는 한국전쟁 중 격전으로 꼽히는 '피의 능선전투'와 '단장의 능선전투'가 치열하게 전개되고 있었다. 전투에 붙여진 이름처럼 그야말로 '혈전(血戰)'이었다.
　이보다 두 달 전인 7월 10일 우여곡절 끝에 휴전회담이 시작되었으나,

휴전선 설정 문제를 둘러싸고 양측 간에 설전을 벌인 끝에 8월 22일 이후 회담은 결렬되어 있는 상태였다.

육사창설위원회가 설치된 직후인 9월 23일 자로 '육군사관학교 생도 모집' 공고가 나갔고, 10월 20, 21일 양일간 1차 학과시험이 있었다. 200명 모집에 1,400명이 응시했다. 현역으로 복무 중인 병사들이 많이 지원했다.

이어서 10월 30일. 육군사관학교 창설 명령과 동시에 교장 안춘생 준장을 비롯한 216명(장교 45명, 준위 3명, 사병 168명)을 창설 요원으로 발령 냈다.

진해 육사 개교식(1952.1.20)에 참석한 이승만 대통령을 비롯한 내빈들(육군사관학교 제공)

1952년 1월 20일, 피난지 진해에서 신입생 202명의 입교식과 육사 개교식이 이승만 대통령을 비롯한 내외 귀빈이 참석한 가운데 성대히 열렸다. 이들 신입생이 바로 육사 제11기생이다.

다시 문을 연 육군사관학교는 미국 웨스트포인트를 모델로 4년제 정규과정으로 하고, 각종 제도는 물론 교과과정과 학사 운영, 그리고 훈육제도와 생도 생활 규범에 이르기까지 거의 모든 분야에서 웨스트포인트 방식을 따랐다.

1953년 7월 휴전이 성립되어 전선이 안정되자, 학교는 이듬해 6월 태릉으로 복귀하였고, 주둔지 명칭을 '화랑대'라 불렀다. 그리고 그 이듬해인 1955년 제11기 졸업식을 앞두고 사관학교설치법이 공포됨으로써 졸업생들에게는 학사 학위가 수여되고, 육사는 4년제 대학으로서 위상을 갖추게 되었다.

오늘날 세계 선진 사관학교와 비교해도 손색이 없는 육군사관학교의 드넓은 캠퍼스는 14대 교장 이한림 중장의 열정과 추진력에 의해 만들어졌다.

이한림 교장은 교내 도로를 확장해 포장하고, 당시로서는 호텔 정도에나 설비되어 있던 수세식 화장실과 중앙 난방시설을 갖춘 생도 생활관을 신축해 생도들이 야전용 간이 막사 생활을 면하게 되었다. 최신 식당·실험실을 포함해 성당·교회 등도 신축했다. 그러나 뭐니 뭐니 해도 그가 남긴 작품은 역시 '화랑연병장'이라 할 수 있다. 1만여 평에 달하는 큰 연병장에 잔디를 깔고 석축을 쌓아 착공한 지 87일 만에 완공했다.

4년제 육사 생도들은 당시로서는 최신의 학술과 실험·실습 등으로 내실 있는 교육을 받았고 졸업 후 군의 과학화·현대화에 공헌해 국군을 선진국 수준으로 발전시키는데 중추적 역할을 담당했다.

베트남전에 참전해 국위를 선양했고, 북한의 각종 무력 도발을 분쇄했다. 베트남전에서 36명, 대침투 작전에서도 다수 졸업생이 희생됐다.

1,600여 명의 희생으로 지켜낸 대한민국

6·25전쟁이 일어날 당시 육사 졸업생은 제1기부터 제9기까지 모두 4,778명이었다. 이때까지 육군 장교로 임관된 인원은 6,688명이었다. 육사 졸업생을 제외한 나머지 1,910명은 군사영어학교 출신과 예비역인 호국군 장교, 학도호국단 배속장교(예비역 소위) 등이 있었다.

호국군 장교와 배속장교가 실제 전투에 얼마나 참전했는지 알 수 없으나 아마 극소수였을 것으로 판단된다. 따라서 6·25전쟁 초기 전투는 100

여 명의 군사영어학교 출신들과 4,800여 명의 육사 졸업생들이 담당했다고 해도 과언이 아닙니다.

6·25전쟁 발발 당시 제1기생은 연대장, 제2·3·4기생은 대대장 및 사단 또는 연대 참모, 제5·6기생은 중대장 또는 연대 참모, 7기생(정기)은 중대장 또는 대대 참모, 제8기 정기(중위)는 소대장 또는 중대 부관, 제9기생(소위)은 소대장으로 전쟁을 맞았다.

여기에 태릉에서 교육받고 있던 생도 1기 263명과 생도 2기 333명도 초기 전투에 투입되었다. 훗날 육사 제10기로 호칭이 바뀐 생도 1기는 원래 2년제 과정으로 1949년 7월 15일 입교했으나, 사정이 여의치 않아 수업 기간을 1년으로 단축했는데 졸업을 1주일 앞두고 전쟁이 발발했고, 생도 2기는 4년제 정규과정으로 1950년 6월 1일 입학 지 25일 만에 전쟁을 맞았다.

북한군의 우세한 전력과 기습공격 앞에 국군은 초전에 고전을 면치 못하는 가운데서도 부분적으로 지연전에 성공해 낙동강 최후 방어선에서 적을 저지했다. 6·25전쟁 기간 이 시기가 가장 힘들었고, 나라의 운명이 위태로운 시기였다. 육사 졸업생들의 희생 또한 이 기간에 가장 많이 발생했다.

이 기간 소대장 손실률은 무려 60%에 육박하여 1개 보병 중대에 소대장이 많아야 2명이고, 1명도 없이 소대 선임하사관(부소대장)이 소대장 대리로 있는 중대가 흔했다.

6·25전쟁에서 육사 출신 장교들의 전사자 및 실종자는 생도 1, 2기를 포함해서 모두 1,600여 명에 이른다.[137]

---

137 제1기부터 제9기까지는 한용원의 《창군》 82-83쪽의 통계에 따랐다. 이 통계에는 6·25 이전 국내 소요사태 진압 작전과 공비 소탕 작전, 남파 인민유격대 소탕 작전, 38선 일대에서 북한군과의 교전 등에서 희생된 140여 명이 포함되어

<육사 졸업생 기별 전사자 및 실종자 통계>

기 별		임관 일	임관 인원	전사 및 실종자
제1기		1946.6.15	40명	9명(23%)
제2기		1946.12.14	196명	40명(20%)
제3기		1947.4.19	296명	88명(30%)
제4기		1947.9.10	107명	38명(36%)
제5기		1948.4.6	380명	97명(26%)
제6기		1948.7.28	235명	94명(40%)
제7기	정기	1948.11.11	561명	137명(24%)
	특별	1948.10.12	190명	42명(22%)
	후기	1948.12.21	345명	75명(21%)
제8기	정기	1949.5.23	1,264명	402명(32%)
	특별1반	1949.1.1	11명	2명(18%)
	특별2반	1949.1.14	145명	32명(22%)
	특별3반	1949.3.2	181명	45명(25%)
	특별4반	1949.3,29/4.27	247명	53명(21%)
제9기		1950.1.14	580명	198명(34%)
생도1기(제10기)		1950.7.10	263명(재교)	109명(41%)
생도2기		1950.6.1(입교) 1996.5.4(명예졸업)	333명(입교)	134명(39%)
합계			5,374명	1,595명(30%)

전쟁이 발발할 당시 재학 중이던 생도 1기 263명은 6·25 당일 전선에 투입된 이후 한강 방어전을 펼칠 때까지 65명이 사관생도 신분으로 전사 또는 실종됐다. 초기 전투에서 살아남은 생도 1기생들은 임관 후 다시 44명이 희생되어 전체 109명이 6·25전쟁에서 전사 또는 실종된 셈이다.

생도 2기의 경우 333명 가운데 초기 전투에서 희생된 86명을 제외한 있을 것으로 보인다.

나머지 인원은 1950년 8월 부산 동래에 창설된 육군종합학교를 거쳐 임관했다. 그러니까 생도 2기는 육군사관학교에 입학, 육군종합학교를 졸업한 것이다. 임관 후 희생된 생도 2기는 48명이다. 따라서 생도 2기는 모두 134명이 전사 또는 실종됐다.

종합학교 출신으로 분류되어 온 생도 2기생들에게는 1996년 개교 50주년을 기해 육군사관학교 명예졸업장이 수여되었다. 육사 입교 후 46년 만이다. 이미 현역을 떠난 지 오래되었으나 육군사관학교 졸업생 대열에 늦게나마 합류하게 되어 숙원을 풀었다.

생도 2기생들의 또 다른 과제는 6·25전쟁 초기 사관생도 신분으로 전사한 동기생들의 예우 문제였다. 사관생도 신분으로 희생된 생도 2기 86명 가운데 62명이 미확인 전사자로 처리되어 국립현충원에 위패조차 안치되지 못했다. 초기 전투의 급박한 상황 속에서 전사한 생도들의 시신은 이름 모를 산야에서 흙으로 사라졌고, 일부는 행방불명되어 생사를 확인할 수조차 없었다.

전사자로 처리되어 국립현충원에 위패가 안치된 24명도 계급이 후보생으로 되어 있고, 군번 대신 입학시험 수험번호가 기록되어 있었다. 생도 2기 동기회의 끈질긴 노력 끝에 사관생도 신분으로 전사 또는 실종된 동기생들을 모두 전사자로 처리하였으며, 군번을 부여하고 소위로 추서하여 임관시킴과 동시에 제적 조치를 하여 모두 국립현충원에 위패를 안치할 수 있게 되었다.

생도 2기생들은 입교 25일 만에 사관생도 신분으로 전선에 출전하여 꽃다운 청춘을 바친 동기생들을 추모하고, 자신들과 같이 '불운'한 후배 사관생도들이 나오지 않기를 바라는 마음에서 6·25전쟁 50주년이 되는 2000년 6월 25일 모교 교정에 '참전생도상'을 건립함으로써 숙원사업을 마무리하였다.

결론
육군사관학교의 뿌리와 전통

대한제국 무관학교의 명맥은 과연 단절되었는가?

　육군사관학교는 개교 이후 《육군사관학교 30년사》, 《육군사관학교 50년사》, 《육군사관학교 60년사》를 펴낸 바 있으나, 육군사관학교의 뿌리와 정체성에 관하여는 제대로 다루지 못한 것 같다.

　《육군사관학교 30년사》는 대한제국 무관학교를 언급하면서 "일제의 식민 통치 등으로 인한 명맥의 단절로 말미암아 광복 후 신생 대한민국 국군 창건에는 아무런 연대나 영향을 미치지 못하였다. 따라서 대한민국 육군사관학교의 연원을 밝힘에 있어서 대한제국의 무관학교를 그 시초로 삼을 수 없다"라고 보고, "우리 국군 태동기에 공적으로 설립된 최초의 군 간부 양성기관이라는 관점에서 본다면" 군사영어학교가 육군사관학교의 모체 또는 전신이라고 기술하고 있다.

　그러면서 "1946년 4월 30일 군사영어학교가 해체되자, 이튿날인 5월

1일 태릉에서 남조선국방경비사관학교를 새로 설립"하여 개교하였으며, 오늘날 육군사관학교의 개교기념일을 이날로 삼는 것은 바로 여기에서 연유된 것으로 서술하고 있다.[138]

《육군사관학교 50년사》는 서두에서 연무공원, 훈련대사관양성소, 무관학교, 대한제국 무관학교, 신흥무관학교, 임시정부 육군무관학교, 중국의 낙양군관학교 한인특설반 등을 간단히 소개한 다음 "한말(韓末)의 무관학교와 독립전쟁기의 무관학교들은 법제사적 측면에서는 해방 후의 사관학교 창설과는 직접적인 연결이 될 수는 없었다. 그렇지만 민족사적인 측면에서는 이들 무관학교의 자주 독립의식과 광복 투쟁정신 및 이념은 사관학교 창설 이념으로 계승되어지고 있다."라고 서술되어 있다.[139]

그러나 군사영어학교의 설립을 다루는 부분에서는 "대한제국 무관학교는 일제의 식민통치 등으로 인하여 그 명맥의 단절로 말미암아 대한민국 육군사관학교의 연원을 밝힘에 있어서 그 시초로 삼을 수 없다."라는 육사 30년사의 서술을 답습하고, "육군사관학교는 1946년 5월 1일 창설된 남조선국방예비사관학교(남조선국방경비사관학교의 오기)에서부터 그 시발점을 삼고 있다. 그러나 우리 국군의 시발점에 공적으로 설립된 최초의 군간부 양성기관이라는 관점에서 본다면 경비사관학교의 전신인 군사영어학교까지 소급하지 않을 수 없다."[140]라고 하여 군사영어학교가 육군사관학교의 전신이라는 30년사의 논조를 따르고 있다.

그럼 먼저 대한제국 무관학교가 국군 창설에 아무 연관성이 없다는 주장과 대한제국 무관학교의 명맥이 일제강점기 단절되었다는 주장은 과연

---

138 육군사관학교,《육군사관학교 30년사》(1976), 62-67쪽.

139 육군사관학교 편,《육군사관학교 50년사》(1996), 27-30쪽.

140 《육군사관학교 50년사》, 35쪽.

역사적 사실과 부합하는지 살펴보았으면 한다.

대한제국 무관학교 재학생 출신 10명이 국군 장교가 되었다. 이 가운데는 초대 육군참모총장 이응준 장군과 제3대 육군참모총장과 제4대 국방부장관을 역임한 신태영 장군이 있다. 이응준 장군은 경비대 창설을 주도해 육군을 탄생시킨 인물로, 이응준 평전을 쓴 김선덕 작가는 그를 '육군의 산파역(産婆役)'이라고까지 부른다.[141] 이처럼 대한제국 무관학교 출신이 창군에서 핵심 역할을 했다는 점에서 볼 때 대한제국 무관학교가 창군과 무관하다는 육사 30년사와 50년사의 기술은 설득력이 없다.

또한 대한제국 무관학교는 일제강점기 신흥무관학교와 임시정부 육군무관학교 등을 통해 그 명맥이 이어졌으며, 이미 앞에서 보았듯이 독립군과 광복군으로 그 정신과 인맥이 계승되었다. 그리고 독립군과 광복군은 대한민국 국군으로 이어진 것이다. 따라서 일제강점기 대한제국 무관학교의 명맥이 단절되었다는 주장은 역사적 사실과 맞지 않는다.

육군사관학교 전신은 군사영어학교인가?

이제 군사영어학교를 육군사관학교의 모체 또는 전신으로 삼을 수 있을지 고찰해 보자.

군사영어학교는 미군정이 필요한 군사 분야 통역관 양성을 목적으로 설립되었고, 실제로 이 학교를 통해 미군정 통역관으로 임용된 사람도 적지 않았다. 그런데 미군정이 경비대를 창설하게 되면서 군사영어학교 학생들을 장교로 임관시켰다.

이후 경비대를 본격적으로 창설하면서 장교 수요가 늘어나자, 이를 해

141　김선덕,《육군의 산파역 이응준》(도서출판 다물아사달, 2017).

결하기 위해 1946년 5월 1일 경비사관학교가 설립되자 군사영어학교는 폐지되었다. 따라서 군사영어학교는 경비사관학교의 전신이라고 말할 수 있다.

그러나 군사영어학교가 경비사관학교의 전신이 되려면 무엇보다 그 정체성(identity)이 경비사관학교와 같아야 한다. 그런데 군사영어학교는 미군정이 필요한 통역관 양성을 목적으로 설립되었다는 점에서 장교 양성을 목적으로 설립된 경비사관학교와 .그 정체성이 같을 수가 없다. 만약 군사영어학교가 육군사관학교와 정체성이 같았다면 굳이 군사영어학교를 폐지할 이유가 없었을 것이다.

군사영어학교가 가지고 있는 또 하나의 문제점은 정통성 결함이다. 군사영어학교 출신 110명 가운데 광복군 출신은 단 한 명에 불과하고, 나머지는 일본군·만주군 출신들이다. 국군은 독립군·광복군의 전통을 계승한다고 할 때 군사영어학교 출신들이 과연 이에 합당한지 의문이다.

군사영어학교가 문을 닫은 다음 날 군사영어학교가 있던 자리에 경비사관학교가 설립되었다는 사실을 들어 군사영어학교가 육군사관학교의 전신이라고 주장할 수도 있다. 실제로 미군 측에서는 군사영어학교를 경비사관학교로 이름을 변경했다(renamed)고 말하고, 따라서 경비사관학교는 군사영어학교의 후신으로 본다.[142] 이렇게 보면, 경비사관학교는 군사영어학교의 전신이라는 주장이 그럴듯해 보인다.

그렇다면 1948년 8월 15일, 미군정으로부터 대한민국 정부가 통치권을 인수하고, 미군정청 건물을 대한민국 정부청사로 인수했다고 해서 미군정이 대한민국 정부의 전신이라고 말할 수 있을지 의문이다. 미군정청이

---

142 Robert K. Sawyer, *Military Advisors in Korea*, p.81-81.

일제 총독부로부터 통치권을 이양받았고, 일제 총독부가 사용하던 건물을 인계받아 미군정청 건물로 사용했다고 해서 일제 총독부를 미군정청의 전신이라고 말할 수 있을까? 단순한 시공간 상의 연속성만으로 전신과 후신을 정의할 수 없는 이유다.

결론적으로 말해서 군사영어학교는 육군사관학교의 전신으로 삼기에는 문제가 없지 않다 하겠다.

경비사관학교가 육군사관학교 전신인가?

육군사관학교 30년사와 50년사에는 정부수립 후 육군사관학교로 개칭된 경비사관학교는 육군사관학교의 "명실상부한 전신"이라고 서술되어 있다. 그렇다면 과연 육군사관학교의 전신은 경비사관학교라는 주장이 타당한가? 서울대학교의 역사 서술을 보면 그 해답이 나올 듯하다.

서울대학교가 펴낸 《서울대학교 70년사》에 따르면 서울대학교는 1946년 8월 22일 미군정 법령 제102호로 공포된 '국립서울대학교 설립에 관한 법령'에 따라 개교한 것으로 서술되어 있다. 그러면서도 갑오개혁 때 설립한 한성사범학교와 법관양성소, 대한제국 때 세운 의학교, 산파 및 간호부양성과, 상공학교를 서울대학교의 시원으로 삼고 있다.

서울대학교의 사례를 참고하면, 1946년 5월 1일 개교한 경비사관학교는 육군사관학교의 전신이 아니라 이미 육군사관학교였다는 결론이 나온다. 그래서 경비사관학교 개교일을 육군사관학교 개교기념으로 삼고, 이를 기리고 있는 것이다.

대한민국 정부수립 다음 날인 1948년 8월 16일, 이범석 국방부장관은 국방부 훈령 제1호를 통해 "금일부터 우리 육·해군 각급 장병은 대한민국 국방군으로 편성되는 영예를 획득하게 되었다."라고 공포했다. 이는 사실상 경비대가 폐지되고 국군이 탄생했음을 선언한 것이다. 이보다 앞서 공포된 제헌헌법 제6조에는, "국군은 국토방위의 신성한 의무를 수행함을 사명으로 한다."라고 하여 헌법상 국군의 존재를 명시하고 있었다. 그리고 그해 11월 30일 국군조직법이 공포됨으로써 국군을 법제화하였다. 이런 점에서 경비대와 국군은 법적으로 완전히 구분된다.

이에 비해 대한민국 정부수립 후 경비사관학교를 육군사관학교로 전환한다는 훈령이나 법 제정은 없었고 인수인계 절차도 없었다. 경비사관학교 교장이 그대로 육군사관학교 교장이 되고, 경비사관학교 재학생들은 그대로 육군사관학교 재학생이 되었다. 단지 공식 이름만 '경비사관학교'에서 '육군사관학교'로 변경했을 뿐이었다. '육군사관학교'라는 교명조차도 경비사관학교 창설 때부터 이미 사용하던 것으로 교기와 육사 마크 등에 표시하고 있었다.

사관학교 설치법이 제정되어 공포된 것은 이로부터 7년이나 지난 1955년 10월, 4년제 제1기(육사 제11기) 졸업 직전이었다. 이는 4년제 졸업생들에게 학사 학위를 수여하기 위한 법적 근거를 마련할 목적이었다.

결론적으로 말해서 육군사관학교의 전신은 군사영어학교도 아니고 경비사관학교도 아니다. 군사영어학교는 육군사관학교와 그 정체성이 다르고, 경비사관학교는 이미 육군사관학교였기 때문이다.

4년제 육사 창설은 개교인가, 재개교인가?

《육군사관학교 30년사》 편찬 때 1951년 10월 30일 진해에서 창설된 4년제 육사를 개교로 볼 것인지 재개교로 볼 것인지 논란 끝에 4년제 육사 창설을 '재개교'로 결정한 바 있다.

4년제 육사 창설을 '개교'로 보아야 한다는 주장에도 일리가 없지 않다. 4년제 개교 이듬해인 1952년 10월 30일 '육군사관학교 개교 1주년 기념식'이 이승만 대통령이 참석한 가운데 성대히 거행된 이래 1960대 중반까지 매년 이날을 개교기념일로 삼아왔기 때문이다.

1955년에 졸업한 4년제 육사 최초 졸업생들은 졸업을 앞두고 자신들이 육군사관학교 제1기가 되어야 한다고 주장했다. 이런 주장의 이면에는 '4년제 육사' 창설을 개교로 보아야 한다는 인식이 깔려 있다고 하겠다. 결국 제1회 졸업생들을 '1955년도 졸업생'으로 호칭하는 선에서 타결되었다.

이런 기 호칭은 1970년대 초 단기과정 출신들과 정규과정 출신들의 기수를 통합할 때까지 지속되었다. 기수 통합을 계기로 '1955년도 졸업생'은 육사 제11기로 호칭이 바뀌어 오늘에 이르고 있다. 국방경비사관학교 개교일인 1946년 5월 1일을 육군사관학교 개교일로 볼 때 이는 당연한 일이 아닐까 생각된다.

4년제 과정의 역사를 보면 진해 이전에 태릉에서도 시도되었으나 전쟁으로 중단된 것을 확인할 수 있다.

1950년 초, 미 군사고문단장 윌리엄 로버츠(William L. Roberts) 준장은 위원회를 편성해 육군사관학교를 다른 지역으로 이전할 장소를 검토하도록 하였다. 로버츠 장군이 왜 육사 이전을 검토하도록 하였는지 그 이유는 알 수 없으나, 아마 전쟁이 일어날 경우 육사가 적의 공격에 취약하다고 보았기 때문이 아니었는지 생각된다. 이때는 전쟁 발발 6개월 전이었다.

육사 이전 검토 위원회에서는 로버츠 단장에게 육사 이전을 반대하는 의견을 제시하고 나서 1950년 6월 태릉의 육군사관학교를 미 육군사관학교의 교과과정을 모델로 4년제 대학과정으로 시작할 것과 대학교육에 필요한 교수는 서울대학교에서 초빙하자는 의견을 제시했다. 당시 서울공대가 지금의 서울과학기술대학교 자리에 있어, 이곳에서 교수를 초빙하자는 것이었다. 이 4년제 육군사관학교 시행 계획은 미 군사고문단장, 육군본부 작전참모, 이승만 대통령의 승인을 받아, 1950년 6월 1일 생도 2기가 입학함으로써 실현되었으나, 이로부터 25일 후 6·25전쟁이 발발해 중단되었다.[143]

여기서 우리는 진해에서 창설되기 이전 태릉에서 이미 4년제 과정이 시도되었음을 확인할 수 있다.

진해에서 4년제 육사가 창설되기 6개월 전인 1951년 4월 11자의 미 수석 군사고문 프렌시스 파렐(Francis W.Farrell) 준장이 미 육군장관에게, "전쟁으로 인하여 중단된(suspended) 지휘참모대학은 1951년 12월 1일 다시 문을 열(reopen) 계획이다. 또한 육군사관학교는 작전 상황이 허락하는 한 되도록 빨리 재개(再開)할 것(will resume)이다."라는 내용의 보고서를 제출한 바가 있다.[144]

그리고 미 제8군이 1953년 제작한 것으로 추정되는 육군사관학교 소개 팸플릿 <Korea Military Academy>에는 6·25전쟁으로 문을 닫은 육군사관학교는 1951년 10월 진해에서 다시 설립되었다(reestablishment)고 설명하고 있다.[145] 이로 미루어 볼 때 진해의 4년제 육사 창설은 '개교'가 아닌 '재개교'로 보아야 할 것이다.

4년제 육사 출신들은 자신들이 4년제 '정규과정'을 이수한 '정규장교'라는 인식을 지니고 있었다. 그러나 4년제 과정이 사관학교의 정규과정이

---

143 *Military Advisors in Korea*: pp 89-90.
144 《육군사관학교 역사 자료집II》, 43쪽.
145 《육군사관학교 역사 자료집II》, 244쪽.

라는 주장에도 문제가 없지 않다. 4년제 과정을 채택하지 않고 있는 사관학교도 존재하기 때문이다.

그렇다면 정규장교는 무엇을 의미하는가? '정규장교'라는 용어가 최초로 등장한 것은 진해의 4년제 육사 창설자들이 만든 '육군사관학교의 사명'에서다.

"육군사관학교의 사명은, 사관생도를 교육·훈련하여 초급장교로서의 지휘 능력과 국가에 대한 충성심, 숭고한 국군 임무에 대한 책임감이 왕성한 정규장교를 육성함에 있다."

이는 당시 육사 창설을 지원하던 미 고문단 측이 미국 육군사관학교의 임무를 참고로 작성한 '대한민국 육군사관학교의 임무'를 우리식으로 변형한 것이다. 미 고문단 측이 작성한 육군사관학교 임무는 다음과 같다.

"대한민국 육군사관학교의 임무는 졸업 후 정규군 장교로서 평생 복무하는 동안 계속 발전하는데 필수적인 자질과 인격을 갖추도록 사관생도들을 교육·훈련한다."

미 고문단 측의 '정규군 장교'라는 용어를 우리 측에서는 '정규장교'로 표현하였다. 미군의 '정규군 장교(Officer of the Regular Army)'는 일시적인 필요에 따라 소집되는 민병대·의용군·주방위군의 장교가 아닌 상비군 장교를 지칭한다. 그러니까 '정규장교'는 '현역장교' 또는 그냥 '장교'라 해도 된다. 또한 오늘날 미 육사 임무에는 '정규군 장교'라는 용어 자체가 아예 없다.

육군사관학교 건학정신, 애국·자주독립 정신

새로 출범한 육사의 설립 목적은 무엇이었을까? 육사 창설을 설계한 이응준에 따르면 육군사관학교는 '국가의 간성(干城)'을 양성하는 곳이었다. 여기에 제2대 교장 원용덕 참령은 육사에서 '건국(建國)의 역군'을 기르겠다고 말했다(《동아일보》 1946년 11월 10일 자). 나라를 지키는 호국간성을 양성하고, 새 나라를 세우는 건국의 역군을 양성하는 것이 육사 창설의 목적이자 건학정신이었다고 할 수 있다.

이런 정신은 초창기 교가(校歌)와 동기생가(同期生歌) 가사에 그대로 반영되어 나타났다. 최초의 교가는 제4기생 때 제정되었다고 하나 전해지지 않고, 제5기생 때 제정된 교가가 전해지고 있다. 이 교가는 6·25전쟁으로 학교가 휴교 될 때까지 사용되었다. 교가의 "새 대한의 희망인 사관학교", "새 조선의 전위(前衛)인 사관학교", "새 조선의 간성인 사관학교"라는 가사는 새 나라 건설과 새 나라 방위라는 경비사관학교의 시대적 사명을 나타내고 있다.

교가가 만들어지기 이전에는 생도들이 '용진가(勇進歌)' '동기생가'를 교가와 군가 대신 불렀다.

제1기 예관수 후보생이 작사한 것으로 알려진 용진가는 생도들 뿐 아니라 육군 장병들의 애창곡이 되어 6·25전쟁 때는 전선으로 출동하는 국군 장병들이 힘차게 부른 군가였다. 그리고 일반인들도 애창한 국민 군가였다. 필자 역시 생도 시절 가장 많이 부른 군가로 60년이 지난 지금도 기억에 생생할 만큼 가사 내용이 그만큼 가슴을 울렸다. 용진가의 핵심 키워드는 '애국'과 '독립'이다. 독립군이나 광복군이 불러도 손색없는 군가라 하겠다.

1. 양양한 앞길을 바라볼 때에 혈관에 파동치는 애국의 깃발
　　넓고 넓은 사나이 마음 생사도 다 버리고 공명도 없다
　　들어라 우리들의 힘찬 맥박을 가슴에 울리는 독립의 소리

2. 용진 용진 어서 나가자 한손에 총을 들고 한손에 칼을
　　돌격 돌격 독립 전선에 천하무적 우리 군대 누가 당하랴
　　보아라 휘날리는 태극 깃발을 천지를 진동하는 승리의 환호성

교가와 별도로 동기회마다 노래가 제정되어 애창되었다. 박정희 대통령이 속한 제2기생 동기생가의 가사에는 "빛난 역사 반만년 우리 조선을, 지키자 일으키자 육사 2기생", "씩씩하고 열렬한 애국심으로, 자주독립쟁취와 건군을 위해, 싸우자 나아가자 육사 2기생" 등이 나온다. 여기에서도 건국과 국방을 사명으로, 애국과 자주독립을 정신적 지표로 삼고 있다.

이를 종합해 보면 새로 창설된 육군사관학교는 건국과 건군, 국가방위를 사명으로 하고, 애국과 자주독립을 정신적 지표로 삼고 있었음을 알 수 있다. 애국정신과 자주독립정신은 대한제국 무관학교로부터 광복군에 이르기까지 면면히 이어오는 정신이기도 하다.

광복군 출신 육사 교장들

1946년 5월 1일 개교로부터 1951년 진해에서 4년제 과정으로 재개교할 때까지 9명의 육사 교장 가운데 1명이 일본육사, 3명이 만주군, 그리고 5명이 광복군 출신이었다. 특히 이승만 대통령 취임 후 제6대부터 제9대까지 연속해서 4명의 육사 교장이 모두 광복군 출신으로 임명되었다.

이처럼 광복군 출신들이 육사 교장에 많이 기용된 이유는 광복군의 자주독립 정신을 국군에 계승하려는 조치가 아니었을까 생각된다. 초창기 교장들의 과거 군사 경력과 해방 후 주요 직위, 최종계급을 보면 다음과 같다(☆표는 광복군 출신을 나타낸다).

제1대 참령 이형근(일본군 대위) 군영. 육군참모총장·합참의장(대장)

제2대 참령 원용덕(만주군 군의관 중교) 군영. 헌병총사령관(중장)
제3대 소령 정일권(만주군 상위) 군영. 육군참모총장·합참의장(대장)
☆제4대 중령 송호성(광복군 참장) 육사 제2기. 경비대총사령관(준장)
제5대 소령 김백일(만주군 상위) 군영. 군단장, 6·25 전사(중장 추서)
☆제6대 중령 최덕신(광복군 정령) 육사 제2기. 군단장(중장)
☆제7대 준장 김홍일(광복군 참장) 특임. 군단장(중장)
☆제8대 준장 이준식(광복군 정령) 육사 제8기 특별반. 육대총장(중장)
☆제9대 준장 안춘생(광복군 구대장) 육사 제8기 특별반. 군단장(중장)

1946년 5월 개교로부터 제7대 김홍일 교장이 부임한 1949년 1월까지 2년 8개월 동안 무려 6명의 교장이 재직함으로써, 이들의 평균 재직 기간은 6개월 정도였다. 이에 비해 제7대 김홍일 교장은 1950년 6월 10일까지 18개월 동안 육사 교장으로 재직하였고, 학교의 교육 체계를 세우는 등 많은 업적을 남겼다.

김홍일 교장은 최초로 교훈을 만들었다. 처음에는 '충인용(忠勇仁)'이 물망에 올랐으나, '충용(忠勇)'으로 결정되었다. 이후 진해에서 4년제로 재개교하면서 '지인용(智仁勇)'이라는 교훈이 제정되었다.

김홍일 교장은 부교장 이한림 대령과 함께 육사 정규과정 개설을 추진했다. 육사는 장기 복무할 소수의 정예 장교를 양성하고, 단기 복무자들은 별도로 교육과정을 설치할 것을 육군본부에 건의했다. 그 결과 보병학교에 간부후보생 과정이 설치되어 육사 제9기생과 동시 모집이 이루어졌다. 그러나 여건이 갖추어지지 않아 정규과정은 생도 1기부터 시행하게 되었다.

4년제 이전 육사 교장 가운데 생도들로부터 가장 존경을 받은 교장은 김홍일 장군일 것이다. 생도들은 김홍일 교장의 단정한 외모와 원숙해 보이는 장군의 면모에서 감명을 받았고, 매주 월요일 김홍일 교장의 교양강의를 통해 국가관과 군인관을 확립하였다. 김홍일 교장은 생도들에게 국가에 충성할 것과 국민을 사랑할 것을 가장 많이 강조하였다.

한국전쟁 직전 육사 교장을 떠난 김홍일 장군은 6·25전쟁 초기 전투에서 시흥지구전투사령관으로 한강 방어선에서 적의 전진을 지연시킴으로써 유엔군이 참전할 시간을 벌어주었다. 이로 인해 낙동강 방어전을 구축하여 나라를 위기에서 구해낼 수 있게 했다.

이후 그는 한국군 최초로 창설된 제1군단장으로 활약하다가 육군종합학교 교장으로 발령받았다. 1950년 9월 1일 육군종합학교 교장에 부임한 김홍일 장군은 이로부터 6개월 후인 1951년 3월 20일 예편되었다. 그리고 소급해 중장으로 진급했다. 따라서 중국군 중장(2성)에 국군 중장(3성)을 합쳐 김홍일 장군을 별이 다섯인 '오성(五星) 장군'이라 부르고, 명예 원수로 추대하자는 주장도 있었다.

제9대 교장 안춘생 장군은 1951년 10월 진해에서 다시 개교하게 된 4년제 정규과정의 초대 육사 교장이다. 당시 육군참모총장이던 이종찬 장군이, 물망에 오른 인사들 가운데 고심 끝에 안춘생 준장을 육사 교장으로 결정했다. 안춘생 장군은 안중근 의사의 조카일 뿐만 아니라 광복군 출신이어서 광복군의 독립정신을 계승하고, 군의 정통성을 세우는데 적절한 인물이라고 생각했기 때문이었다.[146]

이종찬 총장이 이승만 대통령에게 안춘생 장군을 육사 교장으로 천거하자 이 대통령도 흔쾌히 승인해 주었다. 이때 이승만 대통령은 "육사에서 안중근 의사 같은 애국자를 한 사람만 배출해도 육사 교육은 성공이다."라고 말했다고 한다.

---

146 강성재, 《참군인 이종찬 장군》, 70쪽.

육군사관학교의 뿌리와 전통

개항(開港)을 계기로 약육강식의 법칙이 지배하는 국제질서에 편입된 우리나라는 군사력 강화가 절실한 과제가 되었고, 군사력 강화를 위한 노력의 하나로 1888년 우리나라 역사상 최초의 장교 양성기관인 연무공원을 개설하기에 이르렀다.

연무공원은 비록 초보적 형태의 근대적 사관학교였으나, 교육을 통해 무관 즉 장교가 될 수 있는 길을 열어주었다. 따라서 연무공원은 우리나라 사관학교의 효시이자 육군사관학교의 시원(始原)이라 할 수 있다.

연무공원은 갑오개혁을 계기로 폐지되고, 훈련대사관양성소가 설립되었다. 훈련대사관양성소는 일본이 주도해 편성한 훈련대에 필요한 장교를 양성하기 위해 세워졌다. 그러나 훈련대나 훈련대사관양성소는 일본이 우리나라를 침략하기 위한 교두보를 만들려는 의도에서 설치된 것으로, 훈련대가 명성황후 시해 사건에 가담한 사실이 이를 뒷받침해 준다.

훈련대가 황후 시해 사건에 가담한 사실이 밝혀져 폐지됨에 따라 훈련대사관양성소 또한 존폐의 갈림길에 있었다. 이에 훈련대사관양성소를 '무관학교'로 그 이름을 바꾸어 1개 기 19명을 배출하고 문을 닫았다. 따라서 훈련대사관양성소나 그 후신인 건양 무관학교는 우리나라 사관학교로서의 정체성에 심대한 흠결이 있다 하겠다.

열강의 각축 속에서 자주독립을 내세우고 출범한 대한제국은 나라의 자주독립을 지킬 군사 인재를 양성하기 위해 무관학교를 설립하였다.

초대 교장은 연무공원 출신 이학균 참령이었다. 교관단은 처음에는 연무공원과 훈련대사관양성소 출신들이 맡았으나, 곧 갑오개혁 때 일본육사에 유학하여 돌아온 장교들로 충원되었다.

대한제국 무관학교는 1898년 개교해 500여 명의 대한제국 장교를 배출하고, 1909년 9월 일제의 강요로 문을 닫았다. 대한제국 무관학교 교관과 졸업생, 그리고 무관학교 폐교 당시 재학생으로 일본육사에 진학해 일본군 장교가 된 인사들 가운데 독립지사가 많이 배출되었다. 이들은 신흥무관학교 교관으로, 독립운동 단체 또는 독립군 지도자로 항일투쟁에 앞장섰고, 대한민국임시정부와 임시정부 육군무관학교, 그리고 광복군에서 핵심 요원으로 활동하였다.

대한제국 무관학교는 일제강점기 망명지에서 설립된 무관학교들에 의해 그 명맥이 이어졌다. 만주의 신흥무관학교와 상하이 대한민국임시정부 육군무관학교가 그 대표적인 사례다. 신흥무관학교는 대한제국 무관학교를 모델로 했으며, 군사훈련을 담당한 교관은 대한제국 무관학교 출신들이었다. 신흥무관학교는 3,500여 명의 독립군 인재를 배출했다.

대한제국 무관학교와 신흥무관학교 출신들은 빼앗긴 조국을 되찾고자 독립군과 광복군에서 그리고 대한민국임시정부와 여러 독립운동단체에서 활약했다.

대한민국임시정부 육군무관학교는 대한제국 무관학교 교관을 지낸 김희선이 교장이었고, 2명의 교관 중 1명은 대한제국 무관학교 1회 졸업생 황학수, 1명은 대한제국 부사관 출신 도인권이 맡았다. 임시정부 육군무관학교는 2회 졸업생을 끝으로 문을 닫고 말았으나, 대한민국임시정부가 세운 무관학교였다는 점에서 그 역사적 의미가 있다고 하겠다.

해방된 조국에서 다시 출범한 육군사관학교는 연무공원을 시원으로, 대한제국 무관학교, 신흥무관학교, 임시정부 육군무관학교 그리고 독립군과 광복군의 애국·자주독립 정신을 그 기틀로서 계승해 수립되었다고 할 수 있을 것이다.

인적 맥락에서도 육군사관학교는 대한제국 무관학교로부터 그 인적 자원을 계승했다고 말할 수 있다. 대한제국 무관학교 재학 중 일제에 의해 폐교되어 일본육사로 전학한 '마지막 무관생도들' 가운데 일부는 육군사관학교를 거쳐 국군 장교가 되었다. 신흥무관학교 출신들 가운데 육군사관학교를 졸업한 인원은 모두 30여 명으로 추정되며, 이들 가운데는 청산리 전투에 참전한 사람도 있고, 광복군으로 활동한 사람도 있다. 광복군 출신들은 제2기부터 입교하기 시작해 최소 84명이 육군사관학교를 졸업하여 국군 장교가 되었다.

이로써 필자는 "대한민국 육군사관학교는 연무공원을 그 시원으로 하여 대한제국 무관학교, 신흥무관학교, 대한민국임시정부 육군무관학교, 독립군, 광복군을 계승한 민족사관학교이다."라는 결론에 도달했다.

글을 마치며

글을 마치면서까지도 풀리지 많은 의문이 하나가 남는다. 그것은, 경비대훈련소(Korean Constabulary Training Center)와 경비사관학교가 어떤 관계에 있는지에 대한 의문이다.

1946년 5월 1일 태릉에 경비대훈련소가 설립되었다거나, '군사영어학교'를 '경비대훈련소'로 이름을 바꿨다고 하는 미군 측 주장에 따르면 '경비대훈련소'가 '경비사관학교'의 본래 명칭이라 할 수 있다. 《육군사관학교 30년사》나 《육군사관학교 50년사》의 <조선경비사관학교의 창립> 부분에서 "원래 미군정청에서는 이 학교(조선경비사관학교)를 사관학교로 설립한 것이 아니고 'Korean Constabulary Training Center(조선경비대훈련소)'로서 창설한 것을 우리 측에서 경비사관학교로 호칭했던 것이다."라고 기술하고 있어 미군 측의 주장을 따르고 있다.

그런데 똑같은 《육군사관학교 30년사》나 《육군사관학교 50년사》에서 교기(校旗)를 설명하는 부분에서는 "미군정에서는 현 화랑대 자리에 위치했던 조선경비사관학교와 제1연대를 합쳐 통칭 '경비대훈련소(Korean Constabulary Training Center)'라 하였고, 그중에서 경비사관학교만을 호칭할 때에는 '간부훈련학교'(Officer Training School: OTS)'라고 불렀다. 그런데 우리 측에서는 이러한 명칭을 꺼려하여 "경비사관학교' 또는 '육군사관학교'라는 호칭을 사용하였다."고 기술하고 있다.

앞에서는 미군정이 설립한 경비대훈련소를 우리 측에서 경비사관학교라고 호칭했다고 하고, 뒤에서는 태릉에 위치한 경비사관학교와 제1연대를 합쳐서 '경비대훈련소'라고 부르고, 경비사관학교만을 따로 부를 때는 '간부훈련학교'로 불렀다는 것이다. 그런데 간부훈련학교는 사관학교로서는 격이 맞지 않아 우리 측에서는 사관학교라고 호칭했다는 것이다.

여기서 제기되는 문제는 미군이 설립한 경비대훈련소를 우리 측에서 경비사관학교라고 호칭했다면, 경비대훈련소가 바로 경비사관학교가 되는 것이며, 태릉에 위치한 경비사관학교와 제1연대를 경비대훈련소라고 불렀다면, 경비대훈련소가 곧 경비사관학교는 아니라는 주장이 성립한다.

그런데 필자가 경비사관학교 설립과 관련된 미군정의 법령 근거를 찾던 중에 국가기록원에서 'Korean Constabulary Training Center'라는 이름이 붙은 '國防警備隊修繕(국방경비대수선)' 공사설계도 6장을 발견하고, 출력을 의뢰해 발급받았다. 그런데 유감스럽게도 이 설계도의 작성 일자가 명시되지는 않았으나, 이 설계도로부터 새로운 정보를 얻을 수 있다.

국방경비대 보수공사 설계도에는 '양주국방경비대'와 '제1육군지원자훈련소'라는 표시가 나온다. 당시 태릉은 양주군에 속해 있었고, '제1육군지원자훈련소'는 태릉의 옛 일본군 지원병훈련소를 지칭한다. 그리고 설계도 첫 장에는 옛 일본군 지원병훈련소 본부, 막사, 취사장, 강당, 연병장 등이 평면도에 그려져 있다. 그 지역은 오늘날 육사 화랑연병장 입구에서 도서관 쪽으로 3,40미터 들어간 곳에 정문이 있고, 오늘날 도서관과 충무관, 그리고 야외 무기 전시장이 있는 일대에 해당한다. 따라서 이 설계도는 태릉에 있던 옛 일본군 지원병훈련소를 경비대훈련소로 사용하기 위한 보수공사용 설계도라 할 수 있다.

미군 측 기록에 따르면, 서울 동북방의 일본군 병영을 1946년 1월 14일까지 대대적으로 보수공사를 마쳐 병영을 갖추었다고 한다(Military Advisors in Korea, pp. 14-15). 그렇다면 국방경비대 수리 공사설계도는 국방경비대 창설을 앞두고 일본군 지원병훈련소를 수리하기 위한 설계도이며, 보수공사를 통해 마련한 병영에서 국방경비대 제1연대가 1946년 1월

15일 창설되었다고 할 수 있다.

따라서 '경비대훈련소'는, 국방경비대 제1연대가 창설하여 주둔하게 된 태릉의 일본군 지원병훈련소에 붙인 병영 명칭이리라는 추론이 가능하다. 그렇다면 경비대훈련소는 경비사관학교의 원래 이름이 아니라 제1연대의 주둔지 명칭이라 할 수 있다. 이 주둔지에 1946년 2월 27일 군사영어학교가 이전했고, 5월 1일 경비사관학교가 설립된 것이다.

경비대훈련소가 경비사관학교의 본래 명칭이 아니라는 또 다른 근거는 경비사관학교 초창기 마크에서도 그 단서를 찾아볼 수 있다. 오늘날과 같은 제복 왼쪽 어깨 상단에 부착하는 '육사' 마크는 제3기생 재학 기간인 1947년 2월부터 사용되었고, 그 이전의 제1, 2기생은 영어의 Officer Training School(간부훈련학교)의 약자인 'OTS'를 육사 마크로 사용하였다. 그렇다면 '경비사관학교'의 영어 명칭은 'Korean Constabulary Training Center'가 아니라 'Officer Training School'이었으리라는 합리적 추측이 가능하다. 실제로 당시 미군들은 경비사관학교를 OTS 또는 KMA(Korean Military Academy)라고 불렀다.

'국방경비사관학교'가 '경비사관학교'로 명칭이 바뀐 이후 세워진 정문 사진을 보면, 아취 형 간판에 '조선경비사관학교'가 큰 글씨로 쓰여 있고, 그 밑에 'Korean Constabulary Training Center'가 표시되어 있었다. 그리고 정문 기둥에는 '조선경비제일연대'라는 간판이 붙어 있었다. 이를 보면, 경비사관학교와 경비대 제1연대가 함께 있는 병영을 '경비대훈련소'라고 지칭했을 것으로 생각된다.

이제 마지막으로 필자의 소박하면서고 간절한 소망을 피력하고 글을 마칠까 한다. 그 소망은 일제강점기 잃어버린 우리 고유의 이름을 되찾는 일이다.

먼저 일본식 이름인 '사관학교'는 '무관학교'로, '사관생도'는 '무관생도' 또는 '무관학도'로 그 이름을 되찾았으면 한다. 군대 계급 호칭도 마찬가지다. 경비대 창설 초기에는 대한제국 군대의 계급 호칭을 채택했으나, 일본군 출신들의 반대로 시행 1년도 못 되어 '일본식' 계급 호칭으로 바뀌고 말았다.

이제 세계 일류의 육군사관학교, 세계 최강의 군대로 성장한 국군에 걸맞게 우리 고유의 이름을 부활시켰으면 한다. 이것이 자주독립을 지향하는 육사와 국군의 진정한 모습이 아닐까?

참고문헌

Ambrose, Stephen E. *Duty, Honor, Country: A History of West Point*, The Jones Hopkins University Press, 1999
Betros, Lance. *Carved from Granite: West Point since 1902*, Texas A&M University Press, 2012.
Huntington, Samuel P. *The Soldier and The State: The Theory and Politics of Civil-Military Relations*, Cambridge, Massachusetts, 1857.
Sawyer, Robert K., ed. by Hermes, Walter G., *Military Advisors in Korea: KMAG in Peace and War*, Center of Military History U.S. Army Washington, D.C.,, 1988.
강성재, 《참군인 이종찬 장군》, 동아일보사, 1986.
고정훈, 《비록 군》상, 동방서원, 1967.
국방군사연구소, 《한국의 군복식발달사》 제1권, 1997.
국방부, 《한국전쟁 I: 해방과 건군》, 1967.
국방부, 《국방사: 1945.8-1950. 6》, 1984.
국방부군사편찬연구소, 《6·25전쟁사 1: 전쟁의 배경과 원인》, 2004.
국사편찬위원회, 《한민족독립운동사》 제1권, <국권수호운동 I>, 1987.
국사편찬위원회, 《한민족독립운동사》, 제4권, 1988.
국사편찬위원회, 《한민족독립운동사》, 제7권, 1990.
김경천 글, 김병학 번역, 《경천아일록》, 학고방, 2012.
김광제, 《독립전쟁에 일생을 바친 군인 김학규》, 역사공간, 2016.
김광제, 《대한민국 임시정부의 민족혁명가 윤기섭》, 역사공간, 2009.
김병기, 《만주지역 통합운동의 주역 김동삼》, 역사공간, 2012.
김석영, 《선구자 이동녕 일대기》, 을유문화사, 1979.
김석원, 《노병의 한》, 육법사, 1977.
김선덕, 《육군의 산파역 이응준》,아사달, 2017.
김선덕, 《마지막 기병대장 장철부》,아사달, 2017.
김영심, 《시대를 앞서간 민족혁명의 선각자 신규식》, 역사공간, 2010.
김원룡 편역, 《보병조전》, 국방군사연구소, 1998.
김재승, 《만주벌의 이름 없는 전사들》, 혜안, 2002.
김준엽, 《장정 I: 나의 광복군시절·상》, 도서출판 나남, 1989.
김준엽, 《장정 II: 나의 광복군시절·하》, 도서출판 나남, 1989.
김효순, 《간도특설대》, 서해문집, 2014.
김희곤, 《독립군을 기르고 광복군을 조직한 조성환》, 역사공간, 2013.
남상선, 《불멸탑의 증언: 육사생도 분전기》, 육법사, 1978.

님 웨일즈 지음, 조우화 옮김, 《아리랑》, 동녘, 1992.
독립기념관 한국독립운동사연구소, 《청산리대첩 이우석 수기·신흥무관학교》 2013.
독립운동공훈사발간위원회, 《대한민국독립운동공훈사》, 1984.
독립운동사편찬위원회, 《독립운동사》, 제1권, 1971.
독립운동사편찬위원회, 《독립운동사》, 제6권, 1975.
독립운동사편찬위원회, 《독립운동사자료집》 제1집, <의병항쟁사 자료집 I>, 1971.
독립운동사편찬위원회, 《독립운동사자료집》 제2집, <의병항쟁사 자료집 II>, 1971.
독립운동사편찬위원회, 《독립운동사자료집》 제3집, <의병항쟁사 자료집 III>, 1972.
리정문, <양림열사>, 《간도사신론(하권)》, 우리들의편지사, 1993.
박경석, 《육사생도2기생》, 홍익출판사, 2000.
박경석, 《오성장군 김홍일》, 서문당, 2010.
반병률, 《홍범도 장군》, 한울, 2014.
박영민, 《대한제국기 의병연구》, 한울아카데미, 1998)
박영석, 《한 독립군 병사의 항일전투: 북로군정서 병사 이우석의 사례》, 박영사, 1984.
박환, 《만주지역 한인독립운동의 재발견》, 국학자료원 2014.
백선엽 회고록, 《군과 나》, 대륙연구소, 1989.
서인한, 《대한제국의 군사제도》, 혜안, 2000.
서중석, 《신흥무관학교와 망명자들》, 역사비평사, 2001.
신용하, 《독립협회 연구》, 일조각, 1976.
신용하, <신민회의 독립군기지 창건운동>, 《한국근대민족운동사연구》, 일조각, 2017.
신용하, <독립군의 봉오동전투와 청산리독립전쟁>, 《한국근대민족운동사연구》, 일조각, 2017.
신주백, 《청렴결백한 대한민국 임시정부의 지킴이 이시영》, 역사공간, 2014.
신흥무관학교기념사업회, 《신흥무관학교 교관 원병상회고록》, 2023.
역사문제연구소, 《인물로 보는 항일무장투쟁사》, 역사비평사, 1995.
오석 김혁 장군 기념사업회, 《항일무장독립운동가 김혁》, 학민사, 2002.
오상근, <나의 모교와 은사>, 《삼천리》 제4권 제1호, 1932.
유현종, 《백마고지전투: 김종오 장군 일대기》, 을지출판사, 1985.
육군교육사령부, 《타이거 장군 송요찬》, 1996.
육군본부, 《창군전사》, 1980.
육군본부, 《육군복제사》. 1995.
육군본부, 《국군의 맥》, 1992.
육군본부 군사연구실, 《의장 안병범》, 1989.
육군사관학교, 《대한민국 육군사관학교 역사 자료집(II)》, 2016.
육군사관학교, 《대한민국 육군사관학교 30년사》, 1978.

육군사관학교,《대한민국 육군사관학교 50년사》, 1996.
육군사관학교 육군박물관, 화보집《위국헌신군인본분》, 2016.
육군사관학교 육군박물관,《육군무관학교학도계칙》, 2018.
육군사관학교 육군박물관, 화보집《강군의 염원, 대한제국 군을 다시 본다》, 2021.
육군사관학교 제3기동기회,《화랑의 꿈 선구의 길》, 2005.
육군사관학교 제5기생회,《육사제5기생》, 1990.
육사7기 특별동기생,《노병의 추억: 육사7기 특별임관40주년기념특집》, 1989.
육군사관학교 제8기생회,《노병들의 증언: 육사8기사》, 1992.
육군사관학교 한국군사연구실,《한국군제사: 근세조선후기 편》, 육군본부, 1977.
윤상원, <러시아 지역 한인의 항일무장투쟁 1918-1922>, 박사학위논문, 고려대학교 대학원, 2010.
윤태옥,《중국에서 만나는 한국 독립운동자》, 섬앤섬, 2018.
이광린, <미국 군사교관의 초빙과 연무공원>,《한국개화사 연구》, 일조각, 1974, 159-202쪽.
이기동,《비극의 군인들: 일본 육사 출신의 역사》, 일조각, 1982.
이기동,《비극의 군인들: 근대한일관계사의 비록》. 일조각, 2020.
이덕일,《이회영과 젊은 그들》, 역사의아침, 2009.
이동순,《민족의 장군 홍범도》, 한길사, 2023.
이범석,《우등불》, 삼육출판사, 1971.
이범석,《철기 이범석 자전》, 외길사, 1991.
이성우,《만주 무장항일투쟁의 신화 김좌진》, 역사공간, 2011.
이영숙,《명성황후 시해사건 러시아 비밀문서》, 서림재, 2005.
이원규,《마지막 무관생도들》, 푸른세상, 2016.
이원규,《김경천 평전》, 도서출판 선인, 2018.
이원규,《약산 김원봉》, 실천문학사, 2005.
이은숙,《서간도 시종기》, 일조각, 2017.
이형근 회고록,《군번 1번 외길인생》, 중앙일보사, 1993
이정희,《아버님 추정 이갑》, 인물연구소, 1981.
이현주,《한국광복군 총사령 지청천》, 역사공간, 2010.
이현희,《계원 노백린 장군 연구》, 신지서원, 2000.
이현희·박성수,《재발견 한국독립운동사 II》, 한국일보사, 1988.
임재찬,《구한말 육군무관학교 연구》, 제일문화사, 1992.
임종국,《일본군의 조선침략사》제1권, 일월서각, 1988.
장세윤,《봉오동·청산리전투 영웅 홍범도》, 역사공간, 2017
정일권 회고록,《전쟁과 휴전》, 동아일보사, 1986.
장창국,《육사졸업생》, 중앙일보사, 1984.

정토웅,《20세기 결전 30 장면》, 가람기획, 1997.
정해은,《조선의 무관과 양반사회》, 역사산책, 2020.
조명진 외,《항일 무장 독립투쟁사 2》,도서출판 일원, 2000.
지복영,《역사의 수레를 끌고 밀며, 항일 무장독립운동과 백산 지청천 장군》, 문학과 지성사, 1995.
짐 하우스만·정일화,《한국 대통령을 움직인 미군 대위 》, ㈜한국문화원, 1995.
차문섭, <구한말 육군무관학교 연구>,《조선시대 군사관계 연구》, 동국대학교출판부, 1996, 287-343쪽.
채영국,《서간도 독립군의 개척자 이상룡의 독립정신》, 역사공간, 2007
한상도,《대륙에 남긴 꿈 김원봉》, 역사공간, 2017.
한시준,《한국광복군연구》, 일조각, 1993.
한시준,《대한제국군에서 한국광복군까지 황학수의 독립운동》, 역사공간, 2013
한용원,《창군》, 박영사, 1984.
황태연,《백성의 나라 대한제국》, 청계출판사, 2017.

찾아보기

ㄱ

간도특설대 394, 395, 396, 451, 453, 488
간민회 228
갑신정변 10, 43, 44, 45, 46, 50, 53, 73, 150
갑오개혁 06, 11, 52, 54, 62, 64, 65, 66, 67,
　　　　　 70, 71, 73, 75, 76, 95, 124, 125,
　　　　　 127, 128, 148, 472, 481, 482
강근호 313, 442
강문봉 453
강영훈 426
강태민 452
강홍모 338, 446
강화도조약 34, 37, 38, 43, 181
강화린 256, 261, 268, 281, 310, 312, 313,
　　　 442
경신참변 182, 283, 296, 303, 307, 310
경우궁(景祐宮) 49
경운궁(덕수궁) 59
경학사(耕學社) 214
고려혁명군 14, 192, 245, 271, 272, 273, 274,
　　　　　 275, 276, 280, 281, 312, 442
고려혁명군정의회 271, 272, 273, 274
고산자 신흥무관학교 13, 232, 233, 234,
　　　　　 235, 237, 243, 244, 251
고시복 338, 341, 342, 351, 352, 354, 445,
　　　 448
공진원(고운기) 351
관전장교 72, 154
광무개혁 114, 116, 138, 139
광복군 국내지대 176, 245, 298, 301, 333,
　　　　　 397, 403, 457
광복청년회 312, 397, 398, 403, 443
광제호 120
구스노세 유키히코(楠瀬幸彦) 70
국내정진군 15, 298, 342, 377, 379, 380,
　　　　　 382, 447
국민회군 267, 268, 272
국방사령부 16, 405, 407, 408, 412, 427
군국기무처(軍國機務處) 65
군무도독부 268
군무아문(軍務衙門) 65
군부(軍部) 65, 94
군사경찰 123
군사위원회 15, 32, 180, 192, 297, 300, 339, 344,
　　　　　 345, 347, 348, 349, 358, 370, 401

군사특파단 15, 180, 344, 345, 346, 351,
　　　　　 353, 354, 357
군제의정소(軍制議定所) 138
권기옥(임국영) 335
권동찬 450
권세연 212
권승필 55
권업회(勸業會) 228
권준 295, 297, 298, 300, 337, 338, 397,
　　 442, 447, 448
권중행 261, 262
권중현 149
권태한(권학진) 70
귀족 아카데미 22, 25
극동공화국 185, 268, 270, 271, 272, 273,
　　　　　 274, 275, 276
근위보병대 147, 149, 182, 244
금위영 39
기기국 89
기기창 89, 101, 119
기호흥학회 174
김경선 306
김경천 13, 73, 182, 195, 234, 243, 245, 248,
　　　 249, 250, 251, 252, 253, 281
김계원 425
김관오 176, 397, 446, 448
김관호 334
김광서 72, 73, 192, 198, 244, 250, 251, 392
김교선 97
김구 172, 181, 192, 210, 211, 247, 293, 296,
　　 306, 340, 341, 342, 345, 346, 347,
　　 348, 349, 350, 352, 353, 357, 363,
　　 365, 366, 376, 377, 378, 379, 385,
　　 403, 429, 431
김국주 446, 448
김기수 37, 211
김대락 212, 213, 302
김덕제 144, 166
김동빈 450
김동삼 171, 176, 185, 211, 229, 231, 233,
　　　 246, 283, 286, 287, 290, 294, 303,
　　　 304, 488
김동수 338, 341, 342, 357, 358
김묵 452
김문호 355
김백일 395, 416, 426, 451, 479
김보현(金輔鉉) 41
김산 14, 234, 235, 314, 315, 316, 317, 318,
　　 319, 337
김상열 70
김상옥 239, 240
김석원 12, 199, 200, 201, 202, 203, 401,

　　　　404, 429, 432, 439, 441, 488
김성로 244, 245
김성수 195
김성은 72, 97, 150, 248
김승빈 240, 244, 245, 281
김연 215
김영국 441
김영택 452
김영환 416, 440
김옥현 261
김완룡 362, 402
김용배 426, 450
김원봉 13, 161, 181, 215, 237, 238, 240, 295, 297, 298, 299, 300, 316, 332, 336, 337, 339, 340, 341, 342, 343, 357, 359, 360, 368, 369, 402, 490, 491
김윤식(金允植) 40
김의한 351
김익상 239
김인 97, 189, 341, 357, 392
김인수 97
김인욱 189, 392
김점곤 450
김정렬 440
김정우 72, 248
김종갑 416
김종오 426, 489
김좌진 169, 170, 171, 172, 176, 180, 184, 185, 241, 242, 243, 247, 253, 254, 255, 256, 259, 260, 266, 268, 281, 288, 289, 308, 313, 402, 444, 490
김준엽 15, 363, 364, 365, 379, 380, 382, 384, 386, 387, 447, 488
김준원 439, 440
김중한 443
김중환 454, 455
김찬수 113, 167, 256, 261
김창숙 181
김창환 13, 167, 168, 210, 211, 215, 240, 243, 245, 246, 247, 248, 287, 291
김학규 161, 298, 299, 344, 345, 351, 353, 354, 355, 356, 362, 364, 377, 488
김혁 12, 110, 166, 167, 168, 169, 170, 171, 172, 180, 229, 288, 289, 290, 489
김형섭 97
김홍일 176, 199, 335, 339, 399, 400, 434, 445, 448, 479, 480, 489
김홍집 37, 75
김훈 256, 261, 296, 334, 337, 445
김희선 197, 98, 150, 151, 172, 178, 207, 208, 324, 329, 330, 331, 482

ㄴ

나석주 240
나월환 357, 358
나중소 169, 170, 254, 255, 256, 260, 262, 288
나태섭 338, 345, 351, 352, 354, 446
나폴레옹(Napoleon Bonaparte) 24
남만리 55, 56, 57
남상덕 113, 143, 166
남우현 189
노능서 364, 380, 382, 384, 385, 447, 448
노백린 12, 97, 98, 150, 151, 152, 153, 156, 159, 160, 172, 178, 207, 211, 324, 341, 444, 490
노복선 345, 351, 354, 380
노선경 153, 442, 444
노순경 153
노엽 444
노재현 449
노즈 시즈다케(野津鎭武) 137
노태준 153, 341, 346, 354, 380, 444
니시 도쿠히로(西德二郞) 88
니콜라이 2세(Nikolai II Alexandrovich Romanov) 76
니항군대 269, 270, 271
닌스테드(F.H. Neinstead) 48
님 웨일스(Nym Wales) 314

ㄷ

다나카 가이치(田中義一) 239
다물단(多勿團) 307
다반군대 269
다이(William McEntire Dye) 48
당루칭(丁汝昌, 정여창) 42
당춰오(唐聚五) 299
대동청년단 193, 312, 398, 443
대원군 42, 121
대전자령 전투 168, 192, 281, 292, 442
대종교 168, 169, 254, 255, 256
대한국민의회 160, 179, 267, 270, 323
대한독립군정서 169, 185
대한독립단 236, 443
대한독립선언 176, 179, 294, 297
대한협회 174, 211, 212
덕수궁 59, 81, 87, 94, 108, 115, 492
도고 헤이하치로(東鄕平八郞) 135
도노반(William J. Donovan) 373
도봉소 40, 41
도인권 329, 330, 332, 482
도조 히데키(東條英機) 30

독립협회 11, 86, 87, 88, 90, 125, 154, 174, 191, 210, 211, 489
독수리작전 15, 373, 374, 376, 377, 380, 384
딘스모어(Huge A. Dinsmore) 47

ㄹ

라뻰 271
러일전쟁 12, 43, 57, 60, 72, 88, 93, 112, 119, 122, 132, 133, 137, 139, 149, 152, 154, 159, 163, 207, 314
러치(Archer L. Lerch) 428
로만 로마노비치 로젠(Roman Romanovitch Rosen) 88
로바노프 로스토프스키(LobanovRostovsky) 85
로바노프-야마가타 의정서 85
로버츠(William L. Roberts) 474
로젠-니시 협정 88
록힐(William Rockhill) 47
루스벨트(Theodore Roosevelt Jr.) 136
루이 15세 22
리더십 아카데미(Führungsakademie) 28
리스(L. W. Reese) 410

ㅁ

마샬(John T. Marshall) 412
마쓰야(三矢, 삼시)협정 180
마자노프 270, 271
마젠충(馬建忠, 마건충) 42
막사이사이(Ramon Magsaysay) 386
만민공동회 87, 210, 211
맥켄지(Frederick A. McKenzie) 75, 146
맥심(maxim) 기관총 118
맥아더(Douglas MacArthur) 405
맹부덕(孟富德) 242
명동서숙 209
명성황후시해사건 55, 56, 58, 62, 69, 71, 77, 97
모스크바 삼상회의 403
무라다 소총 118
무비학당 30, 31, 333
무오독립선언 160, 176, 294
무위영 40
문응국 370, 372, 373, 446
문창범 160, 267, 324
문학빈 285
미드웨이 해전 393
미산(密山,밀산) 185
미소공동위원회 412, 427, 428
미얀마 공로(公路) 367
민겸호(閔謙鎬) 40
민긍호 144, 156

민기식 416
민영구 351
민영준 154, 155
민영환 60, 76, 98
민족유일당운동 288, 290
민족청년단 313, 342, 385, 398
민충정공(민영환) 59

ㅂ

바오딩군관학교 30, 31, 244, 333, 334, 359, 448
박기성 338, 357, 358, 446, 448
박노규 450
박달학원 175, 179
박두희 170, 268, 288
박병권 416, 426
박승환 참령 81, 113, 141, 142, 174
박승훈 439
박시창 337, 338, 397, 446, 448
박영준 338, 447, 448
박영효 44, 71
박용만 176, 324
박원석 449
박은식 176, 179, 295, 448
박 일리아 270
박일만 247
박장섭 235
박장희 442, 443
박재혁 238
박정희 385, 395, 452, 454, 455, 478
박제범 55
박제순 149
박춘식 453, 454
박효삼 359
반병률 279, 489
발틱함대 134, 135
방원철 451
방위대학교 29
방정환 194
배로스((Russell D. Barros) 428
배재학당 191
백남권 426
백서농장(白西農莊) 228
백선엽 395, 396, 424, 425, 426, 450, 451, 489
백성기 112, 123
백운평 전투 258
백종렬 244, 245, 256, 268
백홍석 439
뱀부계획 411, 412, 417
버드(Willis H. Bird) 382
베르당 소총 118

베베르-고무라 각서 85
베베르(Karl Ivanovich Weber) 74
변영태 215
별기군 10, 39, 40, 41, 42, 125
봉오동 전투 168, 242, 278, 296
봉천군관학교 394, 395, 396, 402, 451
부민단 110, 221, 231, 232
북로군정서 12, 13, 110, 165, 167, 168, 169, 170, 179, 183, 184, 185, 241, 242, 243, 244, 245, 254, 255, 256, 257, 258, 259, 260, 261, 262, 264, 266, 267, 268, 288, 291, 312, 313, 444, 489
북로군정서 사관연성소 165, 169, 244, 245, 255, 261, 262, 313, 444
비변사 120, 121

ㅅ

사라카와 요시노리(白川義則) 30
사바틴(Afanasy Seredin-Sabatin) 58
사이토 마코토(齊藤實, 제등실) 285
사재홉 141
사할린부대 270, 271, 272, 273, 274
삼국간섭 74, 133
삼군부 120, 121
삼포왜란(三浦倭亂) 120
상하이파 267, 271, 274, 275, 280
샌드허스트 육군사관학교 21, 25
생시르 육군사관학교 21, 24
생육사(生育社) 246
샤른호르스트(Gerhard von Scharnhorst) 26
서로군정서 110, 166, 184, 192, 230, 231, 232, 240, 241, 243, 251, 254, 255, 263, 283, 291, 443
서일 169, 185, 254, 257
서재필 45, 73, 191
서전서숙 209
서종철 449
서중석 263, 489
서파 345, 355
석주암 451
선우기 380, 447
선혜청 40, 41
성동사관학교 165, 166, 170, 288
성준용 215, 243, 244, 298
성창기 70, 72, 80
세창양행 118
손무영 240, 244, 247
손원일 199, 400, 434
손정도 330, 331

송면수 380
송석하 451
송요찬 426, 489
송호성 199, 298, 300, 335, 353, 398, 400, 428, 430, 432, 433, 434, 442, 446, 448, 479
수라세프까 272
수사학당 30
수어청 39
수청(水淸) 251
시모노세키(下關, 하관) 조약 74
시위대 11, 58, 62, 68, 69, 76, 81, 87, 97, 109, 117, 139, 140, 142, 143, 144, 155, 178
시위혼성여단(侍衛混成旅團) 139
시종무관부 109
신경군관학교 394, 395, 396, 451, 452, 454, 455
신규식 12, 113, 167, 168, 174, 175, 176, 177, 178, 179, 180, 183, 296, 324, 333, 334, 366, 488
신민부 12, 14, 110, 165, 166, 167, 168, 169, 170, 172, 180, 185, 284, 288, 289, 290, 313
신민회 151, 152, 156, 157, 158, 159, 178, 207, 208, 210, 211, 227, 265, 297, 489
신순성 120
신용관 229, 230, 231
신용하 279, 489
신우균 97
신응균 440
신응희 150
신채호 176
신철휴 238
신태영 190, 425, 429, 439, 440, 470
신태휴(申泰休) 68
신팔균 12, 113, 167, 174, 181, 182, 183, 244, 245, 251, 284, 305
신한혁명당 160, 179
신해혁명 31, 32, 175, 178
신헌(申櫶) 34
신흥무관학교 교성대 13, 182, 185, 192, 233, 240, 241, 242, 244, 257, 263, 264, 266, 280, 283, 300
신흥학우단 13, 223, 224, 225, 226, 228, 230
심순택(沈舜澤) 41
심흥선 449
싸전트(Clyde B, Sargent) 376
쌍성전투 291
쑨원(孫文, 손문) 31, 175

쉬크(Lawrene E. Schick) 406

ㅇ

아고(Reomer W. Ago) 408
아관파천 55, 56, 57, 59, 71, 75, 80, 85, 86, 118, 125, 150, 156
아널드(Archibald V. Arnold) 406
아베 노부유키(阿倍信行)
안공근 161, 341, 344, 345
안광석 440
안광수 440
안광호 440
안규승 55
안동준 402
안무 258, 267, 268, 272
안병범 404, 439, 440, 489
안정근 157, 158, 341
안중근 의사 155, 156, 157, 159, 178, 188, 208, 249, 341, 342, 345, 480
안창호 155, 156, 157, 158, 176, 178, 207, 208, 211, 297, 315, 323, 324
안춘생 338, 341, 342, 346, 354, 380, 397, 447, 448, 463, 479, 480
알렉셰예프(Kirill A. Alexeev) 87
야마가타 아리토모(山縣有朋) 86
야마시다 도모유키(山下奉文) 367
양규열 110, 166, 167, 229, 230, 231, 233
양무운동 30, 38, 44
양무호 119, 120
양성환 141, 230
양세봉 299
양재훈 110, 166, 229
어담 97, 149, 150, 155
어랑촌 전투 258, 264
어영청 39
어윤중 57, 75
엄주명 449
에콜 폴리테크니크 21, 24
엑커르트(Franz von Eckert) 124
엔도 류사쿠(遠藤柳作) 406
여운형 189, 455
여준 223, 232, 243, 291, 294, 297, 422
연성학교 55, 109, 138, 164
영남만인소(嶺南萬人疏) 43
영일동맹 132
예나 전투 23, 26
예젠잉(葉劍英, 엽검영) 31
오광선 176, 240, 244, 245, 247, 281, 291, 298, 300, 312, 333, 341, 398, 403, 404, 442, 448, 457

오광심 299, 354, 355
오구라 유사부로(小倉祐三郎) 187
오동진 290
오보영 55
OSS(Office of Strategic Services) 373
오상근 59, 489
오상세 170, 244, 245, 256, 261, 268, 288
오성륜 239, 316, 317, 337
오의선 정위 143, 166
오하묵 270, 271, 274, 275, 300
완륵구 전투 258
왕유식· 70, 72, 80, 97
왕정위군(汪精衛軍) 364
용암포(龍巖浦) 133
우창칭(吳長慶, 오장경) 42
울위치 육군사관학교 22, 25
워싱턴(George Washington) 21
원병상 220, 233, 244, 310, 311, 312, 441, 442, 443, 489
원수부 12, 55, 59, 60, 93, 94, 98, 108, 120, 122, 123, 138, 163
원용덕 409, 410, 426, 477, 479
웨드마이어(Albert C. Wedemeyer) 374
웨스트포인트 육군사관학교 21
위안스카이(遠世凱 원세개) 30
윈난육군강무학교 31, 33, 175, 244, 351
유동열 12, 98, 151, 156, 159, 160, 161, 178, 179, 181, 198, 207, 208, 324, 344, 351, 353, 398, 428, 430, 431, 432
유승열 439
유양수 456
유인식 211, 214
유재흥 413, 439
유해준 338, 351, 352, 354, 355, 410, 420, 421, 422, 424, 425
육군도야마학교 28, 73
육군법원 12, 55, 60, 112, 123, 124, 138, 178
육군복제규칙 66
육군장교학교(Offizierschules) 27
육영공원(育英公院) 49, 54
육해공군출신동지회 401, 404
윤경빈 363
윤경천 341
윤기섭 210, 221, 223, 225, 235, 237, 243, 246, 295, 296, 488
윤세주 238
윤춘근 451, 460
윤치국 치사사건 235, 236
윤치성 150
윤태일 452
윤태현 380, 446

윤필상 189
을미사변 11, 62, 74, 117
의군부 41, 267, 268, 272, 273, 284, 287
의열단 13, 161, 237, 238, 239, 240, 296, 297, 336, 337, 339, 342, 357
의화단의 난 30
이갑 12, 98, 149, 151, 153, 154, 155, 156, 157, 158, 159, 161, 178, 197, 198, 199, 207, 211, 430, 490
이강 56, 145, 230
이건영 217, 307, 309, 444
이경하(李景夏) 41
이관직 113, 167, 209, 211, 215, 220, 243, 245, 247
이광 158, 210, 243, 294, 295, 296, 304, 315, 361, 490
이교성 262
이규동 453, 454
이규봉 215
이규완 150
이규학 309, 310
이규홍 56
이규훈 307, 309, 442, 444
이근택 149
이근호 223, 229, 230
이기건 452, 454, 455
이기표 참령 142
이노우에 가오루(井上馨) 45
이대규 70
이대영 439
이덕수 441, 442, 443
이동녕 153, 158, 176, 177, 208, 209, 210, 211, 214, 220, 294, 295, 305, 306, 324, 488
이동훈 151, 189, 190, 392
이동휘 81, 152, 156, 157, 160, 176, 178, 207, 208, 267, 270, 274, 275, 280, 323, 324, 330, 331
이두황 56, 68, 150
이르쿠츠크파 267, 271
이만군대 269
이민화 256, 261, 268
이백일 453
이범래 55, 56, 57, 58, 150
이범석 171, 173, 175, 184, 229, 244, 245, 248, 255, 256, 261, 262, 263, 298, 299, 300, 313, 333, 334, 341, 342, 351, 353, 365, 374, 376, 377, 378, 379, 382, 384, 385, 396, 397, 398, 399, 430, 431, 434, 445, 447, 472, 490

이병무 55, 57, 73, 80, 97, 141, 147, 149
이병화 212
이봉해 247, 442
이상동 212, 304
이상룡 176, 212, 214, 220, 232, 240, 241, 294, 295, 304, 443, 491
이상설 157, 158, 178, 179, 210, 220, 227, 265
이석영 209, 217, 307, 309
이석희 306
이성가 410, 425
이세영(이천민) 182, 243
이세호 449, 450
이수봉 97
이승만 152, 176, 191, 202, 211, 295, 323, 324, 330, 331, 463, 474, 475, 478, 480
이승칠 55, 97
이시영 176, 177, 211, 215, 220, 294, 295, 307, 308, 309, 324, 489
이완용 141, 147, 149
이용 31, 44, 64, 99, 106, 134, 237, 258, 339, 370, 377, 453
이운강 256, 261, 262, 442, 444
이원복 344
이위종 156
이유승 216
이유원 209
이유하 357
이육사 340
이은숙 247, 490
이응준 12, 158, 161, 190, 194, 195, 197, 198, 199, 250, 400, 401, 409, 410, 412, 425, 429, 430, 431, 433, 434, 436, 439, 440, 457, 470, 477, 488
이의직 305, 306
이이다 쇼지로(飯田祥二郎) 367
이장녕 12, 113, 167, 168, 169, 180, 183, 184, 185, 186, 215, 232, 243, 245, 247, 255, 256, 257, 287, 291
이정 158, 198, 241, 314, 442, 446, 490
이정희 158, 198, 314, 490
이종린 194
이종암 238, 239
이종찬 203, 310, 425, 480, 488
이종혁 12, 189, 190, 195, 196, 197, 200, 201, 202, 285, 286, 392
이종호 156, 157, 159, 208
이주일 452
이준 176, 211, 212, 220, 304, 334, 345, 351, 352, 353, 354, 355, 447, 448, 479

이준식 176, 334, 345, 351, 352, 353, 354,
        447, 448, 479
이준형 212, 220, 304
이즈마지대(東支隊) 258
이진호 55, 56, 57, 58, 59, 150
이채연(李采淵) 114
이철영 308
이충순 113, 143, 166
이탁 294, 295, 297
이토 히로부미(伊藤博文) 45
이학균 10, 51, 55, 56, 57, 58, 59, 60, 62,
        68, 92, 97, 98, 482
이한림 395, 426, 452, 454, 464, 479
이해동 303, 304
이해평 354, 357, 358
이형근 199, 413, 414, 416, 426, 428, 432,
        436, 437, 440, 478, 490
이호영 307, 309
이홍장(李鴻章) 30
이회영 14, 184, 208, 209, 210, 211, 212,
        213, 214, 215, 216, 217, 219, 220,
        227, 243, 247, 294, 307, 308, 309,
        310, 444, 490
이희두 73, 112, 149, 155, 165
인도·미얀마전구공작대 15, 366, 370, 373
임부택 450
임선하 410, 411, 414
임수명 305
임시정부 육군무관학교 07, 15, 79, 98, 165,
        166, 167, 172, 327, 329, 331, 332,
        333, 336, 469, 470, 482, 483
임오군란 10, 39, 42, 43, 49, 53, 68, 121,
        125, 216
임재덕 149, 150, 155
임충식 453

ㅈ

자유대대 269, 270, 271
자유시 14, 160, 169, 185, 192, 244, 246,
        265, 267, 268, 269, 270, 271, 272,
        273, 274, 288, 300, 310, 312, 442,
        443
자유시참변 14, 160, 169, 185, 192, 244,
        246, 265, 267, 269, 272, 273, 274,
        288, 310, 312, 443
장도영 426
장두관(장두권) 281, 442
장세윤 279, 490
장위영 40, 51, 61, 68
장유순 209, 214, 220

장제스(蔣介石, 장개석) 31
장준하 363, 364, 380, 382, 384, 385, 386,
        387, 447
장지락 234, 314, 319, 337
장지량 449
장쭤린(張作霖, 장작림) 180, 242
장창국 166, 393, 394, 416, 424, 426, 436,
        460, 490
장철부 338, 446, 447, 448, 488
장호강 447, 448
장흥 338, 339, 397
저우언라이(周恩來, 주은래) 31
전덕기 210, 215
전략첩보국(OSS) 373
전러한족회 160
전상엽 362
전영헌 150
전우기 97
전쟁아카데미(Kriegsakademie) 27
전쟁학교(Kriegsschule) 27
전태산 351
전홍표 237
절영도 조차(租借) 87
정난교 45, 150
정래혁 426, 449
정미7조약 140, 187
정운수 382
정의부 14, 192, 246, 281, 284, 286, 287,
        288, 290
정일권 395, 413, 420, 421, 422, 424, 425,
        426, 433, 451, 479, 490
정재관 157
정환범 376, 377
정훈 189, 312, 352, 353, 358, 488
제1연대 소요 사건 423
제물포조약 42, 43
제퍼슨(Thomas Jefferson) 21
젠트리 22, 23, 25
조개옥 176, 333, 409, 410
조경한 341, 351, 353
조능현 55
조병옥 409, 410
조선경비대 훈련소(Korean Constabulary
        Center) 437
조선국군준비대 401, 402
조선민족혁명당 161, 215, 247, 298, 299,
        337, 340, 343, 357, 368, 369, 370
조선소년군 194, 195
조선의용군 311, 340, 343, 359
조선의용대 15, 181, 215, 240, 297, 298,
        300, 332, 337, 343, 348, 349, 357,

358, 359, 360, 369
조선임시군사위원회 401
조선혁명군사정치간부학교 298
조선혁명당 160, 161, 247, 290, 299, 306, 357
조성근 70, 72, 80
조성환 12, 112, 113, 167, 168, 169, 170, 171, 173, 174, 175, 176, 178, 179, 180, 181, 184, 185, 207, 255, 256, 288, 297, 345, 346, 351, 353, 488
조소앙 176, 181, 350, 377
조순옥 354
조시원 351, 354
조완구 181, 353
조인제 346, 351
조재미 450
조철호 12, 189, 190, 194, 195, 392
존 라 마샹(John Le Marchant) 25
주석면(朱錫冕) 90
주자화(朱家驊, 주가화) 347
중앙육군군관학교 15, 32, 336, 339, 340, 341, 342, 343, 345, 346, 352, 357, 362, 364, 448
중일전쟁 29, 32, 161, 180, 192, 199, 227, 297, 311, 342, 344, 357, 392
지달수 351, 353, 354, 397, 440
지복영 263, 353, 355, 490
지정계 440, 446, 447
지청천 12, 14, 161, 168, 172, 173, 180, 181, 182, 189, 190, 191, 192, 193, 194, 195, 198, 233, 234, 240, 241, 243, 244, 245, 246, 247, 250, 251, 252, 253, 264, 266, 269, 274, 275, 280, 281, 287, 289, 291, 293, 295, 297, 298, 299, 300, 312, 313, 340, 341, 342, 344, 346, 351, 353, 365, 376, 378, 379, 392, 397, 398, 402, 403, 404, 440, 442, 447, 490
지홍윤 145
진위대 12, 55, 56, 75, 109, 117, 139, 144, 145, 148, 166

ㅊ

차성충 212
참의부 12, 14, 195, 196, 283, 284, 285, 286, 287, 290
창덕궁 53

채동순 273
채병덕 199, 202, 400, 412, 413, 414, 416, 420, 421, 422, 425, 434, 439, 461
채찬(백광운) 229
챔퍼니(Arthur S. Champeny) 408
청도회의 156
청산리 전투 13, 110, 167, 168, 169, 170, 179, 180, 185, 242, 244, 245, 254, 257, 258, 259, 260, 261, 262, 263, 264, 265, 266, 267, 268, 278, 279, 288, 296, 310, 312, 313, 334, 337, 442, 443, 444, 483
청일전쟁 43, 55, 62, 68, 74, 116, 134
초관(哨官) 51
총융청, 39
최덕신 338, 339, 341, 397, 446, 448, 479
최동오 161
최석순 285
최세인 449
최수봉 238, 239
최용덕 352, 397, 399, 448
최인걸 261
최진동 258, 267, 268, 446
최해 256
최홍희 362, 418
추가가 210, 213, 217
춘생문 사건 55, 56, 59, 62, 63
치장(綦江, 기강) 161
치타 157, 268, 270, 275
친위대 55, 56, 57, 75, 97, 109, 117, 123, 139
친위부 57, 150, 165

ㅋ

카란다라쉬빌리(Nestro Kalandarishvili) 271
카이로 선언 374
카자흐스탄 253, 276, 277
커민스(Edmund H. Cummins) 48
콜린 맥켄지(Colin H. Mackenzie) 368
쾌대무자(快大茂子) 233
크즐오르다 277
킨케이드(Thomas C. Kinkaid) 406

ㅌ

탕지야오(唐繼堯, 당계요) 333
톈진무비학당 30, 31, 333
톈진조약(天津條約, 천진조약) 45

토교대(土橋隊) 365
통리아문(統理衙門) 38
통수부 122, 161, 181, 353
통위부장 16, 161, 198, 398, 428, 429, 430, 431, 432
통위영 51, 58, 61, 68, 428
통의부 12, 110, 167, 181, 182, 183, 185, 245, 246, 283, 284, 285, 286, 287
트루먼(Harry S. Truman) 384

ㅍ

파렐(Francis W.Farrell) 475
퍼시발(Arthur Percival) 367
펑텐 전투 135
평양학병의거사건 361, 402
포츠머스조약 136
포크(George C. Foulk) 46
푸챠타(Dmitri V. Putyata) 63
푸트(Lucius H. Foote) 46
프라이스(Terrill E. Price) 428
프랑스-프로이센 전쟁 28
프리드리히 대왕 22, 23, 25

ㅎ

하나부사 요시모토(花房義質) 39
하우스만(James H. Hausman) 432
하인리히(Albert Wilhelm Heinrich) 59
하지(John Reed Hodge) 403, 405
학병단 401, 402
학병동맹 401, 403
학병동맹사건(學兵同盟事件) 403
한국광복진선청년공작대 357
한국노병회(韓國勞兵會) 335
한국독립군 14, 110, 168, 172, 173, 186, 192, 245, 247, 281, 289, 290, 291, 292, 293, 300, 313, 340, 341, 344, 348
한국독립당 161, 172, 186, 247, 288, 289, 290, 291, 306, 347, 357, 369
한국청년전지공작대 355, 357
한규설 149
한근원(한건원) 262
한러은행 87
한성조약(漢城條約) 45
한신 449, 450, 453
한용운 236, 303
한용원 426, 491
한일의정 134
한족회 160, 184, 221, 231, 232, 233, 236, 254, 267, 443
한지성 370
한흥동(韓興洞) 265
함용준 382, 383
합니하 신흥무관학교 13, 216, 217, 218, 219, 220, 232, 233, 234, 236, 243, 244, 310
해안경비대 403
행정경찰 123
허은 212
허잉친(何應欽, 하응흠) 31
허재욱 267, 268, 272, 273
허정 175
허튼(Thomas J. Hutton) 367
헤프너(Richard Heppner) 374
헬리웰(Paul Holliwell) 378
현익철 161, 344, 345
현천묵 169, 180, 185, 254, 257
협동학교 211, 212, 213, 214
호리모토 레이조(堀本礼造) 39
호명신(胡明臣) 216
홈마 마사하루(本間雅晴) 367
홍계훈(洪啟薰) 42
홍국선 440
홍범도 14, 185, 192, 242, 243, 253, 258, 259, 263, 264, 266, 267, 268, 269, 271, 273, 274, 276, 277, 278, 279, 280, 442, 489, 490
홍사익 189, 194, 392, 440
홍유형 144
홍충희 110, 167, 256, 261
홍현택 68
화륜선(火輪船) 36
황구령촌(黃口嶺村) 266
황준헌 37, 38, 43
황택림 452
황학수 12, 110, 166, 167, 168, 170, 171, 172, 173, 247, 288, 289, 324, 329, 345, 351, 353, 482, 491
황현 209
회선포(回旋砲) 35
횡도천 183
훈국신영(訓局新營) 95
훈련대 06, 11, 54, 55, 56, 62, 64, 68, 69, 70, 71, 72, 75, 77, 79, 81, 97, 118, 150, 181, 469, 481, 482
훈련대사관양성소 06, 11, 54, 64, 69, 70, 71, 72, 77, 79, 81, 97, 150, 469, 481, 482
훈련도감 39, 40, 41, 95
훈춘사건 257
흥사단 315
흥업단 169